浈江年鉴

ZHENJIANG YEARBOOK

2021

浈江年鉴编纂委员会　编

方志出版社
Publishing House of Local Records

图书在版编目（CIP）数据

浈江年鉴. 2021 / 浈江年鉴编纂委员会编. — 北京：方志出版社，2021.12
ISBN 978-7-5144-5089-7

Ⅰ. ①浈… Ⅱ. ①浈… Ⅲ. ①区（城市）—韶关—2021—年鉴 Ⅳ. ①Z526.53

中国版本图书馆CIP数据核字（2021）第275390号

浈江年鉴（2021）

编　　者：浈江年鉴编纂委员会

责任编辑：王　娜

出 版 者：方志出版社

地址　北京市朝阳区潘家园东里 9 号（国家方志馆4层）

邮编　100021

网址　http://www.zgfzcb.cn

发　　行：方志出版社图书经销中心

电话（010）67110500

经　　销：各地新华书店

印　　刷：韶关市文星彩色印务有限公司

开　　本：889 × 1194　1/16

印　　张：20

字　　数：522千字

版　　次：2021年12月第1版　2021年12月第1次印刷

印　　数：001 ~ 800册

ISBN 978-7-5144-5089-7　定价：260.00元

浈江年鉴编纂委员会

名誉主任：陈来安

主　　任：鲁锦锋

常务副主任：郭燕海　罗奕文　马细妹

执行副主任：陈友才　梁吉兵　谢海涵

成　　员：（排名不分先后）

巫宝仁	谭绍文	周可华	韦秀容	叶丽芬	廖跃华
邓伟霖	肖丽	汤恍	李红	吴根平	余党明
曾庭庭	邱斌	罗烨红	彭志红	余华	曾开全
刘国成	成容	曹志文	何丽芳	雷小军	叶伟国
周永权	郑军文	钟沛珍	许波	罗修鹏	张光宝
何先胜	廖建明	唐波	郑烁	李颖	梁玉柱
吴晓雯	陈玲	罗华	黄文忠	刘朝晖	罗宇锋
毛兰萍	饶聪	张美成	杨荣华	李芳芳	付雪平
蔡信然	廖灵	黄文	吴小林		

浈江年鉴编辑部

主　　编：谢海涵

副 主 编：周建君

编　　辑：谭景毅　潘莉　廖婷　郭雅芳　刘姣妹　王丽平

照片提供：谢海涵　郑烁　谭绍文　吴定超　谭景毅

区委宣传部　各供稿单位

撰稿人员：（排名不分先后）

阳昌伟	黄伟斌	陈雨君	文纯君	曹志恒	李泽坤
付世颖	李文义	许焱晖	彭文彬	吴新华	姚莉岚
张苑	郭婷	李经	魏丽晶	潘莉	谭景毅
刘姣妹	骆静	黄岚	邝志红	林国英	邓立美
李梦雪	黄旭滔	王龙树	陈于兵	严志全	朱玉娟
陈晓聪	成志军	何如玉	苏毅	柏潇	吴晓雯
陈玲	王耀	黄美	赵晓阳	廖艺	肖俊杰
旷佩	黄睿	李红	李淑瑶	李朝柏	吴续玉
杨会朝	许志豪	徐喆	谢晓瑜	成桂斌	潘康成
张威	黄伟斌	赖子旋	侯顺兰	尹志鹏	邱素敏
邹问	陈日平	莫晓林	李瑞琴	王炜庆	黄振磊
刘闯	温建华	刘国添	杨晓榕	刘志斌	陈仕昀
魏旋	李春雨	吴玉伟	李肖肖	卢惠君	潘日鸿
江泽全	何薇	胡粤红	李慧琴	刘兴明	赵婧
吴云华	余美娟	黄美	吴文宏	黄寿青	廖耘
刘兴明	刘燊	李嘉闻	钟泳莲	王艳	李欣
肖凇	王斌	王会香	张徐波	张学仁	刘路香

编辑说明

一、《浈江年鉴（2021）》以马克思列宁主义、毛泽东思想、邓小平理论、“三个代表”重要思想、科学发展观、习近平新时代中国特色社会主义思想为指导，坚持辩证唯物主义和历史唯物主义的立场、观点和方法，全面、系统、准确地载录本行政区域年度内自然、政治、经济、文化、社会等方面情况，为读者了解和研究浈江提供基本资料。

二、《浈江年鉴(2021》采用分类编辑法，设类目、分目、条目三个结构层次，以条目为主要表现形式。全书条目标题统一用黑体字加【 】表示，少数包含多方面资料的条目则在文内用楷体字标明各段资料主题。

三、《浈江年鉴（2021）》分彩页和正文两大部分，主要反映2020年内辖区各项事业发展的基本情况，个别条目内容适当收录2020年前的历史资料。彩页主要反映年内领导关怀、政务活动、大事要闻、疫情防控、惠民工程、城市提升、浈江风采等。正文内容由全区概貌、2020年浈江大事记、年度关注、百科（各行业）、镇·街（办）、光荣榜、社会经济统计资料、文献专载·调研报告、附录等组成。

四、《浈江年鉴（2021）》稿件由各承编单位撰稿人提供，并经撰稿人署名、撰稿单位主要领导审核后由区年鉴编辑部收编。年鉴社会经济统计资料由区统计局提供，正文内数据由各单位参照区统计资料提供，统计数据采用法定计量单位（少量计量单位仍用“亩”“公里”“吨”）。

五、《浈江年鉴（2021）》配备双重检索系统，书前刊有目录，书后配有索引。索引采用主题分析法，款目按汉语拼音字母排序，同时对附表、串文图照和栏目题头照片列有辅助索引。

数字浈江·2020

- 土地面积572.34平方千米
- 年末户籍人口31.5万人
- 全区生产总值194.29亿元
- 第一产业增加值8.13亿元
- 第二产业增加值52.1亿元
- 第三产业增加值134.03亿元
- 第一、第二、第三产业构成4.2：26.8：69.0
- 农林牧渔业总产值14.67亿元
- 固定资产投资同比增长0.2%
- 社会消费品零售总额115.53亿元
- 合同吸收外资1万美元
- 进口总额9664万元
- 出口总额56373万元
- 地方财政一般预算收入44461万元
- 地方财政一般预算支出182113万元
- 城镇居民人均可支配收入41398.7元
- 农村居民人均可支配收入21022.3元
- 城乡居民基本养老保险参保人数4.26万人
- 城乡居民基本医疗保险参保人数16.18万人
- 医疗卫生机构180个
- 各类卫生技术人员2673人
- 初中小学在校学生3.7万人

浈江区行政区划图

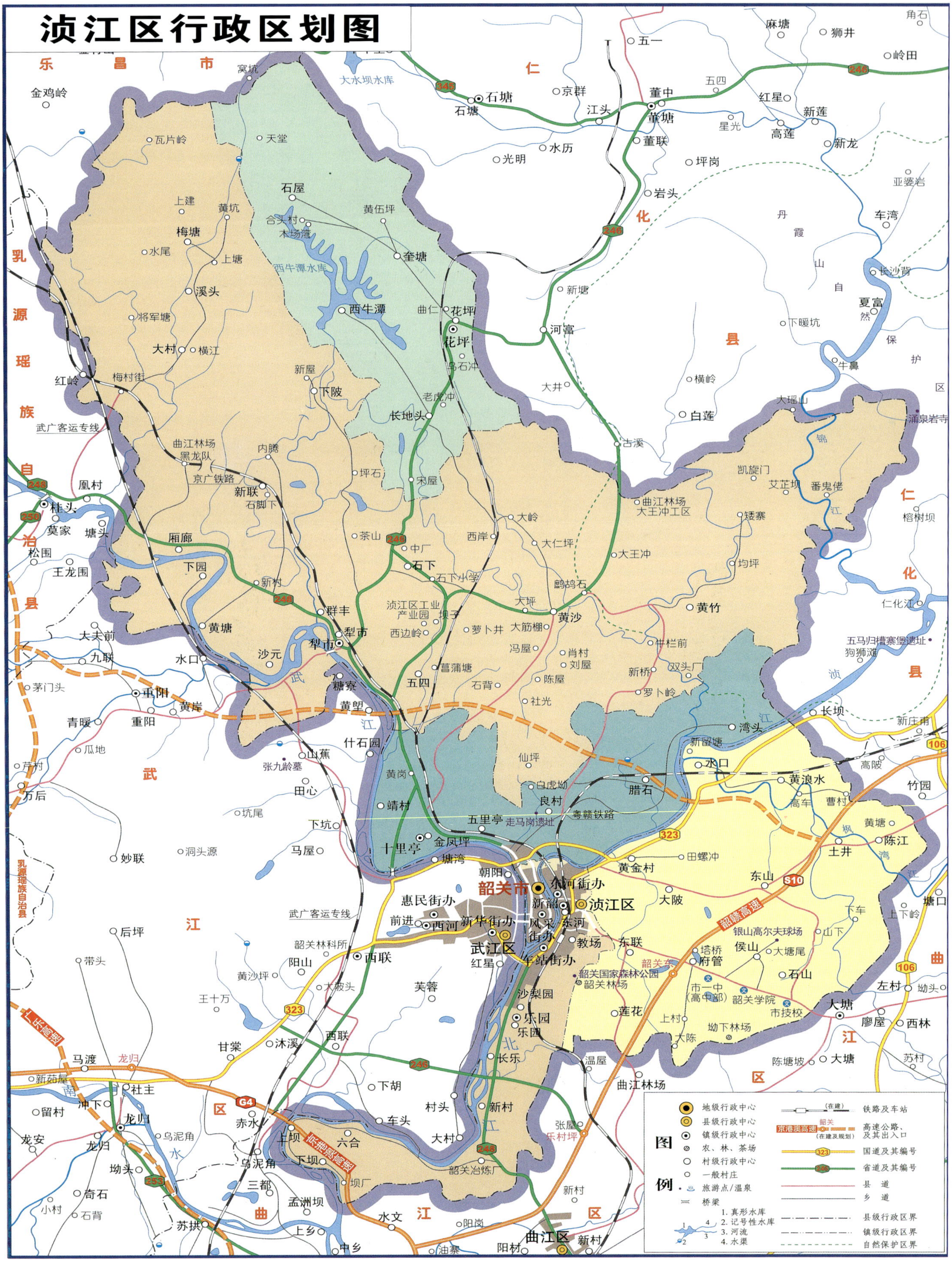

广东省地图院 编制　　审图号：粤S(2012)049号　　注：本图界线不作权属争议的依据

浈江区中心城区图

广东省地图出版社　编制

审图号：粤S(2017)3号

2020年1月18日，中共韶关市委书记李红军（正面中）在浈江区金沙片区检查社区疫情防控及群防群治落实情况
（张　伟　摄）

2020年6月27日，中共韶关市委副书记、市长王瑞军（左三）到浈江区产业园调研
（区委宣传部　供）

2020年10月1日，中共韶关市委书记王瑞军（前排右一）等市领导到浈江区风采街道办环园路社区了解节假日期间疫情防控工作（张　伟　摄）

2020年11月9日，中共韶关市委书记王瑞军（中）等市领导到浈江区调研高等教育项目建设工作（张　伟　摄）

2020年4月29日，中共韶关市委副书记、市长殷焕明（右二）到韶关市张九龄纪念中学调研复学复课工作　　（区委宣传部　供）

2020年10月8日，中共韶关市委副书记、代理市长陈少荣（前排中）率队到韶关学院调研　　（图片来源：韶关学院网站）

2020年1月16日，中国共产党韶关市浈江区第九届委员会第十次全体会议召开（区委宣传部　供）

2020年5月25—27日，韶关市浈江区第九届人民代表大会第五次会议召开　　（区委宣传部　供）

2020年5月25—26日，中国人民政治协商会议韶关市浈江区第九届委员会第五次会议召开

（区委宣传部　供）

2020年3月24日，中国共产党韶关市浈江区第九届纪律检查委员会第五次全体会议召开

（区委宣传部　供）

2020年1月13日，浈江区"不忘初心、牢记使命"主题教育总结会议召开（区委宣传部 供）

2020年4月17日，浈江区迎接省级扶贫开发成效考核动员会召开
（区委宣传部 供）

2020年3月25日，中共浈江区委书记陈来安（右一）调研浈江区图书馆和文化馆建设情况
（区委宣传部 供）

2020年6月22日，中共渝江区委书记陈来安（中）到渝江产业园调研　　（区委宣传部　供）

2020年8月7日，中共渝江区委书记陈来安（右二）调研渝江区腊石小学选址建设情况（区委宣传部　供）

2020年5月14日，中共浈江区委副书记、代区长胡德宁（右三）率队到辖区企业调研重点建设项目

（区委宣传部　供）

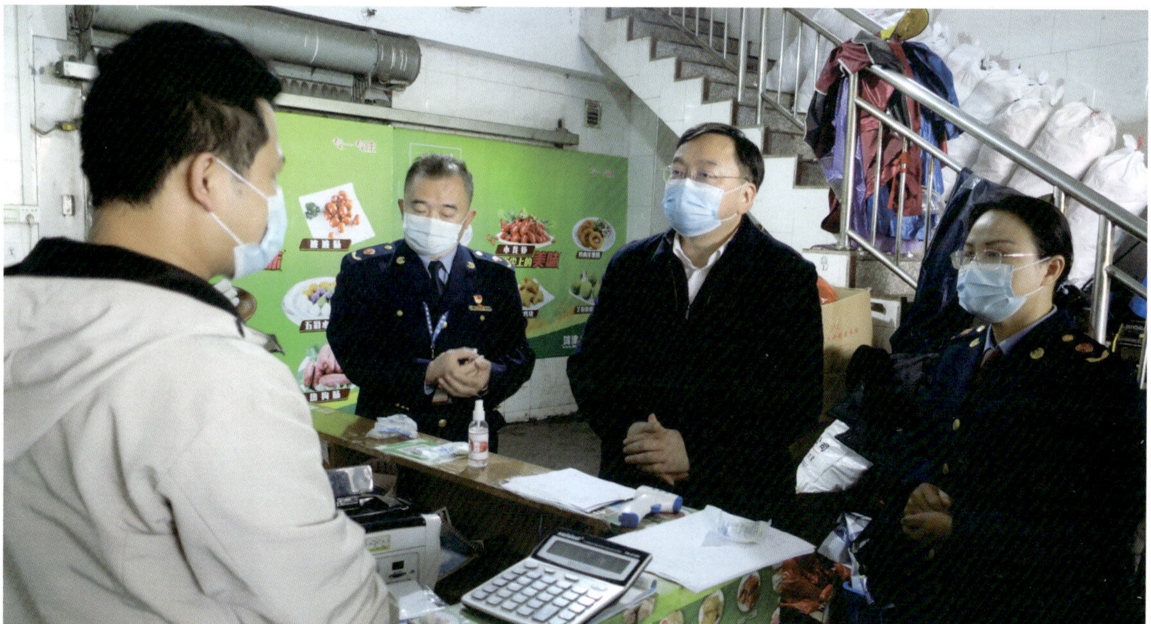

2020年12月29日，中共浈江区委副书记、区长胡德宁（右二）率队检查安全生产防范工作

（区委宣传部　供）

2020年11月30日，浈江区举行重点项目的开工、竣工及集中签约仪式
（区委宣传部 供）

2020年12月15日，韶关市商务创新中心招商引资推介会在鑫金汇举行，9家企业代表正式签约
（区委宣传部 供）

2020年9月11日，浈江区老干部（老年）大学曲仁校区揭牌
（区委宣传部 供）

2020年12月5日，浈江区博物馆举行揭牌仪式
（区委宣传部　供）

2020年12月5日，浈江区图书馆举行揭牌仪式
（区委宣传部　供）

2020年12月5日，浈江区文化馆举行揭牌仪式
（区委宣传部　供）

疫情防控

2020年1月21日，涢江区新型冠状病毒感染肺炎疫情防控工作会议召开　　　（区委宣传部　供）

2020年2月2日，涢江区基层医疗卫生机构医务人员在检测点工作　　　（区委宣传部　供）

2020年2月4日，浈江政协委员捐赠疫情防控物资（区委宣传部 供）

2020年2月26日，香港浈江各界联谊会捐赠疫情防控物资

（区委宣传部 供）

2020年2月，浈江区党员开展疫情防控志愿服务活动

（区委宣传部 供）

2020年2月12日，浈江区企业复工复产有序推进（区委宣传部　供）

2020年2月24日，菲尔诺服饰（韶关）有限公司防护服试生产
（区委宣传部　供）

2020年3月5日，中共浈江区委书记陈来安（中共前排中）率队调研企业复工复产和疫情防控情况
（区委宣传部　供）

2020年4月27日，浈江区初三的学生分批错峰返校复学　　（区委宣传部　供）

2020年5月22日，浈江区开展“疫情防控”工作先进典型事迹基层宣讲活动　（区委宣传部　供）

2020年，浈江区老旧小区改造停车场
（区住建局 供）

2020年，韶关林场宿舍整改路面，改造外立墙面 （区住建局 供）

2020年，锦园小区加装电梯（区住建局 供）

2020年，明珠园小区改造大门　　　（区住建局　供）

2020年，韶关市第一批无物业小区改造示范点——风采新村　　　（区住建局　供）

2020年，广铁一线小区改造废旧的花园　　　（区住建局　供）

城市提升

韶关碧桂园凤凰城　（区史志办公室　供）

棚户区改造安置新区

百年东街
（区史志办公室　供）

（区委宣传部　供）

华南农产品交易中心　（区史志办公室　供）

韶关国际会展中心落户东部新城

（区史志办公室　供）

莲花大道建成通车

（区委宣传部　供）

亲水平台　　（区委宣传部　供）

百年东街停车场　　（区委宣传部　供）

华南教育历史研学基地（大村）　　　　（区委宣传部　供）

2020年9月3日，华南教育历史研学基地系列活动浈江主会场在犁市镇大村文化广场举行

（区委宣传部　供）

2020年6月13日，浈江区“文化和自然遗产日”非遗宣传展示活动传统舞蹈“舞春牛”表演　　（区委宣传部　供）

2020年6月13日，浈江区“文化和自然遗产日”非遗宣传展示活动犁市胡氏“蔡家拳”表演　　（区委宣传部　供）

2020年6月30日，浈江区开展广东扶贫济困日“以购代捐”消费帮扶活动
（区委宣传部　供）

2020年8月1日　浈江区汽车下乡展销会花坪站在花坪工矿文化广场举行
（花坪镇　供）

2020年12月8—11日，浈江区中小学生足球赛在赖新小学举行　（区教育局　供）

2020年1月9日，十里亭镇法治文化主题公园举行揭牌仪式　　（区委宣传部　供）

2020年11月13日，浈江区举行社区矫正安置帮教基地挂牌仪式　　（区委宣传部　供）

2020年1月2日，浈江区开展“法援惠民 助力农民工”活动　　（区委宣传部　供）

2020年11月3日，浈江区开展第七次全国人口普查工作（区委宣传部　供）

2020年9月25日，浈江区首个中学共青团名团干工作室揭牌成立（区委宣传部　供）

2020年12月5日，浈江区开展农村人居环境整治志愿服务活动　　（区委宣传部　供）

2020年11月28日，浈江区新的社会阶层人士联谊会第一次理事大会召开　（区委宣传部　供）

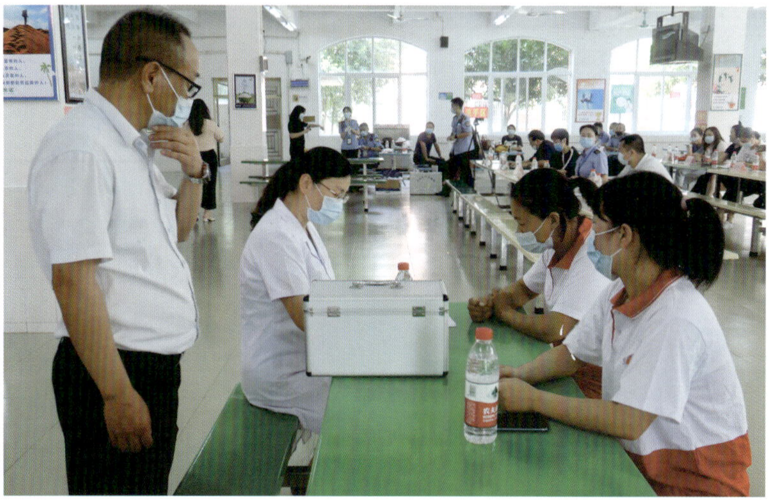

2020年6月15日，浈江区开展食品安全突发事件应急演练　（区委宣传部　供）

2020年9月25日，浈江区“风度杯”粤菜师傅技能工匠竞赛在韶关市华美达酒店举行　（区委宣传部　供）

2020年，梨市镇黄竹村被授予“国家森林乡村”称号　　（唐晓国　摄）

浈江区农业现代园——友丰茶油基地　　（区委宣传部　供）

友丰茶油基地鸟瞰图　　（区委宣传部　供）

全区概貌

2020 年浈江大事记

年度关注

中国共产党韶关市浈江区委员会

韶关市浈江区人民代表大会

韶关市浈江区人民政府

中国人民政治协商会议韶关市浈江区委员会

纪检监察

民主党派·工商联

群众团体

法　治

军　事

经济管理

财政 · 税务

工　业

农业 · 林业 · 水利

商贸 · 服务业

城乡建设

教育·科技·文化

卫生 · 健康

社会生活

镇·街（办）

光荣榜

社会经济统计资料

文献专载·调研报告

附　录

索　引

全区概貌

建置区划

【建置沿革】 浈江区境（简称“区境”）位于岭南粤北山间曲江盆地之内。春秋时期，岭南称百越之地，区境为粤北小部分；战国时期属楚国；秦朝时期属南海郡（郡治在今广州市）；秦末，赵佗立南越国后属南越国。

西汉元鼎六年（前111年）汉武帝平定南越后，在区境莲花山（俗称“曲红山”）下（今韶关东站一带）设置曲江县治，区境随曲江县属桂阳郡（郡治在今湖南省郴州市）。三国吴甘露元年（265年）在桂阳郡南部分设始兴郡，郡治设在区境莲花山下曲江县治内，曲江县改属荆州始兴郡。

西晋太康中期，始兴郡改属广州，曲江县治从莲花山迁往安聂邑（今武江西岸），区境随曲江县改属广州始兴郡；西晋永嘉元年（307年）分荆州地置湘州（州治在今湖南省长沙市），区境随曲江县改属湘州始兴郡；东晋咸和三年（328年）废湘州，复称荆州始兴郡，郡治迁往东南十里官滩（今浈江区南郊五六千米处），区境随曲江县复归荆州始兴郡。南朝宋元嘉二十九年（452年），区境随曲江县改属广州始兴郡；南朝宋元嘉三十年（453年），复归湘州始兴郡；南朝宋泰豫元年（472年）改始兴郡称广兴郡。南朝齐（479—502年）年间复为湘州始兴郡。南朝梁承圣（552—554年）年间置东衡州，曲江县再迁西河，区境随曲江县属东衡州始兴郡；梁末陈初，一度废东衡州，始兴郡改属衡州（州治在今英德市）；南朝陈天嘉元年（560年）复置东衡州，并入始兴郡，区境随曲江县乃属始兴郡。

隋开皇九年（589年），隋师行军总管韦洸率师于当年八九月平定岭南，废安远郡，置大余县，设广州总管，区境随曲江县改属广州；隋开皇十年（590年），平陈，废始兴郡，改为东衡州，不久又改为韶州（州、县治所回迁莲花山），区境随曲江县先属东衡州，后属韶州；隋开皇十一年（591年），废韶州，区境随曲江县并入广州；隋大业（605—618年）年间，将州改为郡，郡、县治所仍在莲花山，区境随曲江县改属南海郡。

唐初改郡为州。区境随曲江县又改属广州。唐武德元年（618年），曲江县治再迁西河，唐武德四年（621年）置番州，区境随曲江县属番州，不久将番州改称东衡州。唐贞观元年（627年）改东衡州为韶州（州治迁回莲花山），又置岭南道，区境随曲江县属韶州，受岭南道监察。唐天宝元年（742年）改韶州为始兴郡。唐天宝（742—756年）年间，“道”成为地方最高行政区，区境随曲江县属岭南道韶州管辖。唐乾元元年（758年）复改始兴郡为韶州。五代时期，后梁乾化元年（911年），刘岩发兵破韶州，州县治所迁往中洲（中洲岛，今浈江区城内，俗称“小岛”），从此，州治、县治同设在中洲。五代十国时期，区境随曲江县先属后梁韶州，后属南汉韶州。

北宋初期，区境随曲江县仍属岭南东道韶州（州、县治同在中洲一地）。未久废道改州，区境随曲江县属韶州。北宋至道三年（997年），又于州上置路（半行政半监察性质），区境随曲江县隶属广南东路韶州。

元朝以行省为地方最高行政区，下设道（省派出机构）、路、县三级。元世祖至元十五年（1278年）岭南平定后，区境随曲江县属海北广东道韶州路元至顺元年（1330年）属江西行省广东道韶州路。

明洪武元年（1368年）改韶州路为韶州府（同年罢新民官

司）。明洪武二年（1369年）升广东道为广东行中书省；明洪武八年（1375年）又改称“广东承宣布政使司”（简称“广东布政司”，习惯上称“广东省”），区境随曲江县仍属韶州府。

清初仍称广东布政司，后称广东省，省下设道（省派出机构）、府、县。区境随曲江县属广东省南韶连道韶州府。

民国元年（1912年），废道、府。区境随曲江县属广东省。民国3年复设道，区境随曲江县改属广东省南韶连道（后改为岭南道）。民国9年复废道，未久设北区善后督办，性质与道同。此后屡设屡废，民国14年设北江行政区，民国15年又废行政区。民国17年设北江善后委员会，民国21年改为北江绥靖区，区境随曲江县均属之。民国25年改设第二行政督察区，性质与善后委员会、行政区、绥靖区相同，均为省派出机构，区境随曲江县仍属之。民国29年改称北江行政区，民国30年复称第二行政督察区，区境随曲江县仍属之。民国32年11月，在曲江县城（今浈江区城内，俗称“小岛”）置韶关市政府，为省直辖市。区境随曲江县属韶关市。民国34年1月，韶关被日军占领，韶关市政府建制自行解体。民国36年再次调整全省政区，区境随曲江县改属第三专署行政督察区。

1949年10月7日，中国人民解放军进驻曲江县城（今浈江区城内解放路至中山路），并于10日解放曲江县全境，当日宣告成立曲江县人民政府。14日，曲江县政府设立城关区（亦称“曲江县一区”）。区境属曲江县城关区。11月25日，撤销曲江县城关区组建韶关市人民政府后，区境改属韶关市。后来，鉴于人口少，条件不具备建市，韶关市于1950年5月5日被撤销而组建韶关镇，区境回归曲江县。1951年6月恢复韶关市建置后，区境又从曲江县划出，归属韶关市，沿袭至今。

【行政区划】　1975年11月，韶关市委、市革命委员会对郊区和街道体制进行调整，将北区、中区、南区3个街道革命委员会合并为北江区革命委员会，东河区、南郊区2个街道革命委员会合并为浈江区革命委员会。1978年10月，浈江区革命委员会更名为浈江区公所，北江区革命委员会更名为北江区公所。1981年10月，韶关市撤销浈江、北江、武江三个区公所，成立东区、西区，后改称浈江区、武江区。北江区公所地域划归浈江区。

1984年5月，经广东省人民政府批准，设立韶关市浈江区为县级市辖区建制。是年7月，经广东省人民政府批准，北江区从浈江区划出独立设区，为韶关市县级市辖区建制。浈江区升格为县级区后，分别置南郊、东郊、新韶3个农村办事处和东河、车站2个办事处，辖13个乡、65个自然村和16个社区，区境面积140平方千米；北江区设县级区后，分别置十里亭、南门、和平、太平4个办事处，辖6个乡、31个自然村和30个社区，辖区总面积58平方千米。

2004年4月，按省政府属地化管理政策规定，原曲仁矿务局田螺冲矿成立田螺冲办事处，下设长山、三角窝、两面山、大塘山4个居民区，归浈江区管理；原曲仁矿务局总部成立曲仁办事处，下设富仁、花坪、云顶、格顶、茶山、丝茅坪、和平、八一8个居民区，归北江区管理。是年5月底，浈江区下辖新韶镇、乐园镇、东河街道办事处、车站街道办事处、田螺冲办事处，共20个行政村、96个自然村、22个社区；北江区下辖十里亭镇、太平办事处、和平办事处、南门办事处、曲仁办事处，共6个行政村、49个自然村、30个社区。

2004年6月，经国务院批准，撤销韶关市北江区，将原北江区行政区域和原曲江县犁市、花坪镇划归浈江区管辖，并将南门、和平、太平3个办事处改称为街道办事处。是年底，浈江区下辖新韶、乐园、十里亭、犁市、花坪5个镇，东河、车站、南门、和平、太平5个街道办事处，以及曲仁、田螺冲2个办事处，共45个行政村、344个自然村、52个社区。2009年8月，浈江区调整行政区域，将南门、和平、太平3个街道办事处合并为风采街道办事处。

2020年，浈江区下辖新韶、乐园、十里亭、犁市、花坪5个镇和东河、车站、风采3个街道办事处及曲仁、田螺冲2个办事处，共48个行政村、46个社区、11个居民区。

浈江区行政区划一览表

表 1　　　　单位：个

镇（办）	行政村（社区、居民区）	行政村	社区	居民区
新韶镇	行政村：东河、东联、莲花、府管、侯山、石山、黄金村、大陂、东山、陈江、水口、黄浪水 社区：韶东	12	1	0
乐园镇	行政村：教场、沙梨园、长乐、新村、六合、上坝、下坝 社区：金沙、城南、新乐、百旺、韶南、韶冶	7	6	0
十里亭镇	行政村：靖村、金凤坪、五里亭、良村、腊石、湾头 社区：黄岗、十里亭、十里亭东、前进路、五里亭、乌教塘、碧桂园东区、碧桂园西区、碧桂园南区、碧桂园北区	6	10	0
犁市镇	行政村：大村、黄沙、黄塘、黄竹、犁市、梅塘、群丰、沙园、石下、五四、溪头、下陂、下园、厢廊、内腾、石脚下、沙尾、大旗岭 社区：犁市、犁南、韶化民爆新村	18	3	0
花坪镇	行政村：西牛潭、长地头、花坪、奎塘、石屋 社区：花坪	5	1	0
东河街道办	社区：育红巷、启明北路、浈江路、执信路、浈江南路、陵西路	0	6	0
车站街道办	社区：莲花山、大塘路、东升村、广铁一线、职工一区、站南路、劳动村	0	7	0
风采街道办	社区：峰前路、风度北、中山路、风采路、风度中、东堤南、壮志街、文化街、老东门、河滨、环园路	0	11	0
曲仁办	居民区：花坪、云顶、格顶、茶山、丝茅坪、和平八一、富仁	0	0	7
田螺冲办	社区：大学路 居民区：西面山、长山、三角窝、大塘山	0	1	4
合计		48	46	11

自然地理

【地理位置】　浈江区位于广东省韶关市东北部，浈江、武江下游，北江上游。位于北纬 24° 27′ 08″ —25° 08′ 、东经 113° 06′ 22″ —113° 59′ 57″ 之间，东与仁化县大桥镇、曲江区枫湾和大塘镇接壤，西与乳源瑶族自治县桂头镇、武江区重阳镇毗邻，南与曲江区马坝、白土镇相连，北与乐昌市长来镇、仁化县董塘镇对接。

【地质】　浈江区境地质构造属华南褶皱带部分，火成岩分布广泛，地层发育基本齐全。境内土壤有红壤、黄壤、红色石灰土、紫色土、水稻土、潮沙泥土、石窟土 7 类。据土壤普查资料，境内红壤面积占自然土壤面积 50% 以上，自然土壤占全区总面积的 80.6%，土壤质地较好，表土厚中层占过半数，心地层普遍深厚，占七成左右，疏松，酸性反应，有机质与氮素含量占中量以上居多。

【地貌】　浈江区以山地、丘陵、盆地为主，地势周高中低。东、南面多中低海拔山，北部多海拔 300 米以上高丘陵，中部丘陵、盆地海拔多在 200 米以下。区境内最高山峰是花坪镇石屋村的帽岭，海拔 518.8 米。区属中心地带（市区）处于韶关盆地，最低海拔 55 米。

【气候】　浈江区属中亚热带季风型气候区，有明显湿热和干冷大陆性气候特征。全年盛行南北气流，冷暖交替明显，夏季长，冬季短；光热充足，雨量充沛，湿度较大，年平均气温 21.2℃，年平均日照时数 1581.8 小时。农业生产可以一年三熟。区域气候受季风及大气环流影响，年均降水量 1719.5 毫米，总体气候特征表现为冬短夏长，春秋交替快，四季分明；气候资源比较丰富；灾害性天气较多，低温阴雨、龙舟水、秋旱、寒露风和霜冻等灾害性天气较为频繁，对农业生产影响较大。

资源物产

【河流】 浈江区河流分布密集，水资源丰富，境内有浈江、武江、北江、黄浪水、大塘水、大富河、坳背水、白虎坳水、皇冈水9条主要河流。浈江又称“浈水、东水”，发源于江西省信丰县石溪湾，经南雄、始兴、曲江3个县（市、区），在东郊湾头村流经浈江区境后与武江汇合。武江又称“溱水、泷水、虎溪”，发源于湖南省临武县三峰岭，经坪石、乐昌、桂头，在区属犁市镇上朗村进入浈江区后，在区属韶关市区小岛南端与浈江汇合。浈江、武江汇合成北江流经区境。2020年，区境有大中型水库3座，蓄水量4121万立方米，同比减少29万立方米。小型水库65座，蓄水量2216万立方米，同比增加856万立方米。

【土地资源】 2020年，浈江区总面积572.34平方千米，年末浈江区耕地总资源6764.03公顷。常用耕地面积5376.61公顷，其中水田面积4029.83公顷，水浇地面积922.88公顷；园地面积619.13公顷；林地面积598.33公顷；牧草地面积1.88公顷。城镇（村）及工矿用地面积5853.52公顷，交通设施用地面积1529.02公顷，水域及水利设施用地面积167.38公顷，其他用地面积60.24公顷。

【矿产资源】 浈江区境成矿地质条件优越，矿产资源丰富，发现矿产7种、矿产地9处，主要矿产有煤、铁、锡、锑、钨、萤石、稀土、冶金等。此外，区境还有燃料、化工原料、非金属、建筑材料等矿产资源。

【旅游资源】 浈江区历史文化悠久，风景优美，名胜古迹众多。主要包括风采楼、百年东街、韶关国家森林公园、阅丹公路、帽峰公园、中山公园、韶阳楼、新韶樱花公园、韶关茶花森林公园、韶州府学宫、风采楼、斌庐、中共粤北省委旧址（中共广东省委粤北省委历史陈列馆）、北伐战争纪念馆、犁市当铺、大鉴寺、太傅庙和韶州天主教堂、基督教堂以及余靖风采堂等。浈江自古以来是进出广东的交通要道，中原文化和岭南文化在此交汇，并与当地自然环境和社会经济生活融为一体。

人口·语言

【人口】 2020年，浈江区户籍人口31.5万人，其中城镇人口25.1万人，乡村人口6.4万人，户籍城镇化率79.7%。常住人口36.43万人，常住人口出生2363人，人口出生率7.83‰；死亡人口2221人，死亡率7.367‰；人口自然增长率0.47‰。

【语言】 浈江区境历来以汉语方言为主，除客家方言外，还分布有粤语、西南官话、闽南语以及归属未明的粤北土话。客家方言是浈江区境第一大方言，主要分布在新韶镇、花坪镇大部分村落，十里亭镇、乐园镇、犁市镇靠山边等部分村落也使用客家方言。粤语主要分布在浈江区境内城区以及犁市镇上寮、中寮和下寮等区域。粤北土话又称“全城话”“老韶关话”，俗称“虱婆声”“虱乸话”，是浈江境内土著居民最早使用的一种方言，主要分布在犁市、十里亭、乐园和新韶4个乡镇。闽南方言区主要分布在浈江、北江上游两岸地区，此部分居民是明末清初以来从闽南、潮汕一带辗转迁徙而来。西南官话主要分布在武江沿江两岸地区和犁市、花坪等地，历史上，因浈江区境在地理上距湖南（湘南）较近，由湘境迁入本境的人口不断增加，由此，逐步形成以西南官话为主体的居民村落。

（浈江年鉴编辑部）

民族·宗教

【民族】 2020年，浈江区辖区内分布有瑶族、壮族、回族、满族、蒙古族、苗族、侗族、畲族、土家族等34个少数民族，全区少数民族户籍人口3493人，占全区户籍人口0.9%。全区有少数民族干部、职工32人。城市外来少数民族约50人（主要是在辖区经营兰州拉面馆的青海省撒拉族、回族）。

【宗教】 2020年，浈江区主要有佛教、道教、天主教、基督教、伊斯兰教五大宗教。依法登记宗教活动场所8处，主要分布在市区及犁市镇，其中佛教寺院2处、道教场所1处、基督教场所3处、天主教场所1处、伊斯兰教礼拜点1处。全区信仰宗教群众5200人，占全区户籍人口1.65%，其中佛教群众1900人、道教群众2000人、基督教群众1000人、天主教群众100人、穆斯林200人。全区宗教教职人员21人，其中佛教僧、尼3人，道教乾坤道6人，天主教神父、修女8人，基督教牧师、传道、长老4人。

（阳昌伟）

2020年浈江区各单位在职领导班子成员名单

浈江区四套班子、纪委、人武部及办公室

中共浈江区委员会

区委书记：陈来安
区委副书记、区长：
胡德宁（5月任职）
曾清兰（任至4月）
区委副书记：罗永东
区委常委、纪委书记、监察委员会主任：曾光明
区委常委、区委办主任：谢林茂
区委常委、政法委书记：刘 锋
区委常委、组织部部长、党校校长：钟 真
区委常委、宣传部部长：宋宇林
区委常委、统战部部长：
刘子龙（任至11月）
区委常委、区人武部政委：
吕玉华
区委常委、副区长：王友华
（1月任职）
区委常委、副区长：祝志超
（2月挂职）

中共浈江区委员会办公室

主 任：谢林茂
常务副主任：蔡信然
副主任：熊锦华（任至7月）
钟朝正

浈江区国家保密局

局 长：熊锦华（任至6月）
钟朝正（10月任职）

浈江区档案局

局 长：钟朝正

浈江区人民代表大会常务委员会

主 任：谭雪华（女）
副主任：马瑞华（任至7月）
朱明远
麦桥悠（5月任职）
张玉花（女）
刘伟光
麦章彬

浈江区人大常委会办公室

主 任：罗韶明
副主任：巫宝仁

法制工作委员会

主 任：吴金宪
副主任：刘丁娣（女）

教育科学文化卫生工作委员会

主 任：谢云辉
副主任：刘裕庭

财政经济工作委员会

主 任：李向东
副主任：张潆文（女）

选举联络人事任免工作委员会

主 任：李伟锋（12月任职）
副主任：黄东冰（女，任至4月）
宋铁漫（女，6月任职）

城乡建设环境与资源保护工作委员会

主 任：李伟锋（任至12月）
副主任：李志坚

浈江区人民政府

区 长：曾清兰（任至4月）
胡德宁（5月任职）
常务副区长：王友华（1月任职）
副区长：刘雄生（任至5月，挂职）
祝志超（5月任职，挂职）
杨 雄
彭荣华
曾东野
张爱军（任至1月）
何艳霞（女，任至1月）
邱福林（任至10月，挂职）
罗奕文（6月任职）

浈江区政府办公室

主 任：何先胜
副主任：冯华斌
潘 志
沈文华

浈江区外事局

局 长：何先胜

浈江区信访局

局 长：何先胜

政协浈江区委员会

主 席：黄德乔
副主席：何绍福
麦桥悠（任至5月）
吕德基（5月任职）
周耀成（任至10月）
何艳霞（女，1月任职）
张爱军（1月任职）
林 瑜
曾永红（女，任至3月）

浈江区政协机关办公室

主　任：卢伟红（任至11月）
　　　　罗烨红（女，11月任职）
副主任：庞良兵（女）

组织联络科

科　长：何景源

宣传（教育）提案科

科　长：罗烨红（女，任至11月）
　　　　邓新慧（11月任职）

中共浈江区纪律检查委员会

书　记：曾光明
副书记：廖志莲（女）
　　　　周可华
常　委：林　泉
　　　　夏让辉
　　　　林　航
　　　　张莉琴（女，5月任职）

浈江区监察委员会

主　任：曾光明
副主任：廖志莲（女）
　　　　周可华
委　员：林　泉
　　　　夏让辉
　　　　蓝志伟
　　　　刘朝晖（任至12月）
　　　　吴美林（12月任职）

浈江区人民武装部

部　长：彭新业
政　委：吕玉华
副部长：谢书迁

浈江区委工作部门

中共浈江区委组织部

部　长：钟　真（女）
常务副部长：
　　　邓新慧（女，任至11月）
　　　吴永亮（11月任职）
副部长：吴小林
　　　　谭新传

中共浈江区委党校

校　长：钟　真（女）
常务副校长：邓新慧
　　　　（女，任至11月）
副校长：叶其林（4月任职）

浈江区“两新”党工委

书　记：吴小林

浈江区委老干部局

局　长：邓新慧（女，任职11月）

中共浈江区委宣传部

部　长：宋宇林
常务副部长：叶丽芬（女）
副部长：郑　烁
　　　　刘汉聪

中共浈江区委统战部

部　长：刘子龙（任至11月）
常务副部长：廖跃华（女）
副部长：潘　强

浈江区台港澳事务局

局　长：廖跃华（女）

浈江区民族宗教事务局

局　长：潘　强

中共浈江区委政法委员会

书　记：刘　锋
常务副书记：邓伟霖
副书记：张福有
　　　　侯建勇
副科职干部：吴德才
　　　　钟勋元

中共浈江区委机构编制委员会办公室

主　任：卢群吉（任至11月）
　　　　卢伟红（11月任职）
副主任：邓新智
　　　　赵惠萍（女）
　　　　肖　丽（女）

中共浈江区直属机关工作委员会

书　记：陈友才
副书记：王　存（任至8月）
　　　　袁钰婷（女，8月任职）

浈江区政府工作部门

浈江区发展和改革局

局　长：曾大海
副局长：崔思健
　　　　张朝忠
　　　　钟宋堂

浈江区教育局

局　长：吕德基
副局长：佘党明（任至4月）
　　　　李沿生
　　　　邱小玲

浈江区工业和信息化局

局　长：邱斌
副局长：贝晓军
　　　　徐仁生
　　　　涂国坚（2月任职）

浈江公安分局

局　长：曾东野
政　委：邱国辉（7月任职）
副局长：曾庭庭
　　　　林少洪
　　　　曾大江（8月任职）
　　　　吕　静（女，挂职）
　　　　沈宝石
政工科办公室主任：霍永宁
交警大队大队长：刘伟东

浈江区民政局

局　长：李红保
副局长：肖广文
　　　　邓晓芸（女）

渌江区司法局

局　长：彭志红（女）
副局长：伍　龙
　　　　黄文忠
　　　　孔明杰（女）

渌江区财政局

局　长：余　华（女）
副局长：罗伟国
　　　　钟良军
　　　　王　芸（女，5月任职）

渌江区人力资源和社会保障局

局　长：曾开全
副局长：朱传海
　　　　洪耀敏（女）
　　　　谭友盛
就业服务中心主任：欧阳忠达

渌江区劳动人事争议仲裁委员会

主　任：曾开全
副主任：邓新慧（女）
　　　　朱传海

渌江区劳动人事争议仲裁院

院　长：李向荣

渌江区自然资源局

局　长：徐湘宜
副局长：农建新
　　　　吕玉山
　　　　沈长江（任至6月）
　　　　马绍龙(任至12月，挂职)

渌江区住房和城乡建设局

局　长：成　容
副局长：黄伟强
　　　　李　琛（女）
　　　　向小伟

渌江区农业农村局

局　长：曹志文
党组副书记：郭裕强
副局长：张洪基
　　　　李百灵
　　　　刘泰林（4月任职）
　　　　章伟胜（任至4月）
区委农办、扶贫办常务副主任：
　　　　何海林（4月任职）
区委农办、扶贫办专职副主任：
　　　　张　斌

渌江区畜牧兽医水产服务中心

主　任：张洪基
副主任：谢天甜
　　　　廖菊荣（女）

渌江区农机管理总站

站　长：郭裕强
副站长：卢　军

渌江区文化旅游体育局

局　长：何丽芳
副局长：何　忠
　　　　袁国贤
　　　　邓丽娟

渌江区文化馆

馆　长：曹志宇

渌江区图书馆

馆　长：张志军

渌江区卫生健康局

局　长：宋柏均
副局长：吴壮锐（任至7月）
　　　　雷小军（2月任职）
　　　　肖信方
　　　　曾慧兰（女）

渌江区退役军人事务局

局　长：吴永亮（任至11月）
副局长：谭振兵
　　　　冯建辉（女）

渌江区应急管理局

局　长：李文怡（任至12月）
　　　　周永权（12月任职）
副局长：詹前平
　　　　雷小军（任至2月）
　　　　朱昌邦（2月任职）
　　　　王伟超（4月任职）

渌江区审计局

局　长：郑军文（女，11月任职）
副局长：赵杨倩（女）
　　　　李　烽

渌江区市场监督管理局

局　长：钟沛珍（女）
副局长：刘孝雄
　　　　黄小龙
　　　　胡爱民（女）

渌江区统计局

局　长：曾泉运
副局长：许　波（女）
　　　　岑振红

渌江区医疗保障局

局　长：罗修鹏
副局长：黄志忠
　　　　王志成

渌江区城管和执法局

局　长：张光宝
副局长：邓海华
　　　　李　捷
　　　　刘锦龙

渌江区市政管理中心

主　任：空缺
副主任：骆锡伟
　　　　肖海燕
　　　　蒋　龙

渌江区环境卫生管理所

所　长：周　巧
副所长：张运兴
　　　　欧善海
　　　　曾伟贤

谭志雄

浈江区政务服务数据管理局

局　长：周文杰
副局长：张　景
王　存（8月任职）

浈江区行政服务中心

主　任：唐 波（任至5月）
黄东冰(5月任职）
副主任：李惠文（女）
叶小飞
蔡春花（女）

法院、检察院

浈江区人民法院

院　长：刘　伟
副院长：汤　恍
杨　健（女）
王新科

浈江区人民检察院

党组书记、检察长：
李亚军（女，任至1月）
罗　欣（1月任党组书记、6月任检察长）
党组副书记、副检察长：
邓文生（4月任党组副书记）
党组成员、副检察长：
韩学民（任至6月）
李　红（女，6月任职）
李文标（6月任职）
党组成员、第三检察部主任：
贾南香（女，任至8月）
党组成员、政治部主任：
谭雾雯（女，12月任职）

群众团体

浈江区总工会

主　席：刘伟光
常务副主席：
梁玉柱（女，任至5月）
唐　波（5月任职）
副主席：梁凯辉

共青团浈江区委员会

书　记：杨　岚（女）
副书记：卢　威
何舜芳（女，6月挂职）

浈江区妇女联合会

主　席：何丽芳（女，任至3月）
李　颖（女，6月任职）
副主席：简　洁（女）
挂职副主席：
张翠兰（女，任至5月）
杨　迪（女，6月任职）
邓素香（女，6月任职）

浈江区科学技术协会

主　席：吴晓雯（女）

浈江区工商业联合会

党组书记：梁玉柱（女，4月任职）

浈江区归国华侨联合会

主　席:罗　华

浈江区文学艺术界联合会

主　席：李　颖（女，任至5月）
陈　玲（女，5月任职）

浈江区残疾人联合会

理事长：陈景柏
副理事长：冯雪萍（女任至11月）

浈江区红十字会

会　长：罗益文
常务副会长：胡小珠（女）
秘书长：黄　美

浈江区老区建设促进会

会　长：余石怡
副会长：马少芳（女）
邓家兴
副会长兼秘书长：吕焕刚

浈江区关心下一代工作委员会

主　任：罗永东
第二主任：钟　真（女）
执行主任：余石怡
常务副主任：马少芳（女）
副主任：邓家兴

民主党派

民革浈江区基层组织

民革浈江区基层委员会主委：
成　容
民革浈江区第一支部主委：
蓝师胜（9月任职）
民革浈江区第二支部主委：
肖建华（6月任职）
民革浈江区第三支部主委：
曾令庚（7月任职）
民革浈江区第四支部主委：
黄卫锋（7月任职）
民革浈江区第五支部主委：
王　惠（10月任职）
民革韶关学院支部主委：
王珊铭（女）

民盟浈江区基层组织

主　委：周永青
副主委：罗　炅(女)
何　艳(女)
齐玲玉(女)
委　员：罗　菁(女)
王丹菲(女)
曾海明
吴　莹(女)
古锦宝

民盟韶关学院总支部委员会

主　委：金建锋
副主委：刘　主
杨　林
委　员：陈国强
卢成杰

赖文芳（女）

民建浈江区基层组织

民建浈江区基层委员会主委：
周　靖（任至8月）
张南生（8月任职）
民建浈江一支部主委：
黄美群（女）（任至7月）
梁玉好（女）（7月任职）
民建浈江二支部主委：何伟军
民建浈江三支部主委：
周艳华（女）
民建浈江四支部主委：
唐红梅（女）
民建浈江五支部主委：
刘荣斌（任至7月）
王剑涛（7月任职）
民建韶关学院总支部主委：
秦　伟（任至7月）
余志兵（7月任职）
民建韶关学院一支部主委：
肖　瑜（女）
民建韶关学院二支部主委：
余志兵（任至7月）
谢　琳（7月任职）

民进浈江区基层组织

民进浈江区基层委员会主委：
徐志宏（女）
张九龄纪念中学综合支部主委：
廖勇会
浈江区综合一支部主委：
谢思思（女）
浈江区综合二支部主委：
翟卫红（女，任至9月）
林森焕（9月任职）
韶关学院支部主委：徐廷福
浈江区中教支部主委：徐绍林
离退休支部主委：罗宗玲

农工党浈江区基层组织

浈江区基层委员会主委：江　鸿
韶关市第一人民医院支部主委：
李　亶（任至7月）
李远东（7月任职）
韶关市综合支部主委：江　鸿
浈江区一支部主委：
邹建国（任至8月）
郑玉龙（8月任职）
浈江区二支部主委：黄文忠
浈江区三支部主委：
郭志毅（7月任职）
韶关学院支部主委：空缺
韶关市铁路医院支部主委：
罗少生

九三学社浈江区基层组织

浈江区基层委员会主委：何艳霞
浈江区一支社主委：
韩其飞（任至7月）
刘文兴（7月任职）
浈江区二支社主委：
苏　恬（女，任至7月）
白奕斌（7月任职）
浈江区三支社主委：曾　瑛（女）
丹霞山支社主委：
陈　昉（女，任至7月）
苏　恬（女，7月任职）
韶关学院基层委员会主委：
卢文贯
韶关学院一支社主委：
胡　敏（女，任至7月）
赵胜利（7月任职）
韶关学院二支社主委：
李　战（任至7月）
文昊翔（7月任职）
韶关学院三支社主委：
郑立军（任至7月）
艾安丽（女，7月任职）

驻区单位

浈江区税务局

局　长：廖建明
副局长：陈忆恩
聂才珍
罗　锋
邓朗珍（女）
张　超（任至5月）
冯文承（7月任职）

浈江区消防救援大队

大队长：王德祥（任至10月）
洪伟波（11月任职）
政治教导员：梁志勇（任至10月）
副大队长：刘　参
前进路消防救援站政治指导员：
刘　闯
莲塘路消防救援站政治指导员：
饶　鑫

浈江区党政直属部分事业单位

浈江区机关事务管理局

局　长：张　红（女）
副局长：陈丽芳（女）
欧业松
易红梅（女）

浈江区档案馆

馆　长：谭绍文（3月任职）
副馆长：谢海涵（3月任职）

浈江区史志办公室

主　任：谭绍文（8月任职）

浈江产业园管委会

主　任：林少芬（女，任至10月）
副主任：李湘滇（任至10月）
陈南光（任至10月）
吴华燕（10月任职）
刘朝晖（11月任职）

浈江产业园服务中心

主　任：林少芬（女，10月任职）
副主任：陈南光（10月任职）
李湘滇（10月任职）

镇（街）办

新韶镇

党委书记：李建华
党委副书记、镇长：叶伟国
人大专职主席：刘国成
党委副书记：潘才能
毛兰萍（女）
党委委员：王衍辉
胡建军
陈祥清
梁灯明
张蓉洁（女）
吕欣伟
副镇长：张林珍（女）
邓鹏瑞

乐园镇

党委书记：叶先林
党委副书记、镇长：黄伟强
人大专职主席：欧国梁
党委副书记：温六娥（女）
汪晓龙
党委委员：杨 辉
刘敏军
潘彦君（女）
黄雁池
黎郁群
廖细林（女）
曾水祥
副镇长：麦斌斌（女）

十里亭镇

党委书记：唐孝坤（任至11月）
李文怡（11月任职）
镇 长：郭 聪（任至6月）
饶 聪（7月任职）
人大专职主席：周永权
党委副书记：饶 聪（任至7月）
党委副书记：潘建经
吕建洪（7月任职）
党委委员、副镇长：何文胜
党委委员：肖 榕
范传广
江爱萍（女）
侯伙胜
吕建洪（任至7月）
李嘉杰
唐春雨（女，7月任职）
副镇长：黄 伟

犁市镇

党委书记：罗奕文（任至11月）
卢群吉（11月任职）
镇 长：张美成
人大专职主席：欧锐文
党委副书记：张美成
叶伟坚
韦秀容（女）
党委委员、副镇长：
张 坤（任至4月）
党委委员：潘志平（7月任职）
廖锦和
邓文福
何小青
刘丙娇（女）
王 程
杨贞灵
杨丁林
魏羽佳
副镇长：廖锦和（兼）
潘志平（12月兼职）
邓文福（兼）
齐玲玉（女）
镇长助理：赖鹏飞（7月挂职）

花坪镇

党委书记：吴根平
党委副书记镇长：杨荣华(6月任职)
人大专职主席：潘寿段(6月任职)
党委副书记：罗宇锋
林彦秀(女，4月任职)
党委委员、副镇长：卢志毅
党委委员：刘福鑫
许宏波
蒋新宇
周雪花(女，7月任职)
副镇长：叶达金

东河街道办事处

党工委书记：龚 翔
党工委副书记、街道办主任：
李芳芳（女）
人大工委主任：罗爱军
党工委副书记：王 兵
党工委委员：何海林
党工委委员、办事处副主任：
钟良东（女）
办事处副主任：蔡凌菲（女）

车站街道办事处

党工委书记：张翠萍（女）
党工委副书记、办事处主任：
付雪平
人大工委主任：邱少琼（女）
党工委副书记：熊锦华
党工委委员：邓文娟（女）
吴志坚
办事处副主任：彭旭东

风采街道办事处

党工委书记：梁吉兵
党工委副书记、办事处主任：
杨荣华（任至4月）
陈如碧(女，5月任职)
人大工委主任：周建君
党工委副书记：
陈如碧（女，任至4月）
党工委委员：杨曙峰（女）
余荣方
欧梅珍（女）
彭建林
办事处副主任：神文辉(任至4月)
何琼华（10月任职）

曲仁办事处

党工委书记：钟 荔（女）

党工委副书记、办事处主任：

廖　灵

人大工委主任：高宏伟

党工委副书记：梁晓华

党工委委员：李桂华

办事处副主任：唐国强

黄　娟（女）

田螺冲办事处

党工委副书记、办事处主任：

黄　文

人大工委主任：方燕珍（女）

党工委副书记、纪工委书记：

叶晓东

党工委委员：张　坤（4月任职）

办事处副主任：庄京尊

陈淑英（女，任至4月）

熊　芸（女）

供电部门

韶关城区供电局

副总经理：柳玉波

陈永进

刘晓林（女）

阙胜和

经济社会发展

【概况】　2020年，浈江区地区生产总值194.3亿元，同比增长2.9%，固定资产投资完成57.55亿元，同比增长0.2%，工业增加值完成32亿元，同比增长2.9%，社会消费品零售总额完成115.53亿元，同比下降6.6%，城乡居民人均可支配收入增长6.0%，单位生产总值能耗预计下降2%；地方财政一般公共预算收入完成4.45亿元，同比增长2.69%。

【重点项目管理】　2020年，全区固定资产投资小幅上升0.2%，涨幅比上半年增加16.3%。投资结构分化凸显。房地产投资完成16.16亿元，同比负增长24.5%；项目投资完成40.93亿元，同比增长13.6%。全区牵头负责的15个市重点项目年内已全部开工，开工率达100%；全年完成投资13.4亿元，占年度计划投资的91.3%。全区2020年安排的55个区重点项目完成投资32.54亿元，完成年度计划投资的70.6%。其中有42个项目已办理入库手续，区重点项目开工率76.36%。积极谋划和申报地方政府专项债项目，成功争取2020年专项债3.35亿元，争取一般债项目金额1.71亿元（含转贷资金），抗疫特别国债金额0.73亿元，有力推动浈江区产业园基础设施、旧城区老旧小区改造、镇级污水处理厂及管网、全域自然村集中供水、基层医疗卫生补短板、教育文化等基础设施和民生项目建设。

【工业】　2020年，全区规上工业产值累计完成112.6亿元，同比增长4%。规上工业增加值累计完成27.58亿元，同比增长1.8%，增速排名全市第8。产业园区固定资产投资3.3372亿元；规上企业产值收入46.32亿元，增速为0.7%；工业增加值10.89亿元，增速为1.7%；税收21398万元，增速为119.59%。

【农业】　2020年，全区完成农业总产值6.4994亿元，同比增长14.6%。完成农作物播种面积10.89万亩。稻谷产量1.809万吨，玉米产量854吨，大豆产量196吨，薯类产量1144吨，油料产量0.6904万吨，蔬菜产量7.4682万吨；生猪出栏9.7万头；家禽出栏169.3万只；渔业产量1.5859万吨；水果产量2.591万吨。

【商贸流通服务业】　2020年，浈江区新增限上商贸企业、批发零售业企业17家，服务业企业8家。外贸进出口总额累计66037万元，同比增长7.4%。新备案外资项目1个，合同吸收外资1万美元；引进内联项目8个，合同引进资金13.09亿元，内联实际到位资金0.5213亿元。社会消费品零售总额115.5亿元，同比下降6.6%。

【基本公共服务】　2020年，浈江区完成城镇新增就业3309人，为下达指标的100.27%；城镇失业人员再就业2911人，为下达指标的100.37%；就业困难人员实现再就业354人，为下达指标的101.14%；促进创业190人，为下达指标的100%；城镇登记失业率为2.43%，达到市要求的控制在3.5%之内目标。疫情防控取得阶段性成果，累计排查人员约80万人，累计重点人群核酸检测超过6000人份。卫生设施建设扎实推进，投入近700万元开展6家基层医疗单位能力提升工程建设，投入近600万元推进3家医疗机构修缮改造工程，投入650万元为基层卫生机构购置一批医疗设备和救护车5台，投入约50万元开展8家预防接种门诊标准化建设项目。是年，浈江区户籍人口出生2696人，政策生育率88.43%，性别比114.65；常住人口出生2363人，出生率7.83‰，自然增长率0.47‰。教育工作成果丰硕，疫情期间停课不停学，全区36000多名中小学生全部参加线上教育，实现100%参与。投入资金近3000万元新建乐园镇中心幼儿园和改建红玫幼儿园，2020年9月份正式开园；执信幼儿园建设也正式开始动工。

【环境保护】 2020年，浈江区完成碳汇造林50.67公顷，封山育林60公顷，1个绿美古树乡村建设项目完成预算编制及工程招标；168公顷省级森林碳汇林抚育项目、重点生态区域桉树改造补助试点项目完成项目预算编制及项目招标；完成松材线虫病飞机撒药防治1666.67公顷（含市级资金666.67公顷）。新建义务植树基地1处，面积2公顷。

（黄伟斌）

政治文明建设

【概况】 2020年，面对新冠肺炎疫情突袭而至的严峻形势，面对错综复杂的国内外环境，浈江区坚持以习近平新时代中国特色社会主义思想为指导，全面贯彻中共十九大和十九届二中、三中、四中、五中全会精神，学习贯彻习近平总书记重要讲话和重要指示批示精神，发挥党总揽全局协调各方的领导核心作用，全面加强和改进党的建设，坚定不移全面从严治党，不断提高党的执政能力，紧扣全面建成小康社会目标任务，坚持稳中求进工作总基调，统筹推进新冠肺炎疫情防控和经济社会发展，为决胜全面建成小康社会、决战脱贫攻坚提供坚强保障。

【强化创新理论武装】 2020年，浈江区坚持把学习贯彻习近平新时代中国特色社会主义思想作为首要政治任务，全面落实区委常委会会议第一议题制度和区委理论学习中心组学习制度，全年召开区委常委会、区委理论学习中心组等会议55次，制定《浈江区关于开展学习贯彻中共十九届五中全会精神以及习近平总书记出席深圳经济特区建立40周年庆祝大会和视察广东重要讲话重要指示批示精神学习培训工作方案》等3个配套方案，推动各级各部门学习贯彻往深里走、往实里抓。完善党员领导干部到基层宣讲制度，各级领导干部结合挂点联系镇（办）村（社区）、访贫问效、民情夜访工作，到基层一线领学带学。发挥10个镇（办）党校和101个分教点的作用，组织开展百人讲师团“送学下乡”。利用远程教育站点、韶关先锋、学习强国等平台，通过党员自主学、集中宣讲学、考试督促学等方式，引导全区党员干部切实增强“四个意识”、坚定“四个自信”、做到“两个维护”。组织开展贯彻新发展理念、全面深化改革等8个方面13个专题“深调研”。召开“狠抓作风建设，全面提升干部队伍执行力战斗力”专题民主生活会，从“精神状态、干事创业、工作落实、纪律执行”四个方面开展整治，转变干部作风，创文巩卫、“双拥”、华南教育历史研学、“阅丹公路+体育赛事”等工作得到市通报表扬。

【党的建设】 2020年，浈江区严明政治纪律和政治规矩，严肃党内政治生活，严格落实“三会一课”、民主生活会等制度。贯彻执行民主集中制，加强和改进党对人大、政协工作的领导，开展党管武装、国防动员工作，发挥工会、共青团、妇联、侨联、文联、工商联等群团组织联系人民群众的纽带作用。实施“头雁”工程、“青苗”培养工程，稳步推进村级换届选举工作，选优配强基层党组织书记和村（社区）干部。实施南粤党员先锋工程，完善“社区—居民区（小区）—楼栋”三级网格党组织体系，引导党员发挥先锋模范作用。深化模范机关创建，推行“三访”（定点接访、重点约访、主动家访）、规范“四步”（民情收集、民情整理、民情处理、民情反馈4个步骤）、争当“五员”（宣传员、协调员、守护员、服务员、济困员）的“345”新机制。推行“谐约共建”“社区吹哨、党员报到”、民情夜访等基层党建工作机制。引进195名“丹霞英才”及紧缺急需人才。坚定不移正风肃纪反腐，全年查处违反中央八项规定精神问题案件8宗，给予党纪政务处分15人，全区通报8人；查处基层腐败问题，给予党纪政务处分72人，组织处理19人。推进追逃防逃一体化建设，追逃工作走在全市前列，被评为全市追逃追赃工作先进集体。组织开展3轮常规巡察，参与1轮市县党委交叉巡察。

【平安浈江建设】 2020年，浈江区推行“中心+网格化+信息化”社会治理模式，完成25个无物业小区封闭式管理改造，落实派出所“八个一”勤务机制和红袖章“三个一”工作制度，推进

"扫黑除恶"专项斗争，打击各类违法犯罪行为，是年，全区刑事治安警情数同比下降 22.59%，刑事案件立案数同比下降 8.6%。完成"七五"普法目标任务，开展法治建设"四级同创""法律多进""谁执法谁普法"履职报告评议等活动，建成省级示范性乡镇公共法律服务工作站 2 个、示范性村公共法律服务工作室 6 个。开展安全生产、消防、三防、森林防灭火和食品安全隐患大排查大整治工作，全年出动 1021 人次，检查企业 306 家。全年排查调处各类矛盾纠纷 2543 宗，化解老来乐智慧养老公寓、南郊水果批发市场搬迁等矛盾纠纷，全年未发生重大群体性事件和较大安全生产事故，社会大局和谐稳定。

（陈雨君）

精神文明建设

2020 年 3 月 4 日，浈江区社区志愿者协助辖区中山市场开展疫情防控（区委宣传部 供）

【概况】 2020 年是韶关创建文明城市的大考年，浈江区对照《韶关市创建全国文明城市三年行动计划》、测评体系以及全区存在的短板问题，先后制定《韶关市浈江区 2020 年全国文明城市测评网上申报工作需求清单》《2020 年浈江区"善美韶关"主题活动计划安排表》《韶关市浈江区 2020 年开展"我们的节日"主题活动实施方案》《浈江区推进志愿服务制度化 2020 年工作安排》《韶关市浈江区 2020 年创文"五个一"入户宣传活动实施方案》《韶关市浈江区深化拓展新时代文明实践中心（所、站、点）建设试点工作实施方案》《韶关市浈江区生活垃圾分类"五进"宣传活动方案》等，统筹对标细化任务，逐级落实创建责任。

【创文网上申报材料报送】 2020 年，浈江区完成《浈江区关于做好新型冠状病毒肺炎疫情防控工作网上申报材料》收集整理和上报，共计 4 个大项 13 个子项 35 份图片、文档资料；完成《2020 年未成年人思想道德建设工作网报材料》的上报，共计 3 个大项 10 个子项 16 份图片、文档资料。完成《2020 年全国文明城市测评网上申报材料》的上报，共计 36 个大项 65 个子项 207 份图片、文档资料。

【文明创建】 2020 年，浈江区通过常态化督导加强整治，针对督导情况及群众反映的问题，严格要求责任单位做到定人、定责、定进度，保证整改到位。全区累计下发督办通知 29 份 1367 个问题，其中整改完毕 1041 个，整改率 76.15%；结合镇（办）辖区将浈江区划分为 7 个大网格、64 个小网格，分别成立日常问题巡查小组、问题处理小组、考核小组，实行网格四级管理，全年发现问题 20014 个，其中专职巡查员发现问题 6621 个，村（居）社区发现问题 13393 个；处理问题 18027 个，其中专职巡查员协调解决问题 5316 个，村（居）社区协调解决问题 12711 个。5 月 15 日，组织召开浈江区新时代文明实践阵地建设工作及创文网上申报材料培训会议，开展专业培训，不断提升文明创建工作水平。

【精神文明活动】 2020 年，浈江区获得"广东省文明家庭"1 户；推荐 8 名优秀人物参与"韶关好人"评选活动；获得 2020 上半年韶关市"新时代好少年"1 名，并分别在6月和11月分别举办上、下半年评选表彰活动，获得"浈江区新时代好少年"24 人；组织开展 2020 年市、区级文明村镇申报及评选，完成全区 95% 文明村镇覆盖率。是年，浈江区结合疫情防控开展文明引导、政策宣传、防疫知识普及、物资运输发放、环境消毒、爱心送餐等志愿服务项目，截至12月底，累计开展各类活动1843场，其中疫情防控工作志愿服务活动342场。

入户宣传　2020年，浈江区利用市直、区直挂点单位和社区党员常态化开展创文入户宣传工作，提升市民知晓率和满意度。根据韶关市下达的创文入户任务，区创文办制定《浈江区2020年创文“五个一”攻坚实施方案》，完成10个镇（办）、41个建成区社区作创文“五个一”入户宣传前培训，全年开展4次创文“五个一”入户宣传活动共计3500户，8月文明城市创建群众知晓率98%，群众满意（支持）率为99.5%，9月完成建成区97003户居民的创文入户宣传全覆盖，编印和发放创文调查问卷和公开信11万份。11月以来，实行创文入户宣传常态化，分别在曲仁办、田螺冲办、东河办的社区开展“2020年浈江区创文知识有奖问答”活动。

倡导使用公筷　2020年，浈江区制作中央文明办、市文明办设计的使用公筷平面公益广告400余幅，在辖区主要干道、饮食场所、街道社区等显著位置张贴海报300余张，发放文明用餐倡议书300余份，LED电子显示屏投放75块，滚动播放中央广播电视总台设计制作的公筷视频公益广告《筷筷有爱篇》1000余次；发放张贴“文明健康 有你有我”的宣传海报16000张；更换精神文明建设宣传栏150块；制作并发放中共十九届五中全会精神宣传画600幅。

【文明环境整治】　2020年，浈江区完成东堤北路（百年东街）路面整治工程；完成浈江大道南沿线3千米机非分离设施的改造提升；完成曲江交界处（韶冶附近）道路景观绿带提升工程，完成浈江大道北育红巷87、95、99号楼立面整治工程。截至12月20日，拆除乱搭建、未经审批的户外广告243宗，拆除面积6125.04平方米，拆除违法建筑288宗，拆除总面积160007.39平方米；在辖区内的主次干道、学校、市场、小区周边都更新分类垃圾桶2000多个，新安装新型太阳能多功能分类果皮箱500多个，增加废弃口罩垃圾桶120个；查处各类交通违法行为74692起，其中，现场执法21154宗、非现场53538宗，酒驾477宗（其中醉驾26宗），暂扣各类机动车辆11145辆，电动车4740辆；责令校园周边违规食品经营户整改59家。

【文化宣传阵地建设】　2020年，浈江区依托党建平台、综合文化中心、文化室、图书室以及其他相关设施等，搭建新时代文明实践主体结构，截至12月，建成新韶镇、乐园镇、十里亭镇、花坪镇、犁市镇、东河办、车站办、风采办、曲仁和田螺冲（曲仁办与田螺冲办共建）9个新时代文明实践所，完成率100%。挂牌成立新时代文明实践站95个，完成率93%。是年，照壁街区和武镇街区两个示范点打造完成，其中照壁街通过融入古玩、花卉以及历史文化元素，还原浓厚商贾文化气息；武镇街通过深厚的历史底蕴，展现千年古邑的人文风貌。

（区委宣传部）

生态文明建设

【概况】　2020年，浈江区以弘扬生态文化、自然资源保护管理、山水林田湖草生态保护修复试点等工作为重点，培育、保护自然资源，改善生态环境。全年完成碳汇造林50.7公顷，省级森林碳汇林抚育168公顷，封山育林60公顷。

【生态文化弘扬】　2020年，浈江区加强政策宣讲，弘扬生态文化，组织开展浈江区农村乱占耕地建房问题摸排工作业务培训和“善美韶关、风采浈江——在新一轮大发展中将迎来浈江机会”“严格落实23条举措、扎实做好森林防灭火各项工作”等政策宣讲。11月8日上午，浈江区在犁市镇人民公园开展创建国家森林城市、扫黑除恶、野生动植物保护、森林防火及地质灾害防治宣传活动。通过悬挂宣传横幅、发放《中华人民共和国森林法》《保护野生动植物宣传手册》，发放《韶关市野外用火管理条例》、警示案例宣传资料，明确在森林防火区、农业生活区、城镇居民区禁止的野外用火行为，提高群众的森林防火意识。发放地质灾害防治基本知识手册，宣传崩塌、滑坡、泥石流、地面塌陷、地裂缝、地面沉降等6种常见地质灾害的相关知识、地质灾害发生前兆特征及地质灾害预防与监测，普及地质灾害防治知识。利用全国土地日、爱鸟周、湿地日、森林防火宣传月、野生动物宣传月等时机，开展主题宣传活动，发放张贴各类宣传资料约40万份（册），悬挂宣传横幅（电子屏）600余条。

【自然资源保护管理】 2020年，浈江区加强日常在线巡查，开展动态巡查1397次，巡查距离124158.19千米，上线率保持100%。严格执行林地保护利用规划，严格林地用途管制和定额管理，严禁在交通主干道（京珠、韶赣、广乐高速公路等）、沿江（浈江、武江、北江）及城镇周边第一重山的林地范围内采石、采矿、取土、建坟及毁林种果。开展“护林2020”“昆仑2020”“严厉打击违规野外用火违法犯罪”“严厉打击破坏野生动物资源违法犯罪活动”等各项专项打击破坏森林和野生动植物资源违法犯罪行动。森林火灾受灾率控制在0.5‰以内。加强林业有害生物监测防控和检疫工作，林业有害生物成灾率控制在4‰以内。

【山水林田湖草生态保护修复试点推进】 2020年，浈江区围绕省委“全力筑牢粤北生态屏障，打造绿色发展韶关样板，争当北部生态发展区高质量发展排头兵”的要求，结合粤北南岭山区山水林田湖草生态保护修复试点工作，围绕村镇生活污水治理和历史遗留工矿废弃地复垦利用等方面，提出五里亭良村片区截污工程、化工厂地块土壤风险管控与修复项目、大陂河水环境治理工程、丹霞山片区大富河流域水环境治理项目、枫湾河（新韶片区）和武江河（犁市片区）流域水环境治理项目等5个工程项目，成功通过市级遴选并获得中央奖补资金1.3564亿元。

截至12月31日，五里亭良村片区截污工程完成总体进度99%，化工厂地块土壤风险管控与修复项目完成总体进度58%，大陂河水环境治理工程完成总体进度92.7%，丹霞山片区大富河流域水环境治理项目完成总体进度99%，枫湾河（新韶片区）和武江河（犁市片区）流域水环境治理项目完成总体进度93.7%。5个项目建成投入使用后，可使浈江区国控和省控断面地表水水质优良（达到或优于Ⅲ类）比例达到100%，村镇生活污水收集处理率达到80%以上，历史遗留工矿废弃地复垦利用面积15.66公顷。

【全域创建国家森林城市】 2020年6月，浈江区犁市镇大村樟树王、花坪镇奎塘村连理樟树王被评为韶关市“十大樟树王”。是年，浈江区加强“樟树王”宣传和旅游线路规划，深入挖掘古树历史，讲好古树故事，整治周边环境，拆除周边破旧泥砖房、乱搭建违建房，建设公园、停车场、休憩场所、公厕等，推动乡村旅游发展，提高村居环境质量。组织辖区村庄参与国家森林乡村评选活动，是年，浈江区黄竹村成为第一批获得“国家森林乡村”称号的乡村。 （文纯君）

链 接

韶关市“十大樟树王”之浈江区名单

大村樟树王：位于浈江区犁市镇大村，树龄400年，树高25米，树围6.1米，冠幅30米。上榜理由：1.具有历史价值，传承红色基因。抗战期间，岭南大学曾在此开荒办学，相关人员凭借此古樟树重新寻找到岭南大学旧址；2.树高排名第二。树高达25米，高高屹立在小山坡上，仿佛一个高大的守卫者，保护着岭南大学旧址；3.长势旺盛，坚韧顽强。主干粗壮，枝干挺拔，体态稳健，呈现出坚韧顽强的姿态，发扬着岭南大学的精神；4.具有旅游开发潜力。随着岭南大学旧址的重建，该古树逐渐为人所知，可充分结合丰富的红色资源，打造古树乡村旅游点。

奎塘村连理樟树王：位于浈江区花坪镇奎塘村，一树龄：470年，树高25米，树围8.5米，树冠40.5米；二树龄：470年，树高23米，树围8.2米，冠幅40米。上榜理由：1.古树中的冠幅“状元”。该古树平均冠幅超过40米，是全市候选樟树王中冠幅最大的两株古树；2.造型罕见的连理樟树。两株古樟树共同矗立于小山坡顶上，如同一对恩爱夫妻相偎相依470年，实属珍贵。树干粗壮，树枝横发，树冠巨大，远远望去，犹如一把绿色巨伞，横空出世；3.村民口口相传，深得宠爱。据当地人祖辈口口相传，两株古树为村中一对夫妻所种，寓意子孙后代儿女满堂、安康幸福美满；4.旅游开发潜力较大。可结合奎塘村古樟树群等丰富资源，打造古樟树公园、连理樟树王公园，加大宣传力度，提升知名度。

2020年浈江大事记

1 月

8—9 日　浈江区民政局组织开展全区养老机构安全生产和消防演练现场会暨全区养老机构服务质量和安全管理联合检查。

9 日　浈江区法治文化主题公园启动仪式暨送法进村（社区）活动在十里亭镇同乐园举行。该法治文化主题公园主要运用雕塑石刻、宣传长廊、法治亭、法治文化游戏设施等展示浈江区“七五”普法的成果，以及法治名言、法治格言、法治造型等。

10 日　副市长李欣率队到韶关东站察看“青春志愿行 温暖回家路”2020年浈江区春运“暖冬行动”志愿服务活动开展情况，了解便民服务、应急救援等志愿服务物资准备工作，慰问春运一线工作人员。

13 日　浈江区“不忘初心、牢记使命”主题教育总结会议在区机关综合楼四楼会议中心召开。区委书记陈来安、市委主题教育第二指导组组长何正平出席会议并讲话，区委副书记、区长曾清兰主持会议。

16 日　中国共产党韶关市浈江区第九届委员会第十次全体会议在区机关综合楼四楼会议中心召开。区委常委会主持会议。会议听取区委书记陈来安代表区委常委会所做的报告和区委副书记、区长曾清兰关于经济工作的讲话，审议区委常委会抓党建工作情况报告，表决通过《中国共产党韶关市浈江区第九届委员会第十次全体会议决议》。

是日　市委常委、政法委书记李安平率队到浈江区慰问困难群众和福利院老人。

18 日　韶关市隆盛酱园博物馆开馆暨首届酱文化节在浈江区百年东街隆盛酱园老楼旧址开幕。

21 日　浈江区召开全区新型冠状病毒肺炎疫情防控工作会议，传达全市新型冠状病毒肺炎疫情防控工作会议精神。区长曾清兰主持会议，区各单位有关领导出席会议。

24 日　浈江区 7 处宗教活动场所暂停对外开放和取消宗教活动，各宗教场所在醒目位置张贴疫情期间关停的紧急通知。

2 月

1 日　韶关市人大代表、浈江区人大常委会委员、广东兴顺佳食品科技发展有限公司董事长杨明雄，通过浈江区总工会、浈江区红十字会定向免费捐赠口罩 800 个，支持浈江区风采街道办事处的疫情防控工作。

3 日　浈江区新型冠状病毒肺炎疫情防控指挥部办公室工作会议召开，区委常委、常务副区长王友华主持会议。

7 日　区委书记陈来安率检查组一行先后到辖区鑫金汇门口、北环高速良村出口、武江监狱门口等检查站，实地察看到韶关车辆管控和人员排查情况，详细询问检查站的执勤人员、设备设施、检测工作制度落实以及重点地区车辆流入等情况，听取有关工作情况汇报。

9 日　区委书记陈来安，区委副书记、区长曾清兰分别率队到辖区部分重点企业，检查指导疫情防控和复工复产工作。

11 日　区委书记陈来安率检查组一行先后到浈江区康寿居家养老服务中心、浈江区家宝养老中心等民办养老机构检查疫情防控工作。重点检查各养老机构是否严格落实人员出入管理、老人防护、内部管控、环境消毒等疫情防控措施。

是日 浈江区红十字会开展新型冠状病毒肺炎疫情防控捐赠仪式，收到韶关市钢捷市场服务有限公司捐款 10 万元、新韶镇大陂村委爱心村民自发捐款 6.1 万元、爱心老党员刘鑑波个人捐款 4000 元及韶关市源丰文体用品有限公司捐赠的疫情防控物资一批。

2020 年 2 月 12 日，浈江区政法工作会议召开
（区委政法委　供）

12 日 浈江区政法工作会议召开，会议贯彻落实中央、省、市委政法工作会议部署，总结 2019 年全区政法工作情况，部署 2020 年全区政法工作，传达省委、市委政法工作会议精神和市委书记李红军对政法工作的批示。

13 日 韶关市总工会常务副主席吴国强率队一行 9 人到车站社区卫生服务中心、乐园镇卫生院等医疗机构慰问。

16 日 浈江区委主要领导带领检查组一行先后到韶关比亚迪实业有限公司、粤华国电、风度名城等地了解企业复工复产、疫情防控和返岗人员管理等方面的情况。

17 日 区委书记陈来安率领浈江区公安分局、浈江区城市管理和执法局、浈江区自然资源局等相关单位负责人先后到大学路和韶南大道，实地调研沿线道路环境综合整治工作。

18 日 区委书记陈来安到新韶镇莲花村、东联村和陈江村调研农村人居环境卫生整治工作和春耕备耕工作。

20 日 区委书记陈来安带领相关部门负责人到风采街道办事处解放路社区、东河街道办事处浈江路社区、乐园镇沙梨园村头村村小组等地，实地察看各辖区开放式居民区及其周边环境情况，了解各居民区住户人数、出入口数量、车辆进出、日常卫生保洁等情况。

27 日 市委常委、政法委书记李安平到浈江区调研开放、半开放居民区封闭管理提升工作。

27—29 日 浈江区被列为疫情防控“低风险地区”。浈江区市场监督管理局组织开展以“广场会议”形式的餐饮业复工复产推进会 8 场。全区有 163 户大中型餐饮经营户参加复工复产推进会，现场签订《食品安全承诺书》163 份。

是月 浈江区物业管理小区实行封闭式管理。对无物业小区，联合社区工作人员、党员和志愿者群防群治，设岗值勤。

3 月

5 日 区委书记陈来安带领区工信、统计等部门负责人到辖区部分企业调研疫情防控和复工复产工作。

10 日 浈江区人大常委会党组召开（扩大）会议，传达学习习近平总书记在中共中央政治局常务委员会会议上研究新冠肺炎疫情防控和稳定经济社会运行重点工作的重要讲话精神和习近平总书记在决胜脱贫攻坚座谈会上的重要讲话精神，并结合人大实际，部署下一步浈江区人大常委会机关在疫情防控新形势下决战决胜脱贫攻坚等工作。浈江区人大常委会党组书记、主任谭雪华主持会议。

12 日 浈江区四套班子领导率队到犁市镇群丰村委会莲塘村小组开展 2020 年义务植树活动，种植黄花风铃、铁冬青、乐昌含笑等乡村阔叶树种树苗 1000 余株。

15 日 浈江区政务服务数据管理局牵头推广应用韶关市电子政务办公业务系统（“新 OA 系统”）。

17 日 区委书记陈来安率领相关部门负责人到韶关学院医学院迁建项目现场实地调研项目推进情况。

19 日 韶关市委书记李红军、副市长凌振伟等人到犁市镇大村调研华南教育历史研学基地建设情况。

是日 浈江区召开 2020 年组织工作会议，深入学习贯彻全国、全省和全市相关工作会议精神，并落实有关工作部署。

24 日 中国共产党韶关市浈江区第九届纪律检查委员会召开第五次全体会议。区委书记陈来安出席会议并讲话，区委副书记、区长曾清兰传达十二届市纪委五次全会精神。区委常委、区纪委书记、区监委主任曾光明代表区纪委常委会作工作报告。

是日 浈江区防疫指挥部制定下发《浈江区2020年清明祭扫期间疫情防控工作方案》，以公开信的形式倡导群众以精神祭拜缅怀故人，倡导家庭分散追思、家庭悼念、手机祭祀、远程代拜、鲜花代献等方式缅怀先人。

25 日 区委书记陈来安一行到浈江区政务服务数据管理局调研“智慧浈江”综合建设项目工作。

26—27 日 浈江区开展2020“丹霞英才”及紧缺急需人才春季网络视频招聘活动，通过网络视频面试的方式从全国各地引进69名医疗卫生类、教育教学类人才。

30 日 区委书记陈来安主持召开座谈会，听取浈江区农业农村局、浈江区应急管理局、浈江区发展和改革局等相关职能部门围绕各自职责对“三防”工作开展情况的汇报，分析“三防”工作存在的问题，研究部署全区“三防”工作。

是日 浈江区做好清明节期间疫情防控、群众祭扫服务管理和森林防灭火工作，降低境外输入、复产复工和人员流动增加带来的疫情传播风险，保障人民群众生命财产安全。

是月 浈江区黄竹村成为第一批获得“国家森林乡村”称号的乡村。

4 月

3 日 区市场监督管理局在全区范围内开展食品经营环节食品安全专项整治行动，出动执法人员207人次，检查食品经营单位377家次，发现问题27个，下达责令改正通知书21份，责令下架标签不符合要求的食品1批次，查扣超过保质期食品1批。

7 日 浈江区召开加快省定贫困村自来水改造工程建设工作现场会。该项目改建供水管道总长22.41千米，总投资640万元，项目完工后犁市镇大村行政村可实现全天候供水。

是日 区委书记陈来安率队到浈江产业园调研园区经济运行、土地开发利用和基础设施建设等情况。

8—9 日 区人大常委会主任谭雪华、副主任麦章彬率检查组一行实地察看各镇人大的办公室、人大代表中心联络站、暖心驿站等工作场所，查阅各镇人大的相关档案资料，检查各镇人大的组织建设、召开会议及行使职权、闭会期间主席团履职、人大代表发挥作用、镇政府配合人大工作及接受监督等情况。

10 日 浈江区召开做好金融服务推动企业复工复产满产工作会议。会议传达市政府复工复产满产工作会议精神，介绍浈江区2020年经济社会发展主要目标任务和企业复工复产满产融资需求，并解读《浈江区“十家银行服务百家企业”工作方案》。区委书记陈来安主持会议并讲话，韶关市相关负责人及各银行机构和企业代表出席。

22 日 区委书记陈来安率队到辖区韶关市第八中学、碧桂园外国语学校、韶关市第十三中学检查指导初三返校复课准备工作。

2020年4月30日，浈江区开展全国知识产权宣传周活动 （区委宣传部 供）

23 日 浈江区2020年全国知识产权宣传周活动在辖区金汇大道举行。

26 日 浈江区组织党员干部和志愿者开展第32个爱国卫生月统一行动日活动，整治活动出动人员近百人，出动各类机械工具10台，整治路面1000米，清理卫生死角15处，清运淤泥垃圾、废品杂物20吨，清理乱涂乱画、“牛皮癣”50处，消杀面积1000平方米，投放鼠药20公斤。

27 日 浈江区召开浈江区第七次全国人口普查工作会议，标志着浈江区第七次全国人口普查工作全面展开。各镇（办）人口普查工作分管领导、统计员等人员参加会议。

30 日 浈江区部署“四好农村路”建设攻坚暨普通公路路长制“136”行动工作。

5 月

8 日 浈江区组织多部门对陵东路 5 号铁厂片区开展围闭拆除工作。拆除陵东路铁厂片区房屋面积 1465.93 平方米，共有 34 户房屋，其中空房 13 间无人居住，完成棚改腾空 20 户。

是日 浈江区聘请广州穗联直升机通用航空有限公司使用贝尔 407 直升机 1 台实施飞机喷洒药物作业防治松材线虫病。

9 日 浈江区 2020 年汽车下乡展销月启动仪式暨犁市站展销会活动在犁市镇人民公园举行，在车企让利的基础上，按照《广东省关于促进农村消费的若干措施》，对购车的农村群众给予燃油车 5000 元 / 辆、新能源车 10000 元 / 辆的财政补贴。此次展销会有 30 多家车企 44 个品牌参展促销，依次在犁市镇、新韶镇、十里亭镇、花坪镇、北江广场分 5 站举办，持续至 6 月下旬。

11 日 浈江区法律援助处以“助力复工复产 强化安全意识”为主题，到浈江产业园开展“送法进企业”宣传活动。

是日 区委副书记、代区长胡德林到辖区检查指导第二批学生返校复学工作 。

是日 浈江区人民政府门户网站增设国防教育专栏。

是日 区委书记陈来安一行到区维稳工作专班督导检查全国两会期间全区信访工作及安保准备工作。

18 日 浈江法院首次组成“3 名法官 +4 名人民陪审员”的 7 人合议庭，开庭审理浈江区检察院提起的一起刑事附带民事公益诉讼案件。

22 日 浈江区开展“疫情防控工作先进典型事迹”基层宣讲活动。各镇办创文分管负责人、区直有关单位负责人及各新时代文明实践志愿者服务队队长参加活动。

5 月 23 日，浈江区“服务社区 我当先锋”集中活动举行 （区委宣传部 供）

23 日 浈江区“服务社区 我当先锋”集中活动在启明路全民健身广场举行。

25—26 日 政协韶关市浈江区第九届委员会第五次会议召开。会议审议通过区政协主席黄德乔代表政协浈江区九届常务委员会在第五次全体会议所作的工作报告和区政协副主席何绍福代表政协浈江区第九届常务委员会所作的九届四次会议以来提案工作情况报告。选举部分九届区政协副主席及增补九届区政协委员。

25—27 日 韶关市浈江区第九届人民代表大会第五次会议召开。表决通过《关于设立浈江区九届人民代表大会社会建设委员会、监察与司法委员会的决定》、组成人员人选通过办法、《浈江区第九届人民代表大会第五次会议民生实事项目票决办法》《浈江区第九届人民代表大会第五次会议选举办法》。

27 日 区委书记陈来安率领有关区领导以及相关部门负责人到犁市镇大村调研粤北华南教育历史研学大村基地建设工作，实地察看大村乡村环境整治和研学基地基本旅游配套建设，详细了解村容村貌、基础设施建设、道路提升建设、公共服务设施建设和历史遗存修缮及重建等情况。

28 日 市委常委、市政府党组副书记、常务副市长华旭初到风采街道办环园路社区党群服务中心开展“六一”国际儿童节慰问活动。

29 日 浈江区召开区委第十轮巡察工作动员部署会，会议传达习近平总书记关于巡视工作重要指示、全国巡视工作会议、全省巡视巡察及全市巡察工作会议精神，宣布第十轮巡察任务分工决定。

是月 浈江区召开乐园镇、风采街道办省教育强镇第二轮复评工作启动大会，正式启动乐园镇、风采街道省教育强镇第二轮复评工作。

6 月

2 日 浈江区辖区幼儿园迎来开园日，全区 68 所幼儿园根据园所实际情况，分批分段、错时错峰有序开园。

是日 韶关市商务创新中心新闻发布会在鑫金汇路演中心举行。

是日 韶关市 2020 年“垃圾分类·青春助力”垃圾分类宣传活动在浈江区启明路全民路健身广场举行，团市委、市文明办、市住管局有关领导及其他相关负责人出席活动。

9 日 浈江区召开森林火灾风险隐患排查试点工作动员部署会，传达省、市有关文件精神，部署全区森林火灾风险隐患排查试点建设工作。

是日 市委常委、市委政法委书记李安平在区委书记陈来安等有关领导的陪同下，到韶关冶炼厂居民区调研无物业小区封闭管理提升工作。

是日 区长胡德宁到花坪镇了解污水处理厂建设进展情况。

13 日 2020 年“文化和自然遗产日”非物质文化遗产（简称“非遗”）宣传展示广东省主会场活动暨“全域旅游在行动·广东人游广东”健康出行季活动启动仪式韶关浈江分会场活动在犁市镇大村华南教育历史研学基地举行，同时举行 2020 年浈江区非遗进校园示范点授牌仪式，犁市镇中心小学和建国小学分别为浈江区非遗项目“舞春牛”“蔡家拳”示范学校。

15 日 区委副书记、区长胡德宁组织召开地方特别国债暨固定资产投资项目工作会议。区相关分管领导，区直相关部门及各镇（办）主要负责人参加会议。

是日 浈江区 2020 年食品安全突发事件（Ⅳ级）应急演练活动在辖区韶关市第一中学第二饭堂举行。活动演示地方政府和相关职能部门在处置食品安全突发事件中的程序和动作，展现各单位应急处置能力。

16 日 花坪镇奎塘村委古圩场村的樟树“连理樟树王”获得韶关市“十大樟树王”称号。

16 日 韶关市人口普查办公室主任张盛福率队到乐园镇百旺社区指导韶关市第七次全国人口普查综合试点工作。

17 日 区委书记陈来安率检查组一行先后到兴隆市场、东联水产批发市场等地开展重点环节食品安全检查，重点检查生鲜、冷冻猪肉、鸡鸭肉等畜禽肉类、水产品及其制品，并详细察看市场环境卫生情况和常态化疫情防控措施落实情况。

18 日 浈江区人大财政经济委员会首次调研区政府国有资产管理情况，并组织学习《中共广东省委关于建立省政府向省人大常委会报告国有资产管理情况制度的意见》。

是日 广东省总工会一行在区委书记陈来安等有关领导的陪同下，到浈江区调研文化宫建设情况。

22 日 市委常委、市委政法委书记李安平率慰问组到十里亭镇和犁市镇走访慰问困难党员和贫困户。

27 日 韶关市委副书记、市长王瑞军等领导到浈江区产业园调研，区委副书记、区长胡德林，副区长彭荣华陪同调研。

29 日 浈江区组织召开扫黑除恶专项斗争新闻发布会。浈江区扫黑办有关负责人向省、市新闻媒体记者通报浈江区扫黑除恶专项斗争开展情况和取得的成效，并给举报线索群众发放奖金 6000 元。

30 日 中央宣传部、财政部、文化和旅游部、国家文物局公布第二批革命文物保护利用片区分县名单，其中，确定浈江区入选广东抗日根据地片区。

是日 浈江区举行“6·30”广东扶贫济困日捐款活动。募集善款 67 万余元，所募捐资金重点用于扶贫脱贫、困难群众救助及乡村振兴工作。活动现场设立扶贫产品认购区，合计认购扶贫产品 7.6 万元。

是月 浈江区辖区内 36 座公共厕所改造完成。

7 月

1 日 中共广东省委粤北省委历史陈列馆升级改造工程完成，并对外开放。新展共展出文物 126 件（套），珍贵的历史影像资料 5 件。新展以造型展墙、互动电子屏、幻影成像、互动模拟游戏等多媒体手段和沉浸式场景，增强观众参观的趣味性和参与性。

2 日 雅居乐地产集团到浈江区投资考察座谈会召开。

15 日 市委常委、宣传部部长刘启宇到风采街道办事处调研照壁街文化提升工作。

16 日 浈江区召开全面推行河长制工作领导小组第二次会议暨农村安全饮用水保障项目推进会。区委书记、区第一总河长陈来安，区委副书记、区长、总河长胡德宁等相关领导参加会议。

2020 年 7 月 17 日，浈江区总工会开展"抗击疫情，疏导职工心理"培训会 （区委宣传部 供）

17 日 区总工会开展"抗击疫情，疏导职工心理"培训会。区直机关、镇（办）、辖区企业工会组织干部，粤运集团、公汽公司安全技术员和驾驶员共约 200 人参加培训会。

20 日 市长王瑞军、副市长高冬瑞、市教育局局长张立江等领导在区长胡德宁、区政协副主席兼教育局局长吕德基的陪同下到风采实验学校巡查指导中考工作。

21 日 浈江区召开推动经济社会高质量发展企业授匾大会，表扬通报授匾企业 127 家。

22 日 南沙实验学校新建项目设计方案讨论会召开，区长胡德宁主持会议。

是日 浈江区人大常委会组织举办《中华人民共和国民法典》专题讲座，邀请韶关市律师协会会长、区九届人大代表罗运标主讲。浈江区人大常委会主任谭雪华主持讲座，部分驻浈江的市人大代表、区九届人大代表、区人大常委会机关全体人员和镇人大主席团全体成员近 200 人参加学习。

是日 浈江区召开"房地一体"农村不动产登记发证工作培训动员会议，解读《浈江区"房地一体"农村不动产登记发证工作实施意见》。

23 日 韶关市"善美之城·法治韶关"——"送法进乡村、进社区、进码头、进船舶"暨民法典法治宣传志愿服务活动在犁市镇举行。活动发放《中国华人民共和国民法典》《中华人民共和国宪法》《中华人民共和国土地承包法》《中华人民共和国劳动合同法》等法律法规宣传材料 800 余份，张贴宣传标语 4 条，设立法律咨询台 4 个，接受群众关于劳动合同、赡养、土地承包等方面的法律咨询 300 余人次。

27 日 浈江区文明建设委员会第一次全体成员（扩大）会议召开，学习贯彻习近平总书记关于精神文明建设的重要论述精神，落实省、市文明委有关会议精神，总结上年度工作和部署 2020 年全区文明城市创建工作。

31 日 浈江区投资领域统计工作培训会议暨全区第七次人口普查工作会议召开。会议围绕固定资产投资统计主要内容及投资项目申报入库有关业务知识进行培训，讲解固定资产投资统计原则和组织实施、固定资产投资的概念和统计范围、固定资产投资完成额构成及填报宜居、固定资产投资项目入库工作、固定资产投资统计工作要求。

8 月

1 日 浈江区 2020 年汽车下乡展销会花坪站在花坪工矿文化广场上举行。

2 日 风度路步行街诚信示范街创建主题活动在辖区风度广场举行。市、区两级市场监管局领导为"放心消费承诺"单位代表颁授牌匾，现场为市民提供消费投诉咨询和食品安全宣传等服务，赠送《中华人民共和国消费者权益保护法》等法律法规小册子 1 万余份。

4 日 上午，浈江区召开 2020 年全区法治宣传教育工作联席会议暨民法典学习宣传工作部署会，会议由副区长、浈江公安分局局长曾东野主持，区委常委、区政法委书记刘锋出席会议并作讲话。

5 日 浈江区召开第十一轮巡察工作动员会，2 个巡察组分别进驻区人大常委会办公室、区政协办公室、区产业园管委会、区土地和房屋征收事务中心4个单位。

7日　韶关学院政法学院院长、韶关市人大常委会委员、法委副主任委员韩登池一行5人到浈江区调研并召开“广东省北部生态区基层社会治理体系和治理能力现代化研究”调研座谈会，会议由区人大常委会主任谭雪华主持。

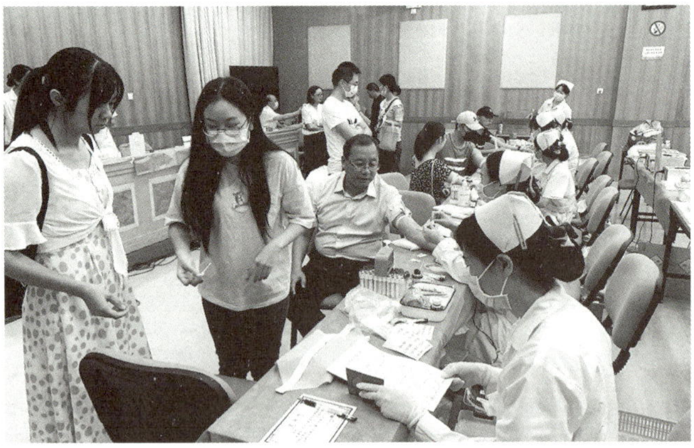

2020年8月7日，浈江区组织开展夏季无偿献血活动　（区委宣传部　供）

是日　浈江区组织开展2020年夏季无偿献血活动，辖区约250名干部职工踊跃参与，累计献血量87500毫升。

8日　位于韶关东环商贸圈的华南农产品交易中心水果蔬菜批发市场正式开业运营，130余家商户入驻经营。

10日　韶关市召开农房管控与历史文化活化利用现场会，与会人员到犁市镇大村参观华南教育历史研学（大村）基地，察看历史文化活化利用、农房管控及人居环境整治等工作。

12日　北江广场停车场智能化升级改造完成。改造后的停车场有车位590个，分大车区和小车区2个区，其中大车13个，小车停车位577个。

12日　浈江区移动智慧社区卫生院服务项目签约仪式在区卫生健康局举行。

20日　市政协主席王青西率队到车站街道办事处挂点社区督导检查创文迎国检工作。

是日　浈江区与雅居乐集团签署莲花大道项目投资建设备忘录。

24日　花坪镇（肉鸡）被认定为省“一镇一业”专业镇，犁市镇厢廊（铁皮石斛）、大村（油茶）和花坪镇奎塘（蜜柚）等3个村被认定为省“一村一品”专业村。

28日　浈江区红玫幼儿园建成使用。占地面积2350平方米，总投资1500多万元，利用原韶师附小低年部改建而成，幼儿园开设10个教学班，可容纳约300名幼儿就读。

28日　市委常委、政法委书记李安平，市政协副主席吴春腾一行到浈江区调研。

30日　乐园镇中心幼儿园举行开园活动，投资约2300万元，占地面积4000平方米，开设9个教学班，可容纳270名幼儿。

31日　浈江区召开2020年“丹霞英才”见面座谈会，“丹霞英才”党政储备类和医疗卫生类人才任职培训报到41人。

是月　浈江区完成韶关市第七次全国人口普查综合试点工作。该次试点区域共划分乐园镇53个普查小区，其中百旺社区居委会29个普查小区、新村村委会22个普查小区、韶冶社区居委会2个普查小区。完成短表登记6058户9273人，长表登记281户884人。

9　月

3日　“铭记烽火历史、传承红色基因”——走进华南教育历史研学基地系列活动浈江主会场在犁市镇大村举行。活动为冼玉清雕像揭幕，并举办广州交响乐团《马思聪作品集》首发及唱片捐赠仪式。

4日　浈江区专利现状分析成果发布会在鑫金汇路演中心举行。

5日　广东省城乡妇女健康知识宣传活动走进社区（韶关市会场）在浈江区启明路全民健身广场举行。

是日　浈江区人口普查办公室组织开展第七次全国人口普查第一批“两员”综合业务培训。

8日　南郊水果批发市场108户经营户全部搬迁至华南农产品交易中心水果交易区。

11日　浈江区老干部（老年）大学曲仁校区举行揭牌仪式，正式投入使用。

是日　韶关市首届网络文化节启动仪式在辖区百年东街婚庆广场举行，也是韶关市首届带货官PK大赛、“韶关好网民·为家乡代言”系列活动、网络中国节系列活动、韶关市红色资源活化项目。

14 日 区人大常委会主任、社会事业项目专项指挥部总指挥谭雪华主持召开 2020 年社会事业类重点项目推进会。挂点项目领导、牵头单位负责人、项目负责人等参加会议。

15 日 华南农业大学团队一行到华南教育历史研学基地（大村）开展调研活动，重点调研研究生联合培养基地和博士后创新实践基地。

是日 华南农业大学研究生联合培养基地、华南农业大学与韶关学院广东省博士后创新实践基地在韶关学院举行揭牌仪式，双方还签订合作协议。

是日 揭阳市人大常委会副主任刘枝钿一行到新韶镇人大代表联络中心调研。

18 日 辽宁省本溪市溪湖区人大常委会一行 6 人到浈江区人大常委会考察学习公益诉讼法律监督工作经验。

20 日 韶关国际会展中心完成整体及配套设施建设并达到使用标准。该中心位于浈江区黄金村黄金大桥东南侧，规划用地面积超过 3 万平方米，总建筑面积 2.5 万平方米，包含文化展厅、会议室、报告厅等功能性区域。

22 日 浈江区 2020 年“中国农民丰收节”暨人居环境综合整治“百日攻坚大行动”现场会在犁市镇沙园村虾稻连作基地开幕。

是日 浈江区市场监督管理局实行食品经营许可证和营业执照“证照同办”工作。“证照同办”主要针对仅申请预包装食品销售，整个申请、审批、发放流程从原来的 4 个工作日变为“即来即办、当日即批”。

23—24 日 浈江区委宣传部、浈江区人武部联合武江区委宣传部、武江区人武部在韶关市国防教育训练基地举办国防教育讲师团培训班。

24 日 浈江举办全区科级领导干部学习贯彻《习近平谈治国理政》（第三卷）专题培训班。区委书记陈来安出席会议并作专题辅导，区委副书记、区长胡德宁主持会议。

25 日 浈江区中学共青团名团干工作室揭牌仪式在东鹏中学举行。

28 日 浈江区庆祝中华人民共和国成立 71 周年文艺晚会在浈江区体育馆举行。

28 日 韶关市公安机关公开武装巡游活动启动仪式在辖区百年东街婚庆广场举行。由特警、交警、刑警、警卫、警犬组成巡游队伍在韶城街头巡游。

29 日 浈江区举办 2020 年领导干部党章党规党纪教育培训班，区委书记陈来安出席会议并讲话。

30 日 广东省医疗保障信息平台第一批（试点）浈江区上线工作会在浈江区税务局召开。

10 月

1 日 风采楼游客服务中心正式运营，该服务中心位于风采楼一楼左侧，提供韶阳楼、张九龄、风采楼和红军长征粤北纪念馆为灵感的文化创意产品，风采楼、韶州府学宫和斌庐的预约讲解服务，以及其他景点的便民咨询服务。

13 日 省委第六巡视组巡视韶关市浈江区工作动员会议召开。省委第六巡视组组长张健生作动员讲话，韶关市委常委、政法委书记李安平代表市委作表态发言，浈江区委书记陈来安主持会议并作表态发言。

15 日 韶关市视障人士阅览室正式投入使用。该阅览室位于浈江区升平路 101 号，藏有普通图书 578 种 677 册，盲文图书 155 种 378 册，光盘 27 种 39 册。

19 日 中国共产党韶关市浈江区第九届委员会第十一次全体会议召开。会议传达省委十二届十次全会和市委十二届十二次全会精神，听取区委书记陈来安代表区委常委会所作的报告和区长胡德宁关于经济工作的专题讲话。

20 日 浈江区开展湿米粉统一检查行动。检查湿米粉生产单位 5 家次，湿米粉经营单位 46 家次，餐饮单位 39 家次，发放《湿米粉风险告知书》90 份，约谈湿米粉生产经营单位 12 家。

21 日 浈江区组织全区各单位国家机关工作人员通过“中国普法网”“中国普法微信公众号”“智慧普法 App”等电脑手机客户端观看学民法典公开课。全区 56 个单位 3000 余名国家机关工作人员参加此次民法典公开课的学习。

23 日 市政协副主席兰茵一行到东河街道办事处育红巷社区实地调研创文工作。

是日 浈江区召开“房地一体”农村不动产确权登记发证工作首证颁发暨项目推进会。给浈江区确权登记工作试点单位新韶镇莲花村委钟屋村 16 户村民颁发“房地一体”农村不动产权证书，浈江区成为继乳源县、南雄市后，韶关市第三个发放证书的县（市、区）。

25日 2020年环丹霞山自行车赛在浈江区阅丹公路鸣笛开赛，近万名运动员和骑行爱好者参与活动。

27日 浈江区“2019年度广东省法治文化建设示范企业”授牌仪式暨“民法典进企业”活动在辖区青岛啤酒（韶关）有限公司举行。

31日 区委书记陈来安率队到华南教育历史研学基地（大村）和油茶现代农业产业园调研。

是月 浈江茶油入选2020年第二批全国名特优新农产品。

11 月

1日 市委书记王瑞军到浈江区风采街道环园路社区了解节假日期间疫情防控工作。

3日 区委常委、常务副区长王友华率队到辖区各社区督导检查第七次全国人口普查现场登记工作。

是日 九届浈江区委第十二轮巡察正式启动，区委3个巡察组进驻区直机关工委、区教育局、区自然资源局、区卫生健康局、区退役军人事务局、区医保局6个单位党组织开展常规巡察。

4日 浈江区传达学习贯彻习近平总书记出席深圳经济特区建立40周年庆祝大会和视察广东重要讲话重要指示批示精神干部大会在区机关综合楼四楼会议中心举行。

是日 浈江区召开统计工作暨第七次全国人口普查现场登记工作会议。

是日 “平安浈江·你我共建”暨浈江区“红袖章”表彰大会在曲仁园山稔花法治文化主题公园举行，表彰“红袖章”个人26人和“红袖章”组织5个。

6日 浈江区中长期青年发展规划实施工作联席会议召开，区委副书记罗永东传达学习《广东中长期青年发展规划（2018—2025）》文件精神。

13日 浈江区社区矫正和安置帮教基地在广州红海人力资源集团股份有限公司韶关分公司正式挂牌成立。

是日 浈江区扶贫开发领导小组（扩大）会议在区机关综合楼四楼会议中心召开。会议围绕考核时间、考核方式、考核内容、考核指标等方面，全面解读省、市2020年扶贫开发成效考核工作方案，并提出具体指导意见，部署下一步迎检工作。

2020年11月18日，浈江区第三届国家机关“谁执法 谁普法”履职报告现场评议会召开

（区委宣传部 供）

18日 浈江区举办第三届国家机关“谁执法谁普法”履职报告现场评议会暨浈江区首届领导干部述法评议会。区委副书记、区长胡德宁出席活动并讲话。

是日 韶关首个夜间水上旅游项目“韶州之星”游船试航，项目位于浈江区东堤北路东侧，浈江西侧，游船观光路线设置为百年东街起点（浈江河）—通天塔—武江河—北江河—通天塔—百年东街终点（浈江河）。

20日 2020韶关大型农丰节暨浈江古风穿越庙会在辖区百年东街婚庆广场举行。

23日 浈江区召开零售药店疫情防控工作暨“两品一械”（药品、化妆品和医疗器械）业务培训会，全区单体药店企业负责人和连锁门店负责人、连锁总部质管人员参加会议。

24日 浈江区举办第三届国家机关“谁执法谁普法”履职报告现场评议会暨浈江区首届领导干部述法评议会。区委副书记、区长胡德宁出席活动并讲话，区相关领导，各镇（办）、区直各单位分管普法工作领导和法治宣传教育联络员共计约120人参加评议会。

25日 浈江区“家暴零容忍，平安齐守护”主题普法活动在步行街风度广场门前举行。

26日 市委常委、常务副市长华旭初在相关区领导的陪同下，到犁市镇犁市当铺、沙园村和大村调研。

27日 浈江区首个村级工会联合会——金凤坪村民委员会工会联合会挂牌成立，填补浈江区村级没有工会联合会的空白。

28日 由广东省体育局指导，韶关市人民政府主办的第十三届“农行杯”穿越丹霞山50公里徒步赛在浈江区丹霞山南门鸣笛开赛。来自粤港澳大湾区、省内外15000多名选手参赛。

30日 浈江区在寮浈共建标准厂房及配套项目现场与韶关市同步举行2020年重点项目开竣工仪式。现场举行浈江区重点项目的开工、竣工及集中签约仪式，并开展寮步镇对口帮扶共建项目启动活动，包括举行风度书房捐赠仪式，风采香市文化站共建项目和社区卫生共建项目的签约。

12 月

1日 浈江区村（社区）“两委”换届工作会议在区机关综合楼四楼会议中心召开。

2日 浈江区召开中共十九届五中全会精神宣讲报告会。区四套班子领导，区直各单位、各镇（办）班子成员参加会议。会议解读中共十九届五中全会公报，传达习近平总书记视察广东及出席深圳经济特区建立40周年庆祝大会的重要讲话精神。

2020年12月4日，浈江区“宪法宣传周”暨送法进乡村、进社区法治宣传活动举办

（区委宣传部 供）

4日 浈江区“宪法宣传周”暨送法进乡村、进社区法治宣传活动在十里亭镇举行。

15日 韶关市商务创新中心招商引资推介会——“投资浈江·共享未来”在鑫金汇路演中心举行，现场签约入驻韶关市商务创新中心企业9家。

15日 浈江区图书馆、文化馆、博物馆新馆举行揭牌仪式。

22日 浈江区召开2020年困难群众基本生活保障联席会议暨农村留守儿童关爱保护和困难儿童保障工作联席会议，会议通报困难群众基本生活保障工作情况，审议通过《韶关市浈江区困难群众基本生活保障工作联席会议成员单位职责》。

23日 浈江区三家“妇女微家”挂牌仪式完成。

是日 浈江区新冠肺炎疫情防控工作会议暨防控应急演练在乐园镇卫生院举行。现场模拟某镇卫生院在发热诊室筛查发现新冠肺炎阳性患者后，预检采集、隔离转运和确诊后开展流行病学调查的场景。

26日 2020年韶关市“粤菜师傅”特色餐饮名店·名菜·名点美食评选颁奖暨“粤菜韶品·广府原乡味”专题片首播活动在百年东街婚庆广场举办。活动现场进行《粤菜韶品 广府原乡味》专题片首播。

28日 共青团浈江区第八次代表大会召开，报告全面总结五年以来浈江区共青团工作，总体部署下一个五年工作。大会还选举产生共青团浈江区第八届委员会。

29日 区委副书记、区长胡德宁率队开展元旦节前食品安全检查，副区长彭荣华，区政府办、区市场监督管理局主要负责人等陪同检查。

30日 《浈江年鉴（2019）》在全国中国地方志指导小组、中国地方志学会第七届全国地方志优秀成果（年鉴类）评选活动中被评为二等年鉴。

31日 韶关水上项目现场会在百年东街广场举行，正式启动韶关水上游运营项目。

是月 韶关市浈江区和平路小学被评为第二届“全国文明校园”。

（浈江年鉴编辑部）

疫情防控和经济社会发展统筹推进

2020 年，突如其来的新冠肺炎疫情发生后，浈江区作为韶关的主城区，肩负着守好主城区疫情防控的重任，该区严格按照“生命重于泰山,疫情就是命令，防控就是职责”的要求，切实履行地方党委、政府的主体责任，面对辖区疫情防控涉及范围广、城区人员密集、流动人口多等诸多不利因素，坚定信心、同舟共济、科学防治、精准施策，第一时间建立健全高效的疫情防控指挥体系和预防控制体系，全区党员干部挺身而出，冲锋在前，用实际行动谱写出不忘初心、骁勇善战的时代壮歌。当前在切实做好疫情防控、确保人民群众生命安全的同时，浈江区按下经济社会发展“加速键”、推进复工复产，统筹推进经济社会安全有序发展。

一、闻“令”而动，干群共筑严密防线

在抗击新冠肺炎疫情这场没有硝烟的战斗中，浈江区委、区政府高度重视，科学研判，果断决策，闻“令”而动，区领导、干部纷纷奔赴疫情防控最前沿，靠前指挥，顽强战斗。

建立健全集中统一高效的领导指挥体系。该区充分发挥区委和区新冠肺炎防控指挥部“主心骨”“司令部”作用，科学研判、周密部署、精准施策，健全完善指挥体系和工作机制，对疫情防控工作统一领导、统一指挥、统一行动。迅速成立浈江区新冠肺炎疫情防控指挥部，由区委书记任总指挥，区长任常务副总指挥，区委常委和副区长任副总指挥。建立每天早晚两次研究会商的工作机制，第一时间传达中央和省、市的工作部署，第一时间研究处置工作中出现的新情况、新问题，加强调度指挥，确保疫情防控处置工作有力有序、及时高效。

设岗严查，筑牢“外防输入”阻击防线。浈江区在城区主要出入口设置 6 个检疫检查站，分别是韶关东火车站、韶关汽车东站、高速公路良村出口、省道 S323 线鑫金汇路段、省道 S248 线十里亭路段、高速公路韶关东出口，所有站点均实行“定人、定岗、定责”和 24 小时值守工作责任制，对所有经过检查站的车辆和人员进行登记、测温、检查，发现发热人员立即送到指定医院进行监测和后续跟踪，切实守好“外防输入”的第一道防线。2 月 24 日，根据上级工作部署，除保留火车东站和汽车东站两个检疫检查站外，其余 4 个撤离，但撤站不撤人，原地设置联合防疫流量监测站，采取“三班倒”全天候的形式对站点的车流进行监测。同时，坚持党建引领，发动市、区、镇(办)、村（居）四级党员干部下沉一线，在全区村口、小区口、城乡接合部主要路口建立 386 个党员先锋岗，对进出人员进行测温、登记、检查、发放宣传资料，坚决守好村(社区)疫情联防联控安全防线。

群防群控，构筑“内防扩散”严密防线。浈江区将全区划分为 8 个区域、42 个网格，整合市、区、镇（街）、村（居）四级共 2000 多名党员干部充实基层力量，组建 387 个工作小组，每个工作小组安排 2—3 名干部，全面开展农村、社区网格化排查、防控工作。严格查清每个小区、楼栋的发热人员和疫情发生地来韶人员情况，逐一建档立册、定人跟踪，全面做好登记、监测、隔离、跟踪等防控工作，切实管住管好每一个“风险源”。针对辖区驻区单位、驻区企业较多的情况，充分压实行业部门责任，对辖区工业、建筑业、批发业、零售业、餐饮业、住宿业等行业的疫情发生地来韶人员情况进行排查，加强和属地镇（办）信息共享、联防联控，合力构建横到边、纵到底、全覆盖、无死角的排查网络，切实做到不漏一处、不漏一户、不漏一人。对辖区内6664间各类出租屋开展“地毯式”排查。督促指导全区136家零售药店，对购买发热、咳嗽类药品的人员进行体温测量，做好个人信息登记，并及时将发热人员的有关情况反馈给相应村（社区），由他们负责后续跟踪核查，同时，区市场监管局每天收集汇总各药店上报情况后，反馈给各镇（办），做到“双保险”。

浈江区还强化监管，加大对公园、广场等公共场所，餐饮、商贸经营场所，住宿业、旅业等经营场所，酒吧、网吧、KTV等娱乐场所等“四大重点场所”的管控力度，坚守战“疫”四大重点管控阵地；加强辖区环境卫生消毒消杀工作，做好重点人群的排查管控工作，严格落实隔离人员的管控措施，切实保护人民群众的身体健康。

二、多方发力，稳定秩序保障民生

自疫情防控以来，浈江区加强后勤及保障力度，多措并举、多方发力，努力保障防疫物资和满足群众基本生活需要。

加强医用物资保障。该区通过采购、调拨等方式保障医疗物资，形成物资管理工作制度，指定专人负责出库和入库登记工作，合理有效调配医疗物资，保障防疫物资需求。

加强后勤物资保障。浈江区为检查点的检查人员、医护人员配送军用帐篷、棉被、应急灯、方便面、即食饭、微波炉、取暖器、暖水壶、饮用水、雨衣等生活物资。还为流动人员、车辆较多的四个检查点安装通电集装箱，部分还配有床，确保防控检查点值守人员吃得饱、穿得暖。此外，保障护目镜、红外线测温仪、酒精、电池、速消净、速干洗凝胶等物资供应。

确保市场供应稳定。浈江区市场监督管理局工作人员不定时巡查辖区广客隆、大润发、农贸市场、连锁药店及医药用品供应等情况，约谈重点企业，保障生活必需品、医药物资的市场供应。同时，加大执法力度，维护市场价格稳定。每天进行市场调研，了解价格动向，及时处理并回复各种价格投诉案件，维护市场价格秩序。保证全区鲜蔬、粮油、水、肉类供应充足。

强化农贸市场监管。该区对农（集）贸市场开展全面检查，实行农副产品市场“一人一场”制度，落实监管责任到人，每个农贸市场坚持人员驻守，重点检查经营单位落实“1110制度”（即活禽经营市场一日一清洁消毒、一周一大扫除、一月一休市制度、活禽零售市场当日活禽零存栏）、落实经营者履行主体责任等情况。

加强公共场所消毒。为做好新冠肺炎疫情防控工作，该区加大保洁频次，特别是对火车站、汽车站、公交站等人员密集场所及周边区域提高消毒频次，严格落实环卫中转站、垃圾容器、保洁车辆等消毒制度，强化垃圾清扫、收集、运输各环节的防控措施，加大对公厕、卫生死角等地的保洁和消毒力度，确保辖区环境干净整洁。

三、精细服务，农业生产不误时

受疫情影响，犁市镇大村村盛源丰农资合作社出现用工紧张，该社通过采用就近用工的方式让因疫情滞留在家人员就近就业，不仅解决用工问题，还带动附近100名村民就业。

浈江区农业农村局下发春耕备耕通知，要求各镇村做好春耕备耕宣传、农资供应、农田储水、农机调配等工作，并通过网络在线培训以及派技术人员下基层现场指导的方式，指引农户一手抓好防疫，一手抓好春耕备耕。组织60余名技术人员到镇村和种植户家中，重点对抛秧、蔬菜搭棚、果园滴灌、诱虫、有机管理等方面进行培训和技术指导。

在持续抓好春耕备耕的同时，浈江区扎实做好农田水利工作。发动农民群众清理灌渠，完成企岗水库溢洪道和黄竹中心村灌渠修复工作。全区68宗水库和114宗山塘农业灌溉可用水2098万方，春耕用水得以保障。此外，该区积极开展农村人居环境卫生整治。宏德科技物业韶关第一分公司承担浈江区5个乡镇41个村委会329个村小组的保洁工作，设置88个废弃口罩回收点，并派出专人专车调度，对废弃口罩收集点每日进行清运消杀，统一收集、统一处理，防止废弃口罩造成二次污染。自疫情防控以来，浈江区农村环卫工人们响应疫情防控的号召投身战“疫”一线，以全天18小时连轴转的方式抢运农村生活垃圾，日产日清，不给病毒留温床。

2020年2月9日，浈江产业园复工前开展疫情防控消杀工作

（浈江产业园 供）

三、“四个一套”、推动企业复工复产

面对当前企业复工复产带来的防疫挑战，浈江区坚持疫情防控和稳增长工作“两手抓”，通过完善工作机制，优化工作流程，强化管控措施，落实政策支持等措施，做到“四个一套”，全力推动企业复工复产。

形成一套“条块专”结合的管理机制。该区针对辖区近6000家企业（工业商贸2060家），明确“11+1+10”的“条块专”机制，切实做到企业复产复工管理“横向到边、纵向到底”。

明确一套“内外”结合的复工流程。对企业内部实行企业承诺制度，明确企业的主体责任，必须满足复工“四个到位”，即防控机制到位、员工排查到位、设施物资到位、内部管理到位和“八个一”，即报健康状况、测体温、戴口罩、设隔离留观室、致电联系、开展爱国卫生运动、开展健康教育、强化人文关怀的内部管理要求，经检查同意后复工。在企业外部，压实区领导挂点服务重点企业制度，压实职能部门责任，实现“四上”企业挂点服务全覆盖。

落实一套“点面”结合的防控措施。结合浈江园区路口较多的实际，在3个非主要路口建议入园车辆绕行至园区主入口，并在主要入口处设立浈江产业园防疫检查点，对过往车辆及人员统一进行体温测查。同时，组织采购一批口罩、消毒水等防护物资发放给园区企业，并派出专业消杀队到重点企业进行专业消杀工作。

完善一套“奖惩”结合的鼓励机制。实施延期缴纳税款、经济发展贡献奖补、延缴社会保险费、减免中小微企业租金、新增“四上企业”给予奖励等五项扶持政策。同时，将对落实防控不力的企业，视情况追究相关企业的责任。

2020年，浈江区工业和信息化局主动对接金融机构，协调金融机构解决企业2000万贷款额度，缓解疫情期间韶关市高信塑胶制品有限公司的流动资金困难。浈江区规上工业企业复产48家，复工率96%；限上批零住餐企业复产135家，复工率98%；资质等级建筑企业复产9家，复工率64%；规上营利性服务业复产19家，复工率70%。

（根据《韶关日报》整理）

脱贫攻坚战取得全面胜利

2020年是坚决打赢脱贫攻坚战的决战之年，也是决胜全面建成小康社会和“十三五”规划的收官之年，浈江区脱贫攻坚战取得全面胜利。

一、落实“两不愁三保障”打牢脱贫攻坚基础

全面脱贫攻坚、全面建成小康社会要取得决定性进展，就要正确认识面临的短板问题，聚焦短板弱项，勇于破题、善于解题，实施精准攻坚。自脱贫攻坚战打响以来，浈江区始终把教育、医疗、住房“三保障”作为脱贫攻坚需要重点攻克的“堡垒”之一，推进贫困地区学有所教、病有所医、住有所居，从根本上为贫困户“添保障”，打下脱贫攻坚的坚实基础。

学有所教“拔穷根” 浈江区以精准扶贫为抓手，均衡城乡教育发展，不断改善学校基本办学条件，推进学前教育普惠，关爱残疾儿童，补齐农村教育短板，缩小城乡、校际差距，多措并举保障贫困家庭子女就学。

三年来，浈江区结合市区教育资源整合工作，筹集资金2.5

亿元配套教育设施建设，新建和改扩建东鹏中学、黄金村中心小学、风采实验学校、执信小学、梅村小学、特殊教育学校等10多所学校。同时，为配齐师资力量，浈江区在3年时间里公开招聘选聘新教师近400人，其中大部分充实到农村学校，重点解决结构性缺编的学校；针对农村小学（教学点）小三门等（美术、音乐、科学）的紧缺情况，开展小学农村年轻教师的转岗（兼职）培训等举措。

此外，浈江区积极推进各区域学前教育普惠优质发展，推动公办幼儿园扩容提质建设项目，新建东鹏幼儿园、长乐镇中心幼儿园，改扩建十里亭镇中心幼儿园、花坪镇中心幼儿园、犁市镇中心幼儿园等，增加公办幼儿园学位供给。浈江区还发展公办幼儿园和普惠性民办幼儿园，下拨学前教育生均公用经费近690万元，推动普惠性民办幼儿园，加大投入完善设施设备，稳定并加强师资队伍建设，提升整体办园条件和水平。

针对残障儿童这个特殊群体，浈江区统筹推进特殊教育建设，在2019年成立一所九年一贯制特殊教育学校——韶关市浈江区特殊教育学校，通过实施集中教学、随班就读、为适龄残疾儿童送教上门等方式，采取多种有效措施进行缺陷补偿、潜能开发，把学生培养成为德智体美劳全面发展，有理想、有道德、有文化、守纪律，有一定劳动技能的合格劳动者。

浈江区各级各部门实施教育精准扶贫政策，对贫困家庭学生实行“一对一”结对帮扶，实现“不让一户贫困户因学致贫返贫”“不让一个学生因贫困失学辍学”；建立和完善从学前到研究生阶段的教育资助体系，做到应助尽助。“十三五”期间，浈江区累计为建档立卡等家庭经济困难学生发放生活费补助2007人次，累计发放生活费补助资金362.13万元，教育补助落实率100%。此外，浈江区还制定防止适龄少年儿童失学辍学的具体措施，实施贫困学生台账化精准控辍。

病有所医“保健康” 浈江区政府全额资助贫困人口参加城乡居民基本医疗保险和城乡居民养老保险，将建档立卡贫困人口全部纳入重特大疾病救助范围；推进医保即时结算终端服务（一站式服务）延伸至村卫生站，全面实现基本医保、大病保险、医保二次报销、医疗救助、兜底保障“一站式”即时直接结算。

此外，浈江区还与中国人保财产保险公司合作，为全区所有建档立卡贫困户进行社保团体住院医疗保险投保，缓解浈江区建档立卡贫困人口患者家庭“因病致贫、因病返贫”的实际困难。截至2020年11月底，浈江区通过医疗保险为3347人次贫困户报销医疗费用，发放医疗救助金186.4万元，医疗救助率100%。韶关市仁济医院对浈江区的建档立卡贫困户精神障碍患者负责长期接收和救治，并且做到在患者收治期间，患者的治疗费用除医保部分以外，个人自付部分和治疗期间的伙食费均由该院全额承担。病人入院后，除了对病人进行药物治疗、物理治疗和心理治疗外，该院在节假日还安排医护人员陪病人过节，发放水果、牛奶、月饼等食物。

住有所居“稳生活” 实施脱贫攻坚以来，浈江区紧紧围绕实现贫困人口住房安全有保障的目标任务，将建档立卡贫困户作为攻坚重点，对全区所有建档立卡贫困家庭的住房逐一进行安全性评定，将存在安全隐患的房屋全部纳入改造范围；逐户建立改造台账，逐步提高农村危房改造户均补助标准。同时，浈江区继续深入推进韶关市破旧泥砖房拆除工作，实施农村危房改造和住房保障计划，对全区仍居住在安全泥砖房的贫困户以4万元/户的标准给予泥砖房改造补助。浈江区累计为221户（含5户历史无房户）贫困户完成危房改造，发放危房改造补助款721.3万元，浈江区所有建档立卡贫困户均实现住房安全有保障。截至2020年12月底，全区有20户居住在泥砖房的贫困户完成房屋改造。

在保障住房安全的基础上，浈江区还同步实施农村人居环境整治工程，如：花坪镇乌石冲村、新韶镇大陂村等通过实行环境卫生“门前三包”制度，提高农村人居环境质量和群众生活质量。

此外，浈江区积极落实贫困人口饮水安全保障政策，通过增加财政投资、引进韶关市乡村振兴基金会捐建、东莞对口帮扶单位捐资等途径，推进安全饮水工程建设，确保全区所有贫困群众有安全饮用水。2020年，浈江区犁市镇大村村、群丰村、下陂村3个省定贫困村实现集中式供水或自来水，供水工程的水质、水量、水压等各项指标符合国家相关标准，全区面上其他分散村贫困户实现安全饮用水。

二、精准扶贫补短板 产业兴旺“振乡村”

2020年，浈江区通过产业扶贫结合消费扶贫、金融扶贫，全方位打通多渠道精准扶贫，助力贫困户“摘穷帽”、奔小康。

三、产业扶贫打通致富路

韶关无公害智能化大棚草菇栽培扶贫产业项目采取“高校（公司）+基地+科技+贫困户”的扶贫产业项目模式，是浈江区开展的重点扶贫项目之一。项目方确保每年按政府出资总额的8%作为项目收益让贫困户、贫困村受益，每年可提供20户左右的贫困户就业。该区坚持从实际出发，因地制宜，理清思路、完善规划、找准突破口，将“产业兴旺”作为解决贫困的钥匙，加强产业扶贫项目规划，大力发展合作式扶贫产业项目，引导和推动更多产业项目落户贫困地区，通过与相关高校、科研院所通过“连帮带”等措施实现补短板，助力产业兴旺振兴乡村。

韶关市友丰生态园林开发有限公司也是采用“高校（公司）+基地+科技+贫困户”的扶贫产业项目模式。自2016年明确“发展油茶6666.67公顷，精准扶贫3000人”的战略规划以来，该公司与犁市镇大村、大旗岭两个村委签订《购买油茶林》《联合经营油茶林》协议，同年又与犁市镇人民政府签署全镇的产业扶贫协议、与浈江区人民政府签署《产业扶贫协议》。从2017年1月起，犁市镇249户贫困户可参与友丰公司丰产油茶林分红，每年的分红率为10%，分红期限与林权证时限一致。2020年，浈江区656户贫困户也被纳入该公司扶贫范畴。该公司形成“葡萄产业园+光伏发电项目+油茶林项目”三位一体的产业立体扶贫模式，推动贫困群众依靠发展产业或通过主体带动实现稳定增收。

浈江区还以“企业+基地+农户”的扶贫模式，与广东广汇农牧有限公司（简称“广汇公司”）签署浈江区种猪养殖扶贫产业项目合作协议，发挥农业龙头企业的带动作用，合作开展种猪养殖扶贫产业项目，实现精准施策，精准帮扶，总共投入扶贫资金158万元，参与合作的85户贫困户平均每户每年都能获得5000元的收益。该项目合作期间，广汇公司免费向浈江区建档立卡贫困户提供种猪养殖技术指导和就业岗位。精准扶贫工作期间，浈江区累计投入1056万元用于发展扶贫产业，产生收益311万元。

四、消费扶贫解决产销路

截至2020年11月30日，浈江区消费扶贫金额累计达到868.61万元。在韶关市第三届广电商品交易博览会上，浈江区犁市镇把当地的特色农产品带到现场，联系影视广告公司深入贫困户养殖场录制消费扶贫宣传片、印制宣传单，并在微信朋友圈、微信群上发布活动消息，提前为活动宣传造势。贫困户参与带货，第一天现场及直播带货金额就超过5000元，3天销售收入20000元。在全民互联网化时代，利用网络直播、短视频等形式促进农产品销售成为创新，也补上传统农产品营销的“短板”。特别是疫情防控期间，浈江区利用农村农产品直播带货的大热势头，让直播成为“新农活”，在消费扶贫的带动下，让农产品的销售找到新出路。

（根据《韶关日报》整理）

浈江区无物业小区示范点改造

2020年，疫情防控这场大考对社会治理工作提出的新要求，浈江区深入贯彻落实习近平总书记关于社会治理现代化的重要论述，按照“党建引领、群众参与、因地制宜、建管结合、示范带动、长效治理”指导思想，创新基层综合治理模式，分批次推行25个无物业小区示范点改造。

一、发挥党组织引领作用和党员先锋模范作用

浈江区充分运用社区与驻区单位“谐约共建”、在职党员到社区报到服务等党建工作机制，引导驻区单位党组织、街道社区领导干部、在职党员、楼长、“红袖章”队伍等力量投身改造工作一线，带动身边群众积极参与居民区封闭式管理提升各项工作。

二、广泛开展宣传

浈江区组织镇（街）和村（社区）干部、党员、志愿者等组成工作组，通过派发宣传资料、展示改造效果图、讲解政策等方式广泛开展宣传，全力争取群众支持，共计发放宣传资料1700多份，入户宣传3100多人次。

三、引导群众积极参与

浈江区引导群众参与到小区改造的各个环节中来，最大限度激发群众的创造力。各示范点小区通过入户走访、张贴告知书、发放调查问卷等方式，收到群众对小区改造的意见建议108条，并融入改造方案中，成功探索出

“集体共治、事务共商、决策共议、成果共享”的小区治理新模式。

四、确定试点分类推进

在全面调查摸排的基础上，浈江区从老居民区、机关宿舍小区、“关停并转”企业、城中村、厂矿宿舍及其他类型小区中，选取具有典型代表性的风采街道办照壁街、东河街道办风采新村、十里亭镇远大矿机厂宿舍小区、乐园镇沙梨园头村以及韶冶四村生活区作为首批改造示范点。通过对不同类型的居民区示范点实施改造，形成可借鉴、可复制的成熟经验，以点带面推动开放或半开放式居民区封闭式管理提升工作。

五、深入调研科学规划

浈江区结合各试点地理位置、人口布局、群众需求等实际情况，量身打造各试点单位改造提升设计方案。如照壁街小区的改造，充分挖掘本地文化，将历史文化元素融入其中，在米行街、照壁街、烟墩街、聚龙里一带的墙面彩绘古玩、花草等图案，重新焕发该居民区往日商贾历史文化气息，着力打造宜居宜业宜赏的韶城街巷新名片。远大矿机厂宿舍小区，主要针对小区内危楼较多，长期无人管理，治安情况不理想等问题进行改造，通过建设封闭式围墙和小区值班室，增设大门门禁、治安监控探头与人脸识别系统，对来往车辆及外来人员进行规范化登记管理，有效消除偷盗、交通事故、危楼伤害等安全隐患。

六、“加减乘除”精细改造

浈江区坚持精细改造，做好小区改造“四则运算”，通过增加值班室、监控摄像头、门禁、路灯等装置设施，消减花池、私搭乱建、不合理装置设施，整合公共空地划定停车位，实施堵口联墙封闭，拆除违章建筑、危楼、柴房，切实完善小区配套设施，提升小区居住环境，让群众享受到实惠，逐渐从被动观望向主动参与改造工作转变。

七、完善物防体系建设

浈江区加大对居民区围墙、安保值班室、路灯照明、消防设施等硬件设施的改造力度，实现简单的物理围闭，夯实提升封闭式管理的硬件基础。如，照壁街小区在7个出入口全部安装大门，立足便于封闭化管理、便于居民出行及消防安全需要，封闭其中4个出入口，通过建设通透式围墙进行小区物理围闭，并增设值班室，有效地控制外来闲杂人员和车辆进出入，最大程度降低治安隐患。

八、完善技防体系建设

浈江区各示范点小区在实现物理围闭的基础上，通过安装监控摄像头、行人门禁、车辆识别系统等技防设施，推动小区管理智能化、精细化，有效改善外来人员随意进出、外来车辆乱停乱放、偷盗抢劫、交通安全等问题。

九、完善人防体系建设

浈江区坚持因地制宜、分类施策，针对不同小区的实际和需求层次，积极探索物业公司管理、街道社区代管、居民自管等多元化的管理模式，推动无物业小区管理持续规范。如积极构建“社区党组织 + 业主委员会 + 物业公司”的长效管理模式，在社区党组织的指导下，引入专业物业公司，有效提升小区的保洁、治安、停车等管理水平，并通过收取物业费和停车费保障物业公司运营费用。以党建为引领，完善群众性自治组织，组建党员先锋队和“红袖章”队伍，精心挑选各楼栋的楼长，发动小区热心居民、老干部、志愿者等组建成以楼栋为单位的管理小组，引导居民加强自我管理。

（区委政法委）

五件民生实事

2020年，根据浈江区第九届人民代表大会第五次会议计票结果，浈江区五项民生实事分别包括浈江大道整治提升工程、公共卫生项目补短板、农村饮用水工程、农村四好公路、实施3个以上老旧小区改造。

一、浈江大道整治提升工程项目

2020年，浈江区完成浈江大道人行道改造13598.82米，完成人行道砖铺设1220.83平方米，安装路缘石519米，安装排水管35.25米，新增15个排水口，花岗岩侧石5389.45米，浈江大道人行道整治（栏杆部分）1560米，完成浈江大道车辆隔离栏杆1080米安装工程；在立面改造方面，完成浈江大道北技能中心北侧立面整治工程1213平方米，浈江大道北育红巷87、95、99号楼立面整治工程634.98平方米，浈江大道北韶赣高架桥底挡墙整治工程2118.95平方米和浈江大道北铁路医院对面立面整治工程8604平方米。

二、公共卫生补短板项目

车站社区卫生服务中心、十

2020年12月4日，浈江区人大常委会组织人大代表视察浈江区民生实事项目建设情况　　（郑　烁　摄）

里亭镇卫生院项目　车站社区卫生服务中心总投入700万元，其中工程款280万元、医疗设备购置款360万元，办公设备60万元，中心的业务用房扩大至1936平方，科室设置基本健全，检验室、B超、心电图检查的启用填补服务空白，完成竣工验收。十里亭镇卫生院项目包括修缮改造工程基建部分480万元，包含消防、污水处理、中心供氧、病房、诊室等设施设备的改造，竣工验收完成；医疗设备购置部分360万元、办公设备80万元，完成购入及支付，资金来源于特别国债专项资金。该院业务用房增设全科、中医科、妇科、儿科、检验、B超及心电图、预防接种、犬伤等科室，年业务收入400万元。

购置5台医疗机构救护车　浈江区分别为风采社区卫生服务中心、车站社区卫生服务中心、凤凰城社区卫生服务中心、乐园镇卫生院、十里亭镇卫生院5家医疗机构购买救护车各1台。

开展厕所革命　浈江区改建24座城市公厕，烟草公司、九曲巷、中华新街、中山公园、云龙亭、一市场、五里亭桥底、西堤北、河畔茗居、十里亭大道、加工厂、北门中转站、游泳池、武镇街、园前西、武江桥底、壮志街、浈江一小、东河桥底、北江桥底、帽峰公园、帽峰山顶、东河新村、火车站桥底公厕全部完工并投入使用；建设2座农村旅游厕所，分别位于山外山休闲谷会议中心、华南教育历史研学基地（大村）所，全面完工。

三、农村饮用水工程项目

浈江区农村饮用水建设项目包括完成8宗全域自然村集中供水工程建设任务，建设内容主要任务包括市政自来水扩网、管网布置、新建过滤池、新建蓄水池等。2020年，8宗集中供水工程进入工程建设实施阶段，乐园镇六合村、十里亭镇腊石村、湾头村、花坪镇镇区供水扩网片、新韶镇大陂村、黄浪水村、犁市镇黄竹村、黄塘村等8宗供水工程分别开展市政自来水扩网、管网布置、新建过滤池、新建蓄水池等主要建设内容。

四、农村四好公路工程项目

浈江区农村四好公路工程项目涉及新韶、犁市、花坪、乐园、十里亭5个乡镇，公路总里程52.5千米，全面完成建设。

五、实施3个以上老旧小区的工程改造项目

莲花山矿冶居民区通天坡干休所小区、自来水厂宿舍、东河办事处政府宿舍、曲江财税局宿舍的工程改造全部完工。

（区政府办公室）

中国共产党韶关市浈江区委员会

综　述

【概况】　2020年，中国共产党韶关市浈江区委员会（简称“区委”）坚持以习近平新时代中国特色社会主义思想为指导，全面贯彻中共十九大和中共十九届二中、三中、四中、五中全会精神，深入学习贯彻习近平总书记重要讲话和重要指示批示精神，按照省委、市委工作部署，紧扣全面建成小康社会目标任务，坚持稳中求进工作总基调，坚持新发展理念，抢抓“双区”发展机遇，统筹推进新冠肺炎疫情防控和经济社会发展，扎实做好稳就业、稳金融、稳外贸、稳外资、稳投资、稳预期工作，全面落实保居民就业、保基本民生、保市场主体、保粮食能源安全、保产业链供应链稳定、保基层运转任务，推动全区各项事业发展取得新进展新成效。　（曹志恒）

【区委九届十次全会】　2020年1月16日，中国共产党韶关市浈江区第九届委员会第十次会议召开，区委常委会主持会议。会议深入学习贯彻中共十九大和十九届二中、三中、四中全会精神，深入学习贯彻习近平总书记对广东重要讲话和重要指示批示精神、省委书记李希在韶关调研讲话要求，总结2019年各项工作，部署2020年工作。全会听取并同意区委书记陈来安代表区委常委会所作的工作报告，区长曾清兰作关于经济社会工作的专题讲话；会议审议通过区委常委会抓党建工作情况报告；全会批准肖景、李亚军因工作调动辞去九届区委委员职务，卢界群因退休辞去九届区委委员职务。九届区委委员、候补委员、不是区委委员的区领导等列席人员共计270人参加会议。

【区委九届十一次全会】　2020年10月19日，中国共产党韶关市浈江区第九届委员会第十一次会议召开，区委常委会主持会议。会议深入学习贯彻习近平总书记关于促进区域协调发展、加快形成以国内大循环为主体、国内国际双循环相互促进的新发展格局的重要论述和对广东重要讲话和重要指示批示精神，认真落实省委十二届十次全会精神、省委书记李希在韶调研讲话要求和市委十二届十二次全会、市委书记王瑞军讲话要求；全会听取并同意区委书记陈来安代表区委常委会所作的工作报告，区长胡德宁作关于经济社会工作的讲话；会议表决通过《关于批准马瑞华辞去区委委员职务的决定（草案）》《关于递补李伟锋等4名区委候补委员为区委委员的决定（草案）》。九届区委委员、候补委员、不是区委委员的区领导等列席人员共计261人参加会议。

【区委九届十二次全会】　2020年12月31日，中国共产党韶关市浈江区第九届委员会第十二次会议召开，区委常委会主持会议。会议深入学习贯彻习近平总书记中共十九届五中全会上的重要讲话和五中全会精神，认真贯彻落实习近平总书记出席深圳经济特区建立40周年庆祝大会和视察广东重要讲话和重要指示精神，以及省委十二届十一次、十二次全会和市委十二届十三次全会要求；审议通过《中共韶关市浈江区委关于制定浈江区国民经济和社会发展第十四个五年规划和二〇三五年远景目标的建议》。九届区委委员、候补委员、不是区委委员的区领导等列席人员共计261人参加会议。

（李泽坤）

2020 年 12 月 31 日，中国共产党韶关市浈江区第九届委员会第十二次全体会议召开　　（区委宣传部　供）

【区委常委会会议】　2020 年，九届区委常委会召开会议 44 次。

2020 年 1 月 2 日，区委常委会召开第 93 次会议。传达学习贯彻习近平总书记对做好“三农”工作作出的重要指示精神和中央农村工作会议精神、贯彻省委十二届九次全会精神，听取韶关市县党委交叉巡察的综合情况汇报及区委宣传部、区委政法委的整改情况汇报，研究浈江产业园 2019 年新增债券项目及 2020 年春节前急需支付资金有关事宜、表彰 2018 年度区计划生育工作单位有关事宜，听取区政府党组、区人大常委会党组、区政协党组、区法院党组、区检察院党组工作情况汇报，研究召开区委九届十次全会有关事宜、召开区九届人大第五次会议有关事宜，审议区第九届人民代表大会社会建设委员会、监察与司法委员会组成人员名单及补选区九届人大常委会委员候选人建议名单，研究召开政协韶关市浈江区第九届委员会第五次会议有关事宜，审议区政协补选常务委员候选人预备人选建议名单。

1 月 22 日，区委常委会召开第 97 次会议。传达学习习近平总书记对新型冠状病毒肺炎疫情防控的重要指示精神和省委、市委主要领导的批示要求，观看《韶关市 2019 年系列暗访片（扶贫领域篇）》，传达学习省委书记李希在韶关市调研座谈会上的讲话精神、贯彻广东省妇女第十三次代表大会精神，听取区委九届第八轮巡察的综合情况汇报，研究召开中共韶关市浈江区第九届纪律检查委员会第五次全体会议有关事宜，审议纪委全会工作报告、区第九届人大第五次会议有关报告、《中国人民政治协商会议韶关市浈江区委员会常委会工作报告（送审稿）》。

1 月 30 日，区委常委会召开第 98 次会议。传达学习贯彻《中共中央关于加强党的领导 为打赢疫情防控阻击战提供坚强政治保证的通知》《中共广东省委关于深入贯彻落实习近平总书记重要批示精神加强党的领导团结带领人民群众构造群防群治严密防线的通知》精神和 1 月 29 日全市疫情防控视频会议上市委主要领导讲话精神。研究区委常委分工。

2 月 1 日，区委常委会召开第 99 次会议。传达贯彻全市疫情防控指挥部视频会议精神，部署全区防控疫情工作。研究干部人事工作。

2 月 6 日，区委常委会召开第 100 次会议。传达学习贯彻习近平总书记在中央政治局常委会会议上的重要讲话精神及中组部、省委、市委关于新型冠状病毒肺炎疫情防控工作有关精神，研究部署全区疫情防控工作。

2 月 12 日，区委常委会召开第 101 次会议。传达学习贯彻习近平总书记在北京调研指导新型冠状病毒肺炎疫情防控工作时的重要讲话精神及省防控工作领导小组（指挥部）会议精神，研究部署全区近期工作。

2 月 16 日，区委常委会召开第 102 次会议。传达学习贯彻习近平总书记在中央政治局常委会会议研究应对新型冠状病毒肺炎疫情工作时的重要讲话精神、贯彻习近平总书记在中央全面深化改革委员会第十二次会议上的重要讲话精神、贯彻全省节后复工复产安全生产工作视频会议精神，听取有关单位疫情防控、复工复产等工作情况汇报。

2 月 24 日，区委常委会召开第 103 次会议。传达学习贯彻习近平总书记有关重要讲话精神及省、市有关会议和文件精神，研究浈江区无物业小区封闭式管理工作，听取大陂河水环境治理项目实施工作情况汇报，审议《浈江区扶持广东省首批“双创”示范基地“智汇小镇”建设韶关市商务创新中心实施方案（送审稿）》，研究区委常委分工，部署近期工作。

3月2日，区委常委会召开第104次会议。传达学习贯彻习近平总书记有关重要讲话精神及省、市有关会议和文件精神，统筹推进新冠肺炎疫情防控和经济社会发展各项工作。

3月6日，区委常委会召开第105次会议。传达学习贯彻习近平总书记在十九届中央纪委四次全会上的重要讲话和中纪委四次全会精神、省委书记李希在十二届省纪委五次全会上的讲话精神和省纪委五次全会精神及省有关文件精神、贯彻全市组织工作会议精神，部署新冠肺炎疫情防控和稳定经济社会运行重点工作，听取2020年领导干部报告个人有关事项工作有关要求的说明。

3月23日，区委常委会召开第106次会议。传达学习贯彻3月18日习近平总书记在中共中央政治局常务委员会会议上的重要讲话精神及市委常委会会议精神、全市加强清明期间疫情防控安全管理及防境外输入工作电视电话会议精神，研究部署全区疫情防控工作，传达学习贯彻全国、全省、全市统战部长会议精神，听取全区脱贫攻坚工作情况汇报，听取和研究区委深化改革委员会2020年工作情况汇报，审议《浈江区重点工作项目化、工程化、平台化管理机制（试行）（送审稿）》《浈江区推动镇（办）高质量发展现场会评比工作机制（送审稿）》《浈江区区直部门年度工作清单化评价机制（送审稿）》《浈江区闭环式督查督办工作机制（送审稿）》《浈江区重点工作完成情况通报制度（送审稿）》，研究成立区政协第九届委员会第五次会议临时党组织有关事宜。

4月10日，区委常委会召开第107次会议。传达学习贯彻习近平总书记4月8日在中共中央政治局常务委员会会议上的重要讲话精神及省、市有关会议精神，审议《浈江区2020年防范化解财政运行风险工作方案（送审稿）》，听取全区消防工作情况汇报、2019年镇（办）党（工）委书记抓基层党建工作述职评议有关情况汇报，研究“三防”及近期防御自然灾害工作、2019年市管干部年度考核评优事宜，研究市、区管干部实绩档案及区管干部解除考验性管理事宜。研究干部人事问题。

4月24日，区委常委会召开第109次会议。传达学习贯彻习近平总书记4月17日在中共中央政治局会议上的重要讲话精神及省、市有关会议精神，审议十里亭镇贫困户成志芳家庭脱贫退出事宜、《浈江区2020年打赢污染防治攻坚战工作方案（送审稿）》，研究设立中共浈江区委财经委员会有关事宜，听取全区扫黑除恶专项斗争工作情况汇报，并审议2020年全区扫黑除恶专项斗争工作要点，听取浈江区禁毒工作情况汇报，审议《中共韶关市浈江区委常委会2020年工作要点及责任分工安排（送审稿）》，研究干部人事问题。

5月6日，区委常委会召开第110次会议。传达学习贯彻4月23日习近平总书记在陕西考察时的重要讲话精神，听取区九届人大五次会议筹备工作情况、区政协九届五次会议筹备工作情况、5月抓经济稳增长工作计划汇报、5月推进农业农村重点工作计划汇报、做好全国两会期间信访工作有关情况汇报。研究干部人事问题。

5月7日，区委常委会召开第111次会议。专题动员部署浈江区党政领导班子召开转变作风专题民主生活会有关事宜。

5月13日，区委常委会召开第112次会议。传达学习贯彻习近平总书记关于作风建设重要讲话及重要指示批示精神、贯彻省委书记李希和市委书记李红军关于作风建设的讲话要求，研究部署2020年浈江区党政领导班子民主生活会有关工作，审议《浈江区党政领导班子“狠抓作风建设，全面提升干部队伍执行力战斗力”专题民主生活会方案（送审稿）》《浈江区党政领导班子专题民主生活会对照检查材料（送审稿）》，听取浈江区第九届人民代表大会第五次会议、政协韶关市浈江区第九届委员会第五次会议有关工作安排，听取全区在职党员到社区报到工作情况汇报，研究“房地一体”农村宅基地和集体建设用地确权登记发证有关工作。

6月3日，区委常委会召开第114次会议。传达学习贯彻习近平总书记在全国两会上的重要讲话精神、全国两会精神及省有关会议精神、韶关市红色教育基地建设“六种精神”、《韶关市“三防工作十五条”》，审议《东莞

（韶关）浈江产业转移工业园管委会改革方案（送审稿）》，通报和研究市委督导组对浈江区开展决战决胜脱贫攻坚督导反馈问题整改情况及研究推进农村人居环境整治工作，研究2020年浈江区城郊村安全饮用水市政主管工程有关事宜，审议《韶关市浈江区深化乡镇街道体制改革完善基层治理体系实施方案（送审稿）》《浈江区2020年重点项目、重点行业责任分工方案（送审稿）》《2020年区直机关民主评议党风政风工作方案（送审稿）》，听取关于2019年机关事业单位年度考核的工作情况汇报，传达贯彻省委组织部关于执行《党委（党组）讨论决定干部任免事项守则》有关问题专项治理工作部署会会议精神。研究干部人事问题。

6月28日，区委常委会召开第115次会议。传达学习习近平总书记在中央政治局第二十次集体学习时的重要讲话精神、《关于进一步严肃会风会纪的提醒函》精神、《全市决战决胜脱贫攻坚专项巡察综合情况报告》精神，部署浈江区下一步整改落实工作，审议《浈江区扶贫资产管理实施方案（试行）》《浈江区关于小额农村人居环境整治工程的实施方案（送审稿）》，听取区委九届第九轮巡察综合情况汇报，传达学习习近平总书记关于巡视工作重要指示、全国巡视工作会议、全省巡视巡察工作会议、市县巡察工作中南片区调研座谈会议精神，听取《巡察发现13个方面共性问题清单》有关情况汇报、区委巡察办2019年巡察工作情况汇报及2020年工作计划，审议《韶关市浈江区人民政府2020年度重大行政决策事项目录》，讨论浈江区2020年第二季度市管干部实绩档案拟申报人员、区管干部纳入实绩档案人员名单，及个别干部考验性管理期满事宜，研究邓军明申请长期病假事项。研究干部人事任免问题。

7月14日，区委常委会召开第116次会议。传达学习习近平总书记6月29日在中央政治局第二十一次集体学习时的重要讲话精神及市有关会议精神、习近平总书记关于防汛救灾工作的重要指示批示精神、李克强总理关于防汛工作的重要批示精神及市委主要领导批示要求，并听取全区“三防”工作情况汇报，传达学习《中国共产党和国家机关基层组织工作条例》《党委（党组）书记抓基层党建工作述职评议考核办法（试行）》精神（书面），听取关于领导干部个人有关事项报告专项整治工作汇报，传达学习《关于在县镇干部中开展“民情夜访”活动的意见》精神，研究浈江区实施意见，听取和研究农村人居环境整治工作推进情况、农村安全饮用水保障工程推进工作情况，审议《浈江区推动经济社会高质量发展企业授匾大会工作方案（送审稿）》，听取曲仁、田螺冲办事处优化管理模式情况汇报，研究加快推进2020年现有耕地提质改造项目有关事宜、中共韶关市浈江区应急管理局党组拟改设为中共韶关市浈江区应急管理局委员会有关事宜，听取浈江区2020年上半年意识形态工作报告、干部试用期满进行职务确认事宜的有关汇报。研究干部人事问题。

7月24日，区委常委会召开第117次会议。听取区武装工作建设情况汇报，研究建设区国防教育基地和打造国防教育示范学校有关事项、规范管理浈江区专职武装干部队伍有关事项、将民兵应急装备采购结余经费转用于人武部“四个秩序”规范化抓建经费有关事项、驻区部队需解决的问题。

7月24日，区委常委会召开第118次会议。审议《浈江区关于开展规范预算单位存量资金使用及账户管理工作的通知（送审稿）》。

8月11日，区委常委会召开第119次会议。传达学习习近平总书记7月30日在中央政治局会议上的重要讲话精神及省、市有关会议精神，传达学习省委人大工作会议精神交流会精神，研究浈江区贯彻落实意见，传达学习《市委常委会会议决定事项》文件精神，听取全区纪检监察工作情况汇报、浈江区全力推进60个自然村整治达标情况和40%美丽宜居村达标情况汇报、浈江区1—7月固定资产投资和重点项目建设情况及下一步工作措施，研究浈江区抗疫特别国债和特殊转移支付资金情况有关问题，审议《浈江区财政资金审批范围和程序实施方案（送审稿）》《浈江区区级财政资金项目库管理办法（试行）（送审稿）》《浈江区上级财政专项资金分配管理办法（试行）（送审稿）》，听取2019年镇(办)、机关绩效考核情况汇报，审议《2019年浈江区机关绩效考核奖励金发放方案（送审稿）》，讨论追加2020年机关事业单位退休人员养老保险待遇资金的问题，研究浈江区首次职级晋升有关工作，讨论个别区管干部提前退休事宜，总结部署近期工作。研究干部人事问题。

8月16日，区委常委会召开第120次会议。传达学习省委书记李希在省新冠肺炎防控指挥部办公室专报信息上的批示精神、在省委十二届第212次常委会会议暨省新冠肺炎疫情防控领导小组（指挥部）会议上的讲话精神，及市委书记李红军在市委十二届第199次、200次常委会会议暨市新冠肺炎疫情防控领导小组（指挥部）会议上的讲话精神，听取浈江区疫情防控工作有关情况的汇报，部署近期信访工作、重点项目建设等。

8月31日，区委常委会召开第121次会议。传达学习8月24日习近平总书记在经济社会领域专家座谈会上的重要讲话精神、贯彻省委十二届十次全会精神、安全生产有关会议精神，研究部署浈江区安全生产工作，传达学习全市抓项目促投资大干160天重点项目建设现场推进会暨市委推进城市公园建设专题协商现场会议精神，研究浈江区重点项目建设有关工作，审议《全区镇（街）纪检监察干部队伍建设和深化“三转”问题整改方案》，研究浈江区旧城区无物业小区和老旧小区改造项目有关事宜，听取浈江区1—7月信访工作及扫黑除恶专项斗争工作情况汇报。

9月11日，区委常委会召开第122次会议。传达学习贯彻习近平总书记在全国抗击新冠肺炎疫情表彰大会上的重要讲话精神，传达学习贯彻习近平总书记对制止餐饮浪费行为作出的重要指示精神、贯彻习近平总书记6月29日在中央政治局第二十一次集体学习时的重要讲话精神及全市组织部部长学习贯彻新时代党的组织路线座谈会会议精神，审议《浈江区公办中小学（幼儿园）校（园）长职级制实施方案（试行）（送审稿）》，听取浈江区镇级自来水建设项目（犁市镇）建设有关情况汇报，审议《浈江区2020年政府财政收支预算调整方案（送审稿）》，研究朝阳岭周边地块“三旧”改造项目有关问题，审议《关于优先发展产业项目落户浈江产业园享受地价优惠的实施方案（送审稿）》，听取全区职级晋升工作情况汇报。研究干部人事问题。

9月21日，区委常委会召开第123次会议。传达学习贯彻习近平总书记9月11日在科学家座谈会上的重要讲话精神，研究推荐省表彰先进集体和先进个人的有关事项，听取有关房地产开发项目信访问题的情况汇报，研究部署近期信访工作，听取兴隆市场电动自行车充电车棚火灾事故的情况汇报，研究部署安全生产和消防安全工作、社会治安工作，审议《2020年浈江区农村人居环境整治“百日攻坚”大行动的实施方案（送审稿）》，研究干部处分问题和干部人事问题。

9月29日，区委常委会召开第124次会议。传达学习《中国共产党党委（党组）理论学习中心组学习规则》《党委（党组）意识形态工作责任制实施办法》文件精神，研究浈江区贯彻落实意见，传达学习省委书记李希在听取十二届省委第六轮巡视综合情况汇报省委书记专题会议上的讲话精神及施克辉在十二届省委第七轮巡视工作动员部署会上的讲话精神，通报省委第十二巡察组巡视始兴县、翁源县反馈的共性问题，研究部署浈江区做好省委第七轮巡视有关工作，传达学习贯彻《中共广东省委办公厅〈关于防范化解和妥善处置群体性事件的若干措施〉的通知》《中共广东省委办公厅 广东省人民政府办公厅关于做好当前信访工作的通知》精神及全省扫黑除恶专项斗争视频推进会精神，贯彻全省决战决胜脱贫攻坚会议精神、贯彻省政府办公厅印发的《关于常态化疫情防控下促进财政可持续发展的实施方案》精神，及省、市有关换届选举文件精神，听取2021年村（社区）“两委”换届选举有关准备情况汇报。研究干部人事问题。

10月9日，区委常委会召开第125次会议。传达学习贯彻习近平总书记关于巡视工作的重要论述和重要指示精神、贯彻习近平总书记9月22日在教育文化卫生体育领域专家代表座谈会上的重要讲话精神，研究部署配合做好省委巡视组对浈江区的巡视工作，研究召开区委九届十一次全会有关事宜、镇（街）机构改革后机构正常运行管理工作、推进重点项目和重点工作安排、召开乡镇人居环境整治现场会有关事宜、开展整治“两违”建筑和规范农村建房管理工作、做好安全生产和森林防火工作、加大力度抓好城市环境卫生和交通秩序管理工作、做好信访维稳工作。

10月16日，区委常委会召开第126次会议。传达学习贯彻习近平总书记10月10日在中央党校（国家行政学院）中青年干部培训班开班式上的重要讲话精神、贯彻市委十二届十二次全会精神、《关于市党政班子领导同志带头转作风做表率的若干意见》文件精神、贯彻统计法律法规重要文件选编精神，研究部署近期疫情防控工作，审议《浈江区农村安全饮用水保障工程资金分配方案（送审稿）》，审议区委九届十一次全会有关报告，讨论关于调整区委委员有关事宜。

10月30日，区委常委会召开第128次会议。传达学习习近平总书记出席深圳经济特区建立40周年庆祝大会和视察广东重要讲话重要指示批示精神及省、市有关会议精神，传达学习省委书记李希在省委十二届第224次常委会会议暨省新冠肺炎疫情防控工作领导小组（指挥部）第57次会议上的讲话精神、市委书记王瑞军在参加市委十二届十二次全会浈江区小组分组会议上的讲话精神，审议《中共韶关市浈江区委关于认真学习贯彻习近平总书记出席深圳经济特区建立40周年庆祝大会和视察广东重要讲话重要指示精神的通知（送审稿）》《浈江区关于加快推进市域社会治理现代化的行动方案（送审稿）》，听取浈江区县道X849线路面改造工程有关工作汇报，审议《2020年浈江区机关绩效考核实施方案（送审稿）》《2020年镇办工作绩效评价方案（送审稿）》。研究干部人事问题。

11月9日，区委常委会召开第129次会议。传达学习贯彻习近平总书记在中共十九届五中全会上的重要讲话精神中共十九届五中全会精神及省、市干部大会精神，审议《中共韶关市浈江区委关于认真学习宣传贯彻党的十九届五中全会精神的通知（送审稿）》《浈江区关于围绕学习贯彻党的十九届五中全会精神以及习近平总书记出席深圳特区40周年庆祝大会和视察广东重要讲话重要指示批示精神开展“深调研”工作方案（送审稿）》《浈江区关于开展学习贯彻党的十九届五中全会精神以及习近平总书记出席深圳经济特区建立40周年庆祝大会和视察广东重要讲话重要指示批示精神学习培训工作方案（送审稿）》《浈江区关于党的十九届五中全会精神以及习近平总书记出席深圳经济特区建立40周年庆祝大会和视察广东重要讲话重要指示批示精神宣传工作方案（送审稿）》。

11月16日，区委常委会召开第130次会议。传达学习习近平总书记在参加第七次全国人口普查登记时的重要指示精神、习近平总书记在第七个国家扶贫日到来之际对脱贫攻坚工作作出的重要指示精神。研究干部人事问题。

12月1日，区委常委会召开第131次会议。学习习近平法治思想，传达学习习近平总书记在中央全面依法治国工作会议上的重要讲话精神、中共广东省委十二届十一次全体会议精神、赵乐际和杨晓渡在十九届中央第六轮巡视工作动员部署会上的讲话精神，研究做好配合省委巡视组有关工作及有关问题整改计划，听取区委九届第十轮巡察综合情况汇报，研究浈江区村（社区）“两委”换届有关工作、农村安全饮用水工作。

12月7日，区委常委会召开第132次会议。传达学习习近平总书记12月3日在中央政治局常委会会议上听取脱贫攻坚总结评估汇报时的重要讲话精神、习近平总书记在党外人士座谈会上的重要讲话精神，听取浈江区党外人士工作情况汇报、浈江区贯彻落实广东省民族宗教事务相关条例工作情况汇报，研究推荐市表彰先进集体和先进个人的有关事项，听取全区近期扫黑除恶专项斗争工作情况汇报、浈江区2020年禁毒工作情况汇报、浈江区打击治理电信网络诈骗犯罪工作情况汇报，研究部署市对此项工作的考评验收工作，听取浈江区检察院2020年公益诉讼工作情况汇报，研究部署扶贫工作。

12月18日，区委常委会召开第134次会议。传达学习习近平总书记在中央政治局第二十四次集体学习时的重要讲话精神、中共广东省委十二届十二次全会精神，听取浈江区2020年意识形态工作汇报，听取浈江区思政课建设工作情况汇报，研究浈江区工会第四次代表大会有关事宜、中国共产主义青年团浈江区第八次代表大会有关事宜，通报干部试用期满职务确认事宜。研究干部人事问题。

12月29日，区委常委会召开第135次会议。传达学习贯彻12月16日中央经济工作会议精神，传达学习中共中央办公厅、国务院办公厅关于做好2021年元旦春节期间有关工作的通知精神，及贯彻中共韶关市委十二届十三次全会精神，审议《浈江区2020年第二次政府财政收支预算调整方案（送审稿）》，研究召开区委九届十二次全会有关事宜，审议区委九届十二次全会主报告及《中共韶关市浈江区委关于制定浈江区国民经济和社会发展第十四个五年规划和二〇三五年远景目标的建议（送审稿）》，听取区政府党组、区人大常委会党组、区政协党组、区法院党组、区检察院党组工作情况汇报。研究干部处分有关事宜。

（付世颖）

重要决策

【帮扶共建】 2020年5月8日，寮步党委、浈江区委出台《寮步浈江继续推进全面帮扶共建三年行动方案（2019—2021年）》，该方案提出三个方面11项行动，进一步集中优势力量及资源，推进两地全面帮扶、精准对接、合作共建工作。

【区政协九届五次会议批复】 2020年5月12日，区委向区政协党组下发《关于同意召开政协韶关市浈江区第九届委员会第五次会议的批复》，同意在5月24—26日召开区政协第九届委员会第五次会议及相关议程和参加人员。

【区九届人大五次会议批复】 2020年5月18日，区委向区人大常委会党组下发《关于同意召开浈江区第九届人民代表大会第五次会议的批复》，同意在5月25—27日召开区九届人大五次会议及相关会议议程和参加人员。

【民情夜访】 2020年7月20日，区委出台《关于在全区开展“民情夜访”活动的方案》，该方案结合区镇两级“五天四夜”制度和新形势下的群众工作，明确指导思想、工作原则、工作安排（活动主体、活动时间、活动方式）、工作内容、工作机制、工作要求等，推动工作重心下移，解决群众关注的重点、热点、难点问题。

【乡镇街道体制改革】 2020年8月12日，区委出台《韶关市浈江区深化乡镇街道体制改革完善基层治理体系实施方案》，该方案根据《中共广东省委关于深化乡镇街道体制改革完善基层治理体系的意见》有关规定，以健全党的全面领导制度为着力点，理顺权责关系，优化机构设置，健全运行机制，完善保障体系，激发乡镇街道经济社会发展活力。

【项目库管理】 2020年8月26日，区委出台《浈江区区级财政资金项目库管理制度（试行）》，明确区级财政资金项目库管理原则、职责分工、项目设置、申报管理以及项目库管理程序，加强和规范区级财政资金项目库管理。

【财政资金审批】 2020年9月6日，区委出台《浈江区财政资金审批范围和程序实施方案（试行）》，明确是年部门预算资金、上级专项资金、涉农资金统筹、往来及其他类资金的审批管理程序，优化区财政资金审批程序，提高工作效率。

【十项制度机制】 2020年10月9日，区委出台《关于坚决落实“两个维护”十项制度机制的实施方案》，该实施方案指出，坚决维护习近平总书记党中央的核心、全党的核心地位，坚决维护党中央权威和集中统一领导，是各级党委（党组）的首要政治责任，是最根本、最重要的政治纪律和政治规矩。方案提出严格落实第一议题制度、扎实开展“大学习、深调研、真落实”活动等十项制度机制，要求不折不扣把“两个维护”十项制度机制落到实处。

【乡村振兴重点工作】 2020年10月28日，区委出台《关于加强乡村振兴重点工作确保如期实现全面小康的实施方案》，该实施方案根据《中共中央、国务院关于抓好“三农”领域重点工作确保如期实现全面小康的意见》《中共广东省委、广东省人民政府关于加强乡村振兴重点工作决胜全面建成小康社会的实施意见》精神，结合浈江区实际，指出7个方面43条措施确保乡村振兴各项工作取得成效。

【经济社会发展指导思想】 2020年12月31日，经中国共产党韶关市浈江区第九届委员会第十二次全体会议通过，出台《中共韶关市浈江区委关于制定浈江区国民经济和社会发展第十四个五年规划和二〇三五年远景目标的建议》。该建议明确浈江区“十四五”时期经济社会发展的指导思想、基本原则和主要目标以及二〇三五年远景目标。建议提出通过10个方面36条措施推动浈江高质量发展，为实现社会主义现代化作出浈江贡献。

（李文义）

组织工作

【概况】 中共韶关市浈江区委组织部（简称“区委组织部”）是区委主管组织、干部、公务员、人才及老干部工作的职能部门，为正科级；对外挂区委老干部局、区公务员局牌子。2020年，浈江区坚持以习近平新时代中国特色社会主义思想和中共十九大精神为指导，按照新时代党的组织路线要求，紧扣市委、区委总体部署，以党的政治建设为统领，统筹推进领导班子和干部队伍建设、基层党组织和党员队伍建设，不断提高组织工作质量和水平，为浈江区经济社会发展提供组织保证。

【干部学习教育】 2020年，浈江区举办村党组织书记、“两新”党组织书记、“丹霞英才”培训班和学习贯彻中共十九届四中全会精神暨习近平谈治国理政第三卷专题、学习贯彻中共十九届五中全会以及习近平总书记出席深圳建设40周年庆祝大会和视察广东重要讲话重要指示批示精神暨民法典专题培训班等培训班7期，培训村党组织书记48人，丹霞英才75人次，“两新”党组织书记50人次，公务员全员1400多人参加专题培训班；同时，组织市管领导干部65人次参加上级专题培训班。

【干部选拔任用】 2020年，浈江区坚持新时期好干部标准，突出政治标准选人用人，坚持严管厚爱，突出一线选人用人导向，坚持依法依规周密做好干部选任工作。全年区委常委会研究讨论干部事项18次，调整任免干部168人次，其中提拔干部59人。

【干部实绩档案】 2020年，浈江区突出疫情防控实绩申报，推荐市管干部实绩档案6人次；纳入区管干部实绩档案18人次，其中机关12人次、乡镇6人次，提拔重用2人。推进干部考验性管理，按程序对2名干部按期解除考验性管理。

【干部监督】 2020年，区委组织部向区审计局提交3个单位4名单位党政主要领导干部进行经济责任审计的建议名单。坚持领导干部离任责任交接和领导干部就职目标承诺办法，7名领导干部进行离任责任交接和7名领导干部就职目标承诺。严格控制领导干部因私出国（境），全年未办理过因私出国境审批。落实区管干部预警监督“三示三书”制度，发出函询通知书3份，勤廉提示5份、任职提示33份、温馨提示1份。受理来信来访3宗，其中不在组织部受理范围1宗，已按程序转相关部门处理，重复上访1宗。

【基层党建】 2020年，浈江区发展党员102人，其中产业工人6人，农牧渔民15人，“两新”组织14人，全面完成市下达的计划指标。“七一”集中走访慰问党员650人，送去慰问金36.7万元。

推进疫情防控网格化管理 2020年，浈江区制定《浈江区加强党的领导、进一步强化疫情防控工作网格责任落实安排表》，对42村（社区）划分网格，选派优秀党员干部到4个卡口和42个社区网格担任“第一书记”。在全区105个村（社区）、居民区党组织以及387个临时党小组设立党员先锋岗。全区市直机关、区直机关、镇（办）机关1000多

2020年，浈江区“谐约共建”基层党建创新模式获得韶关市第四届机关工作创新创优竞赛一等奖 （区委组织部 供）

名在职党员干部每天到105个村（社区）、居民区做好疫情防控工作。

推动党员到社区报到常态化制度化　2020年，浈江区按照“就近就便”调剂原则，安排9230名党员到326个三级网格中报到；实行社区点单和党员群众点单“双同步”，全年社区和党员群众下单4200多个，党员报到参加活动4万多人次。

推行“谐约共建”城市基层党建新模式　2020年，浈江区印发“谐约共建”相关制度，指导47个社区与252个单位签约，在各媒体深度宣传报道。该项目获得第八届广东省市直机关“先锋杯”工作创新大赛优秀作品奖、韶关市第四届机关工作创新创优竞赛一等奖，入选省委组织部《新时代广东城市基层党建典型案例选编》。

提升农村党建水平　至2020年底，浈江区44个村党组织书记实现村党组织书记、村委会主任、村集体经济负责人“三个一肩挑”；建立94个村（社区）党组织书记个人档案并统一管理；按照1∶3的比例，每个村（社区）选拔3名优秀人才作为后备人选，建立一支302人的后备人选队伍，其中女性76人，占比25.17%；35岁以下164人，占比54.3%；大专学历以上141人，占比46.69%。是年，从优秀村（社区）党组织书记中考录乡镇公务员3名，乡镇事业单位向优秀村（社区）党组织书记定向招聘2人。统筹管理使用由东莞选派的3名第一书记，在年度考核中3人均建议为优秀等次。8月，软弱涣散村党组织十里亭镇五里亭村经市委组织部验收合格，成功出列；浈江区2018年以来列入的7个软弱涣散党组织全面转化晋级。深化“党建+振兴”模式，提升改造红色村新韶镇府管村党群服务中心，推广“党支部+合作社+农户”等运行模式。全区48个行政村中，集体收入50万元以上的有9个，10—50万元的有19个，5—10万元的有20个，全面达到“2018—2020年三年行动计划”目标。

2020年，浈江区举行“丹霞英才”党政储备类及医疗卫生类人才培训班（区委组织部　供）

【“两新”组织党建】　2020年，浈江区有“两新”组织党组织102个，其中非公企业党组织88个、社会组织党组织14个。是年新增单独组建“两新”组织党组织7家，其中规上工业企业1家、农业龙头企业1家。常态化开展“两新”组织底数摸排和组织建设“双同步”工作，是年，全区结合实际摸查后计入工作台账的企业总数635家，其中有党员的企业103家，有3名以上党员数的企业97家，全部组建党组织。11月，举办“两新”党组织书记（党务工作者）培训班，组织46名学员到广州市非公经济组织党建展览馆、广州市番禺节能科技园等地参观学习。在疫情防控工作中，医药企业党组织率先筑起“保护垒”，多种渠道筹集防疫物资；农业企业党组织筹集捐赠防护物资，利用企业自身资源，保障一线人员的后勤配给。

【人才培养】　2020年，浈江区落实完善各项人才机制，及时调整补充区人才工作领导小组成员单位，建立健全工作机制。制定印发《韶关市浈江区“丹霞英才”及紧缺急需人才管理实施方案》等制度，完善《2020年浈江区人才工作目标责任考核实施方案》。宣传、落实省、市、区人才政策，设立人才资源开发专项资金。是年，浈江区举办2020年“丹霞英才”及紧缺急需人才公开招聘活动7轮共12场次，引进法律、教育、医疗、文化等领域的人才共195名，其中党政储备类26名，教育教学类133名，医疗卫生类15名，企业类21名；全日制硕士研究生39名，全日制本科156名。继续实施“韶关市浈江区政校企联动孵化（拓展）双创人才工程”项目，围绕推进脱贫攻坚、乡村振兴，加大农村实用人才培养力度。

【公务员管理】 2020年，浈江区招录公务员44名（不含公安），其中从优秀村（社区）党组织书记中招录公务员3人。制定浈江区公务员调动管理法案，规范全区公务员调动程序，加强调动管理。制定公务员职级晋升工作方案、职级设置方案和职级职数使用规定，明确职级晋升原则及职数核定使用原则，强化单位党委（党组）领导把关作用，全面启动全区首次晋升工作。

【组工调研信息宣传】 2020年，浈江区组织党建信息宣传稿件被各类媒体采用上百篇，被中组部、省委组织部综合采用4篇。其中参阅类信息被中组部采用1篇，并被评为2020年全国优秀信息三等奖，1人获得2020年中国组织人事报优秀通讯员。完成编发《浈江组工信息》《浈江组工宣传报道》《组工画册》；完成省市各级调研约稿以及其他材料的写作工作。重新打造86个广东省党员干部远程教育户外示范点浈江站点，每月定时开机，开机率100%。（许焱晖）

宣传思想

【概况】 中共韶关市浈江区委宣传部（简称“区委宣传部”）是区委主管全区意识形态方面综合职能部门，对外加挂区政府新闻办公室、区精神文明建设委员会办公室、区新闻出版局（区版权局）、区互联网信息办公室牌子，区委网络安全和信息化委员会办公室设在区委宣传部。2020年，浈江区宣传思想文化工作坚持以习近平新时代中国特色社会主义思想为指导，贯彻落实全国、全省、全市宣传思想工作会议精神，围绕决胜全面建成小康社会、决战脱贫攻坚，持续加强理论武装、新闻宣传报道和舆论引导，持续推进文化建设，提升城乡精神文明建设水平，为浈江区经济社会发展提供坚强思想保证、强大精神动力和有力文化支撑。

【理论武装】 2020年，区委理论学习中心组开展专题学习16次。组织全区各单位开展中共十九届五中全会、习近平总书记出席深圳经济特区建立40周年庆祝大会和视察广东重要讲话重要指示精神宣讲82场次，参加人数1.55万人。组织各单位征订并分发《习近平谈治国理政》（第三卷）8000本，组织征订《人民日报》《党建》等党报学刊4176份，编印下发《理论学习资料汇编》600本。全区注册“学习强国”平台人数居全市第三。组建基层理论宣讲队伍，完成国防教育讲师团集训任务。

【意识形态】 2020年，区委把意识形态工作纳入常委会工作要点和全委会报告，落实每半年一次的定期报告制度和每季度一次的意识形态工作联席会议制度。加强新闻宣传管理、户外宣传管理、论坛讲座管理、信息发布管理，加强学校意识形态工作，推进网络安全防护工作，开展网络生态治理专项行动和清源、固边、净网、护苗、秋风五大专项行动。完成全区104个“扫黄打非”基层站点规范化标准化建设，推进五里亭村、站南社区两个站点争创市级“扫黄打非”进基层示范点建设。加强对出版物、电影行业管理，检查各类经营主体336户次，规范经营行为。安排8人次配合区委巡察组开展3轮巡察工作，做好对16个单位的意识形态专项巡察工作。

【正面主题宣传】 2020年，区委宣传部利用中央、省、市主流媒体，特别是韶关电视台《浈武聚焦》栏目和《韶关日报》“浈江专版”两个平台，宣传报道新冠肺炎疫情防控、复工复产复学、决战决胜脱贫攻坚、全面建成小康社会、中共十九届五中全会、习近平总书记出席深圳经济特区建立40周年庆祝大会和视察广东重要讲话重要指示批示精神、党员干部到社区报到等系列活动。全年在主流媒体平台刊发浈江区正面宣传报道1449篇（条）。在《南方日报》推出《浈江区：战疫显担当 双赢谋长远》，在《韶关日报》推出《统筹推进疫情防控和经济社会发展纪实》《奋力谱写高质量发展新篇章》等特刊。是年，组织编印《浈江战疫纪实》，反映浈江区在抗疫过程中各部门联防的措施成效和先进典型事迹。

【精神文明创建】 2020年，区委宣传部收集整理上报258份图片文档完成各类文明创建网上申报材料；下发督办通知29份，整改率76%；组织开展2020年市、区级文明村镇申报及评选工作；组织开展志愿者服务活动1843场，其中疫情防控志愿者服务活动342场；组织开展四次创文“五个一”入户宣传活动，实现建成区97003户居民的创文入户宣传全覆盖；组织编印发放创文调查问卷、公开信11万份；制作使用公筷平面公益广告400余幅，张贴海报300余张；组织发放文明用餐倡议书300余份，LED电子显示屏投放75块；组织全区发放张贴“文明健康有你有我”宣传海报16000张；更换精神文明建设宣传栏150块，制作并张贴中共十九届五中全会精神宣传画600幅。累计推荐7名优秀人物参加“韶关好人”评选活动；浈江区1户家庭被评为“广东省文明家庭”；评选“浈江区新时代好少年”12人。2018—2020年度获精神文明建设荣誉称号的单位和个人中有全国文明校园1所，广东省文明单位6个，韶关市文明村镇1个，韶关市文明单位3个，韶关市文明家庭2户，韶关市文明校园3所，浈江区文明镇4个，浈江区文明村26个，浈江区文明校园23所，浈江区文明家庭72户。初步完成浈江区新时代文明实践广场建设，建成新时代文明实践所9个，挂牌成立新时代文明实践站95个。

【文化建设】 2020年，区委宣传部推进红色革命遗址保护利用，基本完成南昌起义部队革命活动旧址（犁市当铺）修缮维护与改陈布展主体工程部分。推进文化馆、图书馆、博物馆三馆建设，实施村居综合性文化服务中心建设。推动农村文化建设，完成全区农村电影放映369场次。

（彭文彬）

【新闻出版（版权）】 2020年2—3月，浈江区新闻出版局（版权局）完成43家出版物发行单位、16家印刷企业年度核验和数据抽查。牵头组织“剑网2020”专项行动，推动政府机关和企业软件正版化工作。4月20—26日，围绕“强化版权治理，优化版权生态”主题开展版权宣传周活动，集中宣传版权法律法规和基本知识，开展各类普法宣传活动。5月，开展新闻出版行业安全生产和疫情防控检查，排查印刷企业、出版发行单位59家，督促企业落实安全生产和疫情防控主体责任；7月，开展印刷复制业暨内部资料性出版物专项整治，规范印刷复制业经营秩序，查处非法印制行为。

【电影管理】 2020年，浈江区委宣传部落实属地管理和行业管理责任，严谨有序、安全推进全区电影行业复工复产，加强对电影放映场所日常监管力度，督促影院落实疫情常态化防控措施和安全生产。全年放映农村公益电影682场。

（吴新华）

统一战线

【概况】 中共韶关市浈江区委统一战线工作部（简称“区委统战部”）是区委主管统一战线工作的职能部门，为正科级。区委统战部对外加挂区民族宗教事务局、区台港澳事务局牌子。2020年，区委统战部结合工作实际，围绕中心，服务大局，发挥统战优势，凝聚各方力量，全面做好各领域工作。

【民主党派建设】 2020年，浈江区向各民主党派推荐浈江区优秀民主党派人士作为换届人选，配合民革、民盟、民建、民进、农工党、九三学社6个党派完成人选考察工作，协助各民主党派浈江基层组织完成换届工作。

【党外人士建设】 2020年，区委统战部5名无党派人士加入区政协委员；选送6名民主党派人士代表分别参加由市委组织部和统战部联合举办的韶关市民主党派新成员和基层组织骨干培训班，提升“五种能力”（政治把握能力、参政议政能力、组织领导能力、合作共事能力、解决自身问题能力）。

【非公经济领域建设】 2020年，区委统战部完善民营经济人士评价机制，做好民营经济人士的政治安排。倡导非公有制经济人士参与疫情防控，共计捐资捐物55万多元；指导区工商联组织主席企业分到浈江区10个镇（办）防疫一线开展慰问活动，为浈江区防疫一线工作人员捐赠防护物资及慰问品共计3万多元。

【新阶联第一届理事大会暨新阶联成立大会】 2020年11月28日，召开区新阶联第一届理事大会暨新阶联成立大会，成立以党外人士为主，由民营企业和外资企业的管理技术人员、中介组织和社会组织从业人员、自由职业人员、新媒体从业人员等组成浈江区新的社会阶层人士联合会，凝聚区域内新的社会阶层人士力量。

【联络港澳台】 2020年，区委统战部走访慰问港澳台同胞，开展疫情防控政策宣传解释工作，了解区域内港澳台同胞在浈江情况，做好港澳台同胞疫情防控工作。在国家传统节日走访慰问区内困难定居台胞，送上慰问金和物资，为3名高龄台胞、生活困难台胞申请上级补助资金。1月19日，组织人员到澳门参加“澳门韶关地区联谊会第九届理监事就职典礼暨2020年新春晚会”；邀请港澳台人士到韶关相聚联谊、探亲、观光考察，广交港澳台各界朋友，接待来访6批次、62人次。

【因公出国(境)管理】 2020年，区委统战部坚持“因事定人”“人事相符”原则，做好因公出国(境)管理，对每位出访人员进行外事纪律、保密条例的宣传。

【宗教领域安全排查】 2020年，区委统战部做好宗教领域安全工作。3月，开展消防安全大检查活动，排查整治宗教场所的安全消防隐患。4月起开展“铁拳执法行动”综合整治，把7处宗教活动场所和6间民间信仰场所纳入排查整治范围，排查一般安全隐患15处，全部整改到位。

【宗教场所消防安全知识培训】 2020年6月9日，浈江区教场活动所消防安全知识培训暨应急疏散演练活动在基督教东堤堂举行，各宗教活动场所负责人30多人参加培训演练，提高宗教活动场所人员消防安全意识、安全防火实际应用技能以及对突发事件的应变能力。

2020年4月13日，区委统战部组织开展辖区宗教场所消防安全检查专项行动 （区委统战部 供）

【宗教场所疫情防控】 2020年1月24日起，暂停全区7处宗教活动场所对外开放和取消宗教活动，监督各宗教场所在醒目位置张贴疫情期间关停的紧急通知，引导信众自觉做好防护，减少人员聚集，全区所有宗教活动场所疫情防控工作稳定开展。动员宗教界支持全区打赢疫情防控阻击战，累计捐款捐物18万多元。

【宗教政策法规学习月活动】 2020年，区委统战部组织机关人员和宗教教职员学习宣传宗教法规政策和法律法规识，将8月1日新修订实施的《广东省宗教事务条例》作为业务学习的重点，在区各宗教活动场所发放《广东省宗教事务条例》等资料。

【宗教活动场所“四进”推进】 2020年，区委统战部开展升国旗、学习中华人民共和国宪法等法律法规、社会主义核心价值观、中华优秀传统文化“四进”宗教活动场所活动。引导宗教界人士及广大信教群众树立爱国爱教精神，学习遵守宪法和法律法规，传承发展中华优秀传统文化。

【外来少数民族服务管理】 2020年，区委统战部为1名参加中考的少数民族考生审核民族成分；与区教育局以及相关学校联系对接，为3名少数民族同胞子女办理入学转学手续，解决外来少数民族务工人员子女就近入学问题。倡导在韶关少数民族同胞代表参与疫情防控，捐赠防护物资及慰问品。

（姚莉岚）

机构编制

【概况】 中共韶关市浈江区委机构编制委员会办公室(简称“区委编办”)是区委负责全区行政管理体制改革、事业单位管理体制改革和机构编制日常管理工作的职能部门。2020年，区委编办推进乡镇街道体制改革、事业单位改革工作，加强机构编制管理、不断提高机构编制工作水平，为促进全区经济社会发展提供体制机制保障。

【乡镇街道体制改革】 2020年，区委编办推动乡镇街道机构设置、编制配备与职能配置优化协同高效。

机构限额管理 2020年，浈江区明确较大镇设置10个党政机构，一般镇（含街道）设置9个党政机构，各预留1个机构限额作为机动。在机构设置上，因受机构限额影响，部分机构设置采取挂牌的形式，不占机构个数。除规定设置的6个综合性办事机构和综合行政执法办公室（综合行政执法队）外，设置经济发展办公室、规划建设办公室、生态环境保护办公室、应急管理办公室、农业农村办公室、城市管理办公室、社区建设办公室等综合性办事机构。

建立镇街道协同高效运行机制 2020年，浈江区建立镇街综合治理委员会、公共服务委员会、综合行政执法委员会等统一指挥协调的工作平台，由党（工）委委员担任主任，强化乡镇街道党（工）委对各类资源的统筹管理以及对本区域重点领域、重大工作领导，集中力量办好基层大事，服务基层百姓。

乡镇街道事业单位改革 2020年9月22日，经中共韶关市浈江区委深化改革工作领导小组批准，浈江区印发《韶关市浈江区乡镇街道事业单位改革方案》，明确事业单位的下放、整合，人员转隶调整等。改革后，乡镇统一设置3个事业单位，分别为公共服务中心（文化和旅游服务中心）、退役军人服务站、财政所；街道统一设置2个事业单位，分别为公共服务中心（文化和旅游服务中心）、退役军人服务站。

【从事生产经营活动事业单位改革】 2020年，根据《中共中央办公厅 国务院办公厅印发〈关于从事生产经营活动事业单位改革的指导意见〉的通知》《广东省从事生产经营活动事业单位改革工作领导小组关于印发广东省2017年度省属从事生产经营活动事业单位改革工作方案的通知》等文件，经区委、区政府同意，于5月14日成立韶关市浈江区从事生产经营活动事业单位改革工作领导小组，9月22日印发《韶关市浈江区从事生产经营活动事业单位改革工作方案》，对主要从事生产经营活动，不具备转企改制条件的单位予以撤销；部分从事生产经营活动，通过机构调整予以保留（整合、调整类别）；部分从事生产经营活动、可以推向市场的，剥离收费项目。经过改革，浈江区撤销事业单位3个，调整机构类别事业单位2个，收回事业编制3名，转隶的3名人员到位。

【机构编制监督】 2020年，区委编办开展超审批权限设置机构等问题自查自纠工作，组织单位

2020年5月19日，区委编办到乐园镇开展深化乡镇街道体制改革调研 （区委编办 供）

自查，核对“三定”规定和实名制管理系统，梳理排查全区机关事业单位超审批权限设置机构、超规格超职数配备领导等问题，重点排查是否超规格超职数配备领导干部，是否自行设置领导职务名称等问题。建立和完善机构编制问题台账、机关事业单位领导职数管理台账。

【事业单位登记管理】 2020年，全区应参加年度报告的事业单位法人144个，参加年度报告的事业单位法人144个，年审率100%；新设立登记事业单位法人2例，办理事业单位变更登记69例，事业单位注销登记5例，事业单位证书补领1例，遗失声明1例。

（张　苑）

机关党建

【概况】 中共韶关市浈江区直属机关工作委员会（简称“区直机关工委”）是区委派出机构，统一领导区直机关各部门党的工作。2020年，浈江区召开模范机关创建工作推进视频会议，推进“六型”（学习型、创新型、开放型、实干型、服务型、廉洁型）模范机关创建；开展基层党建专题调研，发出提醒函7份，开展专项督查9次；制定《“三级书记”抓党建责任清单》；对42个单位进行清单化评价工作；联合举办韶关市浈江区第一届机关工作创新创优竞赛，其中，区委组织部、区纪委监委、区农业农村局参赛作品进入韶关市第四届机关工作创新创优竞赛现场展示环节，并获得转变作风类一等奖、三等奖、岗位创新类优胜奖等奖项，区委组织部参赛作品代表韶关市参加省先锋杯决赛，在韶关市参赛作品中排名第一。

2020年，浈江区直机关党务干部培训班现场（区直机关工委 供）

【党员“政治生日”】 2020年，区直机关工委在区直机关党组织中开展党员“政治生日”活动。全年组织开展党员“政治生日”活动122场，为992名党员过“政治生日”，其中889名“政治生日”党员参与到社区报到，与社区居委一起开展新冠肺炎疫情工作、创文工作和人口普查工作。

【“浈江机关党建”公众号启用】 2020年5月1日，“浈江机关党建”微信公众号启用，全年发布推送36期，推文126篇，刊登习近平总书记重要讲话重要指示27篇，中央、省、市动态16篇，中央、省、市、区重点宣传内容18篇，区直机关党务、实务工作动态42篇，党员学习宣传内容38篇，每篇推文均结合区委宣传部同时期宣传重点进行刊登宣传。

【党员疫情防控】 自2020年1月29日开始至3月初，全区每天约600名机关在职党员干部到46个社区报到参与疫情防控；没有覆盖网格的农村由5个镇组成疫情防控党员先锋队48个，到各村做好防控工作。入户排查累计51695人次，为居家隔离人员提供上门服务184次。

【基层规范化建设】 2020年，浈江区制定印发《韶关市浈江区党的组织生活标准化建设规范》，规范“三会一课”、组织生活会、谈心谈话、民主评议党员等党内制度，督促指导组织生活落实的内容、频次、程序，要求党支部建立组织生活全程纪实制度。

【党组织书记培训】 2020年，浈江区举办党组织书记培训班2期，培训区直机关党组织书记和“两新”组织党组织书记共188人次，培训覆盖率100%。

【党员发展】 2020年6月，浈江区举办区直机关党员发展对象培训班，对35名区直机关党员发展对象进行为期3天的集中教育培训，加强党员发展对象对党章及党的基本知识的学习。是年，发展党员31名，指导区直有关党组织严格按照发展党员5个阶段25个步骤发展党员。

【党建品牌创建】 2020年10月，区直机关工委组织各党支部开展区直机关“融合党建·一支部一品牌”创建成果评比活动，收到各单位党组织报送党建品牌创建成果材料29份，通过集中评议，评选出21个特色党建品牌。

【“双周讲坛”】 2020年，在疫情防控工作的情况下，区直机关工委鼓励区直机关各党组织探索“云端”授课模式，结合“线上+线下”模式，做好“双周讲坛”活动。全年开展“双周讲坛”活动368次，其中领导示范讲218次。

（李　经）

保密工作

【概况】 2020年，浈江区保密局坚持用习近平新时代中国特色社会主义思想指导保密工作，围绕区委、区政府中心工作，服务全区改革发展稳定大局，抓好工作责任落实。

【保密工作会议】 2020年10月29日，浈江区召开区委保密委员会全体会议暨全区保密工作会议，区委副书记、区委保密委主任罗永东出席会议并讲话，区委常委、区委办主任、区委保密委副主任谢林茂主持会议，传达学习中央、省、市保密工作会议精神及有关文件精神，总结2019年全区保密工作情况，部署2020年保密工作任务。11月12日，区委常委、区委办主任、区委保密委副主任谢林茂主持召开全区保密工作会议，传达学习省、市保密工作会议精神，部署专项保密检查工作。

【保密宣传教育】 2020年，浈江区保密局组织做好保密宣传教育重点资料、保密工作学刊用刊的征订工作。截至12月底，全区征订保密宣传教育重点资料538份，征订《保密工作》杂志49份。

【保密检查】 2020年，浈江区保密局在全区范围组织开展疫情防控期间保密纪律工作检查、自然资源领域专项检查、工作邮箱安全隐患排查、保密风险隐患排查等专项保密检查4次，组织全区54个单位开展自查自纠，并实地抽查34个区直单位（含20个重点涉密单位），对检查发现的问题，指导各单位立即整改，没有发现严重的违规和失泄密事件。7月，开展中考保密安全突击检查，检查考点3个，没有泄密事件发生。

【保密管理】 2020年，浈江区保密局将领导干部落实保密工作责任制情况纳入绩效考核逆向扣分评价体系，抓好涉密人员备案管理，完善重要涉密人员脱密期安全保密管理，严格规范定密程序。

（郭　婷）

老干部工作

【概况】 2020年，中共韶关市浈江区委老干部局（简称“区委老干部局”）是没有独立机构编制的挂牌机构，负责贯彻执行党和国家、省、市有关老干部工作的方针政策，检查落实区委老干部工作的决定和工作安排、研究拟定浈江区老干部工作的规划并组织实施；调查研究老干部工作的新情况、新问题，提出改进工作的意见和建议；协助有关部门做好老干部的医疗保健；指导有关单位做好老干部的丧事处理，负责老干部信息统计和来信来访。

【老干部政治待遇】 2020年，区委老干部局落实老干部政治待遇制度，组织老干学习中共十九届五中全会精神、习近平总书记出席深圳经济特区建立40周年庆祝大会和视察广东重要讲话重要指示批示精神、全国两会精神等，教育引导老干部学深悟透习近平新时代中国特色社会主义思想。召开2020年离退休干部迎春座谈会和重阳节座谈会，通报全区经济社会发展情况。为全区老干部订阅《秋光》杂志、《老人报》，为老干部学习活动场所订阅《广东老干部政治理论读本》《离退休干部党支部参考》《人民日报》《韶关日报》等学习资料。

【老干部生活待遇】 2020年，区委老干部局协调做好医疗保健、补贴发放、丧事办理和遗属抚慰等。坚持对老干部“四必访”（老干部生病住院必访、生活困难的老干部必访、离休干部和享

2020年10月23日，浈江区举办老干部庆祝重阳节文艺会演

（区委老干部 供）

受副处级以上退休干部去世必访、重要节日必访），建立完善老干部健康档案数据库，关注老干部身体健康状况。是年，为离休干部统管核报医疗费39人次、64.2万元，慰问走访老干部121人次，发放春节、党员和军转离退休干部慰问金9.27万元。落实浈江区生活特殊困难离退休干部帮扶机制，全年首次实现帮扶生活困难老干部9人，发放帮扶资金4.5万元。

【老干部服务管理】 2020年，区委老干部局管理服务离休干部10名（其中企业离休干部1名），副处级以上退休干部73名。保障离休费按时足额发放，落实老干部各项生活待遇，完善离休干部党支部建设，协调做好离休干部医疗保健、丧事办理和遗属抚慰工作。

【正能量活动】 2020年，区委老干部局支持各有关部门开展“五老”人员走进乡村，关爱留守儿童等志愿服务活动。协助区关工委推进“五老”（老干部、老战士、老专家、老教师、老模范）关爱行动，举办农村青年创业培训班，助力乡村振兴战略。发动老干部参与联防联控、捐款捐物、发文发声等。全区老党员老干部创作主题鲜明、充满正能量的诗书画等作品10余篇，社会反响良好。

【老干部（老年）大学曲仁校区建成揭牌】 2020年6月，浈江区老干部（老年）大学曲仁校区举行揭牌仪式，正式投入使用。该校区位于曲仁党群服务中心内，与曲仁办事处共用二楼、五楼及七楼的图书阅览室、健身室、会议室等，总建筑面积3800平方米。9月11日，浈江区老干部（老年）大学曲仁校区举行揭牌仪式，正式投入使用。设有综合课室、音乐室、舞蹈室、书画室、乒乓球室、休闲娱乐室等功能室，提供200个学位，可容纳300人学习活动。

（魏丽晶）

档案

【概况】 2020年，浈江区档案馆是区委直属事业单位，加挂浈江区党史和地方志办公室牌子，主要负责管理区党政机关、人民团体、国有企业事业单位和其他组织等具有保存价值的各类档案（包括电子档案等）和政府信息公开，并负责档案提供利用；负责各单位进馆档案整理质量检查和移交；参与全区重要政务活动和重大事件的拍摄整理；承担档案馆信息化建设、馆藏电子档案的管理和备份、馆藏档案资料数字化；承担和组织党史研究、教育、宣传、资料征编；开发利用党史、地方志资源及开展对外交流。

【档案馆藏】 2020年，浈江区档案馆新增文书档案716卷4769件、专门档案1197卷13209件。累计接收170个全宗单位的各类档案共计47897卷（盒）22067件，其中：文书档案10515卷7648件、专门档案35672卷13312件（其中民生档案29631卷）、会计档案1615卷、设备档案1卷、照片档案92卷共5006张、声像档案2卷（盒）、实物档案1107件。此外，馆藏各种图书资料9185册。

【档案目录录入】 2020年，浈江区档案馆累计完成251553条档案目录的电脑录入工作（其中：案卷级目录12285条、文件级目录239268条）；完成浈江和原北江170个全宗共23575卷（计740754页）档案的全文数字化扫描，并刻录成光盘永久保存。

【档案数字化】 2020年，浈江区档案馆安排专人全程监督工作进展，实时检查档案数字化加工质量；与数字化加工人员签订保密协议；严格把控档案出入库，档案提卷和归卷及时做好登记，确保档案数字化顺利开展。全年完成馆藏婚姻、公证档案等重要纸质10万页数字化，包含对档案规范化整理、全文扫描、图片处理、硬（光）盘备份。

【档案利用】 2020年，浈江区档案馆做好政府信息公开查阅工作，接待社会各界档案利用者229人次，提供利用档案资料240卷，摘抄复印页500余张。为浈江区经济建设、编史修志、档案考察、司法公证、婚姻证明等方面提供第一手资料。

【档案安全防范】 2020年6月2日，浈江区档案馆邀请韶关市消防安全宣传中心宣讲员到区档案馆展厅开展消防知识宣讲和消防演习活动，重点学习建筑火灾的特点、火灾种类与成因、火灾预防等。汛期期间，按照省、市文件精神，提前做好各项应急措施，结合全市严防森林火灾的严峻势头，排查馆内所有电器，杜绝可能造成馆内火灾的隐患。

【档案宣传】 2020年6月10日，浈江区档案馆联合区档案局开展“档案见证小康路、聚焦扶贫决胜期”为主题的档案宣传服务活动。活动通过展厅布展、发放档案宣传册、解答档案热点问题、播放主题PPT等形式，宣传档案法律法规及党和国家领导人对档案工作的重要论述和指示批示等内容。年内还组织全馆在职人员到韶关市档案馆观看精准扶贫档案主题展览。

【扶贫档案监督指导】 2020，浈江区档案局、浈江区档案馆联合区委督查室对新韶镇、乐园镇、十里亭镇、犁市镇、花坪镇以及3个省定贫困区犁市镇群丰村、大村、下陂村的精准扶贫档案管理工作开展业务指导和督促检查。其中犁市镇2010—2018年的扶贫档案资料均整理归档；新韶镇2010—2017年的扶贫档案资料均整理归档并相应完成档案数字化工作；犁市镇下陂村扶贫档案资料收集及时全面，内容记载完整，分类专业、详细。

（潘　莉）

2020年6月10日，“6·9”国际档案日宣传服务活动在区档案馆爱国教主义教育基地举行

（区档案馆　供）

党史·地方志

【概况】 2020年，浈江区党史和地方志办公室（简称“区史志办”）负责组织、指导、检查、督促党史和地方志工作；拟定党史和地方志工作规划和编纂方案；组织编纂志书、年鉴、地方史和其他相关地方志文献；征集、整理、保存志书、年鉴、地方史及其他相关地方志文献和资料，组织开展资料年报工作，组织整理旧志；组织开展地情调查研究和资源开发利用，开展地方志信息化建设，为社会提供服务；组织开展党史和地方志业务培训、理论研究、宣传教育和对外交流。是年，浈江区方志室馆藏年鉴、地方志等史志书籍1420本。

【《浈江年鉴（2019）》获表彰】 《浈江年鉴（2019）》于2019年12月出版。2020年9月，被广东省人民政府地方志办评为全省县区级优秀年鉴一等年鉴并表彰通报。2020年12月，被中国地方志指导小组、中国地方志学会评为第七届全国地方志优秀成果（年鉴类）县（区）级综合年鉴二等年鉴，均为浈江区首次获得此类奖项。

【《浈江年鉴（2020）》出版】 2020年12月，区史志办编纂的《浈江年鉴(2020)》由华南理工大学出版社出版。该卷年鉴设全区概貌、浈江大事记、庆祝中华人民共和国成立70周年、年度关注等27个类目，下设184个分目、943个条目，收录187幅图片、22张表格，全书约76万字。

【地方志资料年报收集】 2020年，根据广东省人民政府有关文件和省地方志工作会议要求，全年收集地方志资料年报45份，完成率77.5%，收集内容主要包括概况资料、大事记资料、人物资料、专题资料、文献资料、图片资料和其他具有存史价值资料。

【地方党史编纂】 2020年，区史志办按照《中国共产党韶关市浈江区历史编纂方案》要求，加快推进《中国共产党韶关市浈江区历史》编纂，年内根据文书专家审稿意见，修改文稿，完善相关资料。此外，同步开展的《中国共产党浈江历史大事记》完成总纂和编辑部审稿。

【革命遗址普查】 2020年，浈江区全面开展革命遗址普查工作，挖掘革命遗址旧址105个，相比2010年开展的革命遗址普查工作，新增83个遗址旧址。普查类别包括党的重要机构旧址，重要事件、重要会议、重要活动、重要战役战斗的遗址和发生地，重要党史人物和革命先烈的故居（旧居）、活动地等，革命历史类纪念馆、陈列馆、纪念园、纪念碑、纪念亭、烈士墓、陵园等纪念设施。年内全部普查表、统计表、普查报告等普查资料均按要求上报市、省党史部门。

【浈江区申报革命老区材料汇编整理】 2020年，区史志办在2019年开展申报革命老区工作的基础上，根据省、市党史部门指导意见，补充修改完善浈江区申报革命老区请示、考证报告和革命历史佐证资料。6月底，《浈江区申报革命老区材料汇编》一书完成定稿，并付印成书报区委、区政府领导和市有关部门。

（谭景毅 刘姣妹）

2020年1月6日，区史志办公室到犁市镇开展浈江区革命遗址普查工作 （区史志办公室 供）

韶关市浈江区人民代表大会

综　述

【概况】　浈江区人民代表大会常务委员(简称“区人大常委会”)下设人大常委会办公室、教育科学文化卫生工作委员会、财政经济工作委员会、选举联络人事任免工作委员会、法制工作委员会、城乡建设环境与资源保护工作委员会6个正科级部门。2020年，区人大常委会参与区委中心工作，在疫情防控中彰显人大担当，全面担负起宪法法律赋予的各项职责，开展监督、决定、任免、代表联系群众等工作。全年召开区人大常委会会议8次，主任会议13次，听取和审议“一府一委两院”工作报告16个，作出决议决定3项，任免国家机关工作人员46人次，开展执法检查、视察、调研活动25次，全面完成区九届人大五次会议确定的各项目标任务。

【区九届人大五次会议】　2020年5月25—27日，浈江区第九届人民代表大会第五次会议（简称“区九届人大五次会议”）在浈江区机关综合楼四楼会议中心举行。会议听取和审议浈江区人民政府工作报告；审查浈江区2019年国民经济和社会发展计划执行情况的报告，批准浈江区2020年国民经济和社会发展计划；审查浈江区2019年预算执行情况和2020年预算的报告，批准浈江区2020年本级预算；听取和审议浈江区人民代表大会常务委员会工作报告；听取和审议浈江区人民法院工作报告；听取和审议浈江区人民检察院工作报告；票决浈江区2020年民生实事项目，入选项目5项；选出胡德宁为浈江区人民政府区长，麦桥悠为浈江区第九届人民代表大会常务委员会副主任，罗欣为浈江区人民检察院检察长；通过设立浈江区第九届人民代表大会社会建设委员会、监察与司法委员会的决定及其组成人员名单。为新任命人员颁发证书，举行宪法宣誓仪式。

【区人大常委会会议】　2020年1月9日，浈江区九届人大常委会召开第二十七次会议。听取和审议区政府关于九届人大四次会议代表建议意见办理情况的报告；听取和审议区政府关于2019年民生实事落实情况的专项工作报告。补选冯国华、林晓、过松为韶关市第十四届人民代表大会代表。任命吴俊为韶关市浈江区人民法院刑事审判庭庭长；邓小明为韶关市浈江区人民法院犁市人民法庭庭长；林天成为韶关市浈江区人民法院审判员。免去吴俊的韶关浈江区人民法院犁市人民法庭庭长职务。

1月17日，浈江区九届人大常委会召开第二十八次会议。会议审议、通过浈江区2020年民生实事候选项目的报告。审议浈江区人大常委会工作报告（送审稿）。决定召开韶关市浈江区九届人大四次会议的有关事项。审议、通过区人大常委会代表资格审查委员会关于个别代表资格的审查报告。任命王友华为韶关市浈江区人民政府副区长；罗欣志为韶关市浈江区人民检察院副检察长、检察委员会委员、检察员，决定为代理检察长。通过《韶关市浈江区人大常委会关于接受李亚军辞去韶关市浈江区人民检察院检察长、检察委员会委员、检察员职务请求的决定》。免去张爱军的韶关市浈江区人民政府副区长职务；何艳霞的韶关市浈江区人民政府副区长职务；姚萍的韶关市浈江区人民检察院检察员职务。

5月8日，浈江区九届人大

常委会召开第二十九次会议。补选胡德宁为韶关市第十四届人民代表大会代表。接受曾清兰、欧国梁辞去韶关市浈江区第九届人民代表大会代表职务请求。通过《韶关市浈江区人大常委会关于胡德宁同志为韶关市浈江区人民政府代理区长的决定》《关于任命卢玉娟等38位同志为浈江区人民法院人民陪审员的决定》《韶关市浈江区人大常委会关于接受曾清兰辞去韶关市浈江区人民政府区长职务请求的决定》。任命胡德宁为韶关市浈江区人民政府副区长；祝志超为韶关市浈江区人民政府副区长；何丽芳为韶关市浈江区文化旅游体育局局长。免去黄东冰的韶关市浈江区人大常委会选举联络人事任免工作委员会副主任职务；刘雄生的韶关市浈江区人民政府副区长职务；孟伟志的韶关市浈江区人民检察院检察委员会委员、检察员职务；陈玲的韶关市浈江区文化旅游体育局局长职务。

5月20日，浈江区九届人大常委会召开第三十次会议。会议审议、通过浈江区调整2020年民生实事候选项目的报告。通过《关于接受耿晓理同志辞去韶关市浈江区第九届人民代表大会代表职务的决定》。会议审议、通过决定召开区九届人大五次会议的有关事项。

6月30日，浈江区九届人大常委会召开第三十一次会议。听取和审议区人民政府关于行政事业性国有资产管理情况的报告。审议、通过区人大常委会法制工作委员会关于规范性文件备案审查工作情况的报告。任命宋铁漫为韶关市浈江区人民代表大会常务委员会选举联络人事任免工作委员会副主任；罗奕文为韶关市浈江区人民政府副区长；杨健为韶关市浈江区人民法院副院长，审判委员会委员、审判员；李红为韶关市浈江区人民检察院副检察长、检察委员会委员、检察员；李文标为韶关市浈江区人民检察院副检察长、检察委员会委员、检察员。会议免去蓝伙军的韶关市浈江区人民法院副院长职务；韩学民的韶关市浈江区人民检察院副检察长、检察委员会委员、检察员职务。

8月28日，浈江区九届人大常委会召开第三十二次会议。听取、审查并批准区人民政府关于2019年本级决算草案的报告；听取区人民政府关于2019年本级预算执行及其他财政收支的审计工作报告；听取和审议区人民政府关于2020年上半年财政预算执行情况的报告和关于2020年上半年国民经济和社会发展计划执行情况的报告；听取和审议区人民检察院关于依法行使检察权、平等保护非公经济发展工作情况报告；听取和审议浈江区“七五”普法规划落实情况的报告。通过关于接受马瑞华、叶长明辞去韶关市浈江区第九届人民代表大会代表职务的决定。审议、通过区九届人大常委会代表资格审查委员会关于个别代表的代表资格审查报告。任命吴俊为韶关市浈江区人民法院审判委员会委员；钟远周为韶关市浈江区人民法院审判委员会委员；马文英为韶关市浈江区人民法院民事审判庭副庭长；刘文兴为韶关市浈江区人民法院民事审判庭副庭长。

10月20日，浈江区九届人大常委会召开第三十三次会议。听取和审议区人民政府关于文化旅游工作情况的报告、区人民政府精准扶贫脱贫工作情况报告；审议和通过区人大常委会执法检查组关于《广东省野生动物保护管理条例》的执法检查报告；听取和审议区人民政府关于产业园区发展工作情况的报告；听取、审查并批准浈江区2020年政府财政收支预算调整方案。任命陈剑文为韶关市浈江区人民检察院检察委员会委员；赖文芳为韶关市浈江区人民检察院检察委员会委员；蔡奕华为韶关市浈江区人民检察院检察委员会委员；高丽文为韶关市浈江区人民检察院检察委员会委员；许伟明为韶关市浈江区人民检察院检察委员会委员。通过《关于接受朱余旺辞去韶关市第十四届人民代表大会代表职务的决定》。免去邱福林的韶关市浈江区人民政府副区长职务；贾南香的韶关市浈江区人民检察院检察委员会委员、检察员职务；丁宏杰的韶关市浈江区人民检察院检察委员会委员、检察员职务。

12月30日，浈江区九届人大常委会召开第三十四次会议。听取和审议区人民政府关于九届人大五次会议代表建议意见办理情况的报告、区政府关于2020年民生实事落实情况的专项工作报告；听取、审查并批准浈江区2020年第二次政府财政收支预算调整方案。决定接受邓新慧、罗奕文、杜文滔、周永权、欧会莲辞去韶关市浈江区第九届人民代表大会代表职务的请求，邓新慧所担任的韶关市浈江区第九届人民代表大会常务委员会委员、区第九届人大常委会代表资格审查委员会委员职务相应终止。决定调整韶关市浈江区第九届人大常委会代表资格审查委员会组成人员。任命李伟锋为韶关市浈江区人大常委会选举联络人事任免工作委员会主任；唐孝坤为韶关市浈江区退役军人事务局局长；周永权为韶关市浈江区应急管理局局长；吴美林为韶关市浈江区监察委员会委员。免去李伟锋的韶关市浈江区人大常委会城乡建设环境与资源保护工作委员会主任职务；吴永亮的韶关市浈江区退役军人事务局局长职务；李文怡的韶关市浈江区应急管理局局长职务；刘朝晖的韶关市浈江区监察委员会委员职务；钟履凤的韶关市浈江区人民法院审判员职务；叶光华的韶关市浈江区人民法院审判员职务；汪婷的韶关市浈江区人民检察院检察员职务。

人大代表工作

【代表履职能力提升】 2020年7月22日，区人大常委会组织举办《中华人民共和国民法典》（简称《民法典》）专题讲座，邀请市律师协会会长、区九届人大代表罗运标主讲，部分驻浈江的市人大代表、区九届人大代表、区人大常委会机关全体人员和镇人大主席团全体成员近200人参加学习，区人大常委会主任谭雪华主持，目的是充分认识颁布《民法典》的重要意义，强化人大代表法律意识和法治观念，将《民法典》落实到基层工作的各个领域，提高运用《民法典》维护自身权益的能力和水平。

【“更好发挥人大代表作用”主题活动】 2020年7月，区人大常委会持续开展“更好发挥人大代表作用”主题活动，市、区、镇三级人大代表围绕脱贫攻坚、农村自然村全域集中供水、农村人居环境综合整治、城市精细化管理、四好农村路、水污染和大气污染防治、《广东省爱国卫生工作条例》等贯彻实施情况开展调研、视察、执法检查、《民法典》等法律法规宣传、义诊等活动，促进代表履职尽责，促进浈江区各项社会事业的发展。

【代表建议督办】 2020年，区九届人大五次会议代表提出意见建议26件。按内容划分，基础设施配套建设方面9件，企业发展方面3件，城市管理方面4件，工资待遇方面1件，交通方面2件，文旅方面1件，卫生方面1件，其他方面5件。代表所提对策为浈江区人民政府提供参考。区人大常委会督促政府有关部门及时与代表见面，加强沟通，推动代表意见建议落实。是年，26件意见建议按法定程序全部办结，代表满意和基本满意率100%。

【城市管理“常态化监督”】 2020年，区人大常委会组织区人大代表开展城市管理“常态化监督”工作，各镇人大主席团、人大街（办）工委每月常态化开展城市管理监督工作，在助力推进巩卫创文、美丽乡村建设发挥人大代表作用。

人大监督工作

【经济监督】 2020年，区人大常委会听取和审议计划预算执行情况、财政决算、审计工作情况、2019年财政决算情况、2020年上半年预算执行情况、国民经济和社会发展运行情况、重点项目推进情况、产业园区发展等报告。首次听取和审议区政府行政事业性国有资产管理情况，要求政府和职能部门要摸清家底，掌握资

2020年7月22日，浈江区人大常委会组织举办《中华人民共和国民法典》专题讲座（骆　静　摄）

2020 年 7 月 16 日，浈江区人大代表视察居家养老服务发展情况
（区委宣传部　供）

产动态；盘活行政事业单位国有资产；加强对“三供一业”移交资产的管理；完善管理体制。

【民生监督】　2020 年，区人大常委会实施民生实事人大代表票决制，开展区政府 2020 年 5 件民生实事项目专题视察，听取完成情况专项报告，督促政府确保民生工程落到实处。听取审议区政府关于推进文化旅游发展的工作报告，建议区政府科学编制浈江区文化旅游产业“十四五”规划，把文旅产业融合发展作为脱贫攻坚、经济社会发展的助推器。听取区政府关于养老服务发展工作情况报告，提出加大宣传教育、加快落实居家养老服务设施建设、不断完善居家养老服务体系、增加养老服务有效供给等建议。听取审议浈江区精准扶贫脱贫工作情况报告，建议区政府进一步提升扶贫产业抗风险能力、加强扶贫资产监管、完善脱贫长效机制、持续跟踪帮扶等工作。开展线上教育、区农业产业园发展、安全应急、疾病预防控制等开展视察、调研，推动民生改善。

【司法监督】　2020 年，区人大常委会听取和审议区检察院关于依法行使检察权平等保护非公经济发展、区“七五”普法规划落实情况报告，听取区政府禁毒工作、区法院依法行使独立审判权充分保护民营企业发展工作情况的报告。对区检察院未成年人检察工作情况开展调研，检查《广东省野生动物保护管理条例》《韶关市野外用火管理条例》的贯彻实施情况，维护法律法规执行的严肃性和权威性。

（骆　静）

韶关市浈江区人民政府

综 述

【概况】 2020年，韶关市浈江区人民政府（简称“区政府”）坚持以习近平新时代中国特色社会主义思想为指导，贯彻落实中央、省、市决策部署，较好地完成“十三五”规划目标任务。

【区政府常务会议】 2020年，区政府在区机关综合楼301会议室召开九届区政府常务会议20次。

第六十次常务会议 2020年1月14日召开。研究招聘部分社区专职工作人员、以政府购买服务形式招聘4名社会救助工作人员、采用工程总承包模式推进大陂河水环境治理工作、清偿浈江区新元工贸有限责任公司债务、韶关市化工厂地块土壤风险管控与修复工作招投标模式、浈江区卫生系统专业技术岗位等级（小级别）晋升、2019年预备费安排使用，研究2020年民生实事备选、2020年全区经济社会发展主要经济指标及支撑的项目、研究市发改局下达2020年80亿元固定资产投资项目安排和2020年固定资产投资增长8%项目安排计划，审议《政府工作报告》《浈江区2019年国民经济和社会发展计划执行情况与2020年计划草案的报告》《韶关市浈江区2019年预算执行情况和2020年预算草案的报告》。

第六十一次常务会议 2020年2月10日召开。传达学习习近平总书记、李克强总理关于做好新型冠状病毒肺炎防控一系列指示批示精神和省市有关会议精神、省政府关于做好企业复工复产工作有关文件精神和市有关会议精神，并研究做好全区企业复工复产工作、大陂河东联村部分河道改道、解决新韶镇坳下农场补偿款、浈江区丹霞山人工林2019年度赎买流转、新韶镇和犁市镇拆旧复垦项目建设、十里亭片区截污管网建设工程前期工作的有关问题，审议《2020年韶关市浈江区养老机构安全隐患整改工作报告》、研究浈江区第二周期（2016—2018）国家义务教育质量监测结果反馈问题的整改、部署近期有关工作。

第六十二次常务会议 2020年2月18日召开。传达学习习近平总书记在中央政治局常委会会议研究应对新型冠状病毒肺炎疫情工作时的重要讲话精神、贯彻全省节后复工复产安全生产工作视频会议、全省推动企业复工复产工作暨重大工程建设项目总指挥部第二次全体会议精神，并研究部署全区复工复产抓落实工作、审议《浈江区应对新型冠状病毒感染的肺炎疫情支持企业共渡难关政策措施》《浈江区扶持创建韶关市商务创新中心实施方案（送审稿）》，部署近期有关工作。

第六十三次常务会议 2020年3月5日召开。传达学习习近平总书记在统筹推进新冠肺炎疫情防控和经济社会发展工作部署会议上的重要讲话精神和省、市有关会议精神，研究部署全区有关工作、研究浈江区畜禽养殖禁养区划定方案（2020年修订版）、听取拆旧复垦工作情况汇报，研究部署下一步工作、研究审议浈江区见义勇为评定委员会关于见义勇为的确认办法（试行）、听取学校复学工作情况汇报，研究部署下一步工作、研究浈江区政府向普惠性民办幼儿园购买学位实施方案、听取公共服务领域补短板项目谋划工作汇报，研究部署下一步工作、听取各经济重点行业生产情况的汇报，研究制定企业赶工补产工作计划、韶关市高信塑胶制品有限公司厂房扩建及研发中心建设项目用地、2020年地方政府新增债务举债、追加2018年在职人员机关绩效考核奖励金、事业单位核增绩效及2019年离退休人员慰问金的有关问题、解决全区第七次全国人口普查经费的问题、其他重点工作。

第六十四次常务会议 2020年3月16日召开。研究有关工程项目立项工作、全区农村安全饮用水保障工程建设、听取全区脱贫攻坚工作汇报，研究部署下一步工作、2020年度“广东扶贫济困日”非定向捐赠资金使用、2020年人工商品林采伐限额分配方案、以政府购买服务形式招聘应急专职值班值守人员、提高专职人民调解员薪酬待遇、解决区属医疗卫生机构司机工作人员、追加十里亭镇卫生院工程款事宜、加快地方政府新增债支出进度问题、听取浈江区三旧项目情况，研究2020年启动实施项目、原亿华物流城及相邻地块“三旧”改造项目教育配套有关问题。

第六十五次常务会议 2020年3月27日召开。传达学习习近平总书记在中央政治局常委会会议上的重要讲话精神、研究审议2020年防范化解财政运行风险工作方案（送审稿）、研究企业赶工补产满产、市级特色小镇扶持资金用于智慧浈江项目、百年东街（东堤路）道路整治工作的有关问题。

第六十六次常务会议 2020年4月7日召开。研究增加浈江分局车管所辅警编制和车管所每

2020年4月14日，浈江区九届人民政府67次常务会议召开

（区委宣传部 供）

年所需费用的问题、审议浈江区人民政府2020年度重大行政决策事项目录、研究购置抗洪抢险等装备物资经费、全区2020年度山水林田湖草生态保护修复试点工程项目的问题，审议浈江区垦造水田项目后期管护实施方案、浈江区地质灾害防治三年行动实施方案（2020—2022年），研究启动浈江区农村“厕所革命”工程建设，并审议《浈江区农村“厕所革命”实施方案》有关问题、听取浈江区大陂河治理工程进展有关情况的报告，研究启动浈江区全域农村人居环境整治村庄建设及综合开发利用项目（连片示范片）建设、启动省道248线（机场路）浈江段沿线立面改造和环境整治工作的问题，研究部署信访有关工作。

第六十七次常务会议 2020年4月14日召开。传达学习贯彻4月8日习近平总书记在中共中央政治局常务委员会会议上的重要讲话精神、李克强总理关于安全生产工作批示精神及省、市有关会议精神、传达学习全国、全省、全市审计工作会议精神，听取全区2019年度审计工作报告、审议《浈江区2020年打赢污染防治攻坚战工作方案》、传达省、市疫情防控有关会议精神，部署疫情防控工作、审议《2020年浈江区基层医疗卫生机构特岗全科医生公开竞聘工作方案》、研究智能道路停车项目和中山公园立体停车场建设、撤销区铁办（负责赣韶铁路工作）职能并入区交通运输局的问题，听取2019年食品检验相关情况，研究食品检验经费、“房地一体”农村宅基地发证工作资金问题和招投标、区山水林田湖草生态修复试点项目推进、区工人文化宫和区图书馆工程建设的有关问题。

第六十八次常务会议 2020年4月23日召开。研究贫困户脱贫退出工作。

第六十九次常务会议 2020年5月9日召开。会议传达学习

贯彻习近平总书记关于新冠肺炎疫情防控和经济社会发展工作的重要讲话精神及省、市有关会议精神、学习《广东省突发公共卫生事件应急办法》，研究调整2020年度区民生实事候选项目、2020年浈江区“四好农村路”建设的问题，听取自然保护地整合优化工作阶段性报告、研究变更浈江区农村“厕所革命”和省道248线（机场路）浈江段沿线改造整治工程招投标模式有关问题、审议韶关市浈江区“智慧浈江”建设三年行动计划（2020—2022年），研究2020年浈江区公共安全视频监控联网应用（雪亮工程）项目建设经费、社区戒毒（康复）工作站运作经费及聘请专职社工工资经费、2020年农村交通劝导员工资、黄岗轧钢厂“三供一业”土地分割问题，听取长乐中心小学综合楼及挡土墙工程历史欠债问题处理方案情况汇报，研究加快推进浈江区南沙实验学校新建项目工程建设有关问题，研究追加初中物理、化学、生物实验操作考试考点建设、提高浈江区社区居委会和居民区专职工作人员工资待遇水平的问题。

第七十次常务会议　2020年5月29日召开。传达学习市委书记专题会议纪要精神、研究解决发放参与疫情防控一线城乡社区工作者补助金有关问题、审议《浈江区普通公路路长制“136”行动工作方案》、研究解决国省道路域扬尘整治项目资金支付问题，审议《浈江区既有建筑物外墙装饰面砖脱落维修工作方案》《浈江区削坡建房综合整治工作方案》，研究解决全区事业单位编制内自筹人员参加养老保险的问题、审议《浈江区小额农村人居环境整治工程实施方案》、研究2020年度浈江区城郊村安全饮用水市政主管工程有关问题，审议《韶关市浈江区油茶省级现代农业产业园财政资金使用方案》（修订版）、《浈江区2020年度垦造水田项目地力培肥计划实施方案》，研究浈江区打击走私综合治理工作、2020年自然灾害公众责任保险续保经费、优抚对象发放阶段性价格临时补贴的问题、部署近期重点工作。

第七十一次常务会议　2020年6月23日召开。传达学习习近平总书记在全国两会上的重要讲话精神、贯彻省和市关于疫情防控工作会议的精神，审议《浈江区扶贫资产管理实施方案（试行）》，研究加快推进2020年现有耕地提质改造项目、增加3名政府购买服务人员、2020年严重精神障碍患者救治救助及管理等资金、2020年国家基本公共卫生服务项目经费、浈江区人才公寓装修、老旧小区改造区级资金、浈江区村村通大喇叭应急广播系统建设、调整浈江区司法业务用房建设项目及资金使用方案、浈江区2020年中央和省“一村一品”建设项目的问题，部署近期工作。

第七十二次常务会议　2020年7月28日召开。传达学习习近平总书记在企业家座谈会上的重要讲话精神、研究浈江区抗疫特别国债和特殊转移支付资金情况有关问题、听取关于镇级自来水建设项目法人及新增债实施主体情况的汇报、审议《浈江区农用地分类管理实施方案（送审稿）》，研究区“三旧”办职能及工作移交、将曲仁办事处和平八一居民区改为社区居委会、解决车站街道办事处莲花山社区火灾高风险区域整治经费的有关问题，研究浈江区符合政府安排工作退役士兵竞聘择岗工作实施方案，研究追加2020年机关事业单位养老保险待遇资金、追加6个镇（办）城市居家养老服务中心第2个年度运营经费、明确财政资金审批范围和程序、区级财政资金项目库管理办法（试行）和上级财政专项资金分配管理办法（试行）、执行公务员职级序列工资政策、执行执法勤务和警务技术警员职级工资政策的有关问题。

第七十三次常务会议　2020年8月19日召开。会议传达学习贯彻7月30日习近平总书记在中央政治局会议上的重要讲话精神及省、市有关会议精神，研究启动浈江区8宗病险水库除险加固项目和2021年中小河流治理项目勘测设计前期工作、浈江区旧城区无物业小区和老旧小区改造项目采用EPC模式招标、区机关饭堂增聘2名服务人员、浈江区产业园加油站选址、浈江区扶贫资产确权工作、实施《区属公办中小学（幼儿园）校（园）长职级制实施方案（试行）》、2019年度事业单位优秀等次工作人员奖励奖金的问题，关于办文办会有关工作要求。

第七十四次常务会议　2020年9月10日召开。传达学习《关于建立领导干部违规干预统计工作记录制度的办法》《防范和惩治统计造假弄虚作假重要文件选编》、听取全区第七次全国人口普查工作情况汇报、审议《浈江区“房地一体”农村不动产登记发证工作实施意见（送审稿）》，研究《浈江区属公办中小学（幼儿园）校（园）长职级制实施方案（试行）》《2020年浈江区“中国农民丰收节”工作方案》，研究浈江区镇级自来水建设项目（犁市镇）招投标方式、增聘5名区产权改革工作专职人员、增加1名仲裁办案辅助人员、建设粤北片区消防综合训练基地的有关问题，审议《浈江区2020年政府财政收支预算调整方案》、研究朝阳岭周边地块“三旧改造”项目有关问题、研究《关于优先发展产业项目落户浈江产业园享受地价优惠的实施方案》、研究实施产业园区招商引资项目地块基础设施项目有关问题。

第七十五次常务会议 2020年9月30日召开。传达学习省政府办公厅《关于常态化疫情防控下促进财政可持续发展的实施方案》精神、研究将“浈江区生态公益林林地历史遗留问题”中的林地转为非林地问题、研议浈江产业园新增债券项目业主单位变更事宜、审议《浈江区经营性国有资产租赁管理方案（送审稿）》《浈江区非经营性国有资产管理方案（送审稿）》《浈江区行政事业单位经营性国有资产管理方案（送审稿）》、研究加快使用“广东扶贫济困日”非定向捐赠资金有关问题、审议浈江区农村安全饮用水保障工程资金分配方案、部署近期工作。

第七十六次常务会议 2020年10月16日召开。传达学习9月28日中共中央政治局会议精神、研究浈江区普通公路路长制“136”行动有关工作事宜、研究浈江区县道X849线路面改造工程有关工作，研究变更韶关市浈江区环丹霞农村人居环境综合整治建设工程项目业主、历史补充耕地核查整改资金、解决浈江区小型消防站建设和器材装备运输经费、人民警察伤亡特殊补助金申报的有关问题。

第七十七次常务会议 2020年10月28日召开。会议传达学习贯彻习近平总书记出席深圳经济特区建立40周年庆祝大会和视察广东重要讲话重要指示批示精神，审议《2020年浈江区机关绩效考核实施方案》（送审稿）《2020年镇办工作绩效评价方案》（送审稿）、审议《浈江区国有企业退休人员社会化管理工作专职工作人员及管理服务经费配备方案》，研究产业园机构改革后的有关问题，审议《广东韶关上元智能装备科技港投资意向书》，研究产业园力源地块至世恩项目新建道路工程调整问题，研究新韶镇申请实施秋季稻秆低茬收割和复土还田工作问题、研究落实龙洲岛整治项目施工、监理等服务机构问题，研究聘请龙洲岛开发建设河湖“四乱”问题整治服务团队问题，研究原执信小学部分建筑物拆除报废问题，审议《浈江区政府向普惠制民办幼儿园购买学位实施方案》，研究解决2020年中小学教师中高级岗位使用、评聘及增资问题，研究解决重新下达道路、人行养护及应急费资金指标问题，研究拨付2020年第一批拆违整治工作经费相关问题、关于解决拨付区城市扬尘整治项目资金的问题。

第七十八次常务会议 2020年11月23日召开。传达学习中国共产党第十九届中央委员会第五次全体会议精神及省、市有关会议精神，听取全区农村黑臭水体工作情况汇报，听取浈江区农村乱占耕地建房问题整治摸底工作情况报告，学习新修订的《中华人民共和国土壤污染防治法》，审议浈江区部分普速铁路安全隐患重点难点问题整治工程有关事项，研究启动浈江区农村保洁及生活垃圾清运项目第二期招标工作、浈江区农业用水分类价格及有关管理规定、犁市镇和花坪镇生活污水处理设施后续运营管理维护、合并花坪镇卫生院茶山分院，研究浈江区辖区内建筑工程质量安全监督方案、旧城区无物业小区改造和老旧小区改造工作、浈江区智能化停车收费运营管理项目的有关问题，审议《浈江区扶持广东省首批“双创”示范基地建设韶关市商务创新中心实施方案（试行）》补充事项、其他事项

第七十九次常务会议 2020年12月18日召开。传达学习习近平总书记在中央全面依法治国工作会议上的重要讲话精神、研究2021年村（社区）“两委”换届选举工作经费问题、研究前进路、十里亭片区完善交通设施经费问题、听取浈江区药品安全工作情况汇报、学习贯彻《韶关市实施〈广东省消防救援队伍职业保障办法（试行〉细则》，审议《区人民政府关于2020年度民生实事落实情况专项工作报告》，

研究追加侨凯环保科技有限公司环卫作业服务费预算问题，审议《韶关市浈江区小水电清理整改综合评估报告》《浈江区企业退休人员社会化管理人员调整工资待遇和人员管理实施方案》，研究2021—2023年综治信息系统手机终端及通信服务经费的问题，审议《浈江区2020年第二次政府财政收支预算调整方案》。

【议案建议提案办理】 2020年，区政府办组织、协调、检查、督促人大代表建议和政协委员提案办理，全年办理人大代表议案建议26件，政协提案85件，办复率100%，满意和基本满意率100%。

（黄　岚）

2020年区政府工作会议议题一览表

表2

会议时间	主要议题
1月10日	研究2020年地方政府专项债务项目立项工作
1月13日	研究浈江产业园新增债券项目建设
2月3日	研究新型冠状病毒肺炎疫情防控工作
2月13日	研究百年东街（东堤路）、大学路道路改造提升工作
2月22日	研究疫情防控及企业复工复产工作
2月27日	研究环卫作业市场化改革工作
2月29日	研究地方政府专项债项目申报工作
3月10日	研究解决市公安监管中心项目征地拆迁问题
3月12日	研究解决“密室逃脱”娱乐场舆情问题
3月14日	研究百年东街（东堤路）道路整治工作
3月15日	研究推动黄金小镇（一期）项目建设
3月19日	研究推动现代化养猪场（广东省粤北农工研究中心）项目
3月29日	研究黄金小镇一期等项目红线范围内房屋征收问题
3月30日	研究浈江区重点项目复工建设
3月31日	研究加快园区基础专项债项目建设和企业复工复产
4月7日	研究解决犁市镇大村、大旗岭村安全饮用水问题
4月8日	研究推进乐园镇沙梨园头村封闭式小区管理
4月10日	研究浈江区第三批城区农贸市场升级改造设计方案评审
4月15日	研究韶关市化工厂地块修复与风险管控项目
4月16日	研究加快沙园乡村振兴示范点建设
4月17日	研究潜江——韶关输气管道工程（浈江段）推进工作
4月17日	研究浈江产业园建设

续表 2

会议时间	主要议题
4 月 17 日	研究推进浈江区自然资源有关工作
5 月 13 日	研究支持乾鸿木业加快发展工作
5 月 14 日	研究浈江区营顶至邓屋公路工程项目（浈江段）
5 月 22 日	研究全区专项资金支出工作
6 月 8 日	研究推进育红巷三旧改造项目工作
6 月 15 日	研究韶关市化工厂地块土修复与风险管控项目推进问题
6 月 18 日	研究全区协税工作
6 月 22 日	研究黄金小镇结转地块一等项目
6 月 22 日	研究推动福湾体育小镇项目
6 月 24 日	研究高德路项目建设推进协调工作
7 月 16 日	研究旧城区老旧小区改造项目（第四批专项债）建设
7 月 22 日	研究韶关市投资大厦项目建设
7 月 23 日	研究锑冶炼厂地块开发利用
8 月 2 日	研究明确犁市镇梅村街道绿化整治工程资金渠道
8 月 4 日	研究浈江区花坪镇（街道）“139”整治提升项目设计、施工总承包工程结算
8 月 14 日	研究现场督导浈江区犁市镇沿武江河段道路提升工程
8 月 19 日	研究犁市镇沿武江河段道路提升工程征拆工作
8 月 27 日	研究 2020 年知识产权工作
9 月 2 日	研究长乐中心小学挡土墙地质灾害
9 月 14 日	研究加快韶关学院片区社会综合治理工作
9 月 22 日	研究浈江区 2020 年质量强区推进工作
10 月 10 日	研究加快乡镇专职消防队和社区小型消防站工作
10 月 12 日	研究全区秋冬季新冠肺炎疫情防控工作
10 月 12 日	研究全区秸秆禁烧工作
10 月 14 日	浈江区普通公路路长制体制机制建设考核迎检工作
10 月 22 日	研究浈江区油茶现代农业产业园建设推进工作
10 月 23 日	研究加快推进农村生活污水治理工作
10 月 23 日	研究解决华南农产品批发市场消防安全隐患

续表 2

会议时间	主要议题
10 月 23 日	研究部署全区疫情防控常态化工作
10 月 27 日	研究韶关市化工厂土壤修复工作
11 月 2 日	研究新供销天韶冷链物流园项目电力线路迁改
11 月 4 日	研究北伐战争纪念馆两侧节点地块房屋征收补偿
11 月 12 日	研究部署国有资产管理工作
12 月 15 日	研究区尘肺病预防控制和尘肺病患者救治救助工作
12 月 16 日	研究加快推进原市化工厂地块土壤修复与风险管控项目 B 地块验收工作和 C 地块风险管控工作
12 月 16 日	研究华南农产品交易中心消防安全隐患排查整治工作
12 月 27 日	研究全省污染天气应对工作视频会议精神学习传达和工作部署

信　访

【概况】　浈江区信访局（简称“区信访局”）是浈江区人民政府办公室挂牌单位。2020 年，浈江区信访总量 453 批件 830 人次。其中，群众来访 71 批 205 人次，市转信件 382 批 625 人次，无群众来信事件。成功劝返进京非接待上访场所人数 1 批 1 人次（非防护期）。

【矛盾纠纷排查】　2020 年，浈江区对辖区矛盾纠纷实行区每月一排查，镇（办）每半月一排查，村（居）每周一排查，重点时期每日一排查，并对重点人员、重点领域，实行分类登记、分级管理，全区排查出重点人员 22 人，群体矛盾纠纷 7 宗。

【拓宽信访渠道】　2020 年，区信访局信访信息系统网站运行正常；群众来信、来访、来电、网上投诉等形式反映的信访事项全部纳入信访信息系统办理。

【信访积案化解】　2020 年，区信访局及时就地化解多宗信访突出问题、集中清理和化解全区信访积案。全区化解历史遗留信访件 9 宗。

【工作机制强化】　2020 年，浈江区继续实施区委、区政府出台《浈江区关于进一步加强和改进信访工作意见》，要求每月各镇（办）、区直及驻区单位实行一排查一研判制度；由区财政安排信访专项工作经费，用于镇办化解信访突出问题；定期每月召开一次信访工作联席会议，每季度召开一次信访工作分析会；落实区领导干部接访下访制度；依法处置非正常上访行为，遏制进京非正常上访势头。

【信访调研】　2020 年，区信访局注重信访信息收集研判，准确把握信访形势，围绕征地拆迁、扶贫攻坚、集资融资、劳动社保、环境保护等社会热点、改革难点、民生重点等信访问题进行分析调研，针对性地提出改进工作、完善政策的建议。

（邝志红）

外　事

【涉外疫情防控】　2020 年，浈江区成立境外输入疫情防控专班。3 月，浈江区境外输入防控专班协调日本到浈江访友人员主动配合区疫情防控指挥部做好集中隔离等工作。在隔离期间，协助日本客人办理签证等手续。

【外事服务】　2020 年，浈江区外事局主动对接市委外事工作委员会办公室，联络服务辖区外资企业，指导辖区韶关丸仁电子有限公司组织材料，邀请日本技术专家到浈江助推企业实施技术改造。

机关事务

【概况】 浈江区机关事务管理局（简称“区机关事务局”）是区人民政府直属参照公务员管理正科级事业单位，2020年，承办区委、区政府、区人大、区政协以及各部门的各类大小会议1003次，按要求制作好各类会标、宣传标语200多条。

【后勤综合管理】 2020年，区机关事务局根据设施设备操作规范和会议运转流程，做到会前准备、会中协调、会后跟踪专人化和常态化，将防疫工作作为会务保障工作的第一要务，按时做好会场消毒，定期清洁区委、区府办公楼、综合楼、部门楼以及大院内卫生，并做好大院内的植物绿化养护。按照有关规定做好办公设备及办公用品的定点采购工作，严禁提前报废和更新电脑、打印机、复印机等办公设备，办公用品的签领有严格的程序和规定，不得超量超标准使用办公用品，做到节约不浪费，降低行政运行成本；维护维修大院内水电、电器、会务设备、消防设施等，定期保养电梯。年内完成较大日常维修11宗，处理水电故障220多次。完成对大院内和旧法院部门楼约100米花池的绿化，对区政府门楼和办公楼室外景观灯具的采购安装，翻新修缮办公楼、综合楼楼梯扶手，及时清理办公楼雨水排水管及天面垃圾淤泥清运工作，通过楼顶下水管改道解决墙体和天面渗漏水问题，改造修缮办公楼的排水管网；根据区政府常务会要求，承担区人才公寓修缮工作任务，改造区人才公寓和室内装修、配置室内家具电器，底前完成家具电器装配工作并移交。

【公务接待】 2020年，区机关事务局严格按照《党政机关国内公务接待管理规定》要求，规范党政机关公务接待工作。坚持公务接待费严格实行三单报账制度，层层把关；重点推出各镇（办）的特色菜及土特产。全年完成省、市领导检查考察活动和周边县区来浈江考察活动等公务接待60批次，累计1519人次。

【公务用车管理】 2020年，区机关事务局负责区委、区政府、区人大、区政协公务活动用车以及区直机关跨区域远距离公务活动，严格执行调车程序、规范车辆管理，建立管理台账；对保留车辆定期保养与维护，排查安全隐患；科学合理调配车辆，特别是疫情防控期间，主动配合做好车辆调配工作。全年累计出车3775次，车辆累计行程35万千米。

【机关饭堂管理】 2020年，区机关事务局按照食品卫生标准做好环境卫生、餐具的清洁消毒和食品采购、清洗、过滤、烹调以及配餐等各个环节，做好食品和用品的出入库登记。疫情防控期间，严格按照区卫健局的防疫指引，延长用餐时间，错开用餐批次，减少人群聚集；国庆节后，由于机关工作量大、加班多，饭堂增设晚餐。执行饭堂干部职工就餐规定，一人一卡，人脸刷卡，杜绝外来人员用餐。全年职工早餐用餐人数2.5万人次，午餐用餐人数4.99万人次，晚餐用餐（10—12月）2216人次。

【国有资产管理】 2020年，区机关事务局成立资产清查小组，开展资产清理工作。年内完成帽峰路办公大楼报废处置、报废公务车辆33台，合计总金额2016

2020年，区机关事务局做好出入大院人员和车辆的登记检查、防疫测温工作 （区机关事务局 供）

万元；完成机构改革期间采购固定资产 100 多万元的移交工作；对原处置但未减账的资产完善相关手续，做到实物与台账相统一。

【安全保卫】 2020 年，区机关事务管理局强化保安人员的管理，严格执行《保安工作管理制度》，明确保安人员职责。特别是在重大活动期间，做到多询问、勤巡查、做好出入大院人员和车辆的登记检查、防疫测温等工作。发现突发事情，能维持好大院内秩序，并及时与区信访局沟通并向领导汇报。协助处理较大上访事件 10 批次，引导上访人员 400 多人次。每天早、午、晚上下班时间指挥好大院内车辆按规定停放及车辆出入安全；组织安保人员参加消防安全业务培训，采取理论结合实操教学模式，检查区府机关大院内灭火器、消防栓、应急照明设备和微型消防站等重点部位，整改不足之处。年内升级改造旧法院部门楼前停车场管理，完成旧法院办公楼前停车场高清车牌自动识别系统的采购安装工作。

（林国英）

政务服务

【概况】 浈江区政务服务数据管理局（简称“区政数局”）负责全区政务数据管理、“互联网+政务服务”、政务数据管理、公共资源交易平台管理等工作，2020 年，区政数局推进省、市、区关于“数字政府”建设和政务服务改革的工作部署，深化“放管服”改革，提升政务服务能力，优化营商环境，各项工作顺利有序推进。

【行政审批公共资源交易管理】 2020 年，浈江区有行政许可事项主项 174 项，子项 385 项，涉及区 21 个单位，所有事项进驻广东省政务服务网浈江区网上办事分厅。是年，浈江区收到行政许可申请数 31928 件，受理数 31681 件，按时办结数 31681 件。6 月 11 日，浈江区公共资源交易管理委员会正式成立，主要负责浈江区公共资源交易工作重大事项的组织领导与决策协调等相关工作。是年，韶关市公共资源交易中心浈江分中心完成交易项目 17 宗，总成交额 5125.14 万元。其中政府采购 6 宗（分中心代理 2 宗，社会代理机构入场 4 宗），成交金额 2186.58 万元，节约资金 8.17 万元，节约率 0.3%；小额工程 9 宗，成交金额 1805.85 万元；产权交易 2 宗，成交金额 1132.71 万元，增值金额 539.13 万元，增值率 90.83%，受理广东省综合评标专家库专家申请入库 6 人。

【政府信息化建设管理】 2020 年 3 月 9 日起，浈江区级党政机关全面使用韶关市电子政务办公业务系统进行文件、会议、报名等事项的协同办公，并推行移动办公端“粤政易”的注册使用，并逐步推广到乡镇街道、村委社区。全区实现党政机关、事业单位、乡镇街道、村居、卫生院、学校全部单位开通使用，区、镇、村三级全覆盖。截至 12 月底，全区注册部门 905 个，注册用户 5184 人。全区注册“粤省事”用户 155635 人，占本地户籍人口的 20.15%；注册“粤商通”用户 14547 户，占全区市场主体总量的 49.24%。

浈江区人民政府门户网建设 2020 年，浈江区人民政府门户网新增“学习贯彻落实习近平总书记重要讲话精神”“巾帼风采”“国防教育”“政府工作”“政府公报”“社会组织年报”等 6 个专栏。区政数局配合做好全国两会期间和国办、省政府办公厅等对政府网站要求转载的专题视频、专题新闻、巡视公告和重要新闻发布共 12 篇；配合做好征集“六稳”“六保”政策措施落实有关问题线索和意见建议的公告的专题页面链接。在浈江区门户网站发布各类信息 1290 条，比上年增长 21.12%；向市政府门户网站报送 114 条，同比上年增长 9.6%。

政务外网安全 2020 年，浈江区没有发生因管理问题而导致的网络信息安全事故。农历新年、清明节、全国两会、省（市、区）两会、端午节期间，区信息中心制定 24 小时值班制，严格监控区政府电子政务外网运行，维护区电子政务外网的安全运行，保障全区电子政务信息安全。

“智慧浈江”综合项目建设 2020 年，区政数局成立“智慧浈江”工作领导小组，到乳源县、武江区、深圳市、河源市，沟通学习“智慧城市”的有关技术方案、项目推进等经验；对接区发改局、区财政局，落实项目资金，组织技术论证，完成项目实施的研究和规划设计等前期工作。截至 12 月底，智慧浈江采购设备到货达完成公开招标合同量的 90%、设备安装成公开招标合同工作量 80%；运营指挥中心和

2020年6月23日，“智慧浈江”综合项目工作推进会在区政数局会议室召开　（区政数局　供）

决策室装修完成招标合同工作量80%、智慧浈江软件开发完成公开招标合同量的65%。总体评估完成公开招标合同工作量78%。

【政务数据资源管理利用】 2020年，区政数局持续推进浈江区政务信息数据资源目录的梳理与挂接。全区编制发布政务信息数据资源共享目录506个，其中信用信息目录、证照分离信息目录、互联网+监管信息目录等67个目录完成与广东省大数据中心的库表及信息项库的挂接，实现目录对应数据自动归集。

（邓立美）

行政服务

【概况】 浈江区行政服务中心（简称“区行政服务中心”）为浈江区政务服务数据管理局管理的公益一类正科级事业单位。主要负责行政服务办事大厅工作日常管理；组织进驻窗口工作人员的日常管理、培训和考核；组织涉及多部门行政审批事项的联合办理，集中办理。统筹推进全区“一门式一网式”政务服务改革。负责镇（办）、村（社区）公共服务中心（站）运行管理。负责市12345政府服务热线平台转交的所属辖区内的有关事项在本辖区的流转、指挥和调度等工作。2020年，完成区社保基金管理中心、市不动产登记中心、市房产交易中心事项进驻，截至12月底，进驻机关事业单位30个，便民企业5家，可办政务服务事项达1500多项，接待办事群众19万余人次，受理业务20万余件。

【政务服务大厅建设】 2020年，区行政服务中心规范镇（办）政务服务大厅建设，利用区级大厅“一门式一网式”政务服务系统，制定镇村事项统一申办受理标准，完善综合服务窗口前台工作人员的配备，组织开展工作人员培训3期，建立健全综合服务窗口运行机制，实现更多事项就近办。截至12月底，镇（办）服务大厅可办事项415个，村（社区）党群服务中心可办事项100个，提前完成上级目标任务。新设“全市通办”受理服务窗口，实现444事项跨区县可办。

【“12345”政府服务热线管理】 2020年，浈江区“12345”政府服务热线受理工单9038件，接近上年工单（3370件）的3倍，全部按时限办结，没有出现红牌记录。

【办事大厅疫情防控】 2020年，浈江区行政服务中心引导办事群众通过线上申办业务，到政务大厅办事的群众必须佩戴口罩，并配合工作人员做好体温检测。全方位多角度做好政务大厅的日常消毒和卫生工作。利用政务大厅的LED屏幕不断播放新冠肺炎的防控知识。疫情期间对所有工作人员实行错峰取餐制度，减少人员聚集。

（李梦雪）

中国人民政治协商会议韶关市浈江区委员会

综　述

【概况】　2020年，中国人民政治协商会议韶关市浈江区委员会（简称“区政协”）围绕区委、区政府中心工作，履行政治协商、民主监督、参政议政职能。全年召开政协委员全体会议1次，区政协工作会议41次，党组会议21次，常委会会议7次及主席会议13次，专题调研、视察13次，撰写调研报告8篇、汇报材料7篇。是年，区政协收到提案91件(九届五次会议以来），立案的提案有85件，其他不予立案的6件已转作群众来信处理。全部办复和答复，办复率100%、满意率97.65%，基本满意率3.35%。

【区政协九届五次会议】　2020年5月25—26日，政协韶关市浈江区第九届委员会第五次会议在区机关综合楼四楼会议中心召开。应到委员191人，实到委员173人，听取和审议区政协第九届常委会工作报告、区政协第九届委员会第四会议以来的提案工作报告；审议和讨论区政协第九届委员会第五次会议决议（草案）；听取《政府工作报告》。

【区政协九届常委会】　2020年，区政协主席黄德乔主持召开区政协第九届常务委员会会议7次。

第二十次常委会会议

2020年1月6日在区机关综合楼三楼301会议室召开，审议区政协九届五次会议议程、日程（草案）和九届四次会议以来提案工作情况报告(稿)；协商人事事项。

第二十一次常委会会议

2020年3月30日在区机关综合楼一楼会议室召开，传达学习区委九届十次全会精神；通报疫情期间捐赠情况；协商人事事项；审议区政协九届五次会议相关内容；协商讨论个别政协委员请辞事宜。

第二十二次常委会会议

2020年5月24日在区机关综合楼三楼301会议室召开，研究讨论通过一名副主席请辞及调整、增补部分政协委员宜；审议通过区政协第九届委员会第五次会议议程；审议通过大会执行主席名单；审议通过大会秘书长、副秘书长名单；审议通过政协副主席、常务委员候选人名单；宣布区委关于成立临时党组织的批复。

第二十三次常委会会议

2020年5月26日在区机关综合楼三楼301会议室召开，听取各组召集人汇报区政协常委会工作报告、提案工作情况报告及《政府工作报告》的讨论情况；听取各组召集人汇报审议和讨论区政协第九届委员会第五次会议决议（草案）的情况及收集委员提案情况的报告、各组召集人讨论及酝酿候选人的情况汇报；通过选举办法、“三员”(计票员、监票员、唱票员)名单。

第二十四次常委会会议

2020年9月28日在区机关综合楼三楼301会议室召开，纪律教育学习月观看《侥幸之祸》警示教育片；传达学习习近平总书记重要讲话、重要指示批示和相关文件精神；听取区政协各专委负责人汇报2020年以来工作开展情况；通报区政协“6·30”扶贫济困日和张九龄公园捐赠的有关情况；协商调整增补专委主任和委员有关事宜。

第二十五次常委会会议

2020年11月6日在华南教育历史研学（大村）基地召开，传达学习王瑞军书记在参加市委十二届十二次全会浈江区小组分组会议上的讲话精神；听取区农业农村局汇报浈江区人居环境整治工作的有关情况；审议《关于对浈江区开展人居环境整治常态化民主监督的调研报告》《湞江区发展精致农业对策与建议》、区政协主席会议向常务委员会议报告2020年以来的工作情况；协商增补委员有关事宜。

第二十六次常委会会议 2020年12月21日在区机关综合楼三楼301会议室召开，传达学习习近平总书记重要讲话重要指示批示精神；听取区政府、区纪委监委、区法院、区检察院、区农业农村局相关工作情况通报；评议区农业农村局乡村振兴有关工作的情况；审议区政协九届六次常委会工作报告及提案工作报告；通报2020年区政协委员履职考核情况；协商讨论部分常委、委员增补和调整专委主任有关事宜；协商讨论优秀政协委员、优秀提案评选及“6·30”扶贫济困日、九龄公园捐赠突出贡献委员表彰相关事宜。

2020年7月17日，区政协科技委员会委员到辖区阅丹公路调研
（区政协　供）

重要活动和主要工作

【政治协商】 2020年，区政协秉持“生态优先，绿色发展”理念，紧扣湞江区是市区重点发展区这一功能定位，围绕“东进”战略部署，开展专题协商。围绕复工复产、夜市经济、现代商贸服务业、汽车绿色发展产业、现代生态农业等内容开展专题协商，提出协商建议30多条，促进区委决策的科学化、民主化。围绕农村人居环境整治、精致农业、精准扶贫、“四好农村路”、农村安全饮用水等乡村振兴方面的重点内容，到各乡镇常态化开展现场协商，提出协商意见50多条，得到有关部门的吸收和采纳。围绕全区社会治理、教育、卫生、养老、城市建设管理、食品药品安全、社会保障等社会各项事业，开展对口协商。

【民主监督】

助推乡村振兴 2020年初，区政协制定《2020年“精准扶贫、乡村振兴”常态化民主监督计划》，常态化开展农村人居环境整治、精准扶贫的民主监督。到区农业农村局、财政局、各乡镇，通过采取“实地查看+现场监督+座谈会+听取汇报”等方式，开展乡村振兴方面的民主监督，并提出建议、意见，形成开展人居环境整治常态化民主监督等3篇调研报告，助推湞江区乡村振兴工作。

围绕重点提案 2020年，区政协确立《关于完成湞江区“四好农村路”建设攻坚任务的建议》《关于保障我区农村饮水安全的建议》《关于统筹规划犁市大村华南教育历史研学名村，助推文化建设和乡村振兴的建议》等3个提案为重点提案，并分别由区委书记、区长和政协主席领衔督办。开展专题视察6次，实地召开重点提案督办会2次。完成湞江区2020“四好农村路”建设任务；农村安全饮用水工程、大村华南教育历史研学基地工程有序实施，“产、学、研”规划初步形成。

围绕重点工作 2020年，区政协围绕农村人居环境、“四好农村路”、农村安全饮用水、精准扶贫、重点项目建设、“十四五”规划编制等重点工作开展民主监督。12月中旬，区政协常委、专委主任专题听取区政府及区纪委监委、区检察院、区法院、区农业农村局等单位的工作情况通报，为推动全区经济社会高质量发展积极建言30多条。推荐30多名委员参加区创文、乡村清洁美、治安联防、“十四五”规划编制等重点工作的评议、听证工作。

【参政议政】

调研视察　2020年，区政协制定调研视察计划，围绕城市经济、镇街整治提升、“四好农村路”、乡村旅游、农村人居环境、打造“智慧浈江”等课题，开展调研视察13次，形成《关于浈江区高质量完成“四好农村路”攻坚任务的专题视察报告》等9篇调研报告。

提案工作　2020年，自区政协九届五次会议以来，区政协收到提案91件，立案85件，转来信6件。确立安全饮用水、“四好农村路”、大村华南教育历史研学基地建设等3件提案为重点提案，并通过对重点提案开展现场调研视察监督，查找出问题12条，提出建议意见20多条。在所有立案提案中，涉及绿色生态高质量发展的提案有18件，占总提案的21.2%；涉及乡村振兴的提案有15件，占总提案的17.6%；涉及落实中心城区“四大发展战略”的提案有17件，占总提案的20%；涉及民生问题的提案有35件，占总提案的41.2%。

【履职为民】　2020年，区政协发动委员和社会热心人士募集扶贫济困、筹建九龄公园、助力乡村振兴等项目善款47.3万元，其中，捐资1万元及以上的有19人；区政协委员陈少南主动联系随行付广东公司募捐2500个、价值7万元的分类垃圾桶，改善浈江区农村人居环境。政协委员先后50人次为浈江区捐赠口罩、消毒水、手套等疫情防控物资价值约30万元。

【提案工作】　2020年，区政协九届五次会议期间，全体政协委员围绕全区经济社会全面协调高质量发展和群众所关注的热点、难点问题，提出提案91件，其中，提案委14件、经济委6件、农村委12件、社会法制委14件、科技委18件、文教科卫体委13件、“三胞”委14件。经审查，立案85件，立案率93.41%，同比增长6.6%，办复率100%，满意率97.65%、基本满意率2.5%；不予立案6件提案已转群众来信办理，全部答复完毕。

（黄旭滔）

浈江区政协2020年度优秀提案建议一览表

表3

序号	提案建议名称	提案领衔者
1	关于保障浈江区农村饮水安全的建议	谢寒芳
2	关于浈江区应对新冠肺炎疫情、支持企业复工复产的提案	杨晓宇
3	关于挖掘村落乡土风情、发展乡村特色旅游的提案	徐湘宜
4	关于推动浈江区发展现代精致农业的建设	陈晓远
5	关于在乡村振兴工作中加强民主体责任的建议	冯水清
6	关于浈江区建设“智慧浈江”的建议	张　英
7	关于加快推进浈江区城市垃圾强制分类处理的建议	雷　检

纪检监察

综 述

【概况】 2020年，中国共产党韶关市浈江区纪律检查委员会（简称“区纪委”）与韶关市浈江区监察委员会(简称“区监委”)合署办公，设有3个派驻纪检监察组，并负责区委巡察办及3个区委巡察组的日常管理。是年，区纪委监委履行党章和宪法赋予的职责，协助区委全面深化从严治党，为做好“六稳”，落实“六保”提供坚实的纪律保障。全年举办纪检监察干部全员培训26期，培训411人次。是年，区纪委监委党风政风监督室成功创建“广东省巾帼文明岗”。

【基层正风反腐】 2020年，区纪委监委受理信访举报123件次，其中检举控告类104件次；排查违纪违法线索210条，立案92宗，结案91宗，党纪政务处分72人，组织处理19人；发出纪检监察建议书15份；全年立案查处涉黑涉恶腐败问题9人，工作不力失职失责7人，回溯核查涉黑涉恶重点案件2宗，追责处理2人，为20名受到诬告错告的党员干部澄清事实。

【“四风”纠治】 2020年，区纪委监委开展作风监督检查，在春节、国庆等重点时节加强明察暗访，出动暗访组25个52人次，暗访单位184个次，对发现问题及时作出处理。围绕日常工作纪律执行情况到窗口部门开展明察暗访9批31人次，发现问题28个，督促有关单位立行立改。开展上下班纪律监督检查，对发现问题向有关单位反馈整改。强化问题追责通报曝光，开展会风会纪监督13次，发现问题103个，发出提醒函4份，由区纪委通报曝光3批15个问题36人。查处违反中央八项规定精神问题案件12起21人，通报曝光典型问题5起8人，查处形式主义、官僚主义问题4起4人，全区通报酒驾典型问题3起3人。

【廉政宣传教育】 2020年，区纪委监委开展纪律教育月活动，举办全区领导干部党章党规党纪教育培训班，组织集中收看市纪委警示教育片，区委书记作开班讲话，区纪委书记作专题辅导报告。推动廉洁家庭建设，组织镇（办）及区直单位“一把手”领导干部家属，集中开展“家庭助廉”警示教育活动。开展任前廉政教育，全年组织48名新提拔的科级领导干部进行廉政考试，并开展集中廉政谈话；开展社区党风廉政宣传活动，发放廉政文化宣传册和基层正风反腐宣传卡500多份，在育红巷社区试点建设廉政宣传阵地。全年累计在各级新闻媒体发表关于全面从严治党新举措新成效等文章103篇。

【纪检监察体制改革】 2020年，区纪委监委严格执行纪检监察双重领导机制，规范请示报告工作，书面向市纪委监委请示报告5件，向区委请示报告8件。加强对镇级纪委的业务指导，区纪委常委会专门听取10个镇（办）纪（工）委工作情况汇报。推进全区镇（办）纪检监察机构干部队伍建设和深化“三转”问题专项整治，针对排查发现的镇（办）纪检监察干部履职、镇（办）纪检监察机构硬件建设和软件建设方面的12个问题，均整改落实。

【反腐败追逃】 2020年，区纪委监委对剩余在册的1名外逃人员重点攻坚，召开2次区反腐败协调小组会议，会同区法院、区检察院等部门专题研究追逃追赃工作，多次与外逃人员家属开展政策宣讲，积极劝返。是年，区纪委监委被评为全市追逃追赃工作先进集体，全市追逃追赃工作先进个人2人。

重要会议

【区纪委九届五次全会】 2020年3月24日，中国共产党韶关市浈江区第九届纪律检查委员会第五次全体会议在区机关综合楼四楼会议中心召开。区委书记陈来安出席会议并作讲话，区委副书记、区长曾清兰主持会议，区委常委、区纪委书记、区监委主任曾光明代表区纪委常委会作工作报告，乐园镇、风采街、东河街、区城管和执法局、风采实验学校等5个单位的党（工）委（党组）书记在会上作述责述廉报告，接受区纪委委员现场评议，会议审议通过《中国共产党韶关市浈江区第九届纪律检查委员会第五次全体会议决议（草案）》。

【党章党规党纪教育培训班】 2020年9月29日，浈江区2020年领导干部党章党规党纪教育培训班在区机关综合楼四楼会议中心举办。区委书记陈来安出席会议并作开班讲话，区委常委、区纪委书记、区监委主任曾光明作廉政专题辅导报告。

监督工作

【监督体系建设】 2020年，区纪委监委协助区委推动全区各级党组织落实管党治党政治责任，在区委常委会上专题传达学习《党委（党组）落实全面从严治党主体责任规定》。组织5个单位的党组织书记在区纪委全会上书面述责述廉，推动述责述廉延伸至村级党组织书记。完善基层监督机制，印发《开展村级党组织书记“提级监督”试点工作实施方案》，选取集体“三资”（资金、资产、资源）达到一定规模的5个村作为试点，由区、镇纪委联合组成5个工作组，“一对一”提级监督。加强日常党内监督工作，推动各级党组织把谈话提醒作为常态化监督手段，是年，全区累计开展谈话提醒743人次。

【政治监督】 2020年，区纪委监委累计派出监督检查组225个516人次，发现疫情防控问题704个，及时督促整改问题601个，经梳理归纳总结，书面向市纪委和区委报告。协助市委督导组开展扶贫领域专项督导检查，对发现的6大类21个问题向有关责任单位反馈，督促限期整改。制定扶贫领域监督执纪问责工作措施，聚焦扶贫领域突出问题和薄弱环节开展专项暗访6批28人次，发现并推动整改问题9个。制定“三防工作十五条”监督执纪问责工作方案，对监督中发现的资料不完善、防汛预案未更新、水库溢洪渠塌方未及时维修等9个问题，督促立行立改，对重大隐患问题发出处理函1份。聚焦全区“四好农村路”建设，成立专项监督检查工作组，围绕工程建设重点环节、事前防控、事中事后监管等开展督查，督促相关部门落实责任。

【派驻监督】 2020年，区纪委监委制订《派驻纪检监察组对综合监督部门（单位）“三重一大”事项监督办法》，明确对“三重一大”事项的监督方式、监督重点及程序要求等内容，强化对权力运行的制约和监督。派驻纪检监察组发挥职能作用，加强对所辖单位的监督检查，发现问题及时纠正、查处。全年派驻组列席参加区直单位民主生活会47次，参加“三重一大”会议270次。

【巡察监督】 2020年，区纪委监委开展3轮常规巡察，巡察区直单位16个，参与1轮市县党委交叉巡察。巡察发现贯彻落实党的路线方针政策和党中央决策部署情况不到位问题55个，发现涉及群众身边腐败问题和不正之风问题51个，发现基层党组织软弱涣散、组织力欠缺问题66个，移交区纪委监委问题线索13条。完成对6个单位党组织的巡察整改成效评估，结合市委巡察发现13个方面共性问题清单，组织全区开展自查自纠，逐项对照整改。加强巡察工作领导，区委书记专题会、区委常委会、区委巡察工作领导小组会议听取每轮巡察工作专题汇报，研究部署巡察工作。健全巡前通报、巡中协调、成果运用、整改监督等巡察协作机制，印发《新提任副科级领导干部担任区委巡察专员的实施方案》，破解巡察用人难题。

（区纪委监委）

民主党派·工商联

民革浈江区基层组织

【概况】 2020年，中国国民党革命委员会(简称“民革”)韶关市委员会在浈江区有民革浈江区基层委员会，下辖浈江区第一支部、浈江区第二支部、浈江区第三支部、浈江区第四支部、浈江区第五支部和韶关学院支部。2020年，民革党员131人，其中新发展党员2人。全年召开支委会议24次、支部会议48次。

【民革组织建设】 2020年，民革浈江区基层组织完成全区6个基层支部、1个基层委员会的换届工作；开展达标支部、示范支部创建活动，激发支部创先争优的动力和活力，提升基层组织建设水平，实现达标支部全覆盖；完善“民革党员之家”建设，组织开展学习、宣传、教育等活动；开展主题教育活动和各种层次会议及培训学习，全面提高领导班子的政治意识和理论水平；参加各类会议和活动，在协商议政、民主监督、调研视察、提案议案、反映社情民意信息等方面发挥表率作用。2020年，民革浈江区基层组织推荐2名新党员参加中共韶关市委组织部、市委统战部在广东岭南干部学院举办的2020年韶关市民主党派新成员培训班；推荐6名区内市政协委员参加市政协举办的委员履职能力培训班；组织6名区内市委委员参加韶关市委统战部举办的全市统一战线2020年第一期“同心大讲堂”，学习《中华人民共和国民法典》；选派2名骨干党员参加韶关市委统战部在广东岭南干部学院举办的民主党派基层组织骨干培训班；推荐2名青年党员参加1月19日韶关市委会召开的青年党员座谈会；浈江五支部党员、市政协副主席、民革市委主委张文铭参加广东省委党校2020年第四期市厅级干部进修班学习；推荐3名支部骨干党员参加韶关市委会组织的赴潮州、汕头、汕尾开展“观故居，走多党合作之路”主题教育活动；浈江区基层委员会主委、民革市委副主委成容参加民革中央省辖市组织的骨干党员学习班。

【民革参政议政】 2020年，民革市委主委张文铭参加2020年韶关市各民主党派负责人工作座谈会，并作《以组织建设为抓手，努力实现履职尽责有新作为》为题目的发言。民革浈江区基层组织围绕市委、市政府的中心工作，开展调查研究，跟进议政、精准议政。是年，各级“两会”期间，浈江区民革党员中市政协委员向市政协第十二届四次会议提交提案13件，立案10件，转意见3件。其中《关于做好我市拆除农村破旧泥砖房后半篇文章的提案》《关于保障我市农村饮水安全的提案》《关于加快推进我市城市垃圾强制分类处理的提案》被列为2020年韶关市政协11件重点提案中的3件。浈江区的民革党员中区政协委员向区政协提交提案3件。

【民革社会服务】 2020年，民革浈江区基层组织参与抗击疫情志愿者服务50人，捐物价值人民币4万元。民革市委主委张文铭率领浈江二支部分到韶关市第二人民医院和韶关市新冠肺炎定点收治医院粤北第二人民医院调研新型冠状病毒肺炎疫情防控工作，并捐赠84消毒液1150升。民革浈江区第二支部筹集抗击疫情捐款8930元；浈江二支部陈明珠向南雄市捐赠消毒液及酒精一批，价值3.5万元，向南雄市政协捐款1000元。浈江二支部潘俊翔荣获得民革广东省2020年抗击新冠肺炎疫情工作优秀奖。

法律援助和法律咨询服务 2020年，浈江三支部党员、市委副主委叶纬担任合伙人的广东宜方律师事务所被司法部授予“全国法律援助工作先进集体”称号；浈江二支部潘俊翔律师在韶关市电视台节目《民生关注》《韶关新闻》中为广大人民群众解答法律问题，被韶关市中级人民法院、乐昌市人民法院聘任为“多元化调解员”。

脱贫攻坚 2020年，民革市委主委张文铭、副主委叶纬分别带队，组织帮扶工作组到贵州省纳雍县开展调研、捐资助学、医疗支援活动3次，组织全市民革党员向当地贫困学生和教学条件较差的小学捐资10万元。组织浈江区基层组织参与民革广东省委员会开展的乡村振兴“画好同心圆，造好博爱林”活动，向民革广东省委会对口扶持的云浮市郁南县大全村捐赠银杏树25棵，价值1.25万元。

【民革荣誉表彰】 2020年，民革市委委员张嘉异连续三年代表市政协担任韶关市国家机关“谁执法谁普法”履职评议团成员；浈江四支部周滨担任学工处负责人、年级组长，为贫困学生捐款7000元，同时为贫困学生筹集助学金1万元，被韶关市第一中学评为“优秀教师、优秀德育工作者”；浈江五支部汤庆锋在广东省家庭医生协会2020年度《岭南名医录》评选中获得超声科名医；浈江五支部王惠参与撰写“数字政府”政务云组网方案，仅用6个月时间，完成“数字政府”政务云上线及韶关市政务系统的云迁移，该项目获得“最佳标杆项目”奖；浈江二支部肖建华、浈江五支部黄卫峰成为单位领导班子成员；韶关学院支部王珊铭职称晋升为正教授。

（王龙树）

民盟浈江区基层组织

【概况】 2020年，中国民主同盟（简称“民盟”）韶关市委员会在浈江区有民盟韶关学院总支部、民盟浈江区基层委员会2个基层组织，盟员总数236人，其中新发展盟员4人。民盟浈江区基层委员会下辖8个支部：文体机关支部、韶关市第一中学支部、韶关市张九龄纪念中学支部、韶关市风采实验学校支部、韶关市中等职业技术学校支部、韶关市十三中八中支部、韶关市浈江区综合支部和韶关市浈江区科技支部。盟员主要来自教育、科技、文化、政府机关等界别。

【民盟思想建设】 2020年，民盟浈江区基层组织学习中共十九届四中、五中全会精神，中共中央习近平总书记重要讲话、重要指示精神，贯彻落实民盟十二届十一次、十二次中常会和民盟省委十五届四次全会精神；组织支部负责人参加“韶关市统一战线同心大讲堂”学习民法典，收听收看深圳经济特区建立40周年庆祝大会，参加中共韶关市委党外人士情况通报会，学习习近平总书记视察广东重要讲话、重要指示批示精神；组织盟员学习习近平总书记关于疫情防控工作重要讲话和指示精神，结合“不忘合作初心，继续携手前进”主题教育活动与疫情防控、“弘扬爱国奋斗精神、建功立业新时代”活动，引导各支部依托盟史馆和“盟员之家”开展学习教育活动和履职工作交流。

【民盟组织建设】 2020年是基层组织换届年，各支部按照《民盟韶关市基层组织2020年换届工作方案》要求，10月底前完成所有支部的换届。5月底召开的民盟韶关市委第一届监督委员会成立大会，包玉兰当选主任委员，张治龙、赵桂林当选委员。盟市委对文体机关支部、文体机关二支部、韶关冶炼厂支部、北江中学支部4个支部优化整合，按照属地划分原则，分出16位盟员成立民盟韶关市浈江区综合支部委员会。因市区多间学校进行整合，盟市委将原十中支部、三中七中支部、二中支部，整合为张九龄纪念中学支部和风采实验学校支部。是年，盟员赵桂林参加盟省委组织的参政议政能力培训班；刘达明等盟员参加全市民主党派新成员培训班；吴莹等盟员参加2020年韶关市民主党派基层骨干培训班。韶关学院总支部、文体机关支部、浈江区科技支部被民盟韶关市委评为“盟务工作先进集体”；吴莹被评为“宣传工作先进个人”“参政议政、社情民意信息工作先进个人”。韶关学院总支组织盟员到乐昌市开展“不忘合作初心，继续携手前进”主题教育学习活动，学习参观龙王潭红色教育基地、新农村建设示范村白马寨和坪石镇华南教育研学基地。浈江区科技支部同浈江区妇女儿童工作委员会、浈江区妇女儿童联合会、广东省朗诵协会会员艺术团四团在浈江区十里亭良材开展“品味书香 阅见未来”阅读朗诵会。

【民盟参政议政】 2020年市、区“两会”期间，盟员人大代表、盟员政协委员履职尽责，盟员政协委员撰写提交13件提案，其中2件提案被市政协评为优秀提案。向区政协提交提案8件。盟员王焰安撰写的《当前乡村教师队伍建设中的问题及建议》被民盟广东省委采用作为提交省政协十二届三次会议的大会发言和集体提案。盟员张治龙论文参与民盟中央“2020年法制论坛”；盟员刘主提交论文参与盟省委“推动广东加快形成全面深化改革开放新格局”专题研讨会，被收录研讨会进论文集。组织支部负责人和盟务骨干参加盟市委重点调研课题，到仁化县、南雄市以及清远、肇庆等地开展专题调研，并主笔完成调研报告。组织支部负责人参加民盟与政府职能部门的对口联系活动，前往韶州大桥、丹霞机场开展实地调研和座谈。各支部组织支部盟员开展“一支部一议”“一人一议”活动，为参政议政提供素材。在民盟韶关市委员会2020年工作总结大会上，王焰安、陈伟被评为“参政议政、社情民意信息工作突出贡献奖”；赖一非、何艳、金建锋、刘主、罗炅、张治龙、齐玲玉等被评为“参政议政、社情民意信息工作先进个人”。

【民盟社会服务】 2020年，各支部盟员参加6.30“广东扶贫济困日”活动，捐款金额1万余元，支持抗击疫情捐款1万余元。浈江区科技支部到曲江区马坝中学举办以“朗诵素养和朗诵艺术”为主题的朗诵公益讲座。盟员张治龙参加韶关市妇联组织的送法制进社区活动，到浈江区十里亭碧桂园北区社区，宣讲《中华人民共和国民法典》婚姻家庭编。

（陈于兵）

民建浈江区基层组织

【概况】 2020年，中国民主建国会（简称“民建”）韶关市委员会在浈江区设有民建浈江区基层委员会和民建韶关学院总支部2个基层组织，其中民建浈江区基层委员会下设浈江一支部、浈江二支部、浈江三支部、浈江四支部、浈江五支部、浈江六支部、浈江七支部和机关直属一支部、机关直属二支部；民建韶关学院总支部下设韶关学院一支部、韶关学院二支部。会员总数203人。

【民建思想建设】 2020年，民建浈江区各基层支部组织会员学习中共十九届四中、五中全会精神，中共中央习近平总书记在党外人士座谈会、在全国抗击新冠肺炎疫情表彰大会及出席深圳经济特区建立40周年庆祝大会上的重要讲话精神；学习统一战线和多党合作方面的理论、方针和政策，研读民建会章会史；组织会员参加民建韶关市委组织的《中华人民共和国民法典》等专题学习讲座。各支部新任及离任的负责人到福建龙岩、广东梅州、河源的爱国主义教育基地开展基层组织政治交接教育实践活动。汤宁滔撰写的《实例探讨旅游与香港青少年国家认同感的建构》获得2019年全省统战理论政策研究创新成果三等奖和2019年度全市统战理论政策研究创新成果二等奖，丘志敏撰写的《高校在防止宗教渗透工作中作用机制研究》获得2020年广东省高校统战理论研究会优秀论文表彰。

【民建组织建设】 2020年，民建浈江区各基层支部开展户外拓展、参观会员企业、参观红色教育基地、专题学习、支部联欢、健康养老产业调研等。浈江四支部被民建韶关市委评为“2020年度先进基层组织”；唐红梅被民建中央评为“全国优秀会员”；汤宁滔、许瑾、胡海英、袁哲、高榕谦等被民建广东省委评为“2019年度参政议政工作优秀个人”；林泽彬、王学庆被民建广东省委评为“2020年度社会服务工作优秀个人”；黄美群、李晓、伍怡昌、孙光德、黄炜、范文佳、范秋晖、秦伟、袁哲被民建韶关市委评为“2020年度优秀会员”；胡海英、袁哲、高榕谦、张南生、袁哲被民建韶关市委评为“2020年度参政议政工作优秀个人”；胡海英被中共韶关市委统战部评为“2019年度全市统战信息工作优秀信息员”；吴丹丹获得“2019年度民建广东省委网站组稿优秀通讯员”表彰。

换届选举 根据《韶关民建2020年基层组织重组、新建及换届工作方案》部署，新组建民建浈江六支部、浈江七支部，同时对任期届满的浈江区基层委员会、浈江一支部、浈江二支部、浈江三支部、浈江四支部、浈江五支部、韶关学院总支部、韶关学院一支部、韶关学院二支部进行领导集体换届选举。7月6日，民建浈江一支部召开第八次代表大会，选举梁玉好为主委；7月

8日，民建韶关学院总支部、一支部、二支部分别召开第二次代表大会，余志兵当选为民建韶关学院总支部主委，肖瑜当选为民建韶关学院一支部主委，谢琳当选为民建韶关学院二支部主委；7月12日，民建浈江六支部召开第一次代表大会，选举陈翠云为主委；7月14日，民建浈江三支部召开第八次代表大会，选举周艳华为主委；7月14日，民建浈江四支部召开第三次代表大会，选举唐红梅为主委；7月16日，民建浈江二支部召开第八次代表大会，选举何伟军为主委；7月16日，民建浈江七支部召开第八次代表大会，选举范秋晖为主委；7月31日，民建浈江五支部召开第三次代表大会，选举王剑涛为主委；8月8日，民建浈江区基层委员会召开第二次代表大会，选举张南生为主委。

【民建参政议政】 2020年，民建浈江区各基层支部动员广大会员撰写建言献策材料，履行参政党职责，全年被各级人大、政协、统战部门、上级民建组织等部门采用的材料共51件。其中肖华茂撰写的《关于推动粤北生态产业建设助力我省绿色发展的建议》被采用为省政协提案；胡海英撰写的《关于加强退役军人服务保障的建议》被采用为民建省委报省政协集体提案；高榕谦、潘颂梅撰写的《关于创新我市养老服务模式的建议》被民建市委选为市政协大会发言材料；胡海英撰写的《关于加强城市社区建设的建议》和《关于加强农村地区疫情防控的建议》被选为韶关市政协重点督办提案；周靖撰写的《关于加快我市农村电商发展的建议》被选为浈江区政协重点督办提案；黄乐闻撰写的《关于促进我市民宿业健康发展，打造乡村旅游精品名片的建议》、于方娟撰写的《关于加快推进我市城区老旧小区改造的建议》和胡海英撰写的《关于加强农村公路养护的建议》获得韶关市政协2019年度优秀提案表彰。

【民建社会服务】 2020年，民建浈江区各基层支部响应民建韶关市委号召，参加“八一”慰问退役军人活动，捐款1.5万元；为广东省委统战部在仁化挂点贫困村捐赠图书数千册；会员王学庆参与支持张九龄纪念公园的建设“添砖加瓦”活动，捐赠红砖8万块。会员林泽彬通过各种渠道为疫情防控捐款约2万元、捐赠口罩等物资1万多元、捐赠并建设板房2间。

（严志全）

民进浈江区基层组织

【概况】 2020年，中国民主促进会（简称“民进”）韶关市委员会在浈江区有民进浈江区基层委员会1个，下辖支部6个，总计会员163人，其中张九龄纪念中学综合支部25人，浈江区综合一支部29人，浈江区综合二支部37人，韶关学院支部35人，浈江区中教支部24人，离退休支部13人，会员主要来自教育、文化、出版、传媒等界别。

【民进思想建设】 2020年，民进浈江区基层组织坚持学习习近平新时代中国特色社会主义思想、中共十九届五中全会精神、全国两会精神等，贯彻《关于加强中国特色社会主义参政党建设的意见》《民主党派代表人士队伍建设规划（2018—2027）》《各民主党派中央关于新时代组织发展工作座谈会纪要》等重要文件精神，学习《中华人民共和国民法典》、民进会章会史等。组织读原著、学原文、悟原理，开展“我身边的先进”宣讲活动。宣传的典型事迹包括张九龄纪念中学综合支部骆政的教学论文获“广东省学校体育论文报告会”征文二等奖，带队参加韶关市“体彩杯”篮球赛获得“优秀教练员”称号；浈江综合二支部主委林森焕获得“广东省化学命题能力大赛二等奖和广东教育学会学术讨论会论文评比三等奖”，支部副主委聂臻的教学论文获得“韶关市美术教师论文评选二等奖”。

【民进组织建设】 2020年，民进浈江区1个基层委员会、6个支部按计划完成换届。浈江联合、浈江小教2个支部升格为综合支部，曲仁联合支部更名为张九龄纪念中学综合支部。市委委员、韶关学院支部副主委吕伟担任韶关学院教师教育学院副院长和浈江区政协委员；市委委员潘小坤担任浈江实验学校（九年一贯制）副校长；浈江综合二支部主委林森焕担任建国小学副校长；浈江综合一支部副主委吴琦婷担任东鹏中学政教处主任；莲花中学教师李海洋交流到赖新小学后担任政教处主任。

【民进参政议政】 2020年，民进浈江基层组织雷检、廖勇会、谢寒芳、翟卫红、谢思思、徐绍林6名会员担任浈江区政协委员，其中雷检任常委。两会期间，全区各支部总计提交提案8件，均得到区有关部门的重视，其中雷检撰写的《关于做好浈江区垃圾分类的建议》、谢思思撰写的《关于推进农村人居环境整治助力乡村振兴的提案》被评为区政协优秀提案。

【民进社会服务】 2020年，浈江综合一支部到犁市镇黄竹村开展扶贫活动并为帮扶对象送去慰问金和慰问品，组织策划“青少年生命教育”项目，对东鹏中学学生开展心理健康教育；浈江综合二支部在建国小学和市特殊教育学校开展“关爱留守儿童，爱心文具捐赠”活动，企业家会员廖招丘捐赠价值1万余元的文具；韶关学院支部到始兴县高峰小学、浈江区黄金村小学开展“送培到校”，副主委黄有来赞助文体用品一批。浈江区综合二支部副主委廖招丘组建志愿者服务队，在“全国科普宣传日”活动中获得浈江区颁发的荣誉证书；浈江区综合二支部会员陈文洁组织“金秋助学 -- 传递爱心，放飞梦想”资助贫困学生活动；浈江综合一支部委员朱自林在防护用品急缺的情况下先后为韶关市和湖南省捐赠口罩5万个；浈江中教支部郑鸿沛捐赠价值约20万元平板电脑和大量防疫物资等。

（朱玉娟）

农工党浈江区基层组织

【概况】 2020年，中国农工民主党（简称“农工党”）在浈江区有1个基层委员会，7个支部，党员140人。其中韶关市第一人民医院支部32人，韶关市综合支部12人，浈江区一支部25人，浈江区二支部34人，浈江区三支部13人，韶关学院支部9人，韶关市铁路医院支部15人。成员主要分布在驻区医药卫生、文化和教育系统。是年，浈江区二支部被农工党中央评为“纪念中国农工民主党成立90周年”先进基层组织；浈江区一支部李国华被省委、省政府授予“广东省抗击新冠肺炎疫情先进个人”称号；7名党员荣获“农工党广东省委员会新冠肺炎疫情防控工作先进个人”表彰。

2020年9月24日上午，农工党综合支部与浈江区三支部、武江区一支部、市妇幼保健院支部以及广东狮子会韶州服务队到曲江区启智学校联合开展助残慰问服务 （农工党浈江区基层组织 供）

【农工党思想建设】 2020年7月1日，农工党韶关市委组织各基层组织班子成员学习习近平总书记重要讲话精神和全国两会精神。7月25日，各基层组织骨干党员参加农工党韶关市委开展的“庆祝中国农工民主党成立90周年暨不忘合作初心 传承红色精神”主题活动，到仁化红军长征粤北纪念馆、铜鼓岭开展红色教育现场培训。10月17—18日，新一届基层组织领导班子和新党员参加农工党韶关市委在惠州邓演达纪念园开展的农工党党史教育。12月19日，各基层组织领导班子和骨干党员参加农工党韶关市委举办的学习中共十九届五中全会精神专题报告会，听取市委宣讲团专家组成员、市委党校副校长杨斌教授作的专题辅导报告。

【农工党组织建设】 2020年，农工党浈江区各支部于8月底前完成基层组织换届，新成立浈江区三支部。全年发展新党员5人。8月21日，农工党浈江区基层委员会召开第二次代表大会，选举江鸿为主委的新一届浈江区基层委员会领导班子。2名党员参加市委组织部、市委统战部在市社会主义学院举办的2020年市民主党派新成员培训班，郭志毅、吴坚参加第五期市民主党派基层组织骨干培训班。各支部组织开展基层组织创优、“星级支部”创建活动，在年终评选中，浈江区一支部、浈江区二支部被评为五星级支部。

【农工党参政议政】 2020年，农工党浈江区各支部履行政治协商、民主监督、参政议政职能。农工党浈江区党员向省、市、区人大和政协提交提案和建议22件。卢春燕《关于加紧解决我市农村“有水喝”“喝好水”问题的建议》、吴蔚《加快推进韶关城区垃圾分类的建议》和黄文忠《推进我市生活垃圾分类工作 建设生态文明美丽韶关》被市政协列为2020年重点提案。农工党浈江区基层委员会主委江鸿撰写的《大力支持民营经济发展，助力韶关振兴的提案》，被评为市政协2019年优秀提案。5名党员在市政协2019年度委员履职考核中被评为优秀委员。卢春燕撰写的《一部手机游韶关，打造韶关智慧乡村旅游新名片》被市政协信息专报采用。

【农工党社会服务】 2020年，浈江区二支部组织党员和社会爱心人士到仁化县城口镇恩村小学开展扶贫助学，捐赠价值近2.6万元的书柜、课内外读本、文体用品。韶关市综合支部为在粤北医院住院患白血病的男孩捐助医疗费用1万元，并联合广东狮子会韶州服务队、浈江区三支部、武江区一支部、韶关市妇幼保健院支部到曲江区启智学校开展助残慰问服务，捐赠价值1.52万元的日常必需品、玩具和学习用品。11月15日，经浈江区基层委员会主委牵线搭桥，农工党韶关市委联合市卫生健康局、广东狮子会韶州服务队、中清服务队等15支服务队筹集25.4万元在省定贫困村南雄市乌迳镇响联村开展“狮爱灯光 点亮乡村”暨扶贫敬老、扶志助飞等综合扶贫服务活动，为该村捐赠安装100盏太阳能路灯，向16名困难家庭长者和20名困难家庭学生送上慰问金、助学金和慰问品。

（陈晓聪）

九三学社浈江区基层组织

【概况】 2020年，九三学社在浈江区有基层委员会2个、支社7个，发展新社员6人，共有社员133人。其中，浈江一支社26人、浈江二支社26人、浈江三支社25人、丹霞山支社11人、韶关学院一支社13人、韶关学院二支社16人、韶关学院三支社16人。是年， 社员、韶关学院刘羽佳博士的“铁皮石斛蔗糖合成酶DoSSI基因功能及其表达的分子调控机制”项目获得国家自然科学基金24万元资助。社员袁艾东的“个体化组织工程与干细胞再生医疗技术平台的建立和临床应用”“腹主动脉阻断、髂总动脉阻断、髂内动脉结扎控制出血在复杂性髋臼骨折手术中应用比较”获得“2019年度韶关科技成果一等奖”。

【九三学社思想建设】 2020年，九三学社浈江区各基层组织以习近平新时代中国特色社会主义思想为指导，以主委会议、基层委员会干部会议、各支社全体社员会议等形式，组织班子成员和广大社员学习贯彻中共十九届五中全会精神、《习近平谈治国理政》（第三卷）、习近平总书记在全国抗击新冠肺炎疫情表彰大会上重要讲话精神、习近平总书记出席深圳经济特区建立40周年庆祝大会和视察广东重要讲话、重要指示批示精神等。9月，举行庆祝九三学社创建75周年暨基层组织班子成员学习培训大会。6月，浈江基层委员会、韶关学院基层委员会开展学习全国、全省、全市“两会”精神活动。7月，社员兰茵、谢勇、姜向东、陈昉、郑立军等参加市政协举办的市政协委员履职能力提升培训班。9月，韶关学院基层委员会开展“新中国历史学习会”。12月，浈江一支社、浈江三支社、丹霞山支社、韶关学院基层委员会开展学习贯彻中共十九届五中全会精神活动。是年，社员向《广东九三》《韶关日报》《韶关政协》等刊物投稿12篇。向社省委、市政协和市委统战部等提交信息30件，被市政协采用1件、市委统战部采用3件。

【九三学社组织建设】 2020年，九三学社浈江区基层组织完成换届工作。丹霞山支社、浈江二支社、浈江三支社、韶关学院三支社获得“纪念九三学社创建75周年全省优秀社组织”称号。浈江区有6个基层组织被考评为“九三学社韶关市委员会2020年度先进集体”。7月，社员杨梅、余家婵参加市委组织部、市委统战部联合在市社会主义学院举办的2020年韶关市民主党派新成员培训班。11月，社员钟翎、刘文兴、艾安丽参加2020年韶关市民主党派基层组织骨干培训班。

【九三学社参政议政】 2020年，浈江区社员参加区委、区人大、区政府和区政协组织召开的专题协商会、情况通报会、征求意见座谈会，对重大决策、经济建设和社会发展提出意见建议。兰茵、姜向东、谢勇、何艳霞、陈昉、卢文贯、曾瑛、韩其飞、邱晓军、戴晓娟、邬章林、罗修鹏、成志军等参加各类参政议政会议和视察活动25人次。九三学社韶关市委召开参政议政专委专题会议4次，组织开展各类调研活动3次，浈江基层委员会参与社员16人次。社员邬章林、白奕斌参加九三学社韶关市委“加快打造粤北医疗高地”专题调研组。9月，浈江基层委员会在仁化董塘开展美丽乡村建设调研活动。是年，浈江社员有市政协委员6人（副主席1人、常委2人）、区人大代表1人、区政协委员8人（副主席1人）。浈江区各级人大代表、政协委员围绕中心工作和群众关心的热点难点问题开展调研，市、区两会上提交议案、提案共计11件。

【九三学社社会服务】 2020年，九三学社浈江区基层组织开展社会服务活动3次，开展慰问退休社员活动7次。3月，浈江二支社开展慰问生病社员活动。9月，浈江一支社、丹霞山支社到始兴太平镇卫生院了解始兴贫困白内障患者的筛查诊治情况，探视35名实施白内障术后患者。10月，浈江基层委员会、韶关学院基层委员会开展重阳节慰问退休社员活动。11月，丹霞山支社到仁化县城口镇开展关爱农村孤寡老人活动。浈江区各基层组织和广大社员贯彻落实上级各项疫情防控决策部署。市委委员、浈江基层委员会主委何艳霞担任浈江区疫病防控指挥部办公室副主任；丹霞山支社组织全体社员捐款抗击疫情；社员陈昉、苏恬、练德生、邬章林、曾瑛、刘文兴为市民进行居家医学观察、体温监测及社区宣传防疫知识工作；社员李文华连续半个月坚守市戒毒所卫生所岗位；社员李俊霓做好对春节期间取消出行的游客退费工作，最大限度减少游客损失。是年，浈江基层委员会、韶关学院基层委员会、丹霞山支社为“乡健”募捐款项1.54万元。

（成志军）

浈江区工商业联合会

【概况】 2020年，韶关市浈江区工商业联合会（简称“区工商联”）是中国共产党领导的以非公有制企业和非公有制经济人士为主体，具有统战性、经济性、民间性有机统一的人民团体和商会组织。全区有镇街商会9个，行业商会1个，镇街商会覆盖率达90%，全区工商联会员388人，其中企业会员271个、团体会员9个、个人会员108人。全年配合省、市工商业联合会完成1次调研任务，向人大、政协提交议案提案24件。

【理想信念教育实践活动】 2020年，区工商联依托行业商会、镇街商会，抓好非公企业党组织建设，以“检察护航民企发展”主题检察开放日、座谈会、专题培训会等宣传教育活动为平台，开展“守法诚信经营，坚定发展信心”理想信念教育主题实践活动，推动践行亲清新型政商关系。

【社会事业建设活动】 2020年，区工商联牵头组织商会及爱心会员企业为韶关市九龄纪念公园募捐烧结砖，筹集各会员爱心企业“民生工程”捐赠烧结砖41.08万元，占全区捐赠总数的六分之一。动员全区非公经济企业家为“广东扶贫济困日”捐款42.93万元，占全区捐款总额的三分之一。

【光彩事业活动】 2020年，区工商联组织辖区会员企业捐赠抗疫现金物资60余万元。广东磊蒙重型机械制造有限公司获得区委、区政府颁发的“浈江区倍增企业和浈江区热心公益企业”、浈江区市场监督局颁发的“连续八年广东省守合同重信用企业”等荣誉。区工商联副主席李念华被评为“韶关市抗击新冠肺炎疫情先进个人”；广东兴顺佳集团有限公司获得市委市政府颁发的“韶关市先进集体”，区委、区政府颁发的“无私援助、奉献爱心”牌匾；浈江区高信塑胶制品有限公司得到国务院疫情防控医疗物资保障组、省工信厅的感谢和表彰，公司纳入新冠肺炎疫情防控国家重点扶持企业，被中共广东省委、广东省人民政府授予“广东省抗击新冠肺炎疫情先进集体”称号，被广东省工商业联合会（总商会）授予“广东省抗击新冠肺炎疫情组织工作优秀民营企业”称号，被中共韶关市委、韶关市人民政府授予“韶关市先进集体”称号。

【产业扶贫】 2020年，区工商联引导贫困户通过扶贫小额信贷与广汇农牧公司开展种猪托管代养合作，参与“企业+基地+金融+贫困户”新模式。截至12月底，151户贫困户获得567.5万元扶贫小额贷款，贷款覆盖率69%，在全市排名第一，85户贫困户参与广汇农牧“企业+基地+金融+贫困户”合作，平均每户获得5000元的收益。

【企业党建】 2020年，浈江区广东兴顺佳食品科技发展有限公司党支部以“党建领航、服务发展”为目标，获得浈江区“风采长者饭堂”配餐资格，列入韶关市重点民生工程项目之一。广东磊蒙重型机械制造有限公司党支部的《党建领航·助推“两个健康”》被评为全省非公经济领域党建工作创新案例，得到省工商联通报表扬。

（何如玉）

2020年，浈江区工商联总商会捐赠疫情防控物资

（区委统战部 供）

群众团体

总工会

【概况】 2020年，浈江区非公企业建工会12家，其中百人以上非公企业3家，25人以上货运企业9家；按照《广东省企业工会民主选举工作实施办法》的要求指导韶关图书购销中心有限公司、富万家红木馆、皇朝家私有限公司等37家企业完成民主换届，发展农民工会员733人，发展总会员1420人。

【浈江区工会第四次代表大会】 2020年12月22日上午，浈江区工会第四次代表大会在区机关综合楼四楼会议室召开。区委书记陈来安，区委副书记、区长胡德宁，区人大常委会主任谭雪华，区政协主席黄德乔等领导出席开幕式。来自全区各级、各阶层、各领域工会的92名代表参加大会。浈江区人大常委会副主任、第三届工会主席刘伟光在会上作题为《情系职工　砥砺前行——奋力开创浈江工会高质量发展新局面》的工作报告。大会审议并通过区工会第三届委员会工作报告、财务情况报告，经费审查委员会工作报告，选举产生浈江区工会第四届委员会委员、常务委员、经费审查委员会委员及主任。选举产生浈江区工会第四届领导班子。

【浈江区首个村级工会联合会成立】 2020年11月27日，浈江区村级工会联合会第一届第一次会员大会召开，选举产生第一届工会联合会主席，浈江区首个村级工会联合会——金凤坪村民委员会工会联合会挂牌成立，填补浈江区村级没有工会联合会的空白。

【创新组建模式】 2020年，浈江区总工会按照市总工会《关于开展基层工会建设集中攻坚行动工作方案》《韶关市“农民工入会集中行动攻坚战”实施方案》精神，把组建工会和发展会员作为工作重点，抓好“三新”（新技术、新业态、新模式）领域建会入会，重点聚焦货车司机、快递员、护工护理员、家政服务员、房产中介员等行业群体，发挥党建带工建机制优势，在组织形式、入会方式、服务内容、资源整合等方面开拓创新，建会工作取得

2020年1月10日，区总工会在辖区火车东站设立“暖流行动”服务点 （区总工会　供）

进展。

【职工合法权益维护】 2020年，浈江区总工会建立工会与政府联席会议制度，健全劳资纠纷排查化解工作机制，指导职工依法维护自身的合法权益、解决劳资矛盾的突出问题。是年，参加全区治理拖欠农民工工资问题专项行动，落实工资保证金制度和建立拖欠工资应急周转金制度；参加拖欠农民工工资专项检查行动和全面治理欠薪工作落实专项检查行动，防止因拖欠员工工资引发的群体性突发事件，建立和谐稳定的劳动关系。9月，收到东莞（韶关）浈江产业转移工业园工联会反馈的韶关比亚迪工厂劳资纠纷案件，启动多方联动调解机制，联合市总工会、市人社局、区人社局、区劳动监察大队等相关单位，同工会律师团、产业园工联会到东莞（韶关）浈江产业转移工业园了解劳动争议案件实际情况，以通力合作的方式化解劳动纠纷。

【工会扶贫帮困】 2020年，浈江区总工会组织各级工会摸底排查困难职工，筹措资金，做好困难职工的救助和帮扶。元旦和春节期间，走访慰问特困劳模、困难职工和农民工家庭12户，送上米和油等慰问品。7月，走访慰问消防大队、公安分局、市政中心、城管局、交警大队、高信公司、创力公司、鸿源众力公司的一线工人，发放防暑降温物品500箱。开展“百万帮扶暖千家”活动，资助困难职工、农民工家庭子女5人，医疗救助3人，生活救助12人。

【职工互助计划】 2020年，区总工会开展“职工医疗互助保险”“女职工安康保险”互助计划，各基层工会加大宣传《住院医疗综合互助保障》《职工医疗互助保障》《女职工安康互助保障》，动员在职职工或工会购买医疗险种，为全区293名抗疫一线医护人员提供由省、市工会资金支持的职工二次医疗补充保险，保费总额2.85万元。

【暖流行动】 2020年，区总工会按照省、市总工会部署，在火车东站设立“暖流行动”服务点，为返乡农民工免费提供交通安全咨询服务，免费提供热茶、方便面、八宝粥、面包、矿泉水，现场提供法律法规、禁毒知识宣传和旅游指引，提供“韶关工会”微信号关注指引、工会服务职工、返乡创业等内容的宣传单张1万多份，服务返乡农民工累计12万多人次。

【工会经费审计】 2020年，区总工会审查本级工会经费预、决算方案；审计本级工会上年度预算执行情况；基层工会经费使用情况按比例审计；完善财务开支规范化管理，收好、管好、用好工会经费。加强对本级（基层）工会经费预备决算和工会经费计提、上解、使用情况的审查监督；加强对上级拨付专项帮扶资金使用情况的审查监督。全年督导检查机关单位、教育工会及非公企业等18家基层工会的工会经费使用情况。

【工会活动创建】 2020年10月，浈江区总工会在启明北路全民健身广场举办“我们的节日·重阳节”文艺汇演。11月，与广东省兴顺佳食品科技有限公司工会组建一支球队参加第十三届“市长杯”篮球赛中年组比赛，获得团体第二名和“体育道德风尚奖”。

【树立先进典型】 2020年，浈江区总工会根据《韶关市职工创新工作室创建工作规范化意见》，组织号召辖区内符合申报条件的企业参与申报韶关市职工（劳模）创新工作室，发挥创新创业示范效应，在开展劳模和工匠人才“传帮带”活动、总结推广先进操作（工作）法、促进科技成果转化工作中成为标杆，推动辖区群众性技术创新。

（苏　毅）

共青团浈江区委员会

【概况】 2020年，中国共产主义青年团韶关市浈江区委员会（简称“团区委”）是区委领导下负责青年工作的正科级群团机关。是年，团区委围绕区委、区政府的中心工作和团市委的工作部署，全面发挥团的教育引导、服务发展、社会服务、组织凝聚四大功能，加强团的基层组织和团干部队伍建设，完成上级团委和区委、区政府交办的各项任务。

【团组织建设】 2020年12月27—28日，召开共青团浈江区第八次代表大会，听取和审议共青团浈江区第七届委员会工作报告，选举产生共青团浈江区第八届委员会。团区委指导各镇（办）和基层团组织做好毕业生团组织转接、新转入辖区团员的管理工作。按照《广东省普通中等学校团组织发展学生团员工作规范》，指导各中学严格入团政治标准，严格发展团员程序，提高团员发展质量，严格控制初中毕业班团青比例在30%以内。是年，推选优秀团干部参加省团校的专题培训班；组织11名中学团委书记参加团市委举行的中学共青团工作培训班；开展浈江区基层团干部培训班，组织各镇（办）团（工）委书记、村（社区）团支部书记近100人学习基础团务知识、《民法典》和《习近平谈治国理政》（第三卷）。

2020年2月12日，浈江区青年战疫志愿突击队开展入韶关车辆排查志愿者服务活动 （团区委 供）

【志愿者服务】 2020年，团区委组织开展“青春志愿行 温暖回家路”2020年春运“暖冬行动”志愿服务活动；组建浈江区青年战“疫”志愿突击队开展新冠肺炎防控工作，主要在武江监狱门口和韶关市中等职业技术学校门口两个检查站协助公安、医护等工作人员做好到韶关车辆排查、登记、体温测量及派发张贴疫情防控宣传资料等；推进“河小青”助力河长制巡河护河志愿行动；组织开展交通文明志愿服务活动；“12·5”国际志愿者日，团区委联合浈江区志愿者联合会，组织近100名志愿者到犁市镇犁市村狮塘村开展“乡村振兴 志愿同行”韶关市浈江区农村人居环境整治志愿服务活动；围绕安全生产、森林防火工作，到学校和社区开展宣传教育。

【中长期青年发展规划】 2020年，浈江区中长期青年发展规划实施工作联席会议办公室（团区委为牵头单位）印发《浈江区中长期青年发展规划实施工作联席会议制度》《浈江区中长期青年发展规划实施工作联席会议成员名单》。11月6日，浈江区中长期青年发展规划实施工作联席会议召开，传达学习《浈江区中长期青年发展规划实施工作联席会议制度》《浈江区中长期青年发展规划实施工作联席会议成员名单》《广东中长期青年发展规划（2018—2025）》（简称《规划》）文件精神，团区委书记杨岚解读《规划》的分工要求和下一步工作计划，包括青年人才服务工作。

【青少年思想道德建设】 2020年，团区委组织青少年学习习近平新时代中国特色社会主义思想和中共十九届五中全会精神、习近平总书记系列重要讲话精神和对广东重要指示批示精神。通过团区委党支部中心组学习、2020年浈江区基层团干培训班、少先队大队辅导员培训班，将习近平总书记出席深圳经济特区建立40周年庆祝大会和视察广东重要讲话、重要指示批示精神、中共十九届五中全会精神、《习近平谈治国理政》（第三卷）和《民法典》等内容纳入党支部中心组学习和培训课程；以“五四”青年节、“六一”国际儿童节等重大节日为契机，通过集中线上入团入队仪式等活动加强青少年爱国主义和仪式教育。

【青年创业就业】 2020年，团区委指导各镇办团组织、区直机关、企事业单位在广东易展翅网站提供大学生暑期实习岗位441个，指导各单位做好“展翅计划”招募；团区委和浈江区志愿联合会组织70余名韶关籍返乡大学生参观华南教育历史研学基地（大村）、韶关市非物质文化遗产企业隆盛食品有限公司百年东街博物馆和生产车间；召开青年座谈会，解说关于韶关市最新的大学生就业政策，了解韶关区域社会经济发展、民生建设成就、生态文明建设和人才政策情况；招募24名优秀韶关籍大学生选派到基层兼职锻炼，吸引韶关籍大学生主动扎根基层；做好广东大学生志愿服务山区计划志愿者关爱慰问工作。

（团区委）

浈江区妇女联合会

【概况】 2020年，浈江区妇女联合会（简称“区妇联”）是负责全区妇女工作的群众团体组织。下设区直属机关事业单位妇委会8个，非公有制妇委会2个，镇妇联5个,街道办事处妇联5个，居民区妇联3个，村妇联48个，社区妇联46个。浈江区妇女儿童工作委员会办公室设在区妇联。是年，区妇联以习近平新时代中国特色社会主义思想为指导，加强妇女思想政治引领，服务大局、服务妇女、服务家庭，深化妇联改革，构建联系广泛、服务妇女的工作体系，更新思想观念，理清工作思路，创新活动载体，在组织、引导、服务妇女和维护妇女权益工作中发挥作用。

【阵地建设】 2020年，区妇联创新基层妇联工作载体，整合各类平台，新建省级“妇女之家”示范点4个、市级“妇女之家”示范点2个、“妇女微家”10个、“家越美 粤幸福”工作试点村10个。通过各类阵地建设，宣传党的政策、密切联系妇女、提供就业指导、延伸维权服务、深化家庭文明建设、加强普法教育。

【家庭教育】 2020年，区妇联推动“家庭教育进村（社区）”“好家风家训进社区”的全面落实，不断提高广大群众社会公德、家庭美德和个人品德。全年围绕“法律与家庭教育”“心理与家庭教育”“家风家训与家庭教育”三大系列主题，开展传承弘扬好家教好家风主题宣传进村（社区）活动共59场。

【巾帼惠民关爱】 2020年春节前夕，浈江区各级妇联开展走访慰问100余户单亲特困母亲、困难妇女和困境儿童活动，送上新春问候，发放慰问金共计5万余元。9月，浈江区向4名贫困女学生发放“春蕾女童班”资助款4800元。10月，联合区卫健局召开浈江区“两癌”（宫颈癌、乳腺癌）检查项目工作会，组织城乡妇女“两癌”免费检查，检查人数3819人次。

【妇女维权】 2020年，浈江区各级妇联组织利用“三八”妇女维权周、“六一”国际儿童节、6·26“国际禁毒日”、11·25“国际反家庭暴力日”等节点，开展法治宣传活动共计208场，参与妇女群众15000余人次，派发宣传资料和宣传品20000余份。是年，区妇联为妇女提供咨询、调解、疏导等维权服务，接待来信来访来电35宗，办结率和回复率均为100%。主要涉及婚姻家庭矛盾调解、邻里纠纷调解等方面。

【党建带妇建】 2020年，区妇联以党建品牌奏响红色主旋律，以服务促进党性凝聚，在全区范围内开展“她力量成长”系列五大主题活动，共计8场，主要包括优雅仪态课程、艺术提升课程、红色经典诵读分享会、心理讲座和户外拓展活动。

【表彰先进】 2020年，浈江区10户家庭被评为2019年韶关市

2020年8月22日，区妇联开展“守护童年 牵手共成长”暑期关爱儿童服务活动

（区妇联 供）

“平安家庭”先进示范户，3个村（社区）被评为2019年韶关市“平安家庭”先进示范村（社区）；2户家庭获得韶关市“十大最美家庭”；2人获得韶关市“十大好军嫂”；2人获得韶关市“十大好军嫂提名奖”；3人获得2019年度韶关市三八红旗手；1个集体获得2019年度韶关市三八红旗集体；5个岗位荣获2019年度韶关市巾帼文明岗；是年，区妇联在全区各镇开展“星级文明户”创建评选活动，创建“星级文明户”1079户，2018—2020年累计创建“星级文明户”4425户。区妇联选送的浈江区文化馆舞蹈队在韶关市“巾帼心向党·奋进新时代”——庆祝中华人民共和国成立71周年巾帼广场舞大赛中获得金奖和最佳表演团队。

（柏　潇）

浈江区科学技术协会

【概况】 浈江区科学技术协会（简称“区科协”）是浈江区科学技术者的群众组织。2020年，发挥科协科普工作主要社会力量作用，搭建科普活动的社会化大平台，动员广大科技工作者和社会力量，与有关部门协作，联合开展科普宣传及科技咨询活动，以“全国科普日”“全国科技工作者日”“科技活动月”“科技三下乡”等主题活动日为契机，开展“科普进村居”“科普进校园”普及宣传科学知识；结合“世界环境保护日”“节能减排宣传”“安全月宣传”等宣传机会，发放科普小知识读本，组织区机关干部职工开展科普宣传活动，宣传全民科学素质工作；聘请专家或技术人员开展针对性的科普讲座、报告会和知识培训，把科技讲座列入党政班子年度学习计划。全年举办“科技人才培训班”20场。

【科普活动】 2020年，浈江区组织“浈江区食品安全科普宣传”，科普进村居、学校、企业，专题讲座等科普活动50多场，派发《浈江区科普宣传手册》、科技书刊、农作物科学栽培、农药化肥科学合理使用等各类科技科普书籍1000多册，科普宣传资料5000多份，展出科普展板200块，提高各类科普宣传活动的吸引力和公众科普知识，促进节约资源、保护环境、节能减排、安全生产、防震减灾、健康生活等科技知识的宣传普及。

9月25日，浈江区2020年全国科普日“决胜全面小康 践行科技为民”主题活动在铁路公园举行，活动现场设有机器人舞蹈、科普文艺演出、科普知识问答题、推广注册科普中国信息员及发放科普宣传资料等内容，共500多人参加。

9月26日，由市科协等单位主办，浈江区科协承办的“迎国庆——科普嘉年华”活动在百年东街婚庆广场举行。活动布置机器人表演、无人机表演、VR体验、科普图片展览、科创作品展示、科学实验天地等，设有消防车、应急救援车、消防器材展示区以及体验逃生舱等。现场还有医疗专家为群众提供义诊50次、医疗健康咨询服务80次，派发科普宣传单1200份。

【未成年人科学素质行动】 2020年，浈江区组织“2020中国科学院老科学家科普演讲团韶关行”科普巡讲活动8场。

1月，“2020科学原来很近”韶澳青少年科普交流周系列活动举办，澳门科学馆一行10余人到浈江区和平路小学、执信小学、浈江区实验学校、碧桂园外国语学校开展交流活动，澳门科技馆工作者志愿服务队给同学们送上科学课。

11月，浈江区第三届AI机器人足球赛暨世界机器人大赛选拔赛举办，50支队伍参加，6支队伍晋级直接参加世界机器人大赛佛山的总决赛。

9—11月，浈江区为辖区内的10所学校及幼儿园开展免费的STEAM机器人培训课程，共计40场次，科普工作惠及中小学生约800人次，选拔优秀学员参加各大比赛，在第一届韶关市2020年Robo Genius人工智能与机器人挑战赛韶关预热赛中，浈江区组织8所学校11支队伍参赛，其中1支队伍获得韶关市一等奖；4支队伍获得韶关市二等奖；5支队伍荣获市三等奖。在第十八届全国中小学信息技术创新与实践大赛（NOC）中，浈江区碧桂园外语学校代表韶关参加国赛，获得国家级二等奖。在2020世界机器人大赛——青少年机器人设计大赛中，浈江区派出6支队伍参加比赛，其中浈江区第十三中学获得全能奖；1支队伍获得大赛二等奖；5支队伍获得大赛三等奖。在第九届广东省创意机器人大赛中，浈江区长乐镇长乐中心小学获得第九届广东省创意机器人大赛一等奖。

【社区居民科学素质行动】 2020年，浈江区建立社区科普宣传员和科普志愿队伍，完善科普工作基础设施。重点突出“科普中国e站”建设，辐射带动全区加快推进科普工作信息化。环园路社区、职工一区社区为“科普中国”落地应用e站建设试点单位，大力发展科普信息员队伍，完善多功能电教室、科普活动室、科普图书室、科普宣传栏等设备设施，开展各类科普讲座、展览、咨询、实用技术培训等活动。

（吴晓雯）

浈江区文学艺术界联合会

【概况】 2020年，浈江区文学艺术界联合会（简称“区文联”）为浈江区独立群团机关。是年，浈江区碧桂园凤凰艺术协会表演的歌曲《祝福新中国七十华诞》在“善美韶关·我们的节日”2020庆元旦迎新年韶关市群众文艺会演活动中获得三等奖；器乐合奏曲《欢庆丰收奔小康》在2020年首届“奋进新时代银龄展风采”老年人文艺比赛中，获得优秀创编奖。

【采风创作收集】 2020年，韶关市文联、浈江区文联、浈江区委宣传部联合举办“走向我们的小康生活”——征文、摄影、微视频采风创作活动，内容主要聚焦人民群众日常生活的显著变化，各行各业实干拼搏的奋斗故事，全面建成小康社会的美好图景。全区收到微视频作品13个，摄影作品50幅，文学作品20篇。微视频《阅丹公路旁的新农村》《我们相约在同心树下》等优秀作品在学习强国及韶关日报等宣传媒体播出采用。

【书法艺术活动】 2020年10—12月，区文联在教育系统开展书法艺术“结对子，种文化”活动。项目内容主要有书法理论、欣赏与临摹，聘请烟雨轩书法工作室的中国书法家协会会员专家开展11课时的专题授课讲座，30名浈江区教育系统教师参加学习。

2020年，盆景艺术交流会现场修剪盆栽造型（区文联 供）

【盆景艺术交流会】 2020年，浈江区盆景协会开展重阳佳节共赏盆艺话团圆2020年传承国粹盆景艺术交流会活动，实地观赏盆景，介绍树种特性、栽培管理、造型设计、修剪技巧等技术，修剪盆栽造型，探讨传承中国岭南盆景文化知识。

（陈 玲）

浈江区归国华侨联合会

【概况】 2020年，浈江区归国华侨联合会下设13个基层小组，1个侨联艺术团，正、副主席6人，侨联常委11人，侨联工作者50人。浈江区侨联走访民营企业120次，向归侨侨眷、海外侨胞做好投资环境宣传，促进招商引资，同时维护华侨利益，举行对外联谊，开展侨务服务，宣传侨联工作，服务大局、服务侨胞，为困难归侨侨眷尽心尽力服务。是年，全市第一个“侨胞之家”——东郊组“侨胞之家”为归侨侨眷提供学习交流平台。

【侨界人士参政议政】 2020年，浈江区侨界人士有韶关市人大代表1人、韶关市政协委员1人、浈江区人大代表2人、浈江区政协委员9人。是年，浈江区侨界人大代表、政协委员履行职责，参政议政，围绕经济发展和社会事业建言献策，在各级“两会”上撰写建议和提案。

【侨联活动】 2020年，浈江区侨联组织侨青会在韶关国家森林公园开展“公益环保”清洁活动及“递增友谊”户外活动；采取集中学习与分组学习相结合，发放宣传手册与解答析疑相结合等形式，组织侨界人士学习贯彻中共十九届四中全会精神。全年发放《广东省华侨权益保护条例》1万册，慰问70岁以上归侨人士138人，发放重阳节慰问金2.16万元；慰问困难归侨人士8人，发放困难慰问金4万元。

【为侨服务】 2020年，浈江区侨联密切联系侨胞，开展群众工作。是年，接受办理来信、来电、来访100人次，慰问、探望老归侨和有病有困难归侨侨眷300人次，为归侨侨眷做好事、办实事50次，为归侨侨眷捐赠帮助（慰问）资金5万元。

【侨界人士献爱心】 2020年，浈江区侨联组织侨联干部、侨联界人大代表、政协委员和侨联顾问在扶贫济困日活动中捐款，筹得款项5万元。

（区侨联）

浈江区残疾人联合会

【概况】 浈江区残疾人联合会（简称“区残联”）成立于1991年6月，是负责全区残疾人工作的群众团体。下设浈江区残疾人劳动服务所1个事业单位，负责残疾人劳动力资源和社会用工进行调查；开展残疾人求职登记、劳动能力介绍、失业登记、就业咨询、职业介绍，组织实施残疾人按比例就业，收取和管理残疾人就业保障金；协助残疾人个体开业工作，为农村残疾人就业提供服务。是年，区残联在韶关市最美残疾人专职委员演讲活动中获得优秀组织奖，十里亭镇残疾人专职委员俞意获得“韶关市最美残疾人专职委员”称号，风采街道残疾人专职委员张雪彦获得“韶关市优秀残疾人专职委员”称号。

【入户评残】 2020年，区残联协同韶关市第一人民医院及韶关市第三人民医院相关医生对长期卧床不起无法到医院鉴定评残的疑似残疾人开展上门评残工作，节省鉴定评残经费，协助申请相关政策补贴，累计评残人数536人。

【社区康园中心建设】 2020年，浈江区社区康园中心9间。区残联为就业年龄段的智力、精神、重度残疾人及其他有需求的残疾人提供日间生活照料护理、生活自理能力训练、社会适应能力辅导、职业康复与劳动技能训练、文体娱乐、辅助性就业及运动训练提供就近就地的康复服务，康复服务人数160人。

【残疾人补贴】 2020年，区残联配合区民政局做好残疾人两项（困难生活津贴、重度护理）补贴发放，全区发放重度残疾人护理补贴3639人次102.619万元；发放贫困残疾人生活津贴891人次187.11万元。是年，发放燃油补贴50人1.3万元，发放残疾人考取汽车驾照补贴2人4000元。

【残疾人居家无障碍改造】 2020年，区残联完成贫困残疾人居家无障碍改造54户，为肢体残疾人家中增加扶手，改装坐便器，坡化台阶等；为听力残疾人安装闪光门铃等；为视力残疾人加装煤气泄漏报警器，升降晾衣架，响声烧水壶等；为精神和智力残疾人家中的危险刀具、电开关加装安全锁等。

【残疾人辅助器具发放】 2020年，浈江区免费发放助听器、手杖、沐浴椅、轮椅、生活护理自助具等康复辅助用具201件。假肢装配6例，并对发放辅助用具的残疾人进行后续保障服务，方便残疾人在家进行康复训练，解决残疾人生活自理和出行难问题。

【残疾人居家康复】 2020年，区残联对20户重度残疾人（7—17岁）开展居家康复服务，让行动不便、无法接受专业机构服务的重度残疾人同样享有接受康复服务的权利。

【扶残助学】 2020年，浈江区资助义务教育阶段残疾学生14人，其中残疾人中等教育每人每年600元，残疾人高等教育每人每年800元，共计补助资金1.02万元。“南粤助残”工程资助残疾学生2人，一次性补助资金2万元。

【残疾人扶贫户培训】 2020年，区残联举办农村养殖培训班1期，培训10人，协助区人社局及市残联举办精准扶贫现场招聘会3期，鼓励残疾人就业，助力残疾人脱贫，累计25名残疾人与用工单位达成就业意向。

2020 年，浈江区召开残疾人信息数据动态更新工作培训会

（区委宣传部　供）

【残疾人社会保障】　2020 年，浈江区将符合条件残疾人纳入免费参加医疗保险和养老保险范围，全区免费参加医疗保险残疾人 2070 人，参加城乡养老保险残疾人 1067 人。

【残疾人信息数据更新】　2020 年，浈江区残疾人基本服务状况和需求信息数据动态更新工作培训班召开，区残联完成残疾人信息数据采集及录入工作并上报市级，按照省、市的工作要求，100% 用手机采集录入。

（王　耀）

红十字会

【概况】　2020 年，浈江区红十字会是党领导下的群团组织，是从事人道主义工作的社会救助团体，是党和政府在人道领域的助手和联系群众的桥梁纽带。

【应急救护宣传】　2020 年，浈江区红十字会到社区、机关、学校发放救护和卫生防病知识宣传手册 400 本，组织群众参加初级救护培训 136 人次，发放初级救护培训证。

【扶贫救助】　2020 年，浈江区红十字会开展“红十字博爱送温暖”活动，慰问全区城乡困难群众，捐赠毛毯、油、衣服等总价值 1.48 万元的救助物资。对全区先天性心脏病患儿进行排查摸底，由广州医科大学附属第一医院专家筛查义诊，并对符合条件的患儿进行手术治疗。争取上级红十字会资金扶持，通知 3 名白血病患儿领取小天使基金资助告知书。

【无偿献血】　2020 年，浈江区红十字会协助组织辖区内开展的无偿献血活动，组织无偿献血 503 人次，累计献血量达 176050 毫升。

【接受新型冠状病毒肺炎疫情捐赠】　2020 年，浈江区红十字会接受捐赠款物合计 84.54 万元，其中捐款 29 笔共 45.26 万元；捐赠物资 21 批次，折算资金 39.28 万元。所有接受物款全部用于浈江区疫情防控工作。

（黄　美　赵晓阳）

浈江区老区建设促进会

【概况】　2020 年，浈江区老区建设促进会（简称“区老促会”）以习近平总书记系列重要讲话精神为指导，围绕区委、区政府提出的抓项目、稳增长、强基础、转方式、惠民生等主题主线，加快老区的经济发展、公路、安全饮水、老区村庄综合整治、卫生等工作，推动老区经济和社会各项事业的发展。截至年底，南昌起义部队革命活动旧址（犁市当铺）完成旧址修缮、增设展厅、增设配套项目等部分。

【《浈江区革命老区发展史》出版】　2020 年 12 月，浈江区革命老区发展史编纂委员会编纂的《浈江区革命老区发展史》由广东人民出版社出版。该书采用编年体和纪事本末体相结合的编写体例，上限起于 1923 年，下限到 2018 年底，设行政区域及革命老区概况、工农运动与土地革命、建立抗日民族统一战线及人民武装、迎接韶关解放建立民主政权、探索老区建设发展新路、加快推进改革开放步伐、全面建设小康社会 7 个篇章，下设 25 个节目，并设总序、前言、概况、附录、后记等内容，全书约 17 万字。

【红色文化宣传】 2020 年，浈江区邀请《广州日报》《南方日报》《韶关日报》韶关电视台宣传推广浈江区红色革命遗址，配合市委党史研究室做好关于革命遗址的拍摄工作，讲好浈江革命故事，推介浈江红色文化。

（廖　艺）

关心下一代工作

【概况】 2020 年，浈江区关心下一代工作委员会（简称“区关工委”）以改革创新精神持续推进浈江区关心下一代工作。全区 5 个镇 48 个村委，5 个（街道）办事处 46 个社区居委会、11 个居民区、区教育局和 27 所中小学校都成立关工委和关工小组，并在非公有制企业中成立 8 个关工组织，关工成员扩大到 1200 多人。

【关工委成立 20 周年】 2020 年，浈江区关心下一代工作委员会成立 20 周年纪念大会召开，会议由区委常委、组织部部长钟真主持，市关工委常务副主任肖志雄、区委副书记罗永东、区关工委班子成员及区直部门单位负责人及各镇办、村（社区）关工工作负责人近 100 人参加会议，传达学习习近平总书记对关心下一代工作的重要批示精神、市委书记王瑞军对关工委工作的批示精神，总结和部署工作，表彰先进集体和先进个人。

【农村青年创业培训】 2020 年，浈江区农村创业青年培训班在浈江区农村创业青年培训基地举办，全区 5 个乡镇创业青年近 50 人参加，其中 5 人参加市关工委在农业农村部农村实用人才广东平甫村培训基地举办的“2020 年广东省农业经理人培训暨韶关市关工委农村创业青年高素质‘双带’人才培训”并取得“广东省农业经理人”证书。

【理想信念教育】 2020 年，区关工委邀请区直机关工委书记陈友才开展“坚定理想信念，厚植爱国情怀”专题讲座，教育和引导创业青年树立中国特色社会主义的理想信念和正确的世界观、人生观和价值观。全区农村创业青年 60 人参加学习。

【家庭教育活动】 2020 年，区关工委联合区文明办、区教育局、区妇联和花坪镇政府在花坪实验学校开展 2020 年浈江区中小学生“中华魂”（科技托起强国梦）暨家长学校主题教育活动，邀请浈江区家庭教育讲师团成员齐婷婷老师开展主题为《尊重与沟通》的家庭教育课程，阐述沟通问题产生的原因，解决问题的技巧与方法，并和学生及家长进行互动与交流，300 多名学生及家长参加活动。

【关工动态宣传】 2020 年，区关工委协调基层关工委和关工小组征订《秋光关心下一代》《源流》杂志，同时向《秋光关心下一代》《老人报》《源流》《广州文摘报》《韶关关工动态》，以及浈江区政府网投稿，展示全区关工工作动态。

（廖　艺）

2020 年，浈江区关心下一代工作委员会成立 20 周年纪念大会召开（区关工委　供）

法　治

政法委及综治

【概况】　2020年，浈江区政法部门聚焦打赢疫情防控阻击战和防范化解重大风险攻坚战，把疫情防控作为最重要最紧迫任务，深入推进创建平安浈江、维护社会稳定、扫黑除恶专项斗争等专项工作，增强政法队伍整体素质，各项工作取得显著成效。是年，完成全国两会、庆祝经济特区建立40周年等特别防护期的安保工作，年内没有出现到省进京上访人员，无非法聚集，平稳渡过重要节点。全区各级调解组织排查调处各类矛盾纠纷2543宗，涉及金额596.61万元，调解成功2528宗，调解成功率99.41%；全区排查重大矛盾纠纷904次，成功预防纠纷722件。

【社会治安综合治理】　2020年，浈江区9000多名红袖章平安志愿者与网格员参与新冠肺炎防疫工作，以社区网格为基础，依托综治信息系统，开展疫情期间网格事件的排查化解工作。

社会心理服务体系完善　2020年，全区的乡镇（街道）、村（社区）社会心理服务站（室）建成率77%并建立有效运行机制。以“镇（办）+村（居）”为心理服务阵地，强化镇级服务平台指导能力，发挥网格作用，加强对矛盾突出、生活失意、心态失衡、行为失常人群及性格偏执人员的心理疏导和危机干预，帮助其增强抗挫、抗压能力。推进职工心理服务平台建设，开辟专用场所，配置心理服务设施设备，加强心理健康知识的普及与教育。推进老年人、妇女、儿童和残疾人心理服务体系建设，利用老年活动中心、儿童之家、“健康驿站”、残疾人康复机构等公共服务设施，为空巢、丧偶、失独、留守老年人，孕产期、更年期和遭受意外伤害妇女，流动、留守和困境儿童、孤儿，残疾人及其家属等提供心理辅导、情绪疏解、家庭关系调适等心理健康服务。全区二级以上医院均开设临床心理科门诊，为患者提供心理治疗、心理咨询等心理健康服务。全区基层医疗机构设置专门的心理健康服务场所，为民众提供便捷的健康教育、答疑解惑、心理咨询等服务。全区各中小学校要求设立心理辅导室，配备专（兼）职心理健康教育教师，开展心理健康课程及相关活动，创建心理健康教育特色学校或等级辅导站。加强青少年心理健康保护干预机制，建立学生心理档案，为学生提供心理咨询服务，以儿童青少年心理健康为中心，总结推广“善美心房”服务模式，推动心理志愿服务队伍下沉开展青少年心理健康教育工作。推进特殊人群心理健康服务，做好社区矫正人员、刑满释放人员、社区戒毒康复人员等重点人群的心理问题预警防范。加强严重精神障碍患者服务管理，推进严重精障患者个案管理，规范开展疑似排查、登记报告、随访管理、综合风险评估、服药指导及心理干预等服务。

“中心+网格化+信息化”助推社会管理　2020年，浈江区按照“网格化管理、信息化支撑、立体化防控、便民化服务”的要求，利用综治信息系统沟通协调各部门处理各类基层案事件作用，完善各镇(办)综治中心“联勤指挥室”“调解室”，各村(居)综治中心“视频监控室”“调解室”“心理咨询室”等功能室建设。10个镇（办）社区居民户按组分布，共划分网格605个，每个网格均配备网格员和综治信息系统手机终端，其中有报酬的专职网格员23人，围绕“排查防控违法

2020年11月19日下午，浈江区召开扫黑除恶专项斗争新闻发布会（区委政法委 供）

犯罪、排查化解矛盾纠纷、排查消除安全隐患”三大任务，开展网格化巡查，发现事件及时处理，上传信息系统。年内全区网格员排查违法犯罪事件45宗；排查矛盾纠1817宗，协助处理4宗；安全隐患5096宗，协助处理11宗。三类事件合计6958宗，其中已结案6913宗，结案率99.35%。系统活跃度不断的提升，全年平均登陆活跃度90%以上。

严重精神障碍患者管理

2020年，浈江区政法委与区卫健局、公安等部门建立互相联动的工作机制常态化。医疗机构一旦发现危险行为评估为三级以上和失访的患者就会立刻将相关资料报送给当地公安、综治部门并进行转诊。做好精防工作，区属医疗机构均设立精防网点，严重精神障碍管治网络覆盖率100%。各镇（办）组织成立镇（办）精神卫生综合管理小组及村（居）关爱帮扶小组，督促监护人落实看护记录工作和服药情况，对不规律服药和不服药的患者上报送至各镇（办）精神卫生综合管理小组。截至年底，全区在册严重精神障碍患者1768人，严重精神障碍报告患病率4.3‰，年面访率84.67%，规范管理率96.43%，服药率84.5%，规律服药率61.76%，精分服药率85.89%，精分规律服药率为63.16%，危险性评估三级以上患者，均实行一人一警、一人一策管控，有效预防精神病患者肇事肇祸。

【扫黑除恶专项斗争】 2020年，浈江区广泛宣传扫黑除恶相关法律知识，落实扫黑除恶宣传进社区、进校园、进企业等“七进”行动。年内全区派发各类宣传单张6万份，悬挂横幅、标语4000条，制作宣传栏120个，工作人员进店、入户宣传3万户，发送短信6000条。

【反邪教斗争】 2020年，浈江区成立反邪教警示教育宣传团。定期到各中小学、村（社区）开展反邪教警示教育宣传宣讲活动；组织策划《反邪教、扬正气、树新风、促平安》快板节目，投放到各类文艺会演、送戏下乡等活动中进行演出。全年开展各类反邪教宣传教育活动30场，发放宣传资料2万份。

【平安浈江建设】 2020年，浈江区按照《关于印发〈浈江区全民共建“平安共同体”系列行动计划〉等4个计划的通知》文件精神，继续加强无医闹地区、无“三害（黄赌毒）”地区、无校园欺凌地区、无假药地区、无传销地区、无黑恶镇（街）、无邪教镇（街）、无命案镇（街）、无刑案村居、无毒害地区创建，各镇（办）及相关单位均制订方案和成立领导小组，推进平安共同体建设。

全民共建“平安共同体”

2020年，浈江区公安、文化、市场监督等部门组成专项联合检查组，不定期对全区文化娱乐服务场所软硬件设施开展检查，对不符合要求的立即责令整改，并安排属地派出所或社区民警跟踪检查。深入打击各类经济、食品、药品、化妆品、医疗器械、特种设备、产品质量违法违规行为，截至年底，办结各类案件147宗，涉案货值金额24.51万元，罚没88.66万元，向浈江区人民法院申请强制执行案件1宗，吊销食品经营许可证件1件，限制从业2人，移送公安机关案件9宗、线索1件。年内食品安全监督抽检539批次，其中合格521批次，不合格18批次，抽检不合格率3.3%；根据上级计划安排，抽检药品58批次、化妆品9批次、医疗器械4批次；

完成食用农产品快速检测36368批次，合格36333批次，不合格35批次；抽检不合格的核查处置率100%。稳步推进“无医闹城市”，区属医疗机构均建立医疗纠纷处理机制，设立医疗纠纷调解室，防范医闹等事件发生。在全区中小学校园显著位置设置防范校园欺凌举报信箱，举报电话，并指派专人进行防范校园欺凌专项工作管理。由区公安分局、区市场监督管理局牵头，建立多部门，多层级的协同打击传销机制，开展大规模的打击传销专项行动，发挥辖区内公安派出所、市场监督管理所等基层部门主力军作用，集中开展排查摸底，重点调查是否有假借“资本运作”“高额返利”“连锁销售”“电子商务”等名义和形式的传销活动。

社会治理现代化 2020年，浈江区市域社会治理现代化工作领导小组办公室设在区委政法委，承担领导小组日常工作，贯彻落实省委和市委关于市域社会治理现代化的决策部署；统筹协调市域社会治理现代化工作，研究解决市域社会治理现代化的重大问题；研究讨论市域社会治理现代化的重要工作意见；部署实施市域社会治理现代化建设工作重大事项；督促检查市域社会治理现代化重大政策措施的落实情况；完成省委和市委、区委交办的其他事项。

铁路护路联防 2020年，浈江区排查涉路矛盾25例，集中清查6例，护路宣传110次，受教育人数9502人次，召开联席会议21次。在区委政法委、各涉铁路镇（办）开展的“遵守安全法规 创建平安铁路”主题宣传教育月活动中，共有8个镇（办）的100多名干部职工参与，举行10场宣传活动，悬挂横幅10条，设立咨询点10个，发放宣传资料600多册，水杯、中性笔、宣传购物袋等小礼品合计2550份，直接受教育的现场学生、群众合计1800人。

“平安三率”宣传 2020年，浈江区在开展新型冠状病毒肺炎防控的同时，结合入户、走街串巷一同开展“三率”（群众安全感满意率、对政法工作满意率、平安建设知晓率）宣传，并报道宣传疫情防控中优秀基层网格员。6月，推出“平安家庭”为主题的线上活动，8000人参与活动，3000人抽奖获得消费券。9月，推出以“平安校园”为主题的线上活动。11月，推出以“平安村居”为主题的线上活动。12月，推出“平安交通”为主题的线上活动。

（肖俊杰）

依法治区

【概况】 浈江区委全面依法治区办公室（简称“依法治区办”）设在浈江区司法局普法与依法治理股，2020年，依法治区办贯彻落实中央和省委、市委、区委工作部署，加快落实党政主要负责人履行推进法治建设第一责任人职责工作，组织党政主要负责人开展浈江区首届述法评议活动，推进法治创建活动。自“七五”普法规划实施以来，深入推进基层民主法治建设和法治阵地建设。浈江区94个村（社区）有91个完成省级“民主法治村（社区）”申报创建。

【区委全面依法治区委员会第二次会议】 2020年，浈江区加强依法治区工作领导，及时调整区委全面依法治区委员会成员名单，召开区委全面依法治区委员会第二次会议，审议通过《韶关市浈江区2020年全面依法治区工作要点》《韶关市浈江区2020年依法行政工作要点》等文件。传达学习中央全面依法治国委员会第三次会议精神、省委全面依法治省委员会第三次会议精神和市委全面依法治市委员会第二次会议精神，将法治建设纳入浈江区发展总体规划，做到与经济社会发展同部署、同发展。

【首届述法评议活动】 2020年，浈江区印发《韶关市浈江区落实党政主要负责人履行推进法治建设第一责任人职责情况列入年终述职内容试点工作实施方案》和《关于组织开展浈江区首届领导干部述法报告评议活动的通知》，明确述法主体、述法内容、述法形式。组织区委政法委、浈江公安分局、犁市镇、车站街道办党政主要负责人开展浈江区首届述法评议活动。按照省、市关于做好开展党政主要领导履行推进法治建设第一责任人职责及法治政府建设督察工作文件精神，制定下发督察要点责任分工表，严格对照督查工作要点内容17个方面的内容开展自评自查，区长胡德宁代表浈江区参加党政主要领导履行推进法治建设第一责任人职责及法治政府建设省督察工作座谈会。发挥党委在推进浈江区法治建设的领导核心作用，召开专题会议研究部署“七五”普法验收、“疫情防控”公益普法行、法治政府等重点工作。

【法治宣传教育】 2020年，浈江区坚持党员和领导干部带头遵法、学法、守法、用法，通过中心组学法、法治讲座、法律法规培训班等形式，加大法治宣传教育力度。以“七五”普法、法律多进、谁执法谁普法、“百名法学家百场报告会”等活动为载体，发挥各类普法阵地在普及法律知识、弘扬宪法精神中的作用，全年开展法治宣传教育活动300多场次，派发宣传资料约30万份，惠及群众超过30万人次。

（旷 佩）

法治政府建设

【概况】 2020年，浈江区司法局围绕区委、区政府中心工作，聚焦提升司法行政工作现代化水平，开创法治政府建设工作新局面。制定并落实《2020年浈江区政府常务会议学法计划》，审查各类法律文件、合同等54份，对省、市政府及有关部门制定的地方性法规、规章及规范性文件等征求意见提出意见及建议，办理行政复议案件16宗。

【政府常务会议学法】 2020年，根据区政府《印发浈江区人民政府常务会议学法制度的通知》要求，浈江区司法局制定《2020年浈江区政府常务会议学法计划》，坚持领导干部在自学的基础上，强化常务会议学法制度，在区政府常务会议举办法治专题讲座4次，学习《中华人民共和国土壤污染防治法》《广东省突发公共卫生事件应急办法》《关于建立领导干部违规干预统计工作记录制度的办法》《防范和惩治统计造假弄虚作假重要文件选编》《韶关市实施广东省消防救援队伍职业保障办法（试行）细则》等法律法规。年内举办领导干部法治思维暨《中华人民共和国民法典》专题讲座，增强领导干部的法治思维，提高运用法治方式开展工作的能力。

2020年7月29日，浈江区举办领导干部法治思维暨《民法典》专题讲座 （区司法局 供）

【规范性文件清理】 2020年，浈江区司法局审查政府规范性文件1件，即《浈江区“房地一体”农村不动产登记发证工作实施意见》；制发《韶关市浈江区开展规范性文件梳理工作实施方案》，清理全区涉及公民、法人和其他组织权利义务及营商环境的到期规范性文件。对民法典涉及规章和行政规范性文件，按照“分级统筹”“谁制定、谁清理”“谁实施、谁负责”的原则，确定梳理工作责任单位，完成清理，有效维护国家法制统一和政令畅通；对省、市政府及有关部门制定的地方性法规、规章及规范性文件等征求意见稿提出意见及建议共180份。

【行政复议和行政应诉】 2020年，浈江区司法局办理区政府受理的行政复议案件16宗，行政复议法定期限内审结率100%。参与和指导上级政府受理的行政复议案件4宗，维持率100%，参与并指导相关部门办理一审行政诉讼案件22宗，二审行政诉讼案件33宗，再审行政诉讼案件5宗。全年区政府负责人出庭应诉10次，增强行政机关领导人的法律意识。自觉履行行政生效裁决、行政复议决定，全年没有发生不答辩、不应诉、不履行法院生效裁判的案件。韶关市率先实行“复议下沉”改革创新，浈江区制定《浈江区行政复议下沉工作的实施方案》，在全区各镇人民政府、办事处公共法律服务站设立行政复议咨询点，摆放“行政复议”台牌，设立“浈江区人民政府行政复议立案室”“行政复议审理室”，推行行政复议“零跑腿”机制，引导当事人通过行政复议途径表达合法诉求，及时有效化解行政争议，发挥行政复议解决行政争议主渠道作用。

【行政执法监督】　2020年，浈江区司法局按照上级部署，落实和规范行政执法公示制度、执法全过程记录制度、重大执法决定法制审核三项制度，全面启用广东省行政执法信息公示和广东省行政执法监督网络平台，规范行政执法行为。全年没有收到行政执法监督投诉案件。7月3日，举办浈江区行政执法人员综合法律知识培训班，各镇（办）、区直各相关单位分管负责人及行政执法人员共100多人参加培训。

【法律顾问及重大决策合法性审查】　2020年，浈江区政府重大决策均由区司法局、法律顾问团进行合法性审查，确保行政决策依法作出。年内浈江区健全政府法律顾问工作机制，实现以政府法制机构为平台设立政府法律顾问室，发挥法律顾问在制定重大行政决策中的积极作用，聘请2名专家和律师作为法律顾问；推动各镇（办）及各部门建立健全政府法律顾问制度，并将建立健全法律顾问机制列入法治政府建设考评指标，要求各镇（办）及各部门按要求聘请法律顾问或设立法律顾问室，并发挥法律顾问的作用。是年，浈江区各镇（办）法律顾问聘请率100%，全区大部分重点执法单位均聘请法律顾问。全年审查各类法律文件54件，多次派员参加全区各单位工作协调部署会议，建言献策。

（陈少芬）

公　安

【概况】　2020年，浈江公安分局位于浈江区复兴路1号，紧邻韶关市商业中心步行街。主要职责是维护全区社会政治、治安稳定，预防、制止和侦查违法犯罪，制止危害社会治安秩序的行为；维护交通安全和交通秩序，处理交通事故；组织 实施消防工作，实行消防监督；管理枪支弹药、管制刀具和易燃易爆、剧毒、放射性危险品；对法律、法规规定的特种行业进行管理；警卫国家规定的特定人员，守卫重要的场所和设施；管理集会、游行、示威活动；管理户政工作；监督管理计算机信息系统的安全保护工作；承办区委、区政府和上级公安机关等领导机关交办的其他事项。

【社会维稳】　2020年，浈江公安分局排查发现重点领域不稳定因素185起，化解不稳定因素86起，辖区内未发生重大群体性案（事）件。化解非正常上访35人次，辖区没有非法到省进京上访人员。检查进入韶关城区的车辆30余万辆次，检测人员体温100余万人次，检查酒店7983家次、住宿人员2.1万人次。紧急疏散火车东站滞留旅客4000余人，社会治安秩序持续平安稳定。

【打击犯罪】　2020年，浈江公安分局立案查处扫黑除恶案件219宗，破案136宗，破案率62.1%。抓获犯罪嫌疑人439人，刑事拘留330人，逮捕290人，移送起诉299人，打掉团伙33个，抓获涉黑恶在逃人员64人。侦破“5·10”专案、“1·7”专案、“8·1”

2020年9月25日，浈江区开展扫黑除恶专项斗争宣传活动

（区委宣传部　供）

专案。查封、冻结、扣押涉案资产人民币2.1亿元。全年刑事治安警情数同比下降22.59%，刑事案件同比下降8.6%。命案立3宗，破4宗（积案1宗），破案率133.3%。抓获在逃人员50人。八类严重刑事案件立案22宗，同比下降56%，破案36宗（含年前积案），刑事拘留25人，逮捕19人，起诉48人，其中“护苗”专项行动，立刑事案件9宗，破案21宗（含积案12宗），破案率233.3%。破经济犯罪案件26宗，抓获犯罪嫌疑人17人。破涉毒案件22宗，查处管控吸毒人员99名，社区戒毒37人，强制隔离戒毒14人。破电信诈骗案件11宗，破食药环案件20宗。破涉黄刑事案件6宗，破涉赌刑事案件7宗。破涉枪违法犯罪4宗（含年前积案）。破盗抢销案件316宗（含年前积案）。

【交通管理】 2020年，浈江公安分局交警大队查处各类交通违法行为约12万起；暂扣各类机动车辆1.14万辆；办理行政案件20宗，刑事案件9宗；处理道路交通事故3185起。辖区没有发生一次死亡3人的较大交通事故，全年交通事故数、死亡人数、经济损失数均下降，辖区道路安全形势总体保持平稳。

【治安管理】 2020年，浈江公安分局公安派出所开展每周情报研判会786次；设卡5485次，出动警力3.27万人次，盘查车辆31.79万辆次、人员98.82万人次，抓获犯罪嫌疑人248人，查获治安违法人员328人，查获交通违法行为3772起、交通违法人员887人，暂扣车辆2711辆；检查场所2.43万家次，发现隐患135处，整改隐患87处，发出整改通知书45份，停业整顿重点场所5间；走访群众1.1万人次，化解矛盾纠纷111起，处置线索317条，及时送治精神障碍患者61名；发布各类警情提示5201次；全区105个村（居）均已建立“红袖章”治安联防组织，发展村（居）“红袖章”治安联防队员1269人，参与治安巡访3.87万次，化解或协助化解矛盾纠纷842起，提供有价值违法犯罪线索5条，抓获嫌疑人14名，排查发现治安隐患5处，帮助服务群众220次，开展政策或法规宣传128次，派发宣传单张1.21万份。落实“护校安园”制度，扎实开展“两个一”工作，排查校园周边治安乱点45处，开展集中清查整治行动11次，走访核实智力残疾和精神残疾女童档案374人次，主动协调救助49人次。排查在册精神障碍患者1819人，完成严重精神障碍患者评估分级1291人，发现疑似严重精神障碍患者172人，配合卫健部门完成疑似严重精神障碍患者诊断和评估分级102人，排查率100%，送治精神障碍患者61人。完成各类大型安保任务69批次。

【户政工作】 2020年，浈江公安分局按照上级公安机关和区委、区政府工作部署，持续推进智慧新警务建设，推进“一标三实”基础信息采集工作，加强门禁视频建设，提升房屋覆盖率；协助开展第七次全国人口普查，全年办理身份证1.445万张，其中受理异地（外省）身份证617张，办理临时身份证2218张，核实处理疑似虚假户口41人，注销虚假户口12人，全区新登记流动人口4010人，更新流动人口1.014万条，办理居住证2899张，为群众办理居住证延期擦写4277张。

【智慧警务】 2020年，浈江公安分局管好用好智慧新警务平台，推进智慧新警务和视频监控建设，推进“放管服”改革，全力推行“马上办、网上办、掌上办、一次办”。推进法治公安建设和智能执法办案及刑事“两统一”改革。继续完善浈江区行政服务中心、浈江区北江北路19号2个24小时自助服务区的运行机制，以及站南路派出所、太平派出所的居民身份证自助申领机的维护，新增1个居民身份证相片免费自助照相点。依托“智慧新交管”查缉布控平台，运用“鹰眼系统”“人脸识别系统”以及其他系统终端，查处交通违法行为和人员信息核查，依托智慧新警务智能执法办案中心和合成作战指挥室，提高案件侦办、处警的能力和水平。

【公安舆论宣传】 2020年，浈江公安分局在“浈江公安”微信公众号上推送宣传稿件390余篇、央媒法制网上稿31篇、广东省公安厅《南方法治报》上稿26篇、《广州日报》上稿48篇、《羊城晚报》上稿37篇、《南方+》上稿108篇、“浈江警视”今日头条号上推送宣传视频和稿件456篇、“浈江警方”人民号上推送宣传稿件154篇、“浈江警视”抖音账号上推送视频177条、“浈江公安”南方号上推送稿件120余篇、学习强国号刊载文章3篇。还在韶关日报、韶关新闻网、韶关民声网、韶关家园网、平安韶关、韶关市民网共推送相关稿件300余篇，广东省公安厅“飓风2020”网上推送媒体聚焦80余篇。

【警务督察】　2020年，浈江公安分局开展作风建设常态化整治，开展明察暗访，严肃查处发生在群众身边腐败问题，执法不公、不作为、乱作为等侵害群众利益问题。通过播放廉政教育电教片及提供书籍供民警学习。全年出动督察警力700余人次，开展督察行动211次。其中，开展重大警务部署专项督察和重大社会活动现场督察170余次，对值班备勤、枪支管理、内务卫生、警容风纪、会纪会风开展日常督察575次，督察民警3000余人次，检查枪弹库50次、值班枪支360支次，检查社会单位48次，现场发现并纠正问题120起，下发督察通知书和建议书5份，督察建议59条，责令相关部门及当事人作出书面检讨23人次。

【警务保障】　2020年，浈江公安分局落实装备采购经费100%保障基层一线部门民警装备需求，加大对基层一线窗口单位、执法办案、技术装备、基础设施建设等方面资金投入，足额保障基层所队经费支出，逐年增加综合治理、服务群众和其他建设经费。根据广东省公安厅关于基层所“精准脱困”项目及市局要求，是年年，浈江公安分局派出所“精准脱困”项目中新韶派出所新建项目投入资金额1488.15万元，主楼顺利封顶。全年投入82万元资金，配发警用装备一批；投入约18万元，购置转靶机4台；投入270万余元更新11辆执法执勤囚车；投入72万元，更新办公设备一批；投入10万元购置1台自助证件拍照系统在浈江区行政服务中心大厅使用；投入14万元更新配置执法记录仪及采集工作站一批。

（黄　睿）

检　察

【概况】　2020年，浈江区人民检察院坚持以习近平新时代中国特色社会主义思想为指引，抗疫情、办大案、担使命、尽职责，各项检察工作取得新进步。受到市级以上表彰干警11人次，第一检察部被韶关市检察院记“集体三等功”并被评为韶关市巾帼文明岗，第三检察部获得“集体嘉奖”。

【刑事检察监督】　2020年，浈江区人民检察院受理审查逮捕案件237件328人，批准逮捕214件290人；受理审查起诉案件339件534人，提起公诉294件416人。保障国家政治安全，办理利用邪教组织破坏法律实施案3件6人。坚决维护社会稳定，严惩严重暴力犯罪、影响群众安全感犯罪、多发性侵财犯罪，起诉故意伤害、强奸案件21件24人，“两抢一盗”（抢劫、抢夺、盗窃）、诈骗案件99件115人，毒品案件20件24人。

扫黑除恶专项斗争　2020年，浈江区人民检察院依法提前介入涉黑案件3件；批准逮捕涉黑案件2件7人、涉恶案件2件12人；提起公诉涉黑案件1件1人、涉恶案件1件6人；筛查并移送涉黑恶保护伞线索2件5条。10月前受理的涉黑恶案件全部提起公诉，案件清结率100%，确保扫黑除恶专项斗争胜利收官。

未成年人检察工作　2020年，浈江区人民检察院受理审查逮捕未成年犯罪嫌疑人案件17件22人，逮捕18人，不捕5人；受理审查起诉未成年犯罪嫌疑人案件30件48人，提起公诉35人，相对不起诉9人，附条件不起诉4人。受理审查逮捕未成年被害人案件10件10人，批捕6人，不捕4人；受理审查起诉未成年被害人案件15件24人，提起公诉21人。

刑事检察监督　2020年，浈江区人民检察院对犯罪情节较轻、社会危害性较小的犯罪，依法不批捕6人、不起诉31人。办理立案监督案件19件，发出《说明不立案理由通知书》20份，建议行政机关移送案件9件。发出《侦查活动监督通知书》29份；发出《纠正违法通知书》5份，纠正率100%；提出抗诉案件1件1人。监督维护在押人员合法权益，办理羁押必要性审查案件27件，依法变更强制措施3人。

刑事执行监督　2020年，浈江区人民检察院核查刑事执行档案426份，对超期交付执行、违规作出暂予监外执行决定、监外执行罪犯监管不规范、未经判决确认先收取罚没款等发出《监督意见书》38份，全部采纳，并予以整改。

【民事检察】　2020年，浈江区人民检察院受理不服法院民事生效判决案件4件；发出再审检察建议1份；提请抗诉案件获韶关市检察院支持1件；法院裁定再审3件。

【行政检察】 2020年，浈江区人民检察院受理行政非诉执行监督案件19件，发出检察建议16份（其中个案检察建议2份，类案检察建议1份，口头检察建议13份）。

【公益诉讼检察】 2020年，浈江区人民检察院受理公益诉讼案件线索16件，立案办理7件（其中行政公益诉讼案件4件、刑事附带民事公益诉讼案件3件）。在办理行政公益诉讼案件过程中，发出诉前检察建议4份，提起刑事附带民事公益诉讼案件案件3件，其中涉生态环境保护1件，涉野生动物资源保护1件，涉食品安全领域1件，追偿受损林地生态修复费用28.03万元，追偿受损野生动物资源生态修复费用12.56万元，向危害食品安全行为人追索惩罚性赔偿金8000元。

【认罚从宽制度落实】 2020年，浈江区人民检察院坚持与犯罪嫌疑人面对面分析案情、讲解法律，促进悔罪认罚，共适用认罪认罚从宽制度办结案件292件403人，适用率89.36%；律师参与率100%。与同期不适用认罪认罚审结案件相比上诉率减少38.96%。

【社会治理参与】 2020年，浈江区人民检察院办理涉法涉诉信访案件44件，落实“7日内办理程序答复、3个月内办理过程或结果答复”；对不符合受理条件或审查后不支持申诉的刑事申诉案件，解答疑难问题，消除困惑情绪，做到案结事了。全年举办4场案件公开听证会，邀请人大代表、人民监督员等17人次参与；对涉及隐私、未成年人等不宜公开听证案件，单独征求人大代表、社区和村委意见。

2020年10月21日，浈江区人民检察院开展检察开放日活动

（区人民检察院　供）

【办案质效提升】 2020年，浈江区人民检察院严格执行“案－件比”质效评价标准，强化检察官责任意识、提升司法能力，减少退侦退查程序，缩减办案中的“环节”，避免不应有的程序空转。“案－件比”从上年同期的1∶1.50下降为1∶1.38。适应速裁程序、简易程序和普通程序相互衔接的多层次诉讼体系，注重“繁案精办”，疑难复杂案件适用普通程序办理60件84人，占受理案件总数的17.70%；坚持“简案快办”，简单案件适用速裁程序办理96件114人，占受理案件总数的28.32%，实现10日内审查起诉，当庭宣判率85.42%，缩短办案周期。

【检察工作透明度增强】 2020年，浈江区人民检察院自觉接受人大监督，向区人大常委会专题汇报护航非公经济发展情况等重点工作，邀请人大代表到区检察院座谈、参加检察开放日活动。支持人民监督员依法履职，对2件拟不起诉案件以公开审查方式听取人民监督员意见。深化检务公开，通过“12309中国检察网”发布案件程序性信息1026条、公开法律文书326份；通过门户网站和“两微一端”新媒体平台，发布检察工作信息335条。

（李　红　李淑瑶）

法　院

【概况】 2020年，浈江区人

民法院负责审理行政辖区内的刑事、民商事、行政非诉执行和执行案件。是年，受理各类案件 8091 件（含旧存 953 件），结案 7143 件，结收比 100.07%，结案率 88.28%，法定审限内结案 100%。

【司法为民】 2020 年，浈江区人民法院健全“大立案、大服务、大调解”三大机制，优化诉讼服务功能，提升诉讼服务水平。严格掌控立案标准，提升立案工作效率，坚持依法、正确、及时受理各类案件，不断加强立案工作的科技化、信息化和快捷化程度。

【司法救助实施】 2020 年，浈江区人民法院受理减、缓交诉讼费案件 12 件，金额 11.18 万元，实行司法救助 3 件 3 人，发放救助款 13.6 万元。

【审判公开】 2020 年，浈江区人民法院坚持公开审判制度，对于依法应当公开审理的案件做到公开审理，并利用电子屏及触摸屏公开案件开庭、审理、判决等相当信息，邀请人大代表、政协委员以及社会各界人士参加案件审理和参与案件执行。

【刑事审判】 2020 年，浈江区人民法院强化刑事审判，维护社会和谐，发挥刑事审判职能，贯彻宽严相济刑事政策，坚持依法惩处犯罪与保障人权并重，全年受理各类刑事案件 320 件（含旧存 18 件），审结 304 件，结案率 95%，判处有期徒刑 322 人，其中判处五年以上重刑 51 人，提升公众安全感。

【民商事审判】 2020 年，浈江区人民法院开展民事审判，完善民事审判工作机制，推进案件繁简分流。加快推进“分流、调解、速裁”多层次纠纷化解体系，推动民事案件办理提质增效。全年受理民事案件 4169 件（含旧存 664 件），审结 3560 件。

【行政审判】 2020 年，浈江区人民法院开展非诉行政审查。坚持从促进依法行政和维护社会稳定的大局出发，做好疏导和协调工作，及时化解矛盾。全年受理非诉行政行为申请执行审查案件 29 件，全部审查结案。

【执行工作】 2020 年，浈江区人民法院由专人集约办理执行通知、报告财产令等文书的制作、送达；发起首次总对总查询，执行案件实行繁简分流办案工作机制。全年受理执行案件 3533 件（含旧存 270 件），已执结案件 3211 件，执行到位金额 0.98 亿元。收结案数均比同期增长，平均执行天数也由上年的 83.12 天缩短到是年的 67.85 天。

【审判监督】 2020 年，浈江区人民法院强化审判管理，提高案件质效。把控好案件流程和重要节点，实时跟踪分析、审限监控、案件催办，优化审判流程管理。加强审判监督管理，保障司法公正，严格执行程序法和实体法，对认定事实不清、适用法律不当或程序违法的裁判，按照“有错必究”的原则，坚决依法提起再审。全年办理再审案件 7 件。

【司法改革】 2020 年，浈江区人民法院创新审判权力运行机制，落实司法责任制。推进司法体制改革，构建权责清晰的司法责任体系。在加强专业审判团队建设的同时，不断完善审判权运行机制等改革，探索创新，逐步破解审判执行发展难题，提升审判质效，实现司法公正，增强司法公信。

（李朝柏）

司法行政

【概况】 2020 年，浈江区司法局下属启明公证处、法律援助处、公职律师事务所 3 个事业单位；派出东河司法所、车站司法所、风采司法所、曲仁司法所、田螺冲司法所、新韶司法所、乐园司法所、十里亭司法所、犁市司法所、花坪司法所 10 个机构。是年，浈江区司法局“融合党建一支部一品牌”创建成果被浈江区直工委通报表扬。疫情防控期间，涌现出好人好事及先进典型 10 例。浈江区普法办公室获得韶关市第二届法治文化节优秀组织奖。浈江区犁市镇群丰村委、浈江区东河街道陵西路社区获得广东省民主法治示范村（社区）。浈江区东河街道陵西路社区被推荐申报全国第八批民主法治示范社区。

【人民调解】 2020 年，浈江区各级调解组织排查调处各类矛盾纠纷 2543 宗，调解成功 2529 宗，调解成功率 99.45%。排查重大矛盾纠纷 904 次，成功预防纠纷 816 件。利用新媒体——浈江司法微信公众号开展优秀调解组织

2020 年 5 月 23 日，浈江区公共法律服务宣传日活动在辖区华南农产品交易中心举行　（区司法局　供）

和优秀调解员评选。是年，全区举办各类人民调解员培训 32 次，累计培训 986 人次。8 月 4 日，召开浈江区人民调解工作会议暨人民调解员培训班，170 名人民调解员参会，会议表彰优秀调解组织 15 个和优秀调解员 20 名，并开展人民调解组织规范化建设培训，学习《中华人民共和国民法典》，进一步普及人民调解员的法律知识。12 月 2 日，区司法局举办以“坚持发展‘枫桥经验’，实现矛盾不上交——如何做好婚姻家庭纠纷调解”为主题的“双周讲坛”公开课活动，司法所工作人员、浈江区各调解委员会代表、人民调解员等共 50 人参加此次活动。

【社区矫正和安置帮教】 2020 年，浈江区在册社区矫正对象 96 人，刑满释放人员 1007 人；完成远程会见 334 次，共 688 人次。开展学习宣传贯彻《中华人民共和国社区矫正法》系列活动，组织集体学习会 4 次，各司法所联合镇（办）开展宣传活动共计 20 次，发放宣传折页和宣传册约 1500 份，张贴宣传海报 120 份，公众号推文宣传 4 条。疫情防控期间，区司法局慰问困难社区矫正和安置帮教人员及挂点贫困户、社区防控工作人员，捐赠防疫口罩 720 个，为办事群众发放口罩 130 个。浈江区各司法所开展集中主题教育累计 642 人次，社区服务累计 810 人次，个别教育累计 1284 人次，集中点名 110 人次。组织安置帮教人员专项排查整治行动 3 次。依托社会企业建立安置帮教基地 2 个，其中新增基地 1 个，组织政法线条联合专项活动 3 次。落实社区矫正安置帮教措施，创新社会管理工作。11 月 13 日，浈江区社区矫正和安置帮教基地在广州红海人力资源集团股份有限公司韶关分公司正式挂牌成立。

【普法教育】 2020 年，浈江区 6000 余名国家工作人员参加宪法专题考试和年度学法考试，优秀率 97.7 %；全区 14 名副处级以上领导干部参加宪法及年度学法考试，参考率 100%，优秀率 100%；浈江区司法局坚持“合力共建”，通过组织社会律师、人民调解员、法律服务工作者、志愿者等社会力量广泛开展形式多样的法治宣传活动，由“法律六进”向“法律八进”拓展，在送法进村（社区）、送法进企业、送法进单位、送法进机关、送法进学校的基础上，扩大普法宣传范围，开展送法进家庭和送法进车站等法治宣传活动，全区组织法治宣传活动 300 余场，参与群众 30 万余人次，全区各单位印发民法典、疫情防控等宣传资料 30 多万份，运用新媒体开展司法便民服务，“浈江司法”粉丝数 1934 人，发布各类稿件 828 篇，点击超过 10 万人次数量文章 1 篇；利用 LED、浈江区司法局微信公众号推送疫情防控知识及有关法律知识 660 篇，为疫情防控挂点社区浈江南路社区印制疫情防控宣传单张 2100 张；开展“民法典宣传进校园”“宪法宣传周”系列法治宣传活动；举办浈江区第三届国家机关“谁执法谁普法”履职活动，区消防救援大队、区公安分局、区财政局、区总工会、区城管局获得优秀等次，区住建局获得良好等次。区消防大队获得优秀组织奖，区公安分局法治宣传工作获得最佳宣传奖，区财政局社会评议投票中票数最高获得网络人气奖。11 月，浈江区普法办获得韶关市第二届法治文化节优秀组织奖。12 月，浈江区犁市镇群丰村委、浈江区东河街道陵西路社区荣获广东省民主法治示范村（社区）；浈江区东河街道陵西路社区被推荐申报全国第八批民主法治示范社区。

【法律援助】　2020年，浈江区司法局受理指派各类法律援助案件622宗，其中刑事案件411宗，民事案件210宗，行政案件1宗，安排律师志愿者参加区法院、检察院、仲裁院及浈江区公共法律服务大厅值班293人次，为群众提供法律咨询1026人次，发放法律援助便民卡宣传资料3000多份。是年，开展“法援惠民生·助力农民工”专项宣传活动和“法援惠民生·关爱军人军属”志愿活动。8月26日，浈江区法律援助处举办全区法援业务培训班，辖区律师事务所、法律服务所以及法律援助工作站的主要负责人及联络员近50人参加此次培训。12月22日，浈江区法律援助案件质量被韶关市司法局评为优秀。是年，浈江区法律援助处被区妇联评为“巾帼文明岗”。

【律师工作】　2020年，浈江区司法局推进一村（社区）一法律顾问工作。全区法律顾问登记工作台账总数1948条，为村（社区）提供法律咨询1326人次，出具法律意见40次，开展法治宣传505次，参与人民调解工作37次，提供其他服务39次。律师所担任常年法律顾问303家，办理刑事辩护667宗，民事诉讼代理2042宗，行政诉讼代理98宗，法律援助1212宗，非诉讼356宗；劳动仲裁65宗。

【基层法律服务】　2020年，浈江区有基层法律服务所8家，基层法律服务工作者26人。各基层法律服务所共担任法律顾问13家，代理民事诉讼123件，代理行政诉讼10件，代理劳动争议9件，代理非诉讼法律事务13件，提供法律援助案件21件，解答法律咨询228人次，调解纠纷9件。

【公证工作】　2020年，浈江区司法局增设军人优先窗口，为当事人提供“马上办”服务。进驻浈江司法微信公众号，粤省事、广东省法律服务网，为群众提供在线咨询及办证服务。参与棚户区安置、征地拆迁、重点工程建设的现场公证咨询活动。年内办理公证案件353件，其中国内公证案件302件，涉外公证案件51件。

（吴续玉）

劳动人事争议仲裁

【概况】　2020年，浈江区立案受理劳动人事争议案件305宗，不予受理97宗，上年度结转未结案件18宗，当期审结案件数308宗。案外调解410宗，全部达成调解协议及和解。法定审限结案率100%，累计结案率95.4%，调解率82%，一裁终局率63%。

【劳动仲裁管理】　2020年，浈江区开通线上申请调解、仲裁的渠道，为当事人提供线上解决纠纷的途径，主动与市劳动人事争议仲裁院探讨疑难案件，参加广东省人力资源和社会保障厅组织的关于就处理涉新冠肺炎疫情劳动人事争议案件若干问题的解答视频培训，统一疫情防控期间出现的劳动纠纷问题的审理标准。

（杨会朝）

军 事

人民武装

【概况】 2020年，中国人民解放军韶关市浈江区人民武装部（简称“区人武部”）以习近平新时代中国特色社会主义思想为指导，贯彻习近平强军思想，着眼全面履行新时代历史使命，在新的起点上推进浈江区武装工作发展，推动全面建设稳进发展。

【军事训练】 2020年，区人武部组织专武干部、民兵营营长集中训练，集训紧盯岗位需求、紧贴实战导向、结合担负任务、突出提升能力，主要安排民兵军事训练组织与实施、征兵工作、民兵整组、非战争军事行动组织与指挥等内容。6月，在全市组织的轻舟分队集训中，浈江区取得总分第二名、个人第一名和第二名；7月，组织民兵应急分队集训，结合民兵应急分队集训，开展群众性练兵比武。8月，组织应征青年在韶关市国防教育训练基地，主要进行基础性教育、适应性管理和体验式训练，集训参照新兵连管理模式，实行封闭式管理，严格落实一日生活制度，严格部队管理，坚持每天召开训练形势分析会和安全管理形势分析会。

【战备执勤】 2020年，区人武部修订区人武部、基层武装部国防动员和非战争军事行动方案。利用训练演练、民兵整组、节日战备等时机，持续加强战备教育。严格落实战备值班制度，做好应对各种应急突发情况准备。加强战备管理，健全完善区人武部、基层武装部和民兵连战备建设。在春节和国庆战备期间组织营区应急处突演练。疫情防控的特殊条件下，组织民兵完成应战保障能力训练。山火和洪水易发时期，提前做好抢险物资器材准备，做到随时可以集中民兵应急分队进入现场应急救援。

【国防教育】 2020年，区人武部主动与区委、区政府及有关部门协调成立区国防教育领导小组，建立健全国防教育组织领导，研究制定国防教育工作宣传计划，设立国防教育网站，打造融媒体中心，持续拓展国防教育宣传平台并到各乡镇和区直各单位进行指导，利用全面开展适龄青年兵役登记、国防教育日、征兵等时机，以广播、电视、LED显示屏、墙（板）报和拉横幅标语等多种形式进行宣传教育。在火车东站、步行街、百年东街、中山公园等辖区人员密集场所开设现场咨询点，组织开展《中华人民共和国兵役法》《中华人民共和国国防教育法》等法律法规的宣传教育。

【征兵工作】 2020年，浈江区适龄青年的登记率100%。全区印发宣传手册2万余份，张贴大型宣传广告5块、标语1000多条，悬挂横幅260多幅。加强精准宣传，细化分解压实责任，各镇（办）武装部政治教导员向第一书记递交武装工作责任书，将年度征兵任务分解到各镇（办）、村（居）委。9月初，按照省、市两级征兵办公室要求，组织双合格青年进行电脑随机派号定兵工作，全程由区公证处工作人员现场公证。

【民兵整组】 2020年，区人武部按照上级要求采取新系统进行编兵，根据驻地人员外出务工多、适龄青少年，研究分析形势，由部领导带队逐个乡镇（街道）检查，现场查找问题，面对面解决困难，并组织专武干部集中办公，逐一细化分解任务，查找问题，

2020 年 1 月 15 日，浈江区领导到区人武部开展春节前慰问活动

（区委宣传部　供）

共同研究解决。1 月下旬至 4 月中旬，按照计划部署、组织实施、检查验收和总结上报的步骤，开展宣传教育、调查摸底、人员调整、集结点验等工作，按时完成上级任务。

【国防动员】　2020 年，区人武部理顺制度机制，调整完善区国动委及各专业办组织机构，协调推动国防动员职责纳入军地相关部门“三定”规定，将国防动员工作纳入区直部门绩效评估体系，进一步理顺指挥协调关系。修订国防动员行动方案、国防动员通信保障方案，组织完成国防动员专业队伍整组和针对性训练，开展重点潜力核查，完善有关台账资料，做好迎接国防动员“十三五”规划检查评估。

【安全管理】　2020 年，区人武部及时建立应对新冠肺炎疫情组织领导机构，定期传达学习上级有关文件精神，加强干部职工教育引导，严格按照上级指示要求，不断调整完善并坚决贯彻落实各项防控措施要求。贯彻落实《军队基层建设纲要》、国动部贯彻《军队基层建设纲要》实施办法和国防动员部“四个秩序”抓建方案，省军区“两个规范”，以及军分区基层建设试点精神，开展民兵基层正规化建设，规范人武部本级和基层武装部战备、训练、工作、生活秩序。围绕 17 个关键要素，定期进行安全形势分析，组织学习安全法规和安全知识、观看警示录像片，不断强化干部职工安全意识。

【拥政爱民】　2020 年，区人武部组织民兵预备役人员参加疫情防控、社会综合治理和“龙舟水”期间抗洪救灾。参加脱贫攻坚工作，督导落实帮扶政策，组织干部职工到挂点扶贫户和助学对象家庭进行看望慰问和消费扶贫。春节和“八一”中国人民解放军建军节期间，联合区退役军人事务局到各镇（办）给立功受奖官兵家庭送喜报；协调区有关部门解决多名军队人员子女就学、家属就业问题，参加广东省扶贫济困日活动捐款和无偿献血活动。

（许志豪）

人民防空

【概况】　2020 年，浈江区人民防空办公室（简称“区人防办”）组织全区人防干部每月拉练，参加各级人防部门组织的人防机动指挥所跨区域协同训练活动。提升区人防办工作人员对人防机动指挥所的开设地选择、开设顺序、短波电台训练、点对点及应答、车载短波电台与应急指挥中心无线通信等技能的认识与了解。

【人防知识宣传教育】　2020 年，区人防办建立完善人防知识宣传教育“五进”（进机关、进企业、进学校、进社区、进网络）长效机制，9 月，在浈江区商业步行街设立“我与人民防空”宣传教育活动，现场派发宣传资料及接受市民咨询。10 月，在青岛啤酒（韶关）有限公司作人民防空宣传活动，向企业员工派发《人民防空宣传手册》等资料。11 月，按计划安排好辖区内八年级学生的“人民防空知识教育”课程。

【防空警报器社会化管理】　2020 年，区人防办主动配合韶关市人民防空办公室加强辖区范围内的防空警报器检测、检修，组织专业人员业务培训。建立专人定期巡查、维修制度，确保防空警报器正常运行及应急效能，完成“9·18”纪念日防空试鸣警报工作。

（徐　喆）

退役军人事务

【概况】 2020年，浈江区退役军人事务局以习近平新时代中国特色社会主义思想为指导，全面贯彻中共十九大和十九届四中全会精神，落实区委、区政府的各项工作部署，退役军人事务各项工作有序开展。是年，在履行职责过程中坚持和加强党对退役军人工作的集中统一领导，不断加强退役军人思想政治工作和服务保障体系建设，建立健全集中统一、职责清晰的退役军人管理保障体制，协调各方力量更好为军人军属服务，维护军人军属合法权益，为增强部队战斗力和凝聚力做好组织保障。

（谢晓瑜）

【拥军优抚】 2020年，浈江区退役军人事务局对全区退役军人、现役军人家属等相关人员开展基础信息采集，录入信息。发放“光荣之家”光荣牌。为优抚对象办理居民医疗保险或者职工医疗保险，通过“一站式”为各类优抚对象支付救助金。严格按照优抚政策，按月发放优抚对象伤残抚恤金和定期定量生活补助金。全年发放各类抚恤定补资金，发放临时价格补贴，发放优抚对象丧葬费。春节、“八一”中国人民解放军建军节期间，走访慰问全区优抚对象，发放慰问金；走访慰问韶关军分区、武警市支队、区人武部等，送去慰问金、慰问品。慰问现役部队荣立军功的军人家庭，为荣立三等功家庭发放慰问金。坚持在清明节、“9·30”烈士公祭日等重要节日开展纪念活动。

（成桂斌）

【移交安置】 2020年，浈江区退役军人事务局组织开展企业军转干部及自主择业军转干部春节、“八一”中国人民解放军建军节慰问活动，并发放慰问金。为企业军转干部解困生活补助；为自主择业军转干部办理医疗保险、为企业军转干部办理医保，支付参保费用。为1名因病退役军人发放困难帮扶资金。做实部分退役士兵保险接续工作。经过区人社、医保信息核查比对，为多人补缴养老保险。完成养老保险缴费工作。持续有序开展移交安置相关工作。召开退役士兵返乡座谈会，协调相关职能部门，鼓励和引导退役军人到乡镇街道等基层工作。对全区完成2011—2019年安置到工勤岗的退役士兵和2020年符合政府安排工作的退役士兵进行竞聘择岗考试工作，并受到韶关市退役军人事务局的通报表扬。

【教育培训】 2020年，全区退役士兵参加思想政治教育、心理调适与角色转变、职业规划指导、退役军人就业创业政策、劳动和社保政策、税收优惠政策等培训。10月下旬，浈江区举办2020年度镇（办）、村（居）两级退役军人服务站能力提升培训，全区104个退役军人服务中心（站）多人参加培训。

（潘康成）

【权益维护】 2020年，浈江区退役军人事务局接收“12345”政府服务热线9件，全部按时按政策予以回复。

（张　威）

经济管理

发展和改革

【概况】 2020年，浈江区发展和改革局（简称“区发改局”）是区政府主管全区国民经济和社会发展规划、重点项目建设、物价调控、固定资产投资管理、投资项目审批、产业发展研究职能部门，下属区重点建设项目管理服务中心、区价格认证中心2个事业单位。是年，区发改局作出经济运行和重点项目建设分析报告12份，牵头完成县域经济和镇办发展考核，审批、核准、登记备案建设项目139个，到重点项目现场服务60人次，到扶贫“双到”挂点村了解帮扶21人次，投入帮扶资金8886元。

【发展计划和经济监测】 2020年，区发改局围绕产业布局、区域协调、体制改革、城乡发展、生态环境、社会事业等方面，谋划全区“十四五”重大项目，编制《韶关市浈江区国民经济和社会发展第十四个五年规划纲要》。同时按照区委、区政府提出的目标任务和总体要求，以韶关市“主动融入珠三角”总战略为总方针，在深入调查研究，广泛征求各职能部门和基层单位意见，综合分析全区经济运行和社会发展情况的基础上，编制《韶关市浈江区2019年国民经济和社会发展计划执行情况与2020年计划（草案）的报告》，并经区九届人大五次会议审议通过。

【经济社会发展考核】 2020年，区发改局协调区各责任单位跟踪落实绩效评价工作指标，并负责固定资产投资及重点项目建设指标的监测工作，加强与韶关市评估和考核部门的沟通，及时反馈信息，并对全区各项指标全方位进行预测分析，督促责任部门及时分析短板原因，研究制定相应对策措施，完成2019年度县（市、区）工作绩效评价和2019年度镇（办）工作绩效评价工作。

【建设项目投资】 2020年，区发改局把握国家建设投资方向，及时转发国家、省、市关于申报农林水、社会事业和资源环境等领域文件。全年审批、核准和登记备案项目139个，项目总投资221.6亿元。同时，组织区各有关单位谋划建设项目，申报地方政府专项债。是年，提前批下达浈江区专项债浈江区产业园基础设施新建项目、浈江区镇级污水处理厂及管网项目2个项目1.1亿元。第三批提前下达浈江区产业园基础设施新建项目、浈江区教育现代化建设项目、浈江区镇级自来水建设项目3个项目1.75亿元。新增批下达浈江区旧城区老旧小区改造1个项目5000万元；下达浈江区一般债项目4个1.5亿元，包括浈江区全域自然村集中供水工程、浈江区农村人居环境整治与综合开发利用工程项目、韶关市浈江区背街小巷整治项目和浈江区城市公厕改建工程；下达浈江区抗疫特别国债项目4个5700万元，包括浈江区基层医疗卫生补短板项目、浈江旧城区无物业小区改造、浈江区文化馆图书馆博物馆新馆建设浈江区工人文化宫建设、浈江区应急消防装备及基础设施补短板项目。

【重点项目管理】 2020年，浈江区累计完成固定资产投资57.55亿元，其中项目投资完成41.38亿元，同比增长14.85%；房地产投资完成16.16亿元，与上年同期相比减少5.24亿元，同比下降

24.5%，下拉浈江区固定资产投资 9.13 个百分点。

（黄伟斌）

物价管理

【概况】 2020 年，区发改局围绕保持价格总水平基本稳定这一宏观调控首要任务，发挥价格职能作用，做好行政事业收费管理和相关价格公共服务等工作，加强价格认证工作。

【收费管理】 2020 年，区发改局根据《中华人民共和国价格法》精神，依据《广东省人民政府办公厅关于印发〈广东省定价目录〉（2018 年版）》的规定，更新《韶关市浈江区政府定价的经营服务性收费目录清单》。全面落实国家和省出台的各项涉企收费减免政策，对该取消的收费项目、降低的收费标准督促及时按照政策落实。按照有关规定调整浈江区社会福利院自费托养护理费收费标准，向社会及区各有关单位征求区发改局制定的《浈江区农业用水分类价格及有关管理规定的通知》意见。做好浈江区普惠性民办幼儿园收费调查。疫情防控期间对辖区内的市场、超市，药店等每日实行价格监测，对咨询停车保管收费、医疗收费等进行答复。机构改革后，因价格检查执法职能移交浈江区市场监督管理局，区发改局配合该局开展停车、物业收费等网络问政答复，维护辖区的市场价格秩序。

【价格认定】 2020 年，区发改局以对司法、行政执法和涉案财物价格认定工作为突出重点，主动承担价格管理基础和服务型工作，为辖区内的其他部门提供优质的价格服务。全年受理价格认证业务 208 宗，金额 4846 万元。

【农产品成本调查】 2020 年，区发改局走访乐园、十里亭 2 个镇的 8 个农产品成本调查户，做好露地圆白菜、生猪生产成本的直报、常规调查工作及数据整理审核和资金发放。

（黄伟斌）

国有资产管理

【概况】 2020 年，浈江区公共资产事务中心依据财政部关于《行政单位国有资产管理办法》和《事业单位国有资产管理办法》，履行对浈江区的土地、房产等资产统一管理职责，进一步规范行政事业单位公共资产的转让、处置等各环节管理，加强资产收益监管，提升资产使用效益，通过租赁、国有资产有偿转让等增加区级财力。

【资产总体情况】 2020 年，浈江区行政事业性国有资产总额 112806.44 万元；负债总额 29559.46 万元，净资产总额 83246.98 万元。各行政事业单位实有资产 112806.44 万元，其中：流动资产 64469.63 万元，占比 57.15%；固定资产 38172.42 万元，占比 33.85%；无形资产 5408.66 万元，占比 4.80%；在建工程 4006.66 万元，占比 3.55%。

2020 年浈江区行政事业单位资产负债一览表

表 4　　单位：万元

资　产			净资产		
合　计	行政单位	事业单位	合　计	行政单位	事业单位
112806.44	31036.26	81770.18	83246.98	14596.99	68649.99

【资产处置】 2020 年，全区行政事业单位处置各类资产原值 1472.57 万元。其中：土地、房屋及构筑物资产合计 122.21 万元，通用设备类资产合计 1317.72 万元，家具、用具、装具及动植物类资产合计 32.64 万元。报废报损资产 1247.61 万元，占比 84.72%；无偿调拨（划转）资产 224.81 万元，占比 15.27%；对外捐赠资产 1500 元，占比 0.01%。

【资产配置】 2020 年，浈江区公共资产事务中心对全区 235 个行政事业单位的非经营性资产和经营性资产开展自查清理，重点核查下划调整后归属区管的公安、国土、市政等单位及教育系统的国有资产。

【资产收入征缴】 2020年，浈江区公共资产事务中心按照政府非税收入“收支两条线”管理规定，加强对出租、出借、处置国有资产收入监管，防止国有资产收益流失，补充区级财力。截至2020年12月31日，收到租金681.92万元，资产处置收入合计48.07万元（其中上年结余14.39万元），缴入财政专户租金为985.84万元，缴入财政专户资产处置收入62.83万元。

【资产管理信息化】 2020年，浈江区公共资产事务中心对行政事业单位国有资产管理实现动态监管。对资产配置、使用、出租出借、处置等情况实行全过程监管。同时，资产管理和新的会计准则挂钩，2018年底完成折旧设置，2019年全面启用折旧，更加科学、准确反映资产账面价值，促进资产的集中统一管理、动态管理、全过程监管，夯实国有资产管理的基础。

（廖　喆）

审　计

【概况】 2020年，浈江区审计局是区政府负责审计监督的职能部门，中共韶关市浈江区委审计委员会办公室设在审计局。负责对区级财政收支和法律法规规定属于审计监督范围的财务收支的真实、合法和效益进行审计监督；对公共资金、国有资产、国有资源和领导干部履行经济责任情况实行审计全覆盖；对领导干部实行自然资源资产离任审计；对有关重大政策措施和宏观调控部署贯彻落实情况进行跟踪审计。对审计、专项审计调查等审计报告的结果承担责任，并负有督促被审计单位整改的责任。是年，浈江区审计局完成审计项目16个，其中财政审计2个，政策落实跟踪审计4个，公共投资审计2个，资源环境审计2个，经济责任审计5个，民生审计1个。审计查出管理不规范金额33627.38万元，已上缴财政8.89万元，提出审计建议59条。

2020年8月，中共韶关市浈江区委审计委员会第二次会议召开

（区审计局　供）

【财政审计情况】 2020年，浈江区审计局根据《中华人民共和国审计法》《中华人民共和国各级人民代表大会常务委员会监督法》要求，按照省审计厅的统一部署，落实“纵向到底”审计全覆盖工作原则，对2019年度区级财政预算执行、决算草案和其他财政收支情况进行审计，出具审计报告、审计工作报告。区九届人大常委会第三十二次会议审议通过《关于浈江区2019年度区级预算执行和其他财政收支的审计工作报告》，并在区人民政府网站重点领域信息公开专栏挂网公示。同时对韶关市浈江区机关事务局2019年度预算执行和其他财政收支情况进行审计，出具审计报告。

【政策落实跟踪审计】 2020年，浈江区审计局根据《广东省审计机关开展国家和省重大政策措施落实情况跟踪审计的实施办法（试行）》的要求，跟踪审计浈江区2019—2020年度国家和省重大政策措施落实情况，出具季度性报告4份，综合报告1份，重点审计清理拖欠民营企业账款情况、2019年浈江区精准扶贫精准脱贫情况、疫情防控资金和捐赠款物使用管理情况、浈江区推动复工复产复市方面情况；跟踪审计浈江区2020—2021年度国家和省重大政策措施落实情况，出具跟踪审计报告1份，重点审计“南粤家政”工程促进就业情况。审计调查韶关市浈江区2020年保居民就业政策落实情况，出具专项审计调查报告；审计韶关市浈江区新增财政资金直接惠企利民情况，出具专项审计报告。

【公共投资审计】 2020年，浈江区审计局加强政府投资重大公共基础设施工程审计力度，专项审计韶关市浈江区2018年度交通惠民工程停车场建设项目资金管理使用情况，出具专项审计报告。审计韶关市浈江区乐园镇中心幼儿园新建项目工程资金管理使用情况，出具专项审计报告。

【资源环境审计】 2020年，浈江区审计局对田螺冲办事处、车站街道办事处2个单位党工委书记和主任开展自然资源资产离任（任中）审计，并出具审计意见。

【经济责任审计】 2020年，浈江区审计局依据《党政主要领导和国有企事业单位主要领导人员经济责任审计规定》，进一步加大对领导干部经济责任审计力度，对浈江区机关事务局、浈江区统计局浈江区残联、田螺冲党委办事处、东河街道党委办公室5个符合经济责任审计条件的党政机关主要领导，开展经济责任审计，出具审计报告5份和审计结果报告7份。

【民生审计】 2020年，浈江区审计局围绕各项民生大事、难事、急事，开展民生相关审计，对浈江区2019年困难群众基本生活保障政策落实情况开展专项审计调查，出具专项审计调查报告。

（赖子旋）

统 计

【概况】 浈江区统计局组建于1984年。2020年，浈江区统计局组织实施全区国民经济核算，组织实施农林牧渔、工业、建筑业、房地产业、批发和零售业、住宿和餐饮业、服务业，以及能源、投资、科技、人口、劳动力、社会发展基本情况、城乡居民收入等统计调查。组织全区经济、社会、科技和资源环境统计调查，对国民经济和社会发展进行统计分析、统计预测和统计监督，开展浈江区第七次全国人口普查工作。

【经济运行监测分析】 2020年，浈江区统计局围绕全年经济增长目标，加强数据监测工作，协助各行业主管部门做好完成各项经济指标的指导。根据每月企业网报进行数据分析，查找问题，从专业角度指导企业填报统计报表，确保不漏报、不虚报，准确反映企业经营状况。通过《统计月报》和每月企业网报数据反馈，为区委、区政府和各职能部门决策提供 翔实的微观依据。

【第七次全国人口普查】 2020年，浈江区成立人口普查领导小组和领导小组办公室，办公室设在区统计局，全区10个镇（办）、113个村（居）委组建人口普查机构。通过第七次全国人口普查预算经费224万元，新增购置平板电脑211台；韶关市人口普查综合试点选定在乐园镇，完成韶关市综合试点工作，为全市的普查工作总结经验。推进“两员”（指导员、普查员）工作选聘，全区选聘普查指导员（兼任普查员）258人，普查员2089人。全区开展24场培训，培训2350人次左右，完成行政资料整理、普查区划分与绘图、登记摸底、正式登记、复查比对等工作。12月，韶关市

2020年9月5日，浈江区第七次全国人口普查“两员”综合业务培训会举办

（区统计局 供）

人口普查办公室发文对浈江区人口普查办公室进行通报表扬。

【依法统计建设】 2020年，浈江区统计局通过"五个加强"（加强防虚报浮夸、防瞒报漏报，加强普法宣传教育，加强数据质量管理，加强执法检查，加强基层基础建设），以提高统计数据质量，确保数据的真实性。分别于9月、10月在区政府常务会议和区委常委会会议上传达学习《关于建立领导干部违规干预统计工作记录制度的办法》《防范和惩治统计造假弄虚作假重要文件选编》等重要统计法律法规，强调全区各单位各部门要依法依规、应统尽统，勿弄虚作假、瞒报漏报；组织1人参加全国统计执法证资格考试，并取得统计执法证书，增强统计执法队伍力量。

【城乡住户调查】 2020年，浈江区统计局城乡住户调查专业人员，镇、办统计员和辅调员进村入户，到记账户家中，逐一上门现场跟踪辅导，让记账户全面掌握电子记账软件的操作方法、步骤和流程，及时按要求上传记账数据。全年浈江区电子记账户132户，占总记账户的94.29%，全市排名第一。经省、市核定后返数，是年，浈江区全体居民人均可支配收入38460.5元，增长7.7%，其中，总量在全市位列第二；城镇居民人均可支配收入41398.7元，增长7.4%；农村居民人均可支配收入21022.3元，增长8.5%。

【统计服务】 2020年，浈江区统计局编印《浈江区统计月报》11期，每月定期向区委、区政府及相关职能部门提供网报数据反馈。规范和加强部门统计，整合部门统计资源，形成协调一致的统计工作机制，实现部门与政府统计主管部门之间资料共享；加大与上级相关部门的沟通、协调，及时提供全区范围的统计资料信息，同时做好横向区域间的资料对比。

（侯顺兰）

自然资源

【概况】 2020年，浈江区自然资源局是区政府工作部门，挂浈江区林业局牌子。负责辖区自然资源保护和开发利用、自然资源管理、国土空间规划和生态修复、耕地保护、地质灾害防治、森林防火、造林绿化、林业有害生物防治检疫及野生动植物保护等业务工作。内设办公室、政策法规股、国土空间规划与耕地保护股、自然资源开发利用股、自然资源调查与信息管理股、国土空间生态修复股、营林科教股、勘查与矿产资源管理股、执法监督股、森林资源管理股10个职能股室；直属副科级行政单位韶关市公安局浈江分局森林派出所1个；犁市自然资源所、十里亭自然资源所、新韶自然资源所、乐园自然资源所、花坪自然资源所5个派出机构。下辖浈江区土地开发整理中心、犁市木材检查站、浈江区生态公益林管理中心、浈江区林业产权交易中心4个事业单位。是年，浈江区自然资源局统筹做好辖区自然资源保护和开发利用、自然资源管理、国土空间规划和生态修复、耕地保护、地质灾害防治工作。

（文纯君　尹志鹏）

【土地规划】 2020年，浈江区自然资源局规划调整张九龄纪念公园、丹霞大桥、浈江区油茶省级现代农业产业园3个项目的预留规模落实方案，获得批复同意及备案工作。开展华南教育历史研学基地项目、应急救援中心项目土地利用规划调整工作。协助市自然资源局开展国土空间规划"双评价""双评估"工作，初步划定浈江区生态保护红线、城镇开发边界、永久基本农田三条控制线。

【耕地保护】 2020年，浈江区耕地保有量考核指标5330.33公顷，基本农田保护面积考核指标4489.93公顷，根据最新的2018年度土地利用变更调查成果，全区耕地面积6504.14公顷，基本农田保护面积4550.16公顷，均大于市下达的考核指标。是年，浈江区自然资源局将基本农田和耕地保护任务分解下达至各镇，逐级签订2020年度耕地保护目标责任书。下达2019年度基本农田保护省级补助资金204.75万元至各镇。完成2020年度韶关市浈江区犁市镇、新韶镇、十里亭镇垦造水田项目，生成水田面积35公顷。完成2016年度高标准农田建设项目市级验收；取得2017年度、2018年度高标准农田建设项目市级验收意见。

（邱素敏）

【用地保障报批】 2020年，浈江区自然资源局负责全区建设用地报批，组织开展韶州人民医院、韶关学院医学院、戒毒所外联道路、良村、腊石留用地、碧桂园置换地、张九龄纪念公园、新疆煤制气外输管道工程一期（潜江—韶关段）建设项目（韶关段）建设用地、浈江产业园高标准厂房、韶关市国有韶关林场森林生态综合示范园等项目的用地报批工作，取得用地批文9个批次，批复面积63.76公顷。

（邹　问）

【拆旧复垦】 2020年，浈江区继续开展拆旧复垦工作，完成新韶镇、十里亭镇、犁市镇、花坪镇7个拆旧复垦项目的立项审批、备案、验收和交易申请工作，拆旧复垦立项备案面积18.7公顷、验收6个项目并形成复垦指标12.89公顷。

【山水林田湖草生态修复保护试点】 2020年，浈江区自然资源局结合粤北南岭山区山水林田湖草生态保护修复试点工作，围绕村镇生活污水治理和历史遗留工矿废弃地复垦利用等方面，提出五里亭良村片区截污工程、化工厂地块土壤风险管控与修复项目、大陂河水环境治理工程、丹霞山片区大富河流域水环境治理项目、枫湾河（新韶片区）和武江河（犁市片区）流域水环境治理项目等5个工程项目，成功通过市级遴选并获得中央奖补资金1.36亿元。截至12月31日，五里亭良村片区截污工程完成总体进度99%，化工厂地块土壤风险管控与修复项目完成总体进度58%，大陂河水环境治理工程完成总体进度92.7%，丹霞山片区大富河流域水环境治理项目完成总体进度99%，枫湾河（新韶片区）和武江河（犁市片区）流域水环境治理项目完成总体进度93.7%。5个项目建成投入使用，浈江区国控和省控断面地表水水质优良（达到或优于Ⅲ类）比例达到100%，村镇生活污水收集处理率80%以上，历史遗留工矿废弃地复垦利用面积增加15.66公顷。

（陈日平）

2020年7月22日，浈江区召开"房地一体"农村不动产登记发证工作培训动员会　（区委宣传部　供）

【"房地一体"农村不动产确权登记发证】 2020年7月22日，浈江区召开"房地一体"确权登记发证工作培训动员会，正式启动"房地一体"确权登记工作，选取新韶镇莲花村委作为确权登记工作试点单位，10月1日颁布《浈江区"房地一体"农村不动产登记发证实施意见》。10月23日上午，召开"房地一体"农村不动产确权登记发证工作首证颁发暨项目推进会，并给新韶镇莲花村委钟屋村16户村民颁发"房地一体"农村不动产权证书，成为继乳源县、南雄市后，韶关市第三个发放证书的县（市、区）。截至12月31日，全区发证户数约2万宗，完成30个村委1.4万宗入户调查，完成调查率70%。公示27个村委9600宗，公示率48%；公示到期21个村7300宗，公示率36%；送韶关市不动产登记中心审核发证638宗，发证16宗。

（莫晓林）

【自然资源执法监察】 2020年，浈江区自然资源局严格执行动态巡查机制，开展动态巡查1397次，巡查距离124158.19千米，下发停工通知书119份，核查违法违规用地43宗，立案查处违法违规用地43宗。对巡查发现的土地矿产违法行为及时下发停工通知书，并上报镇政府、区政府。成立以区长为组长，各职能单位负责人为成员的卫片工作领导小组，开展土地矿产卫片执法监督检查，区政府与各镇政府签订《土地矿产卫片执法监督检查专项整治工作责任书》，全年围绕产煤区重点排查，加强日常巡查和联合执法检查相结合，监管和排查辖区内各个煤山废旧采煤点，没有发现偷采盗采行为。

（李瑞琴）

【地质灾害防治】 2020年，浈江区没有发现新增地质灾害灾情险情，全区登记在册的地质灾害隐患点13处，威胁总人数549人，潜在经济损失3637万元，在册13处地质灾害隐患点没有变化。开展地质灾害治理，完成新韶镇韶关市技师学院体育场后山滑坡点勘察设计并通过专家评审，完成“十里亭镇金凤坪白石坑43、43–2号民宅后山”隐患点工程治理，指导十里亭镇政府开展地质灾害隐患点群众转移演练1次。

（王炜庆）

市场监督管理

【概况】 2020年，浈江区市场监督管理局（简称“区市场监管局”）是浈江区政府工作部门，为正科级单位。加挂浈江区知识产权局牌子，位于韶关市浈江区中山路7号韶禧大厦首层。派出机构8个：车站市场监督管理所、东河市场监督管理所、东郊市场监督管理局所、南门市场监督管理所、和平市场监督管理所、十里亭市场监督管理所、犁市市场监督管理所和乐园市场监督管理所。是年，浈江区市场监管领域没有发生较大安全事件，市场监管领域整体发展情况稳中向好。10月，区市场监管局获得“广东省抗击新冠肺炎疫情先进集体”称号。

【价格监督检查】 2020年，区市场监管局加大价格检测和监管力度，针对重点环节、重点时段，开展殡葬服务价格、转供电、水气行业价格、客运票价、景点门票价格、商品房价格、停车场停车收费等领域价格收费监管，宣传价格政策、法规，引导商家守法经营，明码标价，加强价格自律，自觉履行稳价社会责任，维护良好的市场价格秩序。全年处理群众投诉举报355宗，涉及疫情的有关投诉105宗，口头责令立即整改32家，书面责令改正1家，价格案件立案1宗。

【守合同重信用企业公示】 2020年，浈江区有205户企业（含个体户）申请参加广东省2020年度“守合同重信用企业”公示活动。依据核查材料、相关行政主管部门的复函及监管所、机关各业务股室和直属单位反馈意见，195户企业通过审核，公示为广东省2020年度“守合同重信用”企业。

【网络市场监管】 2020年，区市场监管局开展对电商企业的巡查监管，组织人员对辖区电商企业进行全面排查，加大对电商企业的检查力度，杜绝以次充好、以假乱真、先提价再打折、虚假广告宣传、虚构信用评价等失信行为。区市场监督管理局监管网络行为数量160条，没有发现违法行为。

【“双随机、一公开”检查】 2020年，区市场监管局组织对市场主体公示信息专项抽查4次：2019年度市场主体年报抽查、广告行业双随机抽查、法定计量单位使用情况监督检查、机动车尾气检验和机动车安全（综合）性能检验领域抽查。“2019年度市场主体年报抽查”检查企业151家，其中经营正常名录102家，列入经营异常名录49家，检查结果及时通过国家企业信用信息公示系统统一对外公示，公示率100%；“广告行业双随机抽查”抽查广告企业14家，执法人员对被抽查企业进行实地核查：档案管理制度不全1家，未经营广告业务5家，住所已搬迁或因实际地址与注册住所不符或在实地查找不到的6家，基本符合2家，按照规定将结果公示；“法定计量单位使用情况监督检查”，对辖区内广东新华发行集团韶关新华书店有限公司解放路店、韶关图书购销中心有限公司2家书店进行“双随机、一公开”随机抽查工作，每个被检查单位抽查样品不少于8份，重点检查科技图书、教辅材料等，暂未发现质量、土地面积、温度等法定计量单位使用方法不符合法律法规的行为；“机动车尾气检验和机动车安全（综合）性能检验领域抽查”，对浈江辖区内8家机动车检验检测机构全覆盖检查，1家机构合格，其余7家机构均有不符合项，均现场责令整改，要求机构提交整改报告，7家机构均整改完毕、提交整改报告。

【消费者权益保护】 2020年，区市场监管局受理各类投诉2600余宗，受理举报案件线索190宗，全部做到依法处理，按时回复。创建放心消费承诺单位264家，

"线下无理由退货承诺店"18家。

【产品质量监管】 2020年，区市场监管局组织开展产品质量监督抽查、查处不合格产品和其他消费侵权行为。按照省、市市场监督管理局的统一部署，抽查儿童服装、电线电缆、儿童玩具、成人服装、消防器材、燃油、照明产品等产品。重点摸查浈江区口罩、防护服等防疫用品（包括医用、非医用）生产企业是否取得出口认证、认证类型、认证模式、认证依据标准、获证时间、发证机构、认证费用等信息，以及为企业提供认证咨询、代理服务的机构情况，及时发现违规认证线索。严厉查处不具备合法资质的机构违规开展相关认证活动、虚假认证、买证卖证、认证严重失实、伪造冒用、非法买卖认证证书和标志、认证价格违法等行为。

【食品药品安全宣传】 2020年，区市场监管局利用食品安全宣传周、药品安全用药月、"3·15"国际消费者权益日等平台，开展食品药品安全宣传"进社区、进学校、进企业、进农村"，发放海报、小册子及创文等宣传资料1万份，组织指导各镇（办）食品安全专干和各村居100多名食品安全协管员学习食品巡查等业务知识。举办食品安全法律法规学习班、开展药品安全培训等，参加人员超1000余人次。

【食品药品安全专项整治】 2020年，区市场监管局围绕重点领域和突出问题开展各项专项整治。组织开展食品生产加工小作坊、酒类生产行业，米面制品、淀粉及其制品、食品生产企业产品出厂检验、农村食品安全、食盐安全、校园及周边"五毛食品"、保健食品虚假宣传、网络订餐平台、企事业单位食堂风险隐患排查、中药饮片，血液制品、麻醉药品、精神药品、血液制品等高风险品种和医改重点品种、执业药师"挂证"等专项行动。承接两会、中考和高考、"中国农民丰收节"、"2019韶关夜市经济美食节"、"2020年粤菜师傅竞赛"等重大活动，活动期间未发生食品安全事故，确保近3万人次的就餐安全。

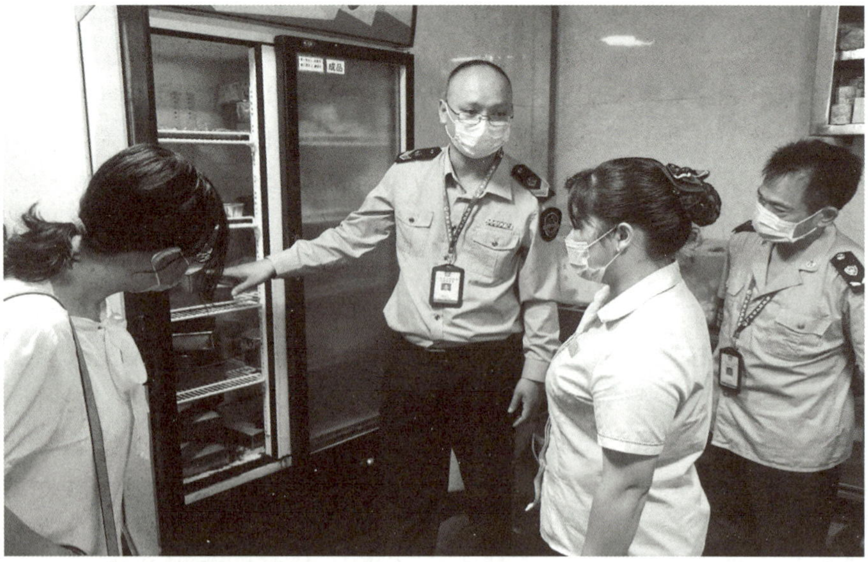

2020年9月24日，浈江区开展食品安全专项检查

（区委宣传部　供）

【食品药品抽检】 2020年，区市场监管局通过抽检发现风险点、排查安全隐患，及时公开抽检结果，科学发布食品药品安全风险警示或消费提示。全年完成食品监督抽检539批次，合格521批次，不合格18批次，合格率96.7%。完成药械化抽样任务：药品58批次、化妆品9批次、医疗器械4批次。

【食品农产品快筛快检】 2020年，区市场监管局结合浈江区实际，对8个省局指定的食用农产品农贸市场内销售的食用农产品抽样快检36368批次，合格36333批次，不合格35批次，合格率99.9%，不合格的食用农产品，按照要求下架处理，同时将快检数据按时上报到省局智慧食药监系统，公示检查结果，引导公众消费。

【打击食品药品违法行为】 2020年，区市场监管局强化市场监管执法力度，共办结行政处罚案件148宗（不含吊销案），其中经检类19宗、特种设备2宗、食品76宗、药品14宗、医疗器械14宗、化妆品23宗，涉及物品总值24.51万元，罚没款合计68.66万元，均按照规定及时在区政府信息公开平台予以公开。严格落实"两法衔接"要求，移送公安机关案件10件，由公安机关立案1

宗，并配合公安机关要求做好检验检测认定工作。

【食品药品安全应急处置】 2020年，区市场监管局梳理辖区风险隐患，排查风险隐患3个，并跟踪落实整改完毕。针对毒蘑菇和校园周边食品安全问题，区食安办组织市场监管、教育等部门对全区学校食堂和大中型餐饮单位开展排查，防范风险。加强应急培训，9月3日，区食安办组织各镇的食品安全专干以及100多名村居基层食品安全协管员，以及400多名大中型餐饮单位负责人、学校负责人及食堂负责人，开展2020年浈江区食品安全业务知识培训；建立卫健、市场监管、教育部门和学校等部门的信息共享和联动机制。针对大型活动的餐饮保障工作出台实操性强的食品安全保障应急预案；加强应急保障，依托食品安全应急指挥中心视频系统和“互联网+明厨亮灶”工程，及时处置食品突发事件。

【知识产权】 2020年，浈江区专利申请852件，其中发明专利申请214件、实用新型565件、外观设计73件；专利授权量达603件，其中发明19件、实用新型492件、外观设计92件。万人发明专利拥有量增长率8.56%；新增有效注册商标484个；开展打击各类侵犯知识产权违法行为专项行动，全年立案查处侵犯商标专用权案件4宗，罚款25900元，没收侵权产品一批。

【质量技术监督管理】 2020年，区市场监管局加强使用环节、重点领域、重点设备、重要节点的监管，对大型游乐设施、电梯、起重机械、叉车、蒸压釜、电站锅炉范围内管道、涉危险化学品、液化石油气瓶、承压类特种设备安全隐患开展专项整治。全年出动检查人员400人次，检查生产使用单位99家，抽查设备120台（套），发出现场检查记录99份，下发指令书47份，查封特种设备2台，组织应急演练7次。

【食品药品经营许可】 截至2020年12月31日，浈江区各类食品类经营主体7162户，其中食品经营7084户，小作坊78户。全年办理各类食品经营许可证新办1629户，变更216户，注销604户。药品（零售）主体138户，全年办理药品许可证核发13户、变更11户、注销5户。

【企业注册登记】 2020年，浈江区城乡个体工商户24781户，从业人员47724人，资金数额153192.05万元，与上年同期相比分别增长8.74%、3.10%和22.29%。各类型企业5503户，从业人员47289人，注册资本（出资金额）3050441.3917万元，与上年同期相比分别增长11.06%、-14.18%和8.91%。农民专业合作社49户，出资总额7194.37万元，成员总数817人（其中农民成员760人），与上年同期相比分别增长0%、2.37%和-2.27%。

（黄振磊）

应急管理

【概况】 浈江区应急管理局于2019年3月13日正式挂牌成立，职责划转职业病防治管理，新增原民政救灾、原三防办的三防指挥、原区政府办应急办承担的安全生产类及自然灾害类等突发事件的应急管理。承担全区安全生产委员会、防汛防旱防风指挥部、综合减灾委员会及森林防火指挥部等办公室的日常工作。2020年，浈江区无非煤矿山企业；危险化学品企业70家，其中韶铸、韶冶等生产企业2家，中石化莲花山油库等储存企业1家，加油站24家，其他批发经营企业43家；烟花爆竹企业19家，其中日兴烟花爆竹专营有限公司仓库1家，零售点18个。民爆企业2家（韶关市粤联民爆器材营销有限公司、明华机械韶关分公司）。渡口渡船9处。东莞（韶关）浈江产业转移工业园在运营企业61家，主要以机械制造企业为主。辖区有在建的大型建筑工地、大型商贸企业及物流企业多家。是年，浈江区安全生产形势较为平稳。其中，全区在工矿商贸方面，发生2起一般生产安全事故，死亡2人；在道路交通方面，生产经营性道路交通事故5起，死亡5人，受伤1人。在森林防护和消防方面，未发生有人员死亡的火灾事故。

【安全生产责任制落实】 2020年，浈江区应急管理局出动1071人次，对涉尘、涉爆企业、有限空间企业、危险化学品生产、使用、经营企业进行检查，执法检查相关企业164家，发现安全隐患305条，应整改隐患290条（除立即整改15条），整改隐患290条，整改率99.66%，发出责令限时整改指令98份，发出责令停停产整顿（现场处理措施）决定书2份，立案处罚企业7家，没收烟花爆竹非法违法产品2000箱件，经济行政罚款30.556万，接受处理投诉举报2宗；完成事故调查5宗并在区政府网公示。全年对申请危险化学品经营许可的6家企业，现场核查安全经营条件，颁发危险化学品经营许可证6份。根据《韶关市烟花爆竹燃放安全管理条例》《浈江区烟花爆竹（零售）经营布点规划》，并按规划布设烟花爆竹经营（零售）网点，并印发烟花爆竹（零售）经营许可申请条件清单，依据《烟花爆竹经营许可实施办法》对申请烟花爆竹零售许可的30家经营点，核查安全条件，颁发烟花爆竹经营（零售）许可12份。是年，做好非药品类易制毒化学品（三类）经营单位申请资料、流向、备案品种等审核，颁发非药品类易制毒经营备案证明4份。

2020年5月，浈江区组织开展全国防灾减灾日宣传活动

（区应急管理局　供）

【消防管理】　2020年，浈江区消防安全委员会组织辖区各镇（办）、各有关部门开展冬春火灾防控、夏季消防检查、“防风险保平安迎大庆”、“大型城市综合体”回头看、电动车和电气火灾治理、“三合一”场所、文物和博物馆等消防安全专项行动。浈江区应急管理局联合区消防大队、区市场监督管理局对全区21个农贸市场开展体检式消防安全专项检查，联合区公安分局治安大队、辖区派出所、街道办对火车东站和汽车站周边38家小旅馆开展地毯式消防大排查，发现和整改火灾隐患50多处，没收经营证件10多家。截至12月底，检查社会单位1965家，提请区政府挂牌督办重大火灾隐患单位3家，全部完成整改摘牌销案，发现和整改火灾隐患1493处，处罚社会单位15家，罚款9.75万元，临时查封单位9家，责令停业2家，拘留5人。清理违规住人场所257家，迁出违规住人296人。

【风险监测】　2020年，浈江区应急管理局督促企业制（修）订应急预案并向应急部门备案12宗，9月编制《韶关市浈江区突发公共事件总体应急预案》等12份预案，10月底发出征求意见稿；组织开展各类应急演练活动30场次，参加演练人员约2000人次，各单位、企业悬挂宣传标语120条，向群众发放宣传资料7000份（张），投入资金10多万元。风采街道办、东河街道办、十里亭镇3个镇（办）成功创建全国综合减灾示范社区，其余曲仁办事处、车站街道办事处、田螺冲街道办事处、花坪镇、犁市镇、乐园镇、新韶镇7个镇（办）选定地址。

【全国防灾减灾日活动】　2020年5月期间，浈江区应急管理局协同市应急管理局在西河沙洲尾广场开展“5·12”全国防灾减灾日活动，并联同镇(办)和浈江区减灾委员会相关成员单位分别在辖区广场、庇护场所等地举办以“提升基层应急能力，筑牢防灾减灾救灾的人民防线”为主题的全国防灾减灾日活动共10次，参与群众1000余人，发放以宣传自然灾害、安全生产等方面相关知识的小册子、宣传单、宣示牌等2000册（份）、悬挂防灾减灾宣传横幅20条。

【“三防”及地质灾害防控】　2020年，浈江区人民政府防汛防旱防风指挥部办公室（简称“区三防办”）开展梳理完善三防工作职责、汛前及汛期安全隐患排查整治、三防宣传培训、落实值班值守和信息报送等各项三防工作。截至12月31日，发出“韶浈防”31份、“韶浈防办”39份、“韶浈防电”1份及“区三防办”发文35份。重新梳理《浈江区三防工作网格化管理实施方案》《浈江区“三防工作十五条”实施方案》等21部规章、制度、方案，向全区各镇（办）、区三防指挥部各成员单位印发并贯彻执行，优化区三防工作组织框架，明确和压实区三防工作职责和责任人职责。

安全转移　2020年，区三防办组织新韶镇、十里亭镇开展低洼地段群众防洪、防台风安全转移演练，协调区其他镇（办）开展群众安全转移演练。针对浈江区易受灾地区特殊人群进行全面摸排，形成管控台账，明确相关联络工作责任人。在遇强降雨、强对流天气时，及时转移受灾特殊人群。在“龙舟水”期间，于5月25日、6月5日启动防汛Ⅳ级应急响应。全区临灾转移特殊群体人员共153户154人，涉及8个镇(办)27个行政村(居委会)82个村小组。转移特殊群体人员的转移对接责任人147人，设置避难、临时安置场所34个。

“三防”安全隐患排查　2020年，区三防办督促辖区各镇（办）落实三防属地管理职责，定期开展山塘水库、地质灾害安全隐患排查整治。会同、组织区农业农村局（水务局）及相关镇（办）到浈江区水利水电设施、山塘水库开展汛前、汛期安全检查行动；会同、组织区自然资源局及相关镇（办）对辖区地质灾害点进行全面摸排。协调区城管局及相关镇（办）开展城市内涝、易浸区域安全检查行动，对积水点（丹霞大道北、碧亭路）进行勘察并制定维修改造方案，对辖区主次干道及背街小巷内的雨箅子、窨井进行排查，清理淤积堵塞，更换破损井盖。

浈江区三防工作台账编制　2020年6月，区三防办与各镇（办）、区自然资源局、区农业农村局、区住建局、区城管局等区三防指挥部主要成员单位汇总编制《浈江区三防工作台账》，内容涵盖浈江区山塘水库隐患、地质灾害隐患、削坡建房、城市易浸点、特殊群众人员临灾转移群众清单等8项三防重点工作台账。

【森林防火灭火】　2020年，浈江区没有发生森林火灾事故。在森林防灭火特别防护期间，结合疫情防控工作，浈江区在全区各镇（办）74个村小组（社区）位置点设立100余个森林防火临时检查站，各镇（办）将在防疫工作基础上，投入人力1500余人次，依法集中保管（没收）群众携带的烟花爆竹、纸钱蜡烛，防止易燃易爆物品和火源入山，安排适量人员定点蹲守坟墓山和集中祭扫区域，劝阻和制止群众燃放鞭炮、烧香烧纸钱、焚烧桔梗等各类野外用火行为。

是年，广东省应急管理厅、省林业局将浈江区作为全省森林火灾风险隐患排查试点单位，期限在4月22日至7月22日，为期3个月。区政府制定《浈江区森林火灾隐患排查整治工作方案》，召开全区森林火灾隐患排查整治工作动员会，组织各镇分管领导业务骨干和护林员在犁市镇进行火灾隐患排查业务培训，全区5个镇分10个工作小组开展网格化排查，完成调查摸底拍照信息上传工作，广东岭南勘察设计院完善各项排查资料和编写总结报告。全区设森林防火临时检查站（点）100余个。严格实行24小时森林防火领导带班值班制度，及时报送火情信息和值班值守情况。区政府和镇（办）签订《浈江区森林防灭火、防汛工作责任书》；各镇政府、办事处和本辖区各村（居）委员会签订森林防火（防汛）责任书，区自然资源局与市林业局、林木行业管服对象签订林业系统森林防火责任书。全区5个镇排查出430处隐患点，开设30公里森林防火隔离带。

森林防火宣传　2020年，浈江区投入12万元印制森林防火宣传资料，全区悬挂横幅（电子屏）420条，张贴标语300条，海报113份，发放《文明祭祀倡议书》宣传单6万份、《致全区学生家长的一封公开信》宣传单6万份、《浈江区森林防火承诺书》5万份、《韶关市野外用火管理条例》宣传单9万份及宣传手册1万份。10月19日，区长胡德宁签发2020年第2号禁火令，明确禁火期限为10月20日至12月31日，各镇组织人员向社会广泛发布宣传，张贴发放禁火令宣传单8.5万份，全年罚款或拘留处罚违规野外用火人员20人。

森林消防队员物质保障　2020年，浈江区投入85万元完成森林防灭火物资装备更新维护储备，购置一辆运兵车和一辆指挥车，购置BR600型风力灭火机10台（风机总数98台）、油锯4台、水泵1台、阻燃服100套、迷彩服240套、防寒大衣20件、宣传小喇叭100个，以及头盔、鞋等其他随身装备。该批物资装备全部发放至专业森林消防队员以及护林员。

森林灭火队伍武装 2020年初，浈江区政府将专业森林消防队伍人数从原来的10人增加至20人，并且将专业队队员待遇从每人每年3.4万元提升至每人每年4.3万元，全部专业队员转为政府购买服务人员，相关经费纳入年度财政预算。其中14名在区自然资源局（林业局）办公楼9楼宿舍集中食宿备勤，驻防市区三镇（新韶、乐园、十里亭）；另外6名在犁市林业站集中备勤，驻防犁市镇、花坪镇。

森林防火督导检查 2020年在高火险期间，各镇（办）、区应急管理局、区自然资源局（林业局）、区农业农村局（水务局）严格落实应急值班值守制度，应急调度指挥力量靠前驻防要求，区专业森林消防大队20人（20台风机、1辆运兵车、1辆指挥车、1辆皮卡车）全副武装处于临战状态，全部专业队员及护林员取消休假，每日到各镇村林区执行巡查扑火任务。区委、区政府安排5个督导组到镇村一线开展森林防火督导检查，对工作不力的单位或个人将通报批评和严肃问责。

【应急教育宣传培训】 2020年，浈江区组织开展全国防灾减灾日、安全生产月、全国消防安全宣传教育日、全国法制宣传日等专题活动，通过摆放宣传展板、发放资料、现场演示等方式普及应急科普知识，活动累计发放各类宣传资料3000余份，解答群众咨询200余人次。10月至12月，全区悬挂横幅（电子屏）970条，张贴标语2800条，张贴海报2000份，发放禁火令24万份、发放公开信、倡议书、宣传单等其他宣传资料12万份。开展走进“三小”场所、养老院、福利院、出租屋、幼儿园“五个主题”活动，区消防大队联合韶关市开放大学对全区所有镇、街道党政班子成员，所有社区、村委负责人、住宅小区物业人员进行消防专题培训等。冬防期间，每月通过手机短信、微博、微信向各级党政干部和重点单位责任人、管理人推送消防安全提示信息。

【应急演练】 2020年，浈江区参加“轻舟队伍骨干队员集训”“轻舟队伍应急救援水上联合演练”“三防指挥系统应急演练”“涉氨制冷应急救援”等各类应急演练20场，参加演练人数达1000余人次。区消防大队制定车辆装备“一口清”手册和辖区情况应知应会手册。采取无预案随机拉动和预案演练相结合的方式，参加支队组织的高层建筑灭火救援、抗洪抢险救援等大型综合性演练7次，大中队级演练50余次，修订完善支大中队数字化预案43份。

（区应急管理局）

【消防救援】 浈江区消防救援大队于2019年12月31日正式挂牌成立，下辖前进路、莲塘路两个消防救援站，大队部与前进路消防救援站位于浈江区前进路7号，莲塘路消防救援站位于南郊五公里莲塘路2—1号。2020年，浈江区消防救援大队配备消防车8台，其中多功能主战车2台，抢险救援车2台，水罐泡沫车3台，登高平台消防车1台。

队伍管理教育 2020年，浈江区消防救援大队提请区政府召开常务会学习贯彻《韶关市实施〈广东省消防救援队伍职业保障办法（试行）〉细则》，协调解决4名指战员子女入学入托问题，组织为家庭出现变故的消防员集中捐款1次，共筹集善款23500元。国家队员陈玄玄、政府专职队员吴树康在支队“双十佳”评选中双双获得“韶关消防救援卫士”称号；国家队员李明明家庭获得“最美消防家庭”称号；政府专职消防队员谭宇在全市消防救援队伍“筑梦火焰蓝 使命践训词”主题演讲朗诵比赛获得第二名；两名干部成功取得篮球二级体育裁判员教员证书。邀请区交警大队、粤北人民医院心理医生开展交通安全法纪知识授课和心理辅导。

灭火救援执勤训练 2020年，浈江区消防救援大队结合辖区实际，开展高层建筑灭火救援、抗洪抢险救援等大型综合性演练7次，大队、消防站自主开展演练60余次，每季度对全区消防安全重点单位（共66家）全部巡查一遍，修订完善数字化预案51份，完成2020年韶关美食嘉年华、丹霞跑山赛等重大活动安保。全年接警出动470起（其中，抢险救援和社会救助383起，火灾接警87起），出动车辆701辆次，出动力量3770人次，抢救被困人员21人，疏散被困人员86人，抢救财产价值1310万元，成功处置“3·23”浈江犁市厂房建筑垮塌、“10·15”瑶前高速立交货车火灾和“11·29”乳源大布失联驴友救援行动等一系列急难险重任务，完成部局抗洪抢险救援验收任务。获得全市第三季度“火焰蓝”比武团体第二名，获得全市应急通信岗位比武第二名，1名骨干（刘钦炜）代表支队参加总队业务比武，获全省第八名。完成十里亭、犁市两支政府专职消防队事业法人登记，获得全市首届政府专职消防队业务比武团体第一名、全市微型消防站比武第二名的好成绩（碧桂园东区社区微型消防站）。

消防安全环境建设　2020年，浈江区消防救援大队全面推动落实消防安全责任制。指导各镇（办）和区有关部门结合防疫宣传、人口普查等工作开展“敲门行动”，发动基层网格力量深入社区和各类“三小”场所开展隐患排查和警示宣传，排查违规住人现象，督促问题整改，防范区“三小”场所和居民住宅火灾高发风险；推进火灾高风险区域和重大火灾隐患单位整治。乐园镇城南社区和车站办莲花山社区被确定为市、区两级政府挂牌督办的高风险整治区域。大队第一时间对各类场所进行集中排查，逐一分类建档整治，协调区各部门建设电动车充电棚等公共消防安全基础设施建设，完成新增市政消火栓20个。区政府挂牌督办的3家重大火灾隐患单位全部整改完毕并摘牌销案，推动教育、民政、文广旅体、卫健等重点行业部门建立完善行业消防安全管理规定，落实行业单位消防安全标准化管理，开展学校、社会福利机构、养老机构、文物保护单位、医院消防安全达标工程建设，与公安交管部门共享机动车所有人身份信息，定期常态化开展消防车通道集中治理行动。

是年，浈江区标划消防车通道189条，罚款1079人次。整治疏散通道5类问题185处，拆除违章建筑和乱搭乱建设施6个，防盗铁栅栏457个，户外广告牌37个。全年检查社会单位351家，临时查封20家，罚款3.755万元，行政拘留3人，处理消防举报投诉52宗。加强消防安全素质教育和重点人群分级分类培训，利用App和微信小程序对各消防安全重点单位的消防责任人和管理人进行消防培训考核，印制各类场所的消防宣传海报和宣传资料通过村、社区和物业服务企业及时开展宣传和张贴；简化公众聚集场所营业使用前消防安全检查办理手续，全面推行“马上办”服务模式，从法定13个工作日缩短至3个工作日内办理。

消防基础建设　2020年，浈江区消防救援大队采购1辆压缩空气泡沫消防车和1辆抢险救援消防车（含配套器材）。针对辖区实际，提出“多点布站、织密网络”的工作方法，推动区政府在车站、东河和风采3个街道分别建设一个小型消防站，其中车站街道办莲花山社区小型消防站启动建设。装备建设提档升级，争取到正规化建设改造、营区地面白改黑、抗洪抢险救援器材、乡镇专职队集训等共计183万元专项经费。

消防宣传教育　2020年，浈江区消防救援大队开展消防知识进校园、进企业、进机关、进社区、进家庭工作，协同市政府成功举办“119”消防安全宣传月启动仪式，市政府表彰多名市一级热心公益先进单位和先进个人；联合区教育局、民政局推动中小学幼儿园、福利养老机构的消防宣传培训和消防站开放实践活动，主动服务政府、纪委、各镇（办）等单位开展消防安全大培训活动；指导百年东街、碧桂园凤凰城、烟草公司等单位开展宣传培训和消防演练活；开展消防安全疏散帐篷的逃生实践活动；开展消防站开放活动，接受学校、单位预约到大队参观实践；是年，普及消防培训人员7500余人，受惠群众6.6万人次。

（刘　闯）

2020年，浈江区消防救援大队开展交通事故救援行动

（区消防救援大队　供）

财政·税务

财　政

【概况】　2020年，浈江区财政局贯彻执行国家和省市有关财政、税收工作的方针政策和法律法规，制定行政事业单位资金管理、会计核算、资产管理、政府采购等财政管理制度并监督执行；拟订财政发展战略、中长期财政规划，参与制定各项宏观经济政策，提出运用财税政策实施宏观调控、综合平衡社会财力和推进基本公共服务均等化的建议，执行中央与地方、国家与企业的分配政策；承担区级各项财政收支管理的责任；负责编制年度区级预决算草案并组织执行；制定行政事业单位开支标准、定额，审核批复区级部门（单位）的年度预决算，拟订区对镇财政管理体制并组织实施。制定全区财政和预算收入计划，管理和监督各项财政收入；负责区级非税收入及各项政府性基金管理，监管彩票市场，管理彩票资金，管理政府债务和政府主权外债业务，防范财政风险，管理财政票据，管理财政预算内行政机构、事业单位和社会团体的非贸易外汇；负责本级财政资金调度和财政总预算会计工作，监管全区政府采购工作，监管本级行政事业单位会计核算工作；负责本级行政事业单位国有资产监管，负责本级国有资本经营预算编制、执行和监督，组织开展行政事业单位会计决算报表及公共资源统计分析评价工作；负责本级各项财政专项资金的安排和监督管理，管理本级财政社会保障支出，监管社会保障资金；组织调度财政性基本建设资金，参与财政性资金投资项目工程概算、预算、结算和竣工财务决算审核工作，对财政性资金建设项目实施财务监管；监督检查财税等方面法律法规和政策的执行情况，查处和反映财政收支管理中的重大问题，承担财政支出绩效管理工作；管理全区会计工作、依法开展会计信息质量及各专项资金检查业务等。是年，浈江区在受疫情冲击的影响下，财政预算执行情况总体良好，为全区经济社会持续发展提供坚实的保障。

【财政收入】　2020年，浈江区一般公共预算收入完成44461万元，完成预算调整方案43513万元的102.18%，比上年同期增收1,164万元，同比增长2.69%。其中税收收入完成35554万元，同

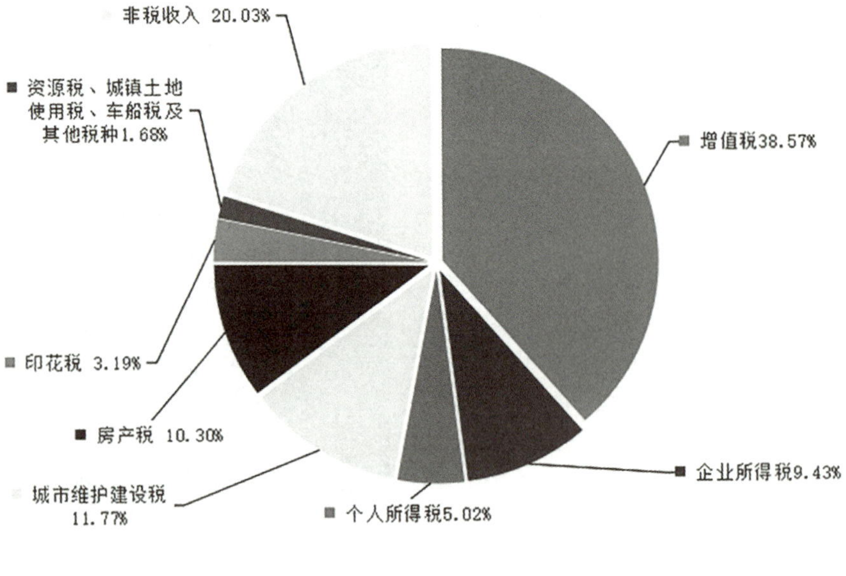

图1　浈江区2020年一般公共预算本级收入构成情况图

比增长 29.27%，主要是根据《关于印发韶关新区财政管理体制改革方案的通知》，南郊片区和产业园区税收划归浈江区，新增 4994 万元，占区一般公共预算收入的 79.97%；非税收入完成 8907 万元，同比下降 43.60%，占区一般公共预算收入的 20.03%。

税收收入　2020 年，增值税完成 17150 万元，同比增收 3736 万元，增长 27.85%。企业所得税完成 4194 万元，同比增收 1039 万元，增长 32.93%。个人所得税完成 2230 万元，同比增收 567 万元，增长 34.10%。城市维护建设税完成 5235 万元，同比增收 1449 万元，增长 38.27%。房产税完成 4579 万元，同比增收 562 万元，增长 13.99%。印花税完成 1420 万元，同比增收 294 万元，增长 26.11%。资源税、城镇土地使用税、土地增值税、车船税及其他税种共完成 746 万元，同比增收 403 万元，增长 117.49%。

非税收入　2020 年，行政事业性收费收入完成 1204 万元。罚没收入完成 2917 万元。国有资源（资产）有偿使用收入完成 3794 万元。专项收入完成 968 万元。捐赠收入完成 12 万元。其他收入完成 12 万元。

【超收入执行】　2020 年，浈江区一般公共预算收入比预算调整方案超收 948 万元。按照《预算法》第 66 条规定，超收收入“只能用于冲减赤字或者补充预算稳定调节基金”的要求，补充本级预算稳定调节基金 948 万元。

【财政支出】　2020 年，浈江区一般公共预算支出完成 182027 万元，完成预算调整方案 171342 万元的 106.24%，同比增支 29066 万元，增长 19%。其中一般公共服务支出 23258 万元；国防支出 122 万元；公共安全支出 11057 万元；教育支出 34747 万元；科学技术支出 66 万元；文化旅游体育与传媒支出 1286 万元；社会保障和就业支出 30694 万元；卫生健康支出 19273 万元；节能环保支出 4077 万元；城乡社区事务支出 14769 万元；农林水支出 21745 万元；交通运输支出 1081 万元；资源勘探信息等支出 241 万元；商业服务业等支出 60 万元；金融支出 100 万元；自然资源海洋气象等支出 11545 万元；住房保障支出 5641 万元；灾害防治及应急管理支出 1111 万元；其他支出 145 万元；债务付息支出 991 万元；债务发行费用支出 18 万元。

【一般公共预算平衡】　2020 年，浈江区一般公共预算收入 44461 万元，加上级补助收入 143963 万元、动用预算稳定调整基金 1478 万元、调入资金 470 万元、地方政府一般债券转贷收入 17143 万元、上年结转 30201 万元，收入合计 237716 万元。全区一般公共预算支出 182027 万元，上解支出 8737 万元，债务还本支出 2143 万元，安排预算稳定调节基金 1418 万元。收支相抵，全区一般公共预算结余 43397 万元，均为专项结转资金。年内浈江区本级财政实现收支平衡。

【政府性基金预算】　2020 年，浈江区政府性基金预算收入完成 4394 万元，同比增长 1515.44%，主要原因是受新区体制改革影响，浈江区产业园土地出让实现本级收入上级补助收入 2245 万元，专项债券转贷收入 33500 万元，抗疫特别国债 7282 万元，上年结转 3848 万元，收入合计 51269 万元。全年浈江区政府性基金预算支出完成 48592 万元，同比增长 663.07%；调出资金 470 万元。收支相抵，年终结转 2207 万元，均为上级专项结转资金。年内政府性基金预算实现收支平衡。

【预备费使用】　2020 年，浈江区预算安排预备费 1695 万元，全部安排用于一般公共预算支出，其中一般公共服务支出 149 万元；

单位：万元

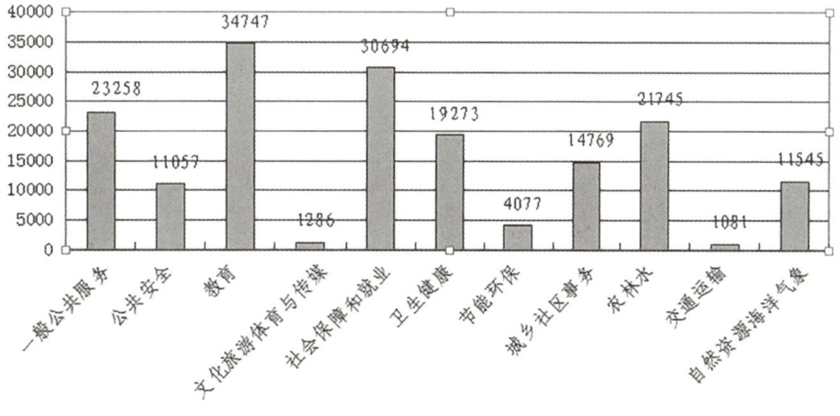

图 2　浈江区 2020 年一般公共预算本级重点支出情况图

教育支出913万元；社会保障支出175万元；卫生健康支出443万元；农林水支出6万元；灾害防治及应急管理支出9万元。

【国有资本经营预算】 2020年，国有资本经营预算收入488万元，均为上级专项转移支付收入；国有资本经营预算支出完成359万元，收支相抵，年终结转129万元，均为上级专项转移支付资金。年内国有资本经营预算实现收支平衡。

【社会保险基金预算】 2020年，浈江区社会保险基金收支决算由市级统一编制。

【地方政府债务管理】 2020年，浈江区新增政府债务50643万元，其中一般债务15000万元，专项债务33500万元，再融资债券2143万元；年末区本级政府债务余额为72268万元，其中一般债务36768万元，专项债务35500万元。地方政府法定债务的债务率为安全档次。全年偿还政府债务本金2258万元，偿还利息、手续费及转贷费共1568万元。

【非税征管】 2020年，浈江区财政局完善非税收入征管电子信息化建设，执收执罚单位征缴行政事业性收费、罚没收入、政府性基金等非税收入，全部实行“收费单位开票、委托银行收款、收入直接缴入财政”的电子化管理模式。年内区属执收单位通过非税系统征缴的行政事业性收费1252万元、罚没收入988万元，共计2240万元，比上年同期的1958万元增加282万元。在非税支出中，区财政局按照国库集中支付制度、程序要求以及政府性基金的规定，对预算单位提出的非税资金支出申请，通过核实单位上缴收入情况，编制下达预算内非税资金支出指标。

【财政票据管理】 2020年，浈江区财政局加强行政事业单位财政票据领购、核销、管理和监督，严把票据领销关，强化“以票控收”，加强在票据“验旧换新”环节对已开票据是否错用票据的检查、是否及时上缴财政的审核等，做好市票据监管中心对浈江区2014年领购财政票据核实情况，根据《财政票据管理办法》（财政部70号令）第32条规定，对全区各用票单位进行财政票据核查、清理、销毁到期财政票据，汇总上报市票据监管中心保存期满的期财政票存根合计156750份，填用金额40870万元。

【政府采购管理】 2020年，浈江区财政局推进全区电子化政府采购，提高资金使用效率。扩大政府采购范围和规模，强化电子一体化平台采购管理。全年浈江区政府采购事项审核备案1202次，节约采购资金244.83万元，节约率4.2%。

【预决算信息公开】 2020年，根据财政部预决算信息公开要求，全区所有预算单位均通过浈江区人民政府公众信息网统一公开部门2020年预算和2019年决算信息，全区预决算公开率、及时率及完整率100%。

【盘活资金】 2020年，浈江区财政局通过印发《浈江区2020年防范财政运行风险工作方案》，明确落实各部门责任，加强调度，扭转上半年收入下滑态势，全年一般公共预算收入同比增收1164万元；向上级争取专项资金和债券资金，支持区重点项目建设，全年争取各类上级资金总计93682万元，其中特殊转移支付9000万元，抗疫特别国债7282万元，涉农、山水林田湖草和城市提升等专项资金26757万元，债券资金50643万元；通过清理国库集中支付结余资金、收回2018年上级转移支付结余结转资金、统筹和规范各财政专户及预算单位存量资金等，盘活存量资金25862万元，统筹用于“六稳”六保”及消化年内挂账等支出。

【财政支出民生事业】 2020年，浈江区财政局集中财力加大民生领域投入，安排疫情防控资金1269万元；贯彻落实各项扶企惠企政策，落实减税降费、企业复工复产等政策，减免税额共17889万元（全口径）；安排城乡低保待遇1063万元；安排特困补助321万元；安排残疾人两项补贴1146万元；安排城乡居民基本养老保险资金3693万元；安排就业岗位补贴、灵活就业社保补贴、创业补贴、优秀返乡创业个人和企业奖励、就业招聘会工作经费等项目1158万元；安排“粤菜师傅技能工匠竞赛”工作经费25万元；安排人均基本公共卫生服务经费2863万元；安排城乡居民基本医疗保险资金8170万元；安排卫生健康领域支出16410万元，完成车站社区卫生服务中心及十里亭镇卫生院的修缮改造工程并购置5辆救护车；安排城乡义务教育公用经费、义务教育家庭经济困难学生生活费补助、义务教育中小学校舍维修等教育支出34747万元；安排城乡和社区支出21052万元，完成16个老旧小区80%主体改造、24座公厕改建、8个城区道路主次干道路面、背街小巷、人行道整治项目。

【重点资金保障】 2020年，浈江区按照防范政府隐性债务风险相关要求，在兜牢“三保”底线的前提下，优先安排到期债务本息的偿还，全年政府债务还本付息3773万元；安排精准扶贫及省定贫困村创建社会主义新农村示范村资金1319万元，助力3个贫困村、723户贫困户如期脱贫；安排污染防治及环保资金4803万元，“城乡环卫一体化”资金7143万元，山水林田湖草资金10397万元，完成五里亭良村片区截污工程、花坪镇污水处理厂修建、犁市镇污水管网建设。

【农业农村资金投入】 2020年，浈江区优先保障农业农村资金投入，全区农林水支出21745万元，比上年增加支出10965万元。推动涉农资金统筹整合，完善涉农资金管理、审批制度，审定区级涉农资金统筹整合总体资金分配方案和任务清单，落实部门责任，全年安排涉农资金13612万元；组织全区各单位申报2021年省级涉农领域预备项目，全区申报项目53项，涉及申报金额43817万元；落实耕地地力补贴、基本农田保护经济补偿、高标准农田建设和农业生产能力提升等资金1203万元，安排农村饮用水工程项目建设资金8858万元，安排农村人居环境整治资金15167万元、安排“生态公益林”资金413万元，安排“四好农村路”资金3303万元。

【财政资金管理体系规范】 2020年，浈江区预算部门所有财政性资金纳入绩效目标管理范围，要求各预算单位严格落实绩效目标，确保财政资金使用规范。通过印发《浈江区区级财政资金项目库管理制度（试行）》《浈江区上级财政专项资金分配管理制度（试行）》《浈江区财政资金审批范围和程序实施方案（试行）》《浈江区行政事业单位经营性资产管理方案（暂行）》《浈江区经营性国有资产租赁管理方案（暂行）》《浈江区非经营性国有资产管理方案（暂行）》等文件，规范资金审批拨付流程，提高资金使用效益，加强资产管理力度。9月，正式上线广东省“数字财政”综合管理平台预算域，并使用新系统开展2021年部门预算编制工作，规范财政业务管理。

（廖　喆）

税　务

【概况】 2020年，浈江区税务局承担所辖区域内各项税收、非税收入征管等职责，按十三届全国人大一次会议通过的国务院机构改革方案规定，实行以国家税务总局为主与省（市、区）人民政府双重领导管理体制。是年，鉴于新冠肺炎疫情的影响，浈江区采取减税降费、非接触式办税系列惠企利民举措，完成个税综合所得首次汇算、社保费征收职责划转工作等重要任务，税收收入“由负转正”的大逆转。全年累计组织税费收入43.3亿元，其中国内税收收入23.8亿元，市县级收入7.04亿元。税收收入超预期收入目标2.2%，税收收入同比增长1.3%，增速全市第三，也是全市正增长的三个单位之一；区级税收收入3.66亿元，同比增收8740万元，增长31.4%，获得区委、区政府通报表扬。

【浈税平安保驾护航】 2020年，浈江区税务局聚焦“疫情防控工作要尽力”，为浈税平安保驾护航。贯彻落实上级有关疫情防控要求，从严抓好重点部位防控、从实加强人员动态管理、从细做好防控物资保障，实现税务系统平安稳定。全年累计收到出行报备159份，使用疫情防控经费11.7万元，在职党员到社区报到时长2058.3小时、人均24.22小时，超额完成任务；派驻干部职工620人次入驻社区开展疫情防控，排查6135人次，为疫情防控贡献税务力量。

【政策红利兑现】 2020年，浈江区税务局聚焦“优惠政策落实要给力”，政策红利兑现。从支持防护救治、支持物资供应、鼓励公益捐赠、支持复工复产等方面落实支持疫情防控税费政策，助力企业复工复产、拓产提能。全年累计对490户次提供公共交通运输、提供生活服务和生活物资快递的纳税人减免税收收入近3亿元，为38户次纳税人减免房产税及城镇土地使用税237万元，为21户次纳税人办理延期税款753万元，为8户企业办理延期申报手续，调减定期定额户8700户，全区规上工业企业在3月底全部实现复工复产，确保政策红利直达市场主体。是年，减免税费5.65亿元，减税降费规模位居全市前列，全区总体宏观税负下降，改革红利逐步转化为保市场主体、优经济结构的发展新动能。

【增值税电子发票公共服务平台上线】 2020年5月，增值税电子发票公共服务平台（优化版）全面推行工作部署暨系统操作视频培训会（浈江分会场）举办。标志着增值税电子发票公共服务平台上线正式上线，培训讲解增值税电子发票公共服务平台及税务Ukey开票软件的功能和操作方法，对新旧开票软件的不同之处进行比较，举例说明安装和使用的难点及注意事项。同时，参训人员交流研讨和总结实际工作中遇到的问题和困难，并对软件进一步的推广发放工作提出建议和要求。

【税收营商环境优化】 2020年，浈江区纳税人满意度取得全市第6名、全省第66名的历史最好成绩。通过推行预约办税、“非接触式”办税、不动产一站式办理、推行办税事项“最多跑一次”清单、车购税全市通办等举措，帮助纳税人足不出户完成涉税费业务办理，提升办税便利度。全年网约率81%，电子申报率94.7%，单笔业务平均办理时间缩短至1.5分钟；为2.2万户次纳税户邮寄发票191.6万份，免费配送户数和份数居全市第一。自8月实施税警一体化办理购车手续以来，全年入库车辆购置税税款超1.53亿元，同比增加7459万元，增长94.84%。从面向纳税人、面向缴费人、面向社会大众出发，强化政策宣传，扩大政策知晓度。全年开展24场纳税人培训、发送19批电子宣传资料，影响面9000多户；同时借助地方主流媒体扩大宣传，累计在市级媒体发布稿件21篇，被省级以上主流媒体采用素材7次，为纳税人和缴费人获取政策提供渠道。

【助力企业渡过难关】 2020年，浈江区税务局聚焦“数据服务大局要加力”，助力企业渡过难关。充分发挥税收大数据优势服务领导决策和市场主体发展，通过产业链智能平台成功为2户企业对接产品购买方，促进外贸企业转内销；出口企业退税实现了“审核不过夜、退税不过周”，全年办理免抵调库222万元，办理出口退税1995万元，助力稳住外贸基本盘；评定A级纳税户487户，为历史最多，同时加大纳税信用评定结果运用，通过银税互动为91户企业贷款近亿元，社保e贷为45户企业完成1098万元的贷款，缓解企业资金压力。

【税制改革】 2020年，个税综合所得首次汇算平稳实施。浈江区税务局通过分类辅导个税手机App应用、落实免除部分中低收入者汇算义务等政策，累计退库739万元。社保费征收职责划转完成，征收城乡居民基本医疗保险费4235万元，参保签约率全市排名第一。非税收入征管职责划转稳步推进，加强纵横联系、内外协同，完成水土保持补偿费、地方水库移民扶持基金、防空地下室易地建设费、排污权出让收入4项非税收入征管职责划转。

【税费征管】 2020年，浈江区税务局完成纳税人企业所得税年度汇算清缴5751户；以重点项目管理为突破口，抓好“西气东输”项目耕地占用税、产业园闲置低效用地、村委房产土地使用情况等项目的税种联动管理；抓好车辆购置税、环境保护税、契税、房土两税等小税种管理，不断提升税收治理效能。持续做好日常税收风险管控工作，规范跨地区经营建筑企业税收管理，利用纳税人处置房屋土地、股权转让等信息，通过以上主观努力，实现税收收入8346万元，其中市县级税收收入3500万元。规范税费征管档案管理，建立税费档案闭环管理机制；接收企业排污、车辆登记、企业股权变更等10类10128条第三方信息，信息利用率75%，产生税收852万元；借助协税护税力量，对停车位税收、河沙税收、产业园闲置低效用地等8个领域开展核查，共组织税收收入5044万元。开展“大走访、真调研”活动，全年形成近20篇调研文章，其中4篇获得区委、区政府肯定性批示。

【税务服务】 2020年，浈江区税务局投入扶贫资金15万元，帮扶6户贫困户达到相对贫困人口退出条件；严查发票领域涉黑涉恶违法犯罪案件，组织开展专案协查3个，完成协查任务85户，查补税收收入52.76万元，入库滞纳金13.47万元；协助完成人口普查共738户1808人，入户摸底和短表数据录入工作进度居全区前列。

（温建华）

工　业

综　述

【概况】 2020年，浈江区工业和信息化局（简称“区工信局”）加挂浈江区科学技术局、浈江区商务局牌子。是年，区工信局紧紧围绕年初确定的工作目标，加大企业调研、服务和指导力度，力促企业增产增效，推动区域经济平稳发展。全区规模以上工业产值累计完成112.6亿元，同比增长4%（现价）；累计完成增加值27.58亿元，同比增长1.8%。规模以上工业增加值27.6亿元，同比增长1.8%。

【强化服务】 2020年，区工信局指导企业做好新冠疫情防控，推动企业复工复产，54家规上工业企业全面复工复产，复工率100%。

新建投产企业上规纳统　2020年，区工信局初步选取高信塑胶、乾鸿木业等企业作为年内培育对象，提前做好谋划，逐个上门跟踪掌握企业建设进展情况，做好服务协调。疫情防控期间，协调金融机构帮助高信塑胶解决融资2000万元；公司全年生产防护服热密封胶带1.2亿米，占全国防护服热密封胶带的45%，获得广东省抗击新冠肺炎疫情先进集体荣誉称号。

研究出台扶持企业发展政策　2020年，浈江区制定出台《浈江区应对新型冠状病毒肺炎疫情支持企业共渡难关政策措施》《浈江区扶持创建韶关市商务创新中心实施方案》，提供六项服务（区领导挂点企业、防疫物资支持、防疫医疗指导、生产要素保障、用工协调和劳资纠纷化解、金融扶持），落实五项扶持政策（经济发展贡献奖补、减免中小微企业租金、新增“四上企业”奖励等政策）。7月21日下午，浈江区召开推动经济高质量发展企业授匾大会，表彰韶关市顺宏房地产开发有限公司等10家“浈江区重点税源企业”，韶关比亚迪实业有限公司等16家“浈江区经济突出贡献企业”，广东杰里斯特机械制造有限公司等38家“浈江区2019年新增四上企业”，韶关市振才网络有限公司等20家“浈江区2019年国家高新技术企业”，广东磊蒙重型机械制造有限公司等12家“浈江区倍增企业”，韶关市鸿业房地产开发有限公司等31家“浈江区热心公益事业企业。

加大上级政策支持申报力度　2020年，区工信局帮助德丰、新弘立、中机重工等企业争取中小微企业贷款贴息39.65万元。指导浈江区新冠肺炎防护用品企业高信塑胶和菲尔诺服饰做好企业实施技术改造扩大生产奖励项目申报，帮助企业获得财政奖励资金7.48万元。帮助日昇生物质、祺瑞、磊信机械、韶关挖掘机厂、港华燃气等12家企业申领应对疫情支持企业复工复产贷款贴息补贴资金共计31.87万元。组织中机重工、磊信、磊蒙做好企业员工子女就读民办学校补助、保费补贴、科技创新等倍增计划优惠政策的申报，帮助企业“应享尽享”，获取补助金额67.27万元。协助德丰、磊蒙、挖掘机厂、创力获得省级专精特新中小企业认定，共获得市级奖励资金200万元。组织符合条件的企业申报技改事后奖补政策，为中机、德丰等4家工业企业成功争取省、市技术改造事后奖补（普惠性）资金181.5万元。

建立生产要素协调保障机制　2020年，区工信局协调城区供电局、市水投公司、港华燃气公司做好供电供水供气设施的检查检修工作，满足企业用电、水、气的生产要素需求，确保企业正常生产经营。

【培育规上企业】 2020年，浈江区建立工信、税务、统计、产业园等部门协调机制，通过走访调研、税务报表排查、大项目全程服务等方式，筛选高信塑胶、乾鸿木业等具备成长性的潜力企业进行重点培育，协调解决企业在小升规培育过程中出现的问题，利用扶持政策促进培育企业发展壮大，力促潜力企业升级为规模以上企业。全年新增规模以上工业企业2家。

重点企业

【中金岭南韶关冶炼厂】 始建于1966年，隶属于深圳市中金岭南有色金属股份有限公司，是中国首家采用英国“帝国熔炼法密闭鼓风炉炼铅锌”专利技术（ISP工艺）的大型铅锌冶炼企业，是中国南方最大的铅锌生产基地。工厂生产有色金属、系列合金、化工制品等30多种产品，主产品有铅锭、锌锭、锌系列合金、银锭、硫酸等，注册商标均为“南华”牌。主产品质量均达到国际先进水平，铅锭、锌锭、银锭、硫酸和压铸锌等先后获得“广东省名牌产品”称号，铅锭、锌锭、银锭通过中国有色金属工业协会的“有色金属产品实物质量认定”，铅锭、锌锭率先在伦敦金属交易所（LME）和上海期货交易所（SHFE）注册，银锭是伦敦金银市场协会（LBMA）注册产品。主产品锌锭、铅锭历年来国家质量技术监督检验合格率一直保持100%， 工厂连续多年被评为“AAA+级中国质量信用企业”“重合同守信用单位”，冶炼产品居国内同行业名牌产品前列。2020年，工业产值30.22万元，同比增长11.9%。

【韶关市中机重工股份有限公司】 位于浈江区工业园内，注册资金2000万元，占地面积6万平方米，厂房面积2.1万平方米，办公楼面积2350平方米，总投资1.5亿元。是韶关市重点招商企业，配备有4000吨锻压机、1200吨校直机、3吨和8吨电液锤、10吨电渣炉、5吨气保电渣炉、各类天然气加热炉和电退火炉17座及锯车、铣床等机械加工设备，是华南地区最具研发能力、规模最大的集科研、生产为一体的锻造工厂、热处理工厂和纯净钢生产工厂。2011年，动车齿轮坯生产基地建设项目被国家发改委、工信部列入中央预算内投资计划（2014年结题验收）；2012年，进入广东省现代产业500强，先后取得ISO 9001：2015质量管理体系认证及CCS（中国船级社）、ABS（美国船级社）、BV(法国船级社)、DNV（挪威船级社）的工厂认证和产品认证：2015年，成立市级工程中心；2017年，成立省级工程中心，拥有5项发明专利。高铁齿轮坯系列产品在2016年获得中国中车集团有限公司优秀供应商称号，同时，机车牵引齿轮坯产品和H13高端热作模具钢获得广东省名牌产品称号，重载机车齿轮坯研发项目获得首届“创客中国”广东赛区50强（优胜奖），动车机车驱动装置齿轮材料研发项目获得第六届广东省双创大赛优胜奖。2017年获得韶关市经信局首批“清洁能源”认证，2017年和2019年被指定为韶关市省重点联系高新技术企业，公司连续三年被浈江税务部门评定为“模范纳税户”。2020年，工业产值1.3亿元，同比增长2.5%。

【韶关金苹果饲料有限公司】 成立于2003年，是双胞胎集团与展弘集团共同出资的合资子公司，注册资金2396万元，占地面积1.67公顷。是集饲料生产、销售、研发于一体的大型现代化饲料生产企业，拥有国内先进的年产20万吨饲料生产线，同时拥有一批专业的技术骨干及管理团队。先后获得“2007年韶关市超亿先进生产企业”“2008年韶关市生产发展增幅一等奖”“2009年韶关市先进生产企业”“2010年韶关市模范纳税户称号”。2012年获得“省级高新技术企业”称号，2013年成立韶关市猪饲料工程技术研究开发中心，2014年取得由广东省农业厅颁发的饲料生产许可证，并取得“金苹果怀孕母猪配合饲料”“金苹果膨化猪场乳猪配合饲料”等21个专利，获得广东省猪用配合饲料工程技术研究中心。产品主销韶关省部分市八县三区，以及周边湖南市县地区。主要销售形式有分销、专销以及直销猪场等。2020年，生产总值4.19亿元，同比增长25.3%。

【韶关市新伟金属工贸有限公司】 位于犁市镇浈江工业园兴业路33号，占地面积20公顷。2001年3月底正式挂牌成立，是由韶关钢铁集团有限公司属下的国有企业原韶钢黄岗轧钢厂转制而成立的集工业、贸易于一体的民营企业。经营范围主要以轧钢为主，兼营钢材贸易、冶金产品等。拥有民营钢铁企业最先进生产线，采用平立轧制新工艺，所生产的“新伟”牌（“SG”牌）螺纹钢规格全、产量高、质量好，主要产品有HRB400、HRB400E、HRB500、HRB500E Φ12–Φ25和圆钢、方钢等，同时还能生产符合客户需求的相应规格断面的其他钢材。拥有国家质检总局颁发的“全国工业产品生产许可证”和国家商标总局注册商标“SGSG（新伟钢）”，是中国物流与采购联合会成员（CELP）、广东省钢协理事单位、广东省民营科技企业、“我的钢铁网”成员企业、广钢集团合作企业。公司与实力雄厚的贸易商和物流公司联手服务客户，销售网络分布于广东省珠三角各地区、韶关市、江西赣南地区和湖南湘南地区各市县，有较高的市场影响力。工程案例有广州琶洲国际会展中心、韶关碧桂园、韶关市鑫金汇建材家居广场、韶关市碧水华城、韶关市曲仁矿棚户区改造项目、粤赣高速公路、韶赣铁路、惠州东部蔚蓝海岸项目、郴州新田汉演艺中心、仁深高速等。2020年，公司完成工业总产值33543.9万元，同比下降24.3%。

（刘国添）

浈江产业转移工业园

【概况】 东莞（韶关）浈江产业转移工业园（简称“园区”）是2006年9月经广东省政府认定的“广东省产业转移工业园”，2008年底由韶关市政府整合并入东莞（韶关）产业转移工业园，是莞韶产业园的核心片区，实行市、区两级共建。2019年9月，全市加快推进产业发展，理顺新区和各区级园区的关系，明确由浈江区管理浈江产业园。园区位于韶关市北部，犁市镇镇区东部，十里亭镇区东北部，南端紧邻粤北国际物流中心，距离韶关市中心8千米，毗邻京广铁路，曲仁铁路、省道S246线贯穿园区，连通广乐高速和韶赣高速。按照园区产业定位，构建现代产业园区，打造集研发、终端产品、产业集聚为一体的机械制造基地。根据韶关市的规划，将园区打造成一个北部工业园，承接城市北移需求，形成北部经济圈。园区总规划面积1453.33公顷，可开发利用面积984.33公顷。园区各类工业企业86家（规上企业20家），主要以矿山机械、制造金属配件、机械锻压等为主，其中高新技术企业17家，总工人人数超5000人。2020年，园区规上工业产值46.32亿元，规上工业增加值10.94亿元，税收收入2.29亿元（全口径）。

【基础配套设施完善】 2020年，园区利用1.7亿元专项债券资金，启动道路、管网、边坡支护、标准厂房等10个基础设施项目。

【园区招商引资推进】 2020年，园区推进招商引资，开展粤港澳大湾区等地跨区域产业对接。是年，新签约项目11个，合同总投资14.86亿元，其中亿元以上项目6个，合同总投资12.58亿元，其中机械类项目6个，矿山机械项目1个。

【体制机制改革完成】 2020年，浈江区启动园区体制改革，成立园区党（工）委，强化党对园区的领导，明确园区管委会的机构性质由事业单位变更为行政单位，为正科级的区政府派出机构，明确园区的机构性质职能。截至年底，园区配备部分班子，健全人员管理机制。

（杨晓榕）

电 力

【概况】 2020年，韶关城区供电局浈江片区完成售电量13.88亿千瓦时，增长5.29%。完成固定资产投资1.12亿元。新增有效资产0.778亿元。10千伏及以下综合线损率2.29%，同比下降0.21%。客户平均停电时间（低压）2.14小时/户，同比下降39.55%。综合电压合格率99.994%。连续4年获得地方政府公共服务满意度评价第一名。累计有效专利拥有数5件，同比增长40%。

【安全生产】 2020年，韶关城区供电局实现“两确保、三杜绝、六不发生、两减少”（确保电网安全稳定，确保电力有序供应；杜绝人身死亡事故，杜绝一般及以上电力安全和设备事故，杜绝Ⅰ类电气误操作事件；不发生四级及以上停电事件，不发生四级及以上网络安全事件，不发生对供电局有较大不良影响的安全事件，不发生有责任的社会人员触电事件，不发生有人为责任的五级及以上事件；不发生五级及以上配网重复事件；减少五级事件，减少用户故障出门事件，减少重复性配网事件）。电网连续安全稳定运行3287天，全年未发生触碰安全生产红线和底线的事故事件。发布并落实局年度风险管控措施69项，有效管控6类20项主要风险，及时发现并消除安全隐患304项。及时启动5次响应、11次预警，完成两会、高考等76项保供电任务。落实网络安全“三同步”（同步规划设计、同步实施、同步投入运行），完成“护网2020”攻防演练。推行车辆“设备主人”制，落实交通事故考核及问责标准，加强车辆维保，没有发生较大及以上交通事故。

【电网建设】 2020年，韶关城区供电局利用信息系统的数据支撑及多维度数据分析，精准投资解决影响可靠供电的问题。建成22个网架完善、51个自愈改造项目。完成33回线路绝缘提升改造。环网率由91.43%提升至93.3%，可转供率由69.34%提升至72.76%，有效自愈率由20%提升至35.71%。韶城广场智能配电台区工程获评“2020年度南网优质工程奖”。

【经营管理】 2020年，韶关城区供电局党员突击队对定点医疗救治单位24小时应急值守，对国内最大防护服密封带生产商加装发电设备、特巡特维，解决产能激增的用电难题，全力保障118家防疫重要场所可靠供电。开展“三零”（零上门、零审批、零投资）服务，满足企业复工复产用电需要。落实国家降低电价政策，减免企业成本1783万元。常态化开展行业用电分析预测，每月向区委区政府报送行业用电分析报告，为区政府服务支持企业复工复产提供电量数据支撑。

服务区重点项目建设 2020年，韶关城区供电局党员服务队与农行韶关分行合作推出“电费E贷”，解决小微企业融资难题。攻坚完成10个贫困村23个台区低电压、52处安全隐患治理。完成贫困村2302户宽带模块改造并组织党员突击队支援翁源、新丰，落实1273户低（五）保户“免费电”政策。消费扶贫12.48万元。主城市提升、老旧小区改造、美丽乡村建设一线和三线整治工作。完成小水电自供区接收改造。新增2个班所获评“四星班组”，星级班组覆盖率提升至65.63%。无人机自主巡视全面开展，班子成员对口联系，主动服务重点企业和重点项目，配合招商引资。

优化电力营商环境 2020年，浈江区电力供应稳定有序，中压故障率同比下降25.4%。推广线上办电，互联网办理比例99.91%。落实“一口对外”客户用电需求响应机制，推行一证受理及“三免”（客户受理免填单、标准化供电方案免审批、标准化设计免审批）服务。城区160千伏安及以下小微企业低压供电，为用户节约投资42万元。市场化交易用户数增长20%，交易电量增长0.02%，为客户节省用电成本0.79亿元。实施“全链条”服务，为9户客户提供设备代维、设备租赁等服务。

【改革创新】 2020年，韶关城区供电局以制度创新为突破口做实基层减负，完成试点任务，提出管理提升建议72项，11项被南方电网公司采纳。推进配网智能化转型，新增自动化可控开关71台，实现全量可控率100%、在线率97.63%、遥控成功率94.45%，保持地区领先。率先开展软压板遥控实用，降低人工操作成本及风险。完成91回线路数字建模和无人机航线规划，常态开展自主精细化、通道巡视。提前完成退休人员社会化管理改革主体工作。全年完成发明专利2项，预审4项。（韶关城区供电局）

农业·林业·水利

农　业

【概况】 2020年，浈江区农业农村局贯彻落实中央和省、市关于乡村振兴战略的重要工作部署，抓重点、补短板、强弱项，集中力量开展脱贫攻坚和农村人居环境整治，推进生态且居美丽乡村建设，推进现代农业高质量发展，坚持统筹城乡发展，保持农村社会和谐稳定，促进乡村振兴发展。下属事业单位8个：区农机管理总站、区畜牧兽医水产服务中心、区动物疫病预防控制中心、区农业技术推广总站、区水政监察大队、区水利工程建设管理中心、区西牛潭水库管理处、区石子坳水库管养所。

是年，浈江区蔬菜上市7.5万吨，同比增长7.2%；水果产量2.6万吨，同比增长5.8%。生猪出栏9.7万头，同比减少6.4%；出售和自宰家禽169.3万只，同比减少19.9%；水产品上市1万吨，同比增长0.2%。全年农林牧渔业总产值14.67亿元，增长3.3%。其中：农业产值增长14.6%，畜牧业产值增长1.8%，渔业产值增长0.2%，农林牧渔服务业产值增长5%。

【新型农业经营主体培育】 2020，浈江区产业化组织总数189个，其中区级农业龙头企业25家，市级以上农业龙头企业19家（其中省级农业龙头企业7家）；农民专业合作社45个（其中省级示范社2家、市级示范社2家）；家庭农场125家（其中省级示范家庭农场1家、市级示范家庭农场25家）。

【农村集体产权制度改革】 2020年，浈江区5个镇开展农村集体产权制度改革，农村集体经济组织318个，其中经联社48个，经济社270个。截至12月31日，全区完成农村集体经济组织赋码发证313个，其中经济联合社46个，经济合社267个，完成发证率98.42%。全区完成农村集体经济组织成员身份确认的集体经济组织313个，完成进度98.42%。

【油茶现代农业产业园建设】 2020年，浈江区按照《浈江区现代农业产业园专项资金使用方案》，推进油茶产业园15个项目建设。开工项目15个，项目开工率100%，完成项目10个。财政资金支出4795万元，财政资金使用率95.9%，企业自筹支出6478万，园区企业贷款金额4200元，统筹涉农资金6052万元用于园区基础设施建设（道路、交通、水利、高标准农田、水田垦造、中小河流整治、人居环境整治等涉农统筹资金）。

【兰花产业发展】 2020年，浈江区环丹沿线流转土地43.33公顷，主要优先用于发展兰花产业；通过补贴农户租地和建设兰花大棚、提供种植技术、帮助联系销售渠道等措施，选取20户农户作为兰花种植的扶持对象，推广兰花种植；引进和发动农业企业发展兰花种植，是年，浈江区艺景生态园林、润斛生态农业、石子坳水库农旅项目等农业企业谋划和发展兰花种植；谋划建设兰花交易市场，发挥浈江区城市客厅和毗邻中心城区、多处高速出口的区位优势，做好兰花贸易。

【农业知名品牌创建】 2020年，浈江区获得无公害农产品认证43个、绿色食品认证1个和有机产品认证2个，获得“粤字号”农业品牌4个、“广东省名牌产品”6个、“全国名特优新农产品”1个、“广东省名特优新农产品”6个，粤港澳大湾区“菜篮子”生产基

链 接

浈江山茶油

山茶油即油茶籽油，俗称茶油、山茶籽油，是从山茶科山茶属植物的普通油茶成熟种子中提取的纯天然食用植物油，是世界四大木本油料之一，全球油茶籽油产量的90%以上来自中国，是中国特有的一种优质食用油料植物，它生长在中国南方亚热带湿润气候地区的天然无污染土壤偏酸性的低山丘陵地带。

浈江油茶树种植历史悠久，早在清朝时期，当地知县就鼓励耕农，号召当地百姓种植油茶树。改革开放以后，浈江山茶油得到进一步发展，通过改进茶油生产工艺，加快了油茶产业发展速度。2010年，浈江自种茶油林达到万亩以上。

浈江山茶油选择优质油茶籽压榨精炼而成。油茶籽的质量状况直接影响茶油品质。浈江属中亚热带季风湿润气候区，雨量充沛，光照充足，冬无严寒、夏无酷暑，无霜期长，十分有利于油茶生长。由于浈江优越的地理条件、适宜的气候和无污染的纯天然生长等因素，形成了浈江山茶油独特的品质，茶油色泽金黄，透亮澄澈，无沉淀，口感顺滑，不油腻，味道清香。此外，茶油还是天然的护肤、护发、化妆用品和高级糕点的理想原料。使用茶油治疗烧、烫伤以及婴幼儿祛风祛湿是民间传统风俗。

地3个。

【“一镇一业”“一村一品”项目】 2020年，犁市镇大村（油茶）和厢廊（石斛）、花坪镇奎塘（蜜柚）3个村被广东省农业农村厅认定为“一村一品”专业村，花坪镇（肉鸡）被广东省农业农村厅认定为“一镇一业”专业镇。

【农用地分类管理】 2020年，浈江区农业农村局完成全区5个镇28个行政村入村访谈，实地核查地块140个，通过对数据资料分析得出浈江区安全利用类农用地总面积1721.74公顷；严格管控类农用地总面积10.47公顷。印发农用地分类管理实施方案，受污染耕地安全利用项目启动，确定第三方技术单位并开展修复工作，受污染耕地安全利用方面实地踏勘21个行政村，排查晚稻面积320公顷，植保无人机累计喷施叶面阻控剂373.33公顷，完成相关工作等待上级的考核。

【中国农民丰收节】 2020年9月22日，浈江区第三届“中国农民丰收节”暨人居环境综合整治“百日攻坚大行动”现场会在沙园村隆重开幕。开幕式设有爱心企业颁奖环节，到场人数500多人。韶关市乐村淘电子商务有限公司派主播在现场直播，围观人数17.6万人次。此次活动得到6家农业企业支持，除赞助制作浈江企业宣传长廊和新农村建设成果展，还提供农产品作为奖品派发给当地农民，提高农民的参与度。

【高素质职业农民培育】 2020年10月26日，浈江区高素质农民培育培训班第一批66名学员在韶关市丛林山庄开班，10月26—31日，到英德市、佛山市、广州市等参加培训共6天48个学时，12月14—19日，第二批22名学员到英德市、佛山市、广州市等地参加培训共6天48个学时。此次培训班的学员来自全区的种植、养殖大户。

【春耕春播】 2020年春节前后，浈江区组织50余人次到各镇种植户，通过采取培训班和个别指导的方式，重点对抛秧、蔬菜搭棚、果园滴灌、诱虫、有机管理等方面的技术进行指导。全年春种总播种面积2723.13公顷，增幅3%，其中水稻1027.33公顷，玉米146.67公顷，大豆58公顷，油料作物848.27公顷，蔬菜642.86公顷。

【强农惠农政策】 2020年，浈江区耕地地力保护补贴面积4316.68公顷，完成中央财政耕地地力保护补贴553.89万元的发放，完成韶关市对全区粮食考核任务。协助市人民财产保险有限公司韶关分公司完成5个镇15640户农户住房保险续保以及全区2665.93万公顷政策性水稻种植保险投保，完成省市任务的100%。各项补贴均采用由银行直接划账的方式将资金直接发放到农民手中，没有出现克扣、挪用补贴的情况。

【植物病虫防治】 2020年，浈江区印发植保信息12期，病虫防治通知单1750份。全区水稻发生水稻病虫害800公顷，蔬菜病虫害500公顷。组织植保人员有针对性地抓好防治，防治水稻面积766.67公顷，防治率95.7%；防治蔬菜460公顷，防治率97.2%；蝗虫发生面积160公顷，防治面积153.33公顷，防治率95.8%。

种植业

【概况】 2020年，浈江区种植业以水稻、蔬菜、油料作物、果蔬为主，农作物播种面积7266公顷，其中粮食种植面积3000公顷，蔬菜种植面积2153.33公顷，油料种植面积1693.33公顷。全年粮食产量1.94万吨，油料产量0.69万吨，蔬菜产量7.47万吨。

【水稻种植】 2020年，浈江区农业农村局采取切实可行措施，加快粮食生产发展，优化粮食生产布局，发展高产杂交水稻生产，并根据气候资源特点充分挖掘水稻品种生产潜力，做好早、中、晚造品种布局和熟期搭配。并通过对新品种的引进、试验、示范和推广，有效提高粮食产量及产品优质率。全年种植水稻面积2725.33公顷，总产量1.81万吨，其中优质稻面积2440公顷，优质化率89%。

【蔬菜种植】 2020年，浈江区蔬菜种植面积2153.33公顷，总产量7.47万吨，比上年增长0.7%，种植品种主要有小青瓜、樱桃番茄、上海青、青花菜、西兰花、夏凉丝瓜等新品种，蔬菜产量和质量有提高，农民的种菜收入稳定增长。

【其他种植】 2020年，浈江区油料作物种植1693.33公顷，其中，花生种植1673.33公顷，产量0.69万吨；油菜种植17.33公顷，产量36吨。水果种植303.67公顷，产量2.59万吨。

农业科技

【概况】 2020年，浈江区农业农村局组织区农业技术推广总站抓好农业新技术和优良新品种的引进推广，全年引进甜玉米、樱桃番茄、青椒、夏凉丝瓜等10多个优良品种，蔬菜质量和产量明显提高。组织农业科技人员40多人次送科技下乡，组织高素质职业农民培训班2期，培训农民88人次。

【农业技术推广体系建设】 2020年，浈江区农业农村局加强农业技术推广队伍建设，由广州成功路人力资源咨询服务有限公司组织专家专题授课和现场教学；创新农业技术推广机构工作运行机制，促进多元化农业技术服务组织发展；落实农业技术推广保障措施，改善农技推广人员工作环境，加强农业技术推广与应用，提高浈江区农技推广水平。

【科技推广应用】 2020年，浈江区继续推广超甜玉米、番茄等优质品种。推广优质鱼养殖，养殖面积1066.66公顷，占养殖面积的73%。推广地膜覆盖技术、温室栽培技术、化学除草技术、配方施肥技术等10多项先进技术。其中，地膜覆盖花生种植353.33公顷，温室种植蔬菜146.66公顷，小拱棚种植233.33公顷。通过良种和良法的推广应用，浈江农业的科技水平不断提高，农产品产量和质量大幅提升，农民人均纯收入明显增长。

【农村人居环境整治】 2020年底，浈江区97.9%以上村庄达到干净整洁村标准，47.9%以上村庄达到美丽宜居村标准，浈江区以村容村貌的整治、村道硬化、集中供水、垃圾收集、污水处理、农房整治、公共服务提升、乡风文明建设8个方面为主要的创建内容，结合乡村振兴战略和省、市乡村振兴工作精神，整合和利用资源打造阅丹公路沿线9村旅游路线连片示范带。在陈江、沙园两个示范点建设中，成功引进社会资本，以“虾稻共作+拆旧复垦+旅游开发+环境整治”的模式，打造产业振兴带动乡村全面振兴的示范点。

（刘志斌）

畜牧兽医水产

【概况】 2020年，浈江区农业农村局畜牧兽医水产股负责辖区畜牧兽医水产及渔业行政工作，浈江区畜牧兽医水产服务中心协助畜牧兽医水产股开展畜牧兽医水产及渔业行政工作，韶关市浈江区动物疫病预防控制中心负责辖区动物疫病预防与控制技术工作。

【畜牧兽医】　2020年，浈江区生猪存栏10.5万头，出栏9.7万头；年末家禽存栏37.9万羽，出栏169.3万羽，畜牧业产值45141万元，累计增长1.8%。辖区有东联群达生猪屠宰厂、北山小型生猪屠宰点、南郊三鸟批发市场家禽屠宰点3个畜禽屠宰场所及奇丑、挚爱、欣爱3个动物诊疗场所。

【畜禽养殖废弃物资源化利用】2020年，根据《韶关市浈江区人民政府办公室关于印发韶关市浈江区畜禽养殖废弃物资源化利用工作方案的通知》等文件要求，浈江区农业农村局联合韶关市生态环境局浈江分局对辖区9个养殖场开展节能减排工程建设的指导，并通过区级验收，同时上报至市有关部门。截至12月，浈江区畜禽粪污综合利用率88.6%，累计完成养殖场治污设施配套数38家，配套率97.44%，超额完成年度任务目标。

【重大动物疫病防控】　2020年，浈江区农业农村局牵头开展非洲猪瘟防控“3+1”专项行动、指导有关从业企业（人员）开展非洲猪瘟自检及禽流感、口蹄疫等重大动物疫病的免疫注射及抗体监测工作，做到预防为主，杜绝或减少重大动物疫病及人畜共患病在浈江区发生。

【动物产品检疫】　2020年，浈江区动物疫病预防控制中心协助开展动物产品检疫，严格按照新版畜禽产地检疫规程、屠宰检疫规程开展畜禽及其产品的检疫，杜绝染疫畜禽及其产品感染易感群体，同时杜绝染疫肉产品离开定点屠宰点，走上群众餐桌，守护群众舌尖上的肉食品安全及生命财产安全。

（陈仕昀）

2020年6月8日，浈江区动物疫病预防控制中心在犁市镇厢廊村开展羊血液样品抽样　　（区农业农村局　供）

【水产及渔业】　2020年，浈江区水产养殖面积1749公顷，池塘养殖面积1454公顷，水库山塘养殖面积295公顷，水产品总量10152吨，同比上年增加0.04%，其中养殖产量10050吨，捕捞产量102吨，同比上年分别增加0.4%、–9.26%。其中：鱼塘总产9052吨，比上年增加0.31%；水库山塘总产998吨，比上年增加1.3%。全区登记在册的捕捞渔船132艘。

【水产养殖管理】　2020年，浈江区畜牧兽医水产服务中心累计对全区水产苗种场、养殖场进行协助执法检查8次，出动人员30人次，逐户查看养殖生产日志、饲料以及渔药，未发现在苗种生产和水产养殖过程中使用硝基呋喃类代谢物、孔雀石绿、氯霉素等禁用药物的违法违规行为。协助受理、初审水生野生动物驯养繁殖许可证22本、水生野生动物经营利用许可证16本。水产技术推广共接受群众咨询12人次，下乡指导4人次。

（魏　旋）

【渔政工作】　2020年，浈江区畜牧兽医水产服务中心协助区农业农村局做好渔船安全生产检查，签订158份渔业生产安全责任保证书，检查195船次；申请发放休（禁）渔期补助和油价补助共计155.1043万元；加强水生野生动物执法及渔业电、毒、炸查处整治巡查，加强珠江禁渔制度的宣传和休（禁）期整治巡查工作，出动协助执法人员73人次，协助执法车辆32车次，检查渔船

86艘；根据《浈江区国内渔业捕捞和养殖业油价补贴政策调整实施方案》，开展渔船减船转产、船员安全培训、渔业增殖放流等工作。

（李春雨）

农业机械化

【概况】 浈江区农机管理总站是隶属浈江区农业农村局，协助浈江区农业农村局进行农业机械化及拖拉机驾驶员牌证管理、中央农机购置补贴、农机安全工作的正科级单位。2020年，浈江区农业机械总动力4.31万千瓦，农机总量2900多台，机械耕作面积2.70千公顷。

【农机服务管理】 2020年，浈江区农机管理总站协助浈江区农业农村局入户农业机械4台、年检农业机械115台、考试7期，考试、发证农业机械操作、驾驶证人员22人，为农机作业提了技术人员保障。

【农机安全生产】 2020年，浈江区农机管理总站全面落实农机安全生产责任制，与办理年审、换证的农机手、合作社、农机检测点直接签订《农机安全责任书》200份。及时更新变拖系统信息，充分利用农机监理计算机管理系统，对在册的拖拉机和联合收割机档案台账进行清理。达到报废标准或超过报废年限的，要依照规定做好注销和淘汰，全年对793台废旧农机办理报废手续。

【农机补贴】 2020年，浈江区46户农户购机52台，享受购机补贴资金12.76万元，半喂入自走式联合收割机1台，轮式拖拉机1台，船式喷灌机1台，履带自走全喂入式谷物联合收割机1台，微耕机27台，旋耕机15台，叶轮增氧机6台，报废收割机1台补贴1.75万元。

（吴玉伟）

精准扶贫

【概况】 2020年，浈江区建档立卡贫困户为568户1184人（劳动能力贫困户218户660人，无劳动能力贫困户350户524人），其中，3个省定贫困村（群丰村、大村村、下陂村，分别由东莞市司法局、东莞市教育局和东莞市人社局对口帮扶）贫困户107户263人，其中劳动能力户60户195人，无劳动能力贫困户47户68人。是年，浈江区所有贫困人口和省定贫困村100%达到脱贫退出条件。

【扶贫资金】 2020年，上级下达浈江区人均2万元扶贫资金共1548.402万元，支付使用1548.402万元，使用率100%；上级下达扶贫全域资金3993万元，支付使用3993万元，使用率100%。浈江区本级财政累计投入财政资金115万元。是年，收到广东扶贫济困日捐赠资金430.68万元（其中，2020年韶关市本级开展广东扶贫济困日捐款到账131.28万元，上级转入慈善会救助资金49.2万元），全年使用捐赠资金421万元，结余捐赠资金9.69万元。

【“三保障”惠民政策】

教育保障 2016—2020年，浈江区累计发放建档立卡贫困户子女生活费补助2007人次，累计发放生活费补助资金362.13万元。2020年春季学期发放在校就读建档立卡贫困户子女生活费补助200人次，发放生活费补助资金33.4万元，2020年秋季学期发放建档立卡学生生活费191人，发放生活费补助资金31.45万元。

安全住房保障 2016—2020年，浈江区累计完成221户（含5户历史无房户）贫困户危房改造，危房改造率100%，累计发放危房改造补助款721.3万元，危房改造补助资金发放率100%。2020年，完成5户历史无房户房屋新建，发放危房改造补助资金共计20万元。是年，针对仍居住在泥砖房的贫困户（安全住房）动员其拆除重建，按4万元/户的标准予以补助，泥砖房改造20户。

基本医疗保障 2020年，浈江区与中国人保财产保险公司合作，为全区所有建档立卡贫困人口购买医疗救助补充保险。是年，贫困户就医医保报销记录累计3347人次，享受医疗救助3347人次，医疗救助率100%，发放医疗救助金186.4万元，占合规医疗救助费用比例85%。贫困户就医医保报销记录1219人次，已享受医疗救助1219人次，医疗救助率100%，发放医疗救助金为48.2万元，占合规医疗救助费用比例92.69%。

【政策兜底保障】 2020年，浈江区纳入建档立卡兜底保障贫困人口为699人（其中全家为无劳力户 524 人），其中纳入低保 596 人、纳入五保 96 人、纳入孤儿管理 7 人，均已领取政策待遇且达到最低生活保障、最低补差水平以上，纳保率 100%，最低生活保障落实率达 100%。2020 年保障人口 699 人（其中全家为无劳力户 524 人），发放保障金 398.57 万元。

【产业扶贫推进】 2020 年，浈江区通过创新“企业 + 基地 + 高校 + 扶贫”“企业 + 基地 + 金融 + 贫困户”“企业 + 基地 + 贫困户”等产业扶贫新模式，积极引导贫困户通过扶贫小额信贷与省龙头企业开展托管代养项目，打造了友丰油茶基地、无害化草菇栽培基地、广汇农牧种猪托管代养等一批产业扶贫项目，脱贫攻坚各项工作取得扎实成效，2016—2020 年累计投入 1056 万元用于发展扶贫产业，累计产生收益 331 万元。鼓励贫困户利用扶贫资金发展托管代种（油茶、葡萄、蜜柚等）产业项目，贫困户利用小额信贷发展托管代养种猪等项目获得收益。同时注重村集体增收，犁市镇省定贫困村群丰村和下陂村在鑫金汇、华南农产品交易中心购买扶贫商铺，每年商铺的租金收入返还给村委集体，形成村集体长效增收机制。

【就业扶贫推进】 2020 年，浈江区通过举办技能培训班和送技送教上门的方式，增强贫困劳动力的实用技能；落实一人一案跟踪帮扶机制，针对有意愿务工贫困劳动力的基本情况和就业意愿，制定“一人一策”，进行就业信息动态跟踪和岗位信息推送，做到精准帮扶；与东莞市寮步镇建立劳务协作机制，并拓展就业渠道，加大公益性岗位开发力度。截至 12 月底，浈江区实现就业的建档立卡贫困劳动力 237 人。

【消费扶贫推进】 2020 年，浈江区制定《浈江区关于深入开展消费扶贫助力打赢脱贫攻坚战的实施方案》等文件，以全区 3 个省定贫困村和分散贫困村为实施重点，以全区所有建档立卡贫困户为支持对象，以购买贫困户农产品和服务为主要手段，动员社会各界广泛参与，形成消费扶贫大格局，促进产业大发展。截至 12 月底，浈江区发展消费扶贫合作企业 14 家，成功认定 34 款扶贫产品，在全区发起消费扶贫活动，消费扶贫金额 1125.16 万元，让贫困户均获得收益。

【扶贫资产管理推进】 2020 年，浈江区制定扶贫项目及资产管理产权制度管理方案，加强扶贫资产规范管理和有效利用，提高扶贫资金效益，确保扶贫项目及资产保值增值，壮大发展农村集体经济。截至 12 月底，累计实施扶贫项目 70 个，完成确权登记项目 70 个，确权率 100%。

（区农业农村局）

林　业

【概况】 2020 年，浈江区完成碳汇造林 50.7 公顷，省级森林碳汇林抚育 168 公顷，封山育林 60 公顷，建立犁市镇群丰村委会莲塘村义务植树基地 1 个，面积 1 公顷。

【林业有害生物防治】 2020 年，浈江区自然资源局继续采取措施，防控松材线虫疫情，防治松墨天牛，制定《韶关市浈江区 2020 年松材线虫病防治项目实施方案》，5 月 8—9 日，聘请广州穗联直升机通用航空有限公司贝尔 407 直升机 1 台，对地形复杂，人工防治难度大的地区，喷洒 3% 噻虫啉微囊悬浮剂，灭杀松材线虫病主要传播媒介松墨天牛，使用 3% 噻虫啉药剂 0.85 吨，总作业时间 2 小时 30 分钟，飞行作业 7 个架次，飞防作业面积 666.67 公顷；4—10 月，组织专业防治队在故乡里、沙头、腊石良村、城背、宋屋、梅村（青石坑）等城区周边、交通主干道两侧的重点松林区挂放松墨天牛诱捕器 120 套，防控松林面积 240 公顷；5—6 月、9—10 月实施疫情普查(春、秋季)共 2 次，监测面积 2.79 万公顷次，杜绝松材线虫病在浈江区继续发生和扩散蔓延；清理病死松树一批。

（李肖肖）

【森林资源管理】 2020 年，浈江区采伐林木蓄积 9.95 万立方米，低于年生长量；严格执行林地保护利用规划，严格林地用途管制和定额管理，全年审批建设项目使用林地 25 宗，面积 138.22 公顷，经各级林业主管部门审核，审核率 100%，未超年度林地转非林地控制指标。是年，开展森林督查暨森林资源管理“一张图”年度更新工作，对变化图斑进行实地核查，完成森林督查图斑实地核查 86 个，更新林木采伐、使用林地、造林更新等图斑 223 个。

2020年3月12日，浈江区开展义务植树活动（区林业局　供）

【义务植树】　2020年3月12日上午，浈江区组织区四套班子领导，区法、检“两长”，区委办常务副主任、区人大办、区政府办、区政协办主任，浈江区自然资源局、犁市镇干部职工及部分志愿者共80人在犁市镇群丰村委会莲塘村小组参加义务植树活动，种植黄花风铃、铁冬青、润楠、乐昌含笑等乡村阔叶树种树苗1000余株，面积1公顷。全区适龄公民15.8万人，参加义务植树活动人数15.6万人，义务植树尽责率98.8%。

【野生动植物保护】　2020年，浈江区自然资源局结合新型冠状病毒肺炎疫情防控工作，做好野生动物管控，阻断可能的传染源和传播途径。设卡防控，禁止野生动物流入辖区。1月26日至2月24日，每天安排值班人员12人，分成4个小组，联合相关部门在鑫金汇、东联高速路口、犁市高速路口和良村高速路口设立检查站4个，24小时检查来韶车辆，禁止野生动物流入辖区。浈江区自然资源系统出动检查人数352人次，检查车辆248071辆，未发现有车辆携带野生动物。联合巡查，禁止野生动物交易，1月29日至2月27日，每日安排工作人员6人，联合区城管执法、市场监管和农业农村等部门组成疫情防控联合巡查监管专班，到农贸市场、酒店、农庄、动物园、水族馆、宠物医院和人工养殖场等场所巡查，禁止野生动物交易，出动联合检查人数208人次，巡查场所297家。出动森林公安民警1102人次，出动执法车辆378次，全面检查野生动物活动区域、交易市场、餐饮场所、车站等重要部位3084处。开展宣传，安排各自然资源所工作人员、74名护林员入村滚动播放疫情广播，到70个自然村开展疫情防控宣传，引导村民爱护野生动物、不猎捕、贩卖野生动物。11月，开展野生动物保护宣传月活动，对新出台的《广东省野生动物保护管理条例》《中华人民共和国森林法》等法律法规开展宣传。对辖区以食用为目的人工繁育陆生野生动物3家养殖户开展退出处置。

（文纯君　卢惠君）

【森林公安执法】　2020年，韶关市公安局浈江分局森林派出所坚决遏制破坏森林和野生动植物资源违法犯罪，保护全区生态安全和生态文明建设成果。在全区范围内先后开展“护林2020”“昆仑2020”“严厉打击违规野外用火违法犯罪”“严厉打击破坏野生动物资源违法犯罪活动”等各项专项打击破坏森林和野生动植物资源违法犯罪行动。是年，森林派出所立各类森林案件11宗，其中刑事案件7宗、林业行政案件2宗、治安案件2宗，侦破7宗刑事案件，依法刑事拘留3人、逮捕4人、取保候审5人、起诉8人；查处各类违法人员4人，其中林业行政处罚2人，治安拘留2人，林业行政罚款0.36万元。

（江泽全）

【土地和山林权属纠纷调处】　2020年，浈江区开展土地、山林权属纠纷调处，做好行政复议、提起诉讼和应诉工作。是年，作出林地权属争议处理决定书2宗、土地纠纷调处建议书1宗、林权争议不予受理决定书1宗。完成行政复议案件1宗、一审诉讼1宗、终审诉讼3宗，涉及林地面积221.5公顷。

（潘日鸿）

【森林防火】　2020年春分清明期间，浈江区召开专题会议研究部署动员广大村委、村小组、镇村干部落实好森林防火工作。健全完善落实包镇包村责任制，将包片责任落实到人。强化巡逻检查，在全区78个村委（社区）范围内各主要路口设立临时检查站78个，出动工作人员1200余人次，防止易燃易爆物品和火源入山。开展森林火患整治，3月开设30千米森林防火隔离林带，对各火灾隐患点周边建设维护隔离带；6月起，配合广东岭南综合勘察设计院开展森林火灾风险隐患排查试点建设，消除管控风险隐患。加强森林消防队伍和护林员培训演练，6月参加市级业务技能培训班1次、9月参加省级业务技能培训班1次、10月组织开展实战演练1次。进入秋冬后，加强野外用火巡查，中秋、国庆、重阳节期间，每天派出护林员、消防队员80人、巡逻汽车2辆、巡逻摩托车70辆深入田间山头开展野外用火巡查工作；中秋节晚，联合应急部门开展打击燃放孔明灯专项行动；在森林防火特别防护期，做好应急值守，落实森林防火24小时专人值班制度。

【护林员网格化管理系统】 2020年8月，浈江区自然资源局委托广州市坤盛信息科技有限公司，建设护林员网格化管理系统，按照“属地管理、分级负责、权责明确、全面覆盖”的原则，划分好管护网格，明确每个护林员管护网格四至边界；将网格编号、地点、护林员、镇村责任人、林分性质及树种结构等信息入库广东省护林员网格化管理平台数据中心，做到省、市、县三级联网，形成上下贯通、协调联动的护林员网格化管理体系。管理系统借助计算机及护林员手机，实时监控护林员巡山护林情况，做到林区块块有人看、时时有人管，实现网格间无缝对接，减少林区违规野外用火、乱砍滥伐、非法占用林地等行为。

【森林防火宣传教育】 2020年春季，投入12万元印制森林防火宣传资料一批，悬挂横幅（电子屏）420条，张贴标语300条，海报113份，发放《文明祭祀倡议书》《致全区学生家长的一封公开信》《浈江区森林防火承诺书》《韶关市野外用火管理条例》宣传单26万份，2020年第1号禁火令8.5万余份及宣传手册1万份。进入秋冬后，印制《韶关市野外用火管理条例》等宣传单29万份，森林防火宣传横幅、户外宣传牌一批，开展森林防火宣传月活动，巡山时，利用巡逻汽车、摩托车通过高音喇叭不间断播放《韶关市野外用火管理条例》节选内容。

【专业森林消防队伍建设】 2020年4月1日起，区政府同意将浈江区专业森林消防队伍人数从原来的10人增加至20人，专业队队员待遇从每人每年3.4万元提高到每人每年4.3万元，转为政府购买服务人员，相关经费纳入年度财政预算，其中13名在林业局办公楼9楼宿舍集中食宿备勤，驻防新韶、乐园、十里亭3个镇，7名在犁市林业站集中备勤，驻防犁市镇、花坪镇。

【森林防火装备物资更新】 2020年，浈江区自然资源局投入购置、更新防火装置资金71.7万元。更新购置森林防火指挥车、运兵车辆各一辆；风力灭火机20台；长袖迷彩服、手电筒等森林防火装备物资一批。

【自然资源安全生产管理】 森林防火安全　2020年，浈江区严格执行《韶关市野外用火管理条例》，开展春、秋森林防火宣传教育，发布禁火令，组织护林员重点巡查，最大限度减少山火的发生；对护林员、森林消防队员进行业务培训及实战演练，发生山火时，主要领导靠前指挥，及时、科学扑救，避免发生大山火和人员伤亡事故。

地质灾害安全　2020年，继续抓好地质灾害隐患排查，落实“雨前排查、雨中巡查、雨后复查”工作机制，重点对居民点、学校、旅游景区等人员集中地区，以及山区削坡建房地区和在建的地质灾害治理工程进行排查。委托地质灾害防治技术支撑单位广东省地质局第三地质大队每月对全区在册地质灾害隐患点进行逐一核查。落实地质灾害隐患点防治措施，加强监测预警，完善防灾预案，确保群众生命财产安全.

木材经营加工单位生产安全　2020年，浈江区有木材经营（加工）单位57家，存在安全生产隐患的主要集中在锯板厂、家具厂。结合“奋战100天、攻坚保平安”重点攻坚行动、安全生产月等活动，全年开展65次安全生产检查，检查单位111家，对存在安全隐患的厂家下发整改通知书，限期整改。与木材经营（加工）单位签订安全生产责任书133份。

抓好林木采伐、造林作业生产安全　2020年，浈江区继续落实林木采伐安全责任，与采伐经营者签订采伐责任书，采伐经营者做好安全生产教育及落实各项安全采伐措施，安全进行林木采伐生产，签订采伐责任书116份。造林作业生产以机械作业为主，施工单位做好安全生产教育及落实各项安全生产措施。对辖区范围内的林木采伐、造林生产的工地进行排查，一律不准在河边、山谷、水库边搭建工棚，施工人员在安全地点居住，在恶劣天气时提前通知经营者将施工人员暂时撤离施工现场。

（文纯君）

水利

【概况】 2020年，浈江区落实“节水优先、空间均衡、系统治理、两手发力”的治水思路，认真践行“水利工程补短板、水利行业强监管”水利改革发展总基调，做好各项水利工作。加强江河防洪体系建设，完成中小河流治理21.5千米，开展小型水库安全鉴定、标准化运行建设和除险加固；强化水域岸线保护，推进河湖“清四乱”常态化规范化，划定河道管理范围114千米，清理河道水面漂浮物8300吨；提升农村安全饮水保障，解决完成农村集中供水覆盖人口2.1万人，自然村集中供水覆盖率90%以上。

【水利工程建设与管理】 2020年，浈江区大陂河治理工程主要内容包括治理河长约5千米，建设内容包括左、右岸护岸护坡，河道清淤等工程。截至12月底，项目进入工程实施建设阶段，完成工程量投资额1000万元，治理河长约1.5千米。

浈江区全域自然村集中供水工程 2020年，浈江区农村安全饮用水建设项目（含镇级自来水工程建设项目）主要用于浈江区乐园镇、新韶镇、犁市镇、十里亭镇、花坪镇部分重点面上村水质提升及集中供水全覆盖任务。主要建设内容包括与韶关市水务投资集团有限公司合作建设市政供水主管工程，总投资8400万元（其中建安费7019万元）。主要接通十里亭镇湾头、腊石村委；新韶镇陈江、东山、大陂村委；乐园六合、上坝、下坝村委；犁市镇五四、石下、黄沙村等。建设分散式集中供水工程及末端工程，建安总投资6688.9万元。新建花坪镇供水厂和改建犁市镇水厂，投资约3500万元。浈江区采用抄表入户的行政村分别为六合村、上坝村、下坝村、大陂村、金凤坪村、五里亭村6个行政村，受益户数2115户，受益人口10425人，抄表到户预计总投资约1057.5万元。截至12月底，十里亭镇、新韶镇、犁市镇、乐园镇完成农户筹款822.8万元。

是年，浈江区完成16宗安全饮用水保障工程项目建设任务。项目包括花坪镇集中供水工程、新韶镇东山村陈江村自来水工程、新韶镇黄浪水村自来水工程、新韶镇大陂村自来水工程、乐园镇新村自来水工程、乐园镇教场村自来水工程、乐园镇长乐村自来水工程、十里镇腊石村自来水工程、十里亭镇湾头村自来水工程、犁市镇梅塘村小型集中供水工程、犁市镇黄竹村小型集中供水工程、犁市镇黄塘村自来水工程、新韶镇东联村自来水工程、新韶镇府管村自来水工程、乐园镇集中供水工程、十里亭镇金凤坪村自来水工程，完成主要工程建设内容包括新建及改建管网布置、新建过滤池、蓄水池、新增一体化设备等。

河湖清“四乱” 2020年，浈江区“四乱”（乱占、乱采、乱堆、乱建）问题4宗，其中涉及在河道管理范围违建建筑2宗，2宗问题涉及在河道管理范围倾倒固体垃圾，全部完成整治并逐级上报水利部销号处理。

河道保洁 2020年，根据上级河长巡河发现问题，浈江区组织武江犁市段应急打捞工作和新韶镇枫湾河应急打捞；按照广东省河长制办公室关于在全省开展水面漂浮物清理专项行动的要求，每年需开展3次专项清理，浈江区组织实施2020年第一和第二次全区水面漂浮物清理专项行动，集中清理河道水面垃圾漂浮物；通过河湖视频监控检查、民间河长和公众巡河、电话热线反映、网络问政等渠道，韶关市河长制办公室反馈交办浈江区清理工作，包含多项市区河道、岸边保洁的问题。通过环卫部门落实好保洁范围，各镇办负责辖区非市区保洁范围的分工部署，全部完成交办清理任务；按照市政府有关市区河道保洁的工作部署，年底浈江区肩负市区段河道保洁责任，保洁范围为上游至武江十里亭大桥和浈江帽峰大桥，下游至北江大桥，保洁范围内的清理工作由外包保洁工作负责。浈江区督促上下游拦河水电站落实库区漂浮物日常清理，湾头水利枢纽电站、孟州坝发电厂均对飘浮船只开展日常清理，确保市区河道不出现成片大面积漂浮物。

【依法治水】 2020年，浈江区农业农村局利用中国水周，水政人员下到乡镇上街宣传活动，向各取水户发放水法规宣传资料、挂宣传横幅等宣传资料，解答群众提出的河长制、河道治理等有关问题，接受群众水法规咨询。组织干部职工收看水法法规宣传纪录片，集中学习水法法律法规知识。

是年，浈江区农业农村局按照专项执法检查活动实施计划的步骤。全年组织检查活动92次，其中河道检查50次，水土保持检查32次，水库检查10次；参加检查人员230人次。检查河道5条：武江、浈江、锦江、枫湾、大富水；检查水库10个：西牛潭水库、湾头水电站水库、溢洲水电站水库、黄坑水库、石子坳水库等；开展河湖执法检查活动，建立健全河湖执法巡查制度，强化河湖执法监管，完善河湖执法监管体制机制，严格河湖管理与保护，严肃查处涉河湖水事违法行为；根据市海事部门、市水务部门工作部署，完成韶关市船舶涉河湖违法行为清理整治，清理上岸1艘“三无”（无船名号、无船舶证书、无船籍港）餐饮船舶，消除河道行洪安全隐患；完成2020年度遥感监管疑似违法违规扰动图斑复核，依法对辖区内开发建设项目进行水土保持执法检查，跟进补办水土保持方案的项目，查看落实补编整改的情况。对开发建设项目采取巡查监控措施，全年作出限期补办水土保持手续的通知19份。

【水资源管理】 2020年，流经浈江区的主要江河有北江（含浈江）、武江，2条江河集雨面积均在6000平方千米以上，全年降雨量1723.64毫米，3座中型水库年末蓄水量6312万立方米，较上年减少463万立方米。全年总用水1.2亿立方米，万元生产总值用水量及万元工业增加值用水量对比2015年降幅为25%和60%，考核水功能区达标率100%。为浈江区实施开展取用水专项整治行动，对全区依法纳入管理的取用口排查整治，完成取水口信息核查登记94个。开展计划用水管理，对全区12个保有取水户、8家自来水重点用水单位落实用水计划审批，同时利用世界水日、中国水周、法制宣传日”等契机，开展水情教育和水利公益宣传。

【全面推行河长制】 2020年，浈江区按照省、市河长制相关要求，组织开展河流系统治理，推动河流面貌持续改善，实现河长制体系建设全覆盖，促进辖区水生态环境质量全面提升。

体制机制建立与运行 2020年，浈江区推进区镇村三级河长全覆盖。根据浈江区河流所处地理位置及流经区域，建立5个区级、31个镇级和109个村级河长体系，层层压实河长工作责任；健全完善河长制工作机制。召开区委常委会会议、河长制工作会议专题研究部署，建立完善河长会议、河长巡查、工作督察、信息公开与共享、考核等相关工作制度，并将河长制日常工作经费纳入年度财政预算，每年安排日常工作经费用于河长制工作，确保河长制各项工作有序开展；建设互联网+河长制。要求全区各级河长加入广东省“智慧河长”平台，实时发现问题并及时处理公众投诉。截至12月底，浈江区各级河长办应上线人数169人，上线人数169人，上线率100%。

河长巡河履职步入常态化

2020年7月16日，浈江区召开全面推行河长制工作领导小组第二次会议 （区委宣传部 供）

2020年，浈江区第一总河长陈来安和总河长胡德宁带头履行河长职责，带动区镇村三级河长巡河常态化。在各级河长巡河过程中，对照巡查范围，查看河流是否存在乱扔垃圾、河道污染物问题，是否存在非法排污、违法建筑问题，是否存在公示牌损坏、巡查问题未解决到位问题等，确保问题早发现、早处理、早解决。对巡河发现问题，及时移交相关职能部门处理，并跟踪问题处理进度、结果，保障河道巡查实际效果。全年区级河长巡河66次，镇级河长巡河921次，村级河长巡河5000余次，发现问题115宗，解决问题115宗。

河湖管护及河流综合治理 2020年，浈江区开展市区河道、武江犁市段和新韶镇枫湾河流域的应急打捞；统筹上下游、左右岸、干支流，在全区河道水域范围组织实施全区水面漂浮物清理专项行动2次；落实上级交办清理，市河长办交办河湖视频监控检查、民间河长和公众巡河、网络问政等渠道反映的问题，全部按时保质完成交办任务。截至年底，全区各项河道保洁工作清理河长260.5千米，清理漂浮物及垃圾8300万余吨，各级累计投入资金253.9万元。

水污染防治攻坚有序推进 2020年，浈江区国考断面水质达标率和优良比例均100%，城市建成区内无黑臭水体。加强市区周边小河流综合治理。对于大陂河、冷水坑2条河流的治理，找准问题根源，科学制定整治措施，消灭劣Ⅴ类断面，防止黑臭水体的出现。

河湖执法监管加强 2020年，浈江区公安部门成立河湖警长制工作领导小组并研究制定《韶关市公安局浈江分局全面推行河湖警长制工作实施方案》，对接河长体系设立三级河湖警长体系，设立区河湖警长；组建由公安、水务、生态环境、住建、城管、农业农村、自然资源等部门组成的涉水联合执法队伍，强化重点河段、重点湖泊和重点水库的联合巡查，开展清理取缔“三无”船舶、乱占乱建、乱围乱堵、乱采乱挖、乱倒乱排等重点水域整治工作，为截污治污、水域管理、清障拆违、采运河砂等涉水治理提供治安保障。

【调度与防御】 2020年2月4日，浈江区转发广东省水利厅《关于开展2020年水利汛前防汛安全检查的通知》，各镇和各水利水电工程管理单位按照通知要求，自行开展再自查工作，开展辖区工程范围安全年度检查，全面检查防汛工作责任制、防汛工程工况和非工程措施。2月下旬，区农业农村局抽调3名人员组成督导小组，到各镇进行核查、抽查工作。对督查中存在的问题，未能及时整改落实的工作，现场促办整改落实，确保安全度汛。确定全区72座中小型水库、114宗万方以上山塘和14宗水电站的防汛行政责任人和技术责任人，并在汛前签订责任书。

5月25日16时和6月6日16时，浈江区农业农村局适时启动水利防汛Ⅳ级应急响应，要求各水利工程防汛行政责任人、技术责任人和巡查责任人迅速上岗到位，履行职责，落实带班领导24小时在岗值班值守。局领导组织检查组对各个存在隐患的山塘水库进行巡查，确保工程安全运行。6月9日上午，区委常委刘子龙、区农业农村局党组书记黄义源到犁市镇、花坪镇巡查水利工程并指导防汛工作。6月9日下午，区长胡德宁率相关职能部门到花坪镇巡查水利工程并指导防汛。组织5个镇进行山洪灾害危险区群众转移避险演练。其中4月10日上午，十里亭镇在腊石村学前村小组低洼地段根据山洪灾害一页纸预案组织群众转移安置现场演练；4月16日上午，新韶镇在水口村委新村组织开展组织山洪灾害及低洼地段人员安全转移应急演练。

【水库移民后期扶持】 2020年，浈江区核定人口459户1835人（省属水库73户318人），全年计划资金396.1万元。发放水库移民后期扶持补助资金每人每年600元，全年发放后期扶持补助资金110.1万元。对移民村开展基础设施建设项目，完善移民村基础设施。其中西牛潭村（罗屋村小组）创建新农村示范工程179.99万元，犁市镇厢廊村1、2队村道路、村中主巷道两旁安装太阳能灯120套，村中道路硬化约600平方米等工程101万元，西牛潭村、厢廊村环境整治5万元，水库移民“十四五”规划编制10万元，杨屋美化、绿化5万元（部分）。

（刘志斌）

商贸·服务业

综　述

【概况】　2020年，浈江区社会消费品零售总额累计完成销售额115.5亿元，同比下降6.6%。限上批发业累计完成销售额122.1亿元，同比下降11.4%；限上零售业累计完成销售额56.7亿元，同比下降2.7%。

【夜市经济推进】　2020年，浈江区贯彻落实《韶关市人民政府办公室关于印发韶关市促进夜间经济发展实施方案的通知》文件精神，推动辖区夜间经济发展，促进商贸经济复苏。8月，在鑫金汇休闲购物广场举办两场“夜市”活动：8月14—20日举办“2020广东省（韶关市）夜经济暨暑期消费促进活动”（C位电音美食节），鑫金汇好吃街夜市每日客流量破万人次，活动总营业额超300万元；8月28日至9月1日，持续发力推动夜市经济，“网红夜市”活动邀请市民踊跃参加，全民练摊并向市民免费发放消费券，活动五天客流超10万人，带动消费破百万。

【汽车展销】　2020年，浈江区在车企让利的基础上，进一步落实《广东省关于促进农村消费的若干措施》精神，加快经济恢复，贯彻落实党中央关于统筹推进疫情防控和经济社会发展工作的决策部署，拉动农村消费。5—8月期间在犁市镇、新韶镇、十里亭镇、花坪镇，举办汽车下乡展销月活动4场；10月1—3日，举办迎国庆“智领未来”汽车展销节，活动期间成交车辆427台，成交金额4310.14万元；11月初，组织汽贸企业到国粤（韶关）电力有限公司举办汽贸进企业团购活动，现场国粤职工和多家车企签订购车意向；11月，限上汽贸企业月度新增入韶关美东雷克萨斯和韶关市荣耀汽车销售公司，限上48家汽贸企业，11月单月销售额达到35172.7万元，比上月增加4640.5万元，环比增长15.2%。疫情防控之下，辖区汽贸行业同比降幅逐月收窄，限上汽贸企业稳步复苏，全年销售额达到33.55亿元，比上年同期增长250万元。

商贸企业

【中国石化销售有限公司广东韶关石油分公司】　隶属中国石化下属销售分公司，于2000年8月16日注册成立，性质为股份有限公司分公司（国有控股），覆盖韶关辖区七县（市）三区，内设9个职能管理部门，下设11个市、区、县公司，有职工609人，其中大学及以上学历职工252人，占41.38%；拥有各类专业技术职称人才60人，占10%。主要经营汽油、柴油、润滑油、天然气等，兼营加油站便利店、餐饮、汽车服务、电子商务等非油品业务，拥有86座在营加油站，加气站3座（在营1座、在建2座），2座在营油库，库容5.85万立方米。连续三年获得韶关国税局颁发的“模范纳税户”称号，市委、市政府颁发的“韶关市抗旱救灾先进集体”称号，共青团浈江区委颁发的“五四红旗团委”称号等。2020年，累计实现销售额464910万元，同比下降15%。

【中国石油天然气股份有限公司广东韶关销售分公司】　隶属于中国石油广东销售分公司，成立于2001年4月，于2004年1月正式开展业务，办公地址位于浈江区北江北路1号财富广场27楼，公司经营以成品油销售、加油站便利店商品销售及加油站管理为主。下辖韶关各县（市、区）加

韶关市大润发商业有限公司　（区史志办公室　供）

油站35座，拥有员工300人。2008年冰雪灾害期间，向民政部门捐赠20万元救灾物资，并组织员工上京珠高速公路开展送油、送水活动；还参与韶关地区扶贫帮困工作，先后出资近百万支持乐昌云岩、韶关龙归、南雄坪田及江头等地的扶贫项目。2020年，累计完成销售额171296.3万元，同比下降33.6%。

【韶关市大润发商业有限公司】位于韶关市解放路与熏风路交会处，系康成投资（中国）有限公司投资设立的外资企业，于2007年9月28日开店，是大润发在华南区第11家门店；占地面积约30000平方米，卖场共2层：首层以生鲜和商店街为主，生鲜经营面积4000平方米，主营新鲜蔬菜、肉类、各种熟食、冷藏食品、中西点心等，商店街经营面积3600平方米，以国内知名服饰、皮具等品牌为主；第二层以百货、杂货为主，经营面积9000平方米，主营日常生活用品、服饰、家电、休闲食品等。总经营品项2.7万个，员工500人。2020年，累计实现销售额37195.1万元，同比下降3.7%。

招商引资

【概况】 2020年，浈江区新签约招商项目8个，投资总额13.09亿元，同比下降77.3%，其中超亿元项目4个。在建项目2个，新动工项目2个，实际到位资金0.5213亿元，同比下降68.72%。

【项目建设推进】 2020年，区委书记陈来安、区长胡德宁带队外出招商26次，推进海大集团年产100万吨生物配合饲料生产基地项目。是年，浈江区通过建立项目台账、召开协调推进会、现场调度等方式，健全项目推进和考核机制。12月15日，在韶关市绿色产业招商大会浈江分会场对《浈江区扶持广东省首批“双创”示范基地建设韶关市商务创新中心实施方案（试行）》进行政策宣讲，并邀请银行有关人士介绍惠企金融产品。

【招商项目谋划】 2020年，浈江区做好龙头企业及重点项目谋划，区招商工作小组到广州柯木塱矿机交易城开展招商活动（每次为期2周），主要走访调研柯木塱矿机交易城一期、三期及广汕一路、二路及上涂屋的商铺，累计走访商铺近100家，登记商铺54家。

【强化服务】 2020年，浈江区贯彻落实市委、市政府关于实施韶关市中心城市“东进、南拓、西融、北优”的决策部署，出台《浈江区扶持广东省首批“双创”示范基地建设韶关市商务创新中心实施方案（试行）》。

对外经济贸易

【概况】 2020年，浈江区新批1个外资项目，合同吸收外资1万美元。外贸进出口总额66037万元，同比增长7.4%，其中出口56373万元，同比下降2.4%；进口9664万元，同比增长161%。全区新备案外资项目23个，同比增长9.52%，合同吸收外资4864万美元，同比增长569.97%，实际吸收外资1万美元，同比增长100%。外贸进出口总额8921.1万美元，同比增长15%，其中出口总额8382.1万美元，同比增长21%；进口总额539万美元，同比下降35.3%。

【企业融资】 2020年，区政府办牵头草拟《浈江区“十家银行服务百家企业”工作方案》，由有关银行机构成立金融辅导队，采取现场走访对接、集中宣讲培训、建立协调机制等方式，帮助企业规范财务结构，普及金融产品，挖掘信贷支持、降低融资成本、优化信贷结构。截至12月，协助约80家企业融资近10亿元。

【外贸企业服务】 2020年，浈江区按照《韶关市30家重点外贸企业“一企一策”服务专班工作方案》的要求，由部门主要负责人作为联络员，了解辖区重点外贸企业当前的发展需求，以及需要协调解决事项，及时跟踪落实办理情况。下发《关于印发2020年促进外贸高质量稳定增长专项资金（外贸稳增长事项）和（扶持外贸发展事项）项目库申报指南的通知》，督促符合条件的企业按时申报专项资金。在辖区外贸企业中宣传“粤贸全球”数字外贸平台，引导企业充分利用“粤贸全球”数字外贸平台拓展外贸业务。配合市商务局开展外贸企业国际物流情况调研，组织企业填报韶关市主要外贸出口企业国际物流调研表，了解外贸企业国际物流具体困难，梳理外贸企业的国际物流需求信息。

（刘国添）

休闲娱乐业

【概况】 2020年，浈江区娱乐业个体工商户168户，其中新增29户；各类型企业20户，其中新增2户，涉及行业包括电子游戏、棋牌娱乐、卡拉OK、文体娱乐活动等。

【摄影及冲印】 2020年，浈江区摄影及冲印个体工商户69户，其中摄影及冲印类41户，婚纱及艺术摄影类28户；各类型企业94户，其中摄影及冲印类91户，婚纱及艺术摄影类3户。是年，新增摄影及冲印类个体工商户8户，其中摄影及冲印类5户，婚纱及艺术摄影类3户；新增摄影及冲印类企业18户。

【美容美发】 2020年，浈江区美容美发行业个体工商户539户，其中美容业243户，美发业296户；各类型企业11户，其中美容业9户，美发业2户。是年，新增美容美发行业个体工商户108户，其中美容业16户，美发业92户；美容业企业1户。

【保健业】 2020年，浈江区保健业个体工商户542户，其中保健品经营行业391户，保健服务行业151户；各类型企业253户，其中保健品经营行业237户，保健服务业16户。是年，新增保健业个体工商户经营户96户，其中保健品经营行业45户，保健服务行业51户；各类型企业48户，其中保健品经营行业42户，保健服务行业6户。

（黄振磊）

城乡建设

综　述

【概况】　2020年，浈江区住房和城乡建设局（简称“区住建局”）加挂区人民防空办公室、区交通运输局牌子，以建筑和房地产业发展、重点项目建设、重大工程实施为重点，助推城乡统筹发展，参与旧城改造项目建设，做好重大项目管理。是年，全区建筑业总产值89.74亿元，同比增长20.02%，产值的增加主要来源于中铁五局。全区建筑资质企业33家，新增19家资质建筑企业，同比增长128.6%，其中引入一级资质企业广东承功建筑有限公司在浈江区注册；注册资本为5000万元及以上6家；获得三级工程设计资质的企业2家；6月，粤北建设工程有限公司施工总承包二级企业资质升级为施工总承包一级资质，获得三级工程设计资质的企业6家。

【重大项目建设】　2020年，华南研学教育基地（大村）项目位于韶关市浈江区犁市镇大村，投资额23779.26万元，整体项目分三期建设，主要建设内容为提升村容村貌、完善基础设施、道路提升建设、完善公共服务设施、历史遗存修缮及重建、产业发展等建设工程及文化挖掘研究展示、产业配套升级建设、基层组织治理建设等相关发展内容。3月17日，一期建设招标工程完成；项目施工建成玉清书舍、四姑医务室、老村委改造等。

五里亭截污管网项目　位于韶关市五里亭良村片区，投资估算总额2916.13万元，项目建成污水主干管管径为DN300—DN800 2750米，污水压力管管径DN600 432米；新建污水泵站1座，扩建现有污水泵站1座。项目全部完工，完成初验，准备申请市级终验。

花坪镇污水处理厂项目　位于韶关市浈江区花坪镇原支架厂附近的原板厂用地，投资估算总额2596.43万元，项目建成污水处理规模1000立方米每天，污水收集干管总长度2.7千米，主要建设内容包括厂区三通一平、粗格栅及提升泵房、细格栅及沉淀池、风机房及变配电房、污泥浓缩池、污泥调理池、加药间、维修间及仓库、脱水机房、综合楼等相关配套设施。项目全部完工，完成竣工验收，2020年1月22日，移交竣工图纸给花坪镇政府，4月28日与施工单位、花坪镇政府清单厂区设备清单一同移交属地政府。

犁市镇镇区污水管网项目　位于韶关市浈江区犁市镇，项目投资额1403.36万元，工程建设内容包括新建污水收集管网总长度2130米，现状合流清淤疏通总长度5340米，现状合流盖板沟渠修复总长度2000米，配套路面升级（混凝土路面）工程总面积2050平方米。项目全部完工，2020年5月8日完成竣工验收，6月18日移交犁市镇人民政府。

【工程建设项目审批制度改革】　2020年，区住建局组织召开工程建设项目专题培训5场，覆盖发改、自然资源、住建、城管、文旅体、市场监管、农业、水务、民宗、财政、司法等工程建设审批系统于4月正式上线，建立健全浈江区“统一受理、并联审批、实时流转、跟踪督办、信息共享”的工程建设项目审批和管理体系。同时，对涉及住建、交通等领域有关职能下放镇街，做好协助、指导。

【建筑与燃气安全监管】　2020年，浈江区辖区范围内立项的项

2020 年 1 月 17 日，新建花坪镇污水厂正式投入试运行
（区住建局 供）

目工程质量安全监督管理下放区政府职能管辖。全年出动执法人员 80 多人次，每月不定期巡视巡查辖区建筑工地，开展安全生产隐患排查，全年未发生一起重大安全责任事故。同时，加强对辖区燃气行业安全生产日常监督管理，出台浈江区城镇燃气行业安全生产和隐患排查“铁拳执法行动”综合整治工作方案，组织各镇（办）、区应急管理局、区市场监督管理局、区消防大队、浈江公安分局等部门，派出 100 多人次，全年组织 6 次专项行动，取缔 6 家将液化天然气违法分瓶灌注的“黑窝点”，保护人民群众生命财产安全。

【三旧改造】 2020 年，区住建局推进实施的“三旧改造”项目 17 个，分为三类，一类是浈江区主推项目，资料较为完善，分别是鸿源众力、亿华项目、新三联纺织厂；二类资料较为齐全，包括韶台工业园地块、朝阳岭及周边地块、合成氨厂三旧改造项目、沙梨园村委地块、原第三运输公司及周边地块、五里亭聆韶路区域开发项目和水果批发市场地块等 7 个；三类包括良村沙头村西侧地块、原副食品仓库地块、韶铸生活区地块、原油泵油嘴厂地块和林工贸公司地块等，组织材料申报三旧项目。

【老旧小区改造】 2020 年，浈江区完成“老旧小区”改造 5 个，其中莲花山矿冶居民区通天坡干休所小区完成路灯安装、外墙修复、修复排水排污通道、楼道铝合金座椅和塑胶走道的安装、通信线路的整治等项目；市自来水厂宿舍，完成小区内路面平整、楼道修缮、线路捆扎整理等项目；东河街道办事处宿舍完成地面硬底化、外墙立面改造、楼梯间抹灰面油漆、明渠改暗渠、值班室改造、化粪池盖板更换和加装铸铁检查口，安装电动车充电桩、安装自动识别门禁、小区大门改造、安装楼梯感应灯等项目；曲江财税局宿舍小区完成通信线路改造，楼房梯间、走廊粉刷，小区排水及排污系统重建，走廊及梯间照明，小区电动车充电系统，门禁系统等项目；政法大楼小区完成小区加装电梯、楼道粉刷、围墙改造、安装自动识别门禁、车棚改造和加装电动车充电桩、通信线路下地、清理化粪池等项目。是年，浈江区 14 个小区被韶关市老区改造小区办公室公布为 2020 年老旧小区改造小区，市民政局宿舍、曲江日杂宿舍、金沙小区韶冶宿舍区、解放村电务大院等 4 个小区部分项目动工。

【镇街整治提升“139”行动计划】 2020 年，十里亭镇被列为韶关市镇街整治提升“139”行动计划第二批整治提升的乡镇。区住建局组织十里亭镇会同区城管和执法局、区公安分局、区供电局等部门在十里亭市场及黄岗市场周边开展专项整治行动 2 次，共计拆除违章建筑和搭建铁皮棚 119 处，其中，十里亭路七横巷 32 处、十里亭大道 39 处、十里亭市场（电信营业厅旁）39 处、黄岗市场 9 处。市政部门入场维护相关路段，铺设人行道，完善相应的市政设施，供水、供电部门也维护改造拆除路段，确保居民用水、用电安全。十里亭镇整治提升。是年，十里亭镇主干道风貌街整治，完成碧亭路等主干道道路硬化 2800 平方米，黄土裸露地复绿 2.1 万平方米，新增 6500 平方米的人行道和 3400 米的波纹排水管；镇街门户标志标识节点建设；镇街绿化美化亮化提升；建设镇街文化书屋；翻新改建原“同乐园”地块、滑冰场、篮球场，增设体育健身设施；增设儿童活动空间、休憩廊亭等；镇街农贸市场提升；利用全镇边角闲置地块新建停车场；镇街公厕改造工程。

【乡村整治】 2020年，区住建局负责辖区农村垃圾保洁及清运工作，通过购买第三方服务方式，每年投入近1000万元，每天投入人力126人，投入各类垃圾收运车辆22台（大型压缩车3台、洒水车1台、勾臂车4台、挂桶垃圾车11台、巡查车3台），在全区5个镇，41个村委会3个居委会，329个自然村、组、队，743个垃圾桶点（1748个桶）完成垃圾清运全覆盖。全年清运农村生活垃圾1.45万车（含中转）计9765吨，行程61.58万千米，垃圾日产日清。同时，综合运用"红黑榜""荣辱榜""驻村干部、村两委、妇女代表"联系农户等措施，发挥自然村村规民约、族老乡贤作用，落实门前"三包"（包卫生、包绿化、包秩序）责任制，引导村民开展垃圾分类及垃圾定时定点投放，践行健康文明生活，带动全体村民积极投身村庄保洁、垃圾分类等各项工作，开展全民参与、争先创优的工作新局面。

【农村危房改造】 2020年，根据《韶关市住建管理局下达韶关市建档立卡贫困户无房户任务的通知》，浈江区建档立卡贫困户无房户任务数6户，其中犁市镇3户，新韶镇2户，十里亭镇1户。1月，新韶镇建档立卡无房户其中1户病逝，区政府以文件形式向韶关市住房和城乡建设管理局说明情况。至此，浈江区无房户任务数由6户调整为5户。是年，浈江区5户建档立卡贫困户无房户任务竣工通过验收并完成相应的补助资金发放，无房户改造工作竣工验收率、资金发放率均为100%。

【物业服务管理】 2020年，区住建局开展疫情防控巡查163次，走访小区64个，派发疫情防控宣传资料266份。采取实地调查走访取证等方式，密切关注物管企业的动向，主导关注物管项目运作情况，发现问题及时指导、协调，处理物业信访案件18宗。辖区内物业小区突发事件9次，及时回复网络问政561宗，群众满意率96%以上。

【"四好农村路"建设】 2020年，区住建局（区交通运输局）及区地方公路事务中心采取勘察设计施工总承包（即EPC）模式，捆绑形成一个农村公路建设项目包，实行统一建设、统一设计、统一施工、统一验收，提高审查审批效率。建立以镇为单位分片区包干责任制，全面推进工程项目建设，动用有技术、有设备的专业队参与施工，倒排工期，紧扣时间节点，加快施工进度，7月，浈江区在全市率先完成2020年度"四好农村路"建设决胜攻坚任务，完成26条路线32.19千米乡村道路建设，总造价1770.45万元，其中工程建安费1614.92万元，平均每千米50.17万元。浈江区48个行政村按中央、省、市要求，全面100%完成通车。"集中攻坚"任务完成，获得上级部门和区委、区政府赞扬。

【公路沿线周边环境及扬尘整治】 2020年，区住建局联合区城管局、浈江公安分局开展对等铁路、公路沿线"六乱"（乱摆卖、乱堆放、乱停放、乱拉挂、乱张贴、乱搭建）整治查处行动，清理整顿镇街主干道、集镇周边的占道现象，重点拆除整治省道S248线废品收购站、河边厂公路边饭店户外违规广告牌以及对大村公路边违规建筑；组织开展环境卫生整治大保洁活动20次，整治停车场7处，教练场10处，砂石场18处，整治废品收购站1个，修理铺2处；拆除户外违章广告牌753块，清理各类违法建筑物和其他设施56处，清理乱堆、停、摆放16350处。完成平交道口硬化49处，边沟清理156.5千米，修缮公路沿线设施、标志、标牌、标线等设施36处，建设"两站两员"（"两站"指乡镇成立道路交通安全工作联席会议并设立交通管理站，重要路段、关口设立交通安全劝导站；"两员"指建立乡镇专职交通安全员，行政村聘用交通安全协管员）3个。

【普通公路路长制"136"行动计划】 2020年，浈江区印发《浈江区普通公路路长制"136"行动工作方案》，成立由区长任组长的工作领导小组，明确区直相关部门（单位）职责，成立区级路长制工作队伍，确定犁市镇作为浈江区2020年路长制试点镇。全区开展专项整治提升行动12次，拆除整治省道S248线废品收购站1个，拆除河边厂违法建筑300平方米。组织区直成员单位在试点镇开展环境卫生整治活动20次，清理道路65条。清理"六乱"33

处，拆除违章广告牌14块，整治沙（石）场堆2个，开展污水排放整治工程建设5处，完成平交道口硬化49处，边沟清理11千米，修缮公路沿线设施、标志、标牌、标线等设施28处；升级警保联动二级劝导站3个；查处酒驾、无牌无证、违法停车、非法载客等道路交通违法行为35380宗。浈江区试点镇安装路长制公示牌82块。

【渡船渡口管理】 2020年，区住建局配合韶关市海事局对浈江区所辖的10个渡口、9艘渡船加强航运管理，坚持每月巡查、检查，做好检查记录台账；整治浈江区2020年299个普速铁路安全隐患问题（除5个重点难点问题需走施工整治流程外），全区299个问题全部完成整治销号，销号率100%；配合市交通运输局和区道安办，开展全区道路交通安全工作。重点做好农村公路、桥梁、铁路沿线安全隐患排查和整治。

（徐　喆）

城市管理

【概况】 2020年，浈江区城管和执法局是区政府工作部门，下属浈江区环境卫生管理所、浈江区市政管理中心。按照《中共韶关市浈江区直属机关工作委员会关于同意设立中共韶关市浈江区城市管理和综合执法局机关纪律检查委员会的批复》《中共韶关市浈江区直属机关工作委员会关于中共韶关市浈江区城市管理和综合执法局机关委员会选举机关纪律检查委员会委员的批复》，12月30日，浈江区城管和执法局党委召开党员大会。投票选举产生浈江区城市管理和综合执法局机关纪律检查委员会第一届委员，并召开第一届机关纪委委员会议。

是年，浈江区城管和执法局围绕创文巩卫、城市建设任务开展各项城市管理。重点消除主次干道“六乱”现象。联合城管服务外包商工作人员，加强辖区内各大小市场的巡逻管理，与社区居委会无缝对接处理好各项投诉和督办文件，第一时间整改落实巡查问题，做到及时查处率、整改率、处置率均达到100%。全年查处违法违章“六乱”行为9813宗，与上年持平；拆除未经审批的户外广告243块，6125.04平方米，同比上年总块数减少278块，面积减少1092.32平方米；劝阻、整理共享单车乱停放2200余台次，并对共享单车运营企业进行立案处理。每日不定时派出执法队员巡查监控辖区内的夜间大排档，全年派出执法队员1118人次，出动执法车辆481台次，立案处理6宗。

【社会化管理】 2020年，浈江区城管和执法局引进社会力量参与管理，分别与韶关市粤兴人力资源有限公司、广州中耀物业管理有限公司、广州红海人力资源集团股份有限公司、韶关市信帮咨询管理服务有限公司、韶关市凯佳人力资源有限公司、广州御欣源物业管理有限公司、侨银环保科技股份有限公司等签订向社会力量购买服务合同，由外包服务公司安排人员进行市容市貌管理、环卫保洁和拆违控违整治工作。

【数字城管】 2020年，根据浈江辖区的实际情况，“数字城管”运用于日常工作中，浈江区执法队员对各类案件快速反应，及时处理。全年办理数字城管“12319”服务热线转办执法部门工作2870宗，“12345”政府服

2020年3月，浈江区开展违法建筑集中整治行动

（区委宣传部　供）

务热线案件1860宗，来信、来访、来电、舆情等案件共41宗，回复率100%。

【违法建筑整治】 2020年，浈江区开展违法建筑集中整治行动，对涉及大学路提升改造工程的13处违法建筑实施拆除，面积共2924平方米。全年拆除违法建筑289宗，面积160311.39平方米。

【流浪乞讨人员救助】 2020年，根据《韶关市住建管理局关于生活无着的流浪乞讨人员救助管理方案（试行）》精神和要求，结合辖区的实际情况落实工作。浈江区协同巡查机制制定后，主动派出4名工作人员协同市救助站、浈江公安分局、浈江区民政局、乐园镇政府、新韶镇政府、十里亭政府、风采街道办事处、东河街道办事处等部门的工作人员，对辖区内的流浪乞讨人员开展救助行动。

【扬尘整治联合执法】 2020年，浈江区城管和执法局联合韶关市交通局、浈江区交警大队打击渣土运输车辆超限超载、抛撒滴漏、污染路面等违法违章运输行为，全年联合执法38次，出动执法力量266人次，出动执法车辆114车次，现场查处超载、撒漏载运物等违法行为186宗，立案处理6宗。

（区城管和执法局）

浈江区市政管理

【概况】 2020年，浈江市政管理中心主要承担辖区道路（含小街小巷）、防洪堤压顶栏杆、道路边坡的救灾应急、抢险、养护、维修；排水设施的排涝抢险、清疏养护、维修；园林绿化、公园的管理和养护及应急抢险；砍伐或迁移城市树木、占用城市公共绿地的现场勘察；城市古树名木普查统计、保护等日常管理；各类公园、绿地和树木的认建认养，协助开展城市园林绿化企业三级资质核准工作；数字市政、数字园林等信息化建设；参与辖区污水处理费及自备水源单位污水处理费的征收工作。

【市政设施养护】 2020年，浈江区维修沥青砼路面面积20071平方米（平均3厘米厚），沥青冷补料维修路面1140平方米（平均5厘米厚），路面裂缝灌缝530米，快干砼路面面积114.75平方米；人行道面积及盲道改造面积5150平方米，更换雨水进水井、污水检查井环井盖164套，更换雨水栅86套，盖板渠盖板维修93米，侧石维修安装592米，下水道维修327.5米，清疏下水道17.02千米，冲洗“四防”（防老鼠、防蟑螂、防蚊子和防臭气）装置1.22万次，封堵污水井盖孔680个，更换“四防”装置609套。

【园林绿化养护】 2020年，浈江区完成园林绿化精细化养护管养任务，推进辖区公园、公共绿地开春后部分乔木、灌木、地被植物的修剪、补植、施肥、淋水等及零星黄土裸露的补植，修剪毛杜鹃1.46万平方米，大红花4780平方米，黄榕2.56万平方米，黄叶假连翘1.96万平方米、细叶紫薇1980棵等。绿地补植10098平方米，淋水、松土、施肥、保洁、除杂草、病虫害防治等133.52万平方米，修剪灌木、草皮215.76万平方米，出动水车次数约960车次；按照“预防为主，综合防治”的方针，加大对植物病虫害防治力度。加强管辖范围行道树管养，完成西堤路、中山路、升平路、启明路、小岛慢行系统、大学路、浈江大道、省道S248线、碧亭路等路段共1.85万株行道树矮枝修剪，处理危树62株等。

【浈江大道整治启动】 2020年，浈江大道整治是浈江区重点项目，整治内容主要针对打造节点景观、提升基础设施、规范通行秩序、整治街容街貌开展。浈江大道人行道整治进度98%；浈江大道人行道整治（栏杆部分），完成安装花岗岩侧石6866.45米，铺设人行道1.41万平方米；浈江大道车辆隔离栏杆安装工程，完成人行道栏杆安装约5700米；浈江大道北技能中心北侧立面整治工程，完成立面整治面积3500平方米；浈江大道北育红巷87、95、99号楼立面整治工程，完成立面整治面积2100平方米；浈江大道北韶赣高架桥底挡墙整治工程，完成立面整治面积1000平方米；浈江大道北铁路医院对面立面整治工程，立面整治面积8604平方米，完成编制方案及预算价，通过市交易中心小额工程流程，选取的施工单位完成编制施工组织方案并入场施工。

【积水点改造】 2020年，根据韶关市气象台发出的强降雨预报，浈江区及时启动防洪排涝应急预案，立刻组织人员车辆巡查、

2020年3月17日，浈江区园林工人在原韶关市第七中学绿地补植树木 （区市政管理中心 供）

清理、疏通辖区市政道路易积水点的排水设施，及时排放路面积水，并做好应急抢险的安全、交通疏导等各项工作。5月中旬，区市政中心组织施工对碧亭路积水路段进行排水改造，新建进水井4座，格栅4座，新建长70米，宽20厘米的排水渠道，解决该处积水问题；鉴于赣韶铁路桥正下方因积水堵塞问题，影响启明市场周边卫生环境和市民的出行，浈江区安排技术人员组织铁路相关部门及相关商家住户进行协商整改，消除积水现象。

【绿地补植】 2020年，浈江区市政管理中心针对帽峰公园原韶关市第七中学的空地经整治改造后开花植物少的情况，园林工人沿着人行道的附近草坪上补种异木棉29株，绿地其他地方分散补种黄花风铃木50株。同时小岛片区和东河片区各个公共绿地也进行补植，把原来生长较差、容易死亡的植被更换为生长性强，耐旱耐病虫害的品种，如解放路的美人蕉更换成红铁和红檵木。春季补植浈江区公共绿地合计种植黄叶假连翘、毛杜鹃、大红花、红檵木等不同品种花灌木1555平方米，勒杜鹃、红叶石楠球等造型花灌木510株，麦冬、台湾草等地被植物195平方米，乔木37株。通过前期甄选出适应公园荫蔽环境生长、颜色搭配恰当的小灌木，在中山公园、帽峰公园、杜鹃公园等公园绿地的黄土裸露补种。全年公园绿地补植红背桂、翠芦莉、鸭脚木等花灌木4260平方米，麦冬、台湾草等地被植物的520平方米，金钱榕、八月桂、红叶石楠球等造型花灌木104株，乔木9株。此外，针对辖区内各主次干道的行道树死亡、空缺情况，按照一路一树，规格、品种贴近原有树木等原则，补植香樟、黄花风铃木、秋枫、宫粉紫荆、麻楝等合计134株。

【韶祥路整治】 2020年，浈江区市政管理中心对韶祥路段实施人行道整治铺设工程。工程主要内容包括在道路两侧新建铺设人行道、路面排水等工程，整治车辆乱停放现象，改变交通秩序混乱。

【东堤北路面整治】 2020年，浈江区市政管理中心对辖区中山路口到太傅庙路口，全长560米的路段实施铺设沥青、公交车站迁移及更换井盖等改造，沙井盖的数量由之前的273个，减少166个。此外，还完成局部路基病害处理，部分管线迁改、更换井盖等，消除了安全隐患。

【南韶高速乐村坪出口道路整治】 2020年，浈江区市政管理中心组织人员清理南韶高速乐村坪出口道路两侧绿化带中的杂草，完成两侧约6千米的绿化带杂草清理；开展乐村坪高速出口至百旺大桥绿化提升整治，投入约170万元，完成清理杂草和杂物31000平方米、平整场地；两侧种植行道树270株、铺设台湾草28000平方米、迁移2米范围内灌木球；两侧植物种植银叶金合花600棵；乐村坪高速出口至百旺大桥窄绿化带拆除防撞栏、绿化带硬底化并设置隔离栏杆，路面沥青摊铺；建筑外立面“白墙灰瓦”提升；乐村坪屋顶整治完工。乐村坪高速出口至百旺大桥绿化提升完成总体工作量的100%。

【建筑外墙清洗整治】 2020年9月7日，浈江区编制需粉刷立面（铁轨）方案。9月14日，铁轨油漆进场施工，并编制前进路（聆韶路口）建筑立面清洗方案，完成建筑墙面清洗，项目总需清洗面积约4300平方米，年内竣工，未验收。

【丹霞大道北整治】 2020年6月3日，丹霞大道北整治项目开工。浈江区市政管理中心清理丹霞大道北两侧杂草垃圾3775平方米，丹霞大道北补植项目工程全部完成，补植缺失绿篱灌木球1000棵，补植大红花约800棵，十里亭改造公厕两边补植毛杜鹃约2000棵，棕竹25棵，红檵木球3棵，填土3车，面积约70平方米；行道树秋枫补种27棵；补植缺失行道树30棵。年内完成围墙粉刷约2000平方米、人行道清洗路面1.29万平方米、行道树修剪150棵。

【大学路整治】 2020年6月16日，浈江区市政管理中心编制人行道与商铺之间空地硬化工程施工图设计方案，并委托广州市新誉工程咨询有限公司编制控制价，由区评审中心审核。6月24日，对接韶关市公共资源交易中心进行挂网走小额工程流程。7月9日，选取韶关市敏锐建筑工程有限公司为大学路改造提升项目——人行道外侧裸露地硬化工程施工单位，广东鼎全建设工程有限公司为韶关市大学路鹅坑桥至韶关东立交绿化改造提升工程，7月14日进场施工，9月4日完工，其中完成硬化面积约3000平方米，绿化面积约8000平方米。

【凤凰路提升工程】 2020年，浈江区对五里亭东桥头至碧桂园凤凰鸟交叉口，全长1394.34米的路段实施铺设沥青及更换井盖等改造，总加铺面积3.27万平方米（其中路面面积2.63万平方米，桥面面积6400平方米）。凤凰路与省委五里亭旧址连接道路提升工程，全长341.953米，道路整治面积5353平方米。9月28日，该工程投入使用。

【国道G323线照明工程】 2020年9月6日，浈江区市政管理中心组织施工技术人员对全长约6千米的国道G323线（鑫金会至韶关仁化交界处段）道路安装119盏灯，并于10月6日完工。

【机械化养护】 2020年，浈江区引进英达“修路王”，30分钟修复破损路面并通车。由于浈江区城区存在不少沥青路面龟裂、凹陷、老化等现象，通过传统人工手段维修费时费力，而一体化设计的英达“修路王”修复路病时不需要动用过多设备，再加上其旋转式料仓能够快速将冷料加热成热料，半小时就能提供施工所需的热料，30分钟修复3.5平方米破损路面并通车。英达“修路王”采用的就地热再生技术，能够实现对原路面材料的100%循环利用，无废料排放、无扬尘、碳排放低，完全符合低碳、环保养护的要求，节约养护的成本。

（区市政管理中心）

环境卫生

【概况】 2020年，浈江区加强日常环境卫生管理，制定年度计划，落实“巩卫创文网格化管理”，健全网格化管理的机制，成立八大网格，每个网格有由4人组成的专职网格员，在环卫作业市场化的基础上由区环卫所所有事业编制的人员转变为“裁判员”的角色，每天不间断地加强网格内（即辖区内）巡查。全年网格专职巡查员发现环境卫生、市政设施、河面打捞等问题6763宗，及时通知反馈相关部门落实整改，办结率100%。同时浈江区加强对环卫作业市场化外包单位韶关市侨凯环保科技有限公司的监督考核，环境卫生总体水平提高。是年，浈江区受理并处理网络投诉（包括民生热线、问政平台）40宗；韶关市城市管理监督指挥中心（包括“12319”城管采集、“12345”热线）7668宗；群众投诉（包括电话投诉、投诉接访、日常巡查）78宗，办结率100%。浈江区环卫所在浈江区2020年的环境卫生管理考核方面取得3个第一名的成绩。

【防控物品保障】 2020年，自新型冠状病毒肺炎疫情防控工作开展以来，浈江区强调环卫工人每天上班必须戴口罩，外包商每天为上下班的工人测量体温，定时发放清毒凉茶。在第一时间发放一线员工口罩、手套等防护用品，全年累计发放口罩74180个，护目镜600副，手套4200对，基本保障环卫工人的日常防控需求。是年，浈江区环卫所督促外包商及时成立消杀小组，每天安排专业人员清洗消毒浈江区35间公厕、中转站、垃圾收容器、垃圾桶、农贸市场及辖区内的重点场所，累计在各小区投放废弃口罩垃圾桶120个，并在桶上张贴明确表示，引导群众定点投放，外包商每天派人定时处理。

2020年，浈江区大学路段垃圾分类亭　　（区史志办公室　供）

【垃圾中转站和公厕升级改造】2020年，浈江区南郊一公里、南郊五公里垃圾中转站项目完成升级改造，南郊三公里中转站项目完成拆除，并做好十里亭新建一座垃圾中转站的选址。是年，根据2018年市政府为民办实事项目，开展浈江区24座城市公厕改建工程。6月30日，烟草公司、九曲巷、中华新街、中山公园、云龙亭、一市场、五里亭桥底、西堤北、河畔茗居、十里亭大道、加工厂、北门中转站、游泳池、武镇街、园前西、武江桥底、壮志街、浈江一小、东河桥底、北江桥底、帽峰公园、帽峰山顶、东河新村、火车站桥底公厕全部完工并投入使用。并安排专人巡查监督公厕，重点对公厕内外卫生质量、在岗时间、开关门时间等方面把关，提高公厕保洁质量，及时维修损坏设施。

【垃圾分类】　2019年7月，因环卫作业市场化后，由中标单位韶关市侨凯环保科技有限公司外包，由该公司负责垃圾分类工作。2020年，外包商用改造旧的扫街车2台和新购置的垃圾分类车辆32台，专门用于分类收集大件废旧家私和建筑垃圾、建筑淤泥等，在辖区主次干道和背街小巷共投放分类垃圾桶2000多个，安装新型太阳能多功能分类果皮箱500多个，分可回收垃圾箱和不可回收垃圾箱，并设有烟灰收集箱或灭烟点，灯箱设置公益广告。是年，按照“以点带面，全面铺开”的工作思路，外包商在浈江区域选定一个小区为垃圾分类试点小区，带动浈江区实施全民参与生活垃圾分类，在浈江区城管和执法局相关领导和东河社区工作人员的协调下，通过前期的沟通和摸底，暂定莱斯豪苑小区（958户）为试点小区，将在此小区全面开展和推广垃圾分类工作。此外，浈江区环卫所管辖的城区生活垃圾在没有实行垃圾分类回收前仍采取全时段保洁、收集、清运工作，全面做好城区道路保洁、收集和清运工作。日产约300吨生活垃圾，统一收集到各垃圾中转站进行压缩，运往花拉寨垃圾填埋场处置，做到日产日清。

（区环卫所）

教育·科技·文化

综　述

【概况】　2020年，浈江区教育局是区政府主管教育事业、基础教育、学校管理、学生招生、教育改革等的职能部门，下属考试中心、教师发展中心、结算中心和青少宫共4个事业部门。是年，全区有义务教育阶段学校38所，其中小学26所（其中民办1所），初中7所（其中民办1所），九年一贯制学校5所（其中民办一所）；特殊教育学校1所；小学教学点15个；政府公办幼儿园11所（其中公办性质2所）、民办幼儿园63所（其中普惠性幼儿园55所）。在校中小学生37036人，其中小学生28284人，初中生8752人；在园幼儿14957人，幼儿园教职工总数1979人。位于浈江区的中职高中和普通高中归属市管辖，没有区属高中和中职学校。全区教职工3896人，其中在职教职工2224人，退休教职工1672人。

【教育事业发展】　2020年，浈江区规范化幼儿园69所，公办及普惠性民办幼儿园占比为91.7%，全区学前三年毛入园率104.5%，义务教育标准化学校比例100%，小学五年巩固率104%，初中三年巩固率99%。公办性质幼儿园在园幼儿2862人，公办幼儿园在园幼儿数（含公办性质）占比19.2%；民办园在园幼儿1.21万人（普惠性幼儿园在园幼儿1.07万人），公办和普惠性幼儿园在园幼儿数占比90.8%。

【师资队伍建设】　2020年，浈江区公开招聘（选聘）教师135名，其中，招聘新教师119名，选聘教师16名。作为市级改革试点，区教育局总结“县管校聘”经验，9月，顺利完成“中小学校长职级制改革”工作。是年，利用财政教师培训经费和省“强师工程”培训经费，开展教师专业培训，“强师工程”进行9个项目培训，合计培训教师1146人次，实现全区教师专业发展培训全覆盖。

【教学质量】　2020年，浈江区坚持教育教学和疫情防控“两手抓”，线上、线下教育全覆盖，全区中小学生接受线上教育均100%。浈江区教师发展中心聘请兼职教研员71人和高校专家担任指导顾问4人，初步建立一支专兼结合、覆盖所有学科、所有学段的教研队伍。新修订《浈江区中小学教育科研管理办法》，规范课题管理。全区2项课题获省级立项，另有18项市级课题、39项区级课题立项。全区上省重点学校分数线的学生181人。

2020年2月28日，浈江区红玫幼儿园举行开园活动

（区教育局　供）

【教育基本建设】 2020年，浈江区完成公办幼儿园建设2所，8月28日和30日，浈江区红玫幼儿园和乐园镇中心幼儿园相继举行开园活动，正式投入使用。11月，执信幼儿园搬迁改造项目动工新建，招生18个班。

【适龄残疾少年儿童入学就读筛查评估】 2020年，浈江区教育局会同卫健局、民政、残联、区特校等，建立由教育、心理、康复、社会工作等方面专家组成的残疾人教育专家委员会，建立浈江区特殊教育工作联席会议制度。全区义务教育阶段适龄残疾儿童少年接受教育的比例96.4%。7月底，评估小组对区域内2020年秋季义务教育阶段适龄残疾儿童少年进行入学就读前的评估工作。通过对特殊儿童少年入学前的现场评估鉴定，为他们入读普通学校随班就读、特殊教育学校就读、送教上门等多种教育形式提供参考依据。

基础教育

【学前教育】 2020年，浈江区5个镇均设置公办中心幼儿园（乡镇公办幼儿园占比达100%），公办幼儿园在园幼儿数占比较上年提升4%。是年，浈江区购买学位4615个（包括公办学位以及普惠性民办幼儿园实际学位），学位补贴费277万元，顺利完成50%指标任务。

【义务教育】 2020年，浈江区辖区内有中小学校39所（含民办学校），另有教学点15个。在校中小学生3.58万人，其中在校小学学生2.71万人（民办小学1229人），新招学生4667人；初中学生8737人（民办中学1043人），新招学生2870人。辖内全区小学入学率、巩固率、毕业率均达100%；初中入学率、巩固率和毕业率均达100%，初中没有辍学学生。

【德育教育】 2020年5月13日，浈江区教育局下发《关于做好学生返校复学相关工作的通知》，要求切实加强学生心理健康教育，全区各中小学均向中小学生家长发放《致全区学生及家长春季复学的一封信》；5月28日，下发《关于开展2020年浈江区教育系统心理健康团体辅导系列活动的通知》，6月，全区学校集中开展“我快乐 我自信”浈江区教育系统心理健康团体辅导系列活动，共计24所中小学校按计划有序完成40场团辅活动；5月29日，召开全区中小学生复学后心理健康防护培训活动，全区中小学德育副校长、心理健康骨干教师、家长代表110人参加培训；9月29日，召开2020年全区中小学幼儿园德育工作会议，教育局班子成员、全区各中小学及特殊教育学校校长、村完小校长、公办幼儿园园长、德育基地主任、局机关各股室负责人等70人参加会议；11月3日，浈江区关工委、区教育局等部门联合开展2020年浈江区中小学生“中华魂”（科技托起强国梦）暨家长学校主题教育活动，花坪实验学校五、六、七年级部分学生及家长共计80余人参加。

【法治教育】 2020年6月19日，区禁毒办、区教育局、区司法局在和平路小学录播室联合开展全区教育系统“6·26”禁毒宣传教育系列活动暨禁毒云课堂启动仪式，录播系统全程直播，全区中小学校同步在线观看；9月，全区各中小学集中开展“宪法教育大课堂”活动，全区开展31场校级大课堂，约3万名学生参加；12月3日，区教育局、区普法办、区禁毒办联合开展“民法典”宣传进校园启动仪式暨法治副校长培训，全区中小学法治副校长、黄金村中心小学部分师生共计约100人参加活动；12月4日，全区中小学校开展通过教育部青少年普法网收看第七届国家宪法日“宪法晨读”活动，全区中小学生同步开展“宪法晨读”活动。

【体育教育】 2020年11月15—19日，浈江区教育局组织开展全区中小学大课间体育活动评比活动，评出小学组一等奖11个、二等奖10个，初中组一等奖4个、二等奖4个，推荐和平路小学、建国小学、浈江区实验学校、花坪实验学校、韶关市第十三中学参加韶关市第四届中小学大课间体育活动评比均获得一等奖；12月8—11日，组织开展2020年浈江区中小学生足球赛，共26支队伍近300名运动员参加；10月中旬—12月下旬，组织参加韶关市第二十五届中学生“英东杯”田径、足球、篮球、武术、健美操的竞赛，其中田径竞赛浈江区实验学校获小学组团体第三名，花

2020年2月28日，浈江区召开中小学（幼儿园）防控新型冠状病毒肺炎疫情应急演练现场会　（区教育局　供）

坪实验学校获中学组第四名，浈江区中小学代表队获团体总分第四名，足球竞赛南枫小学获小学女子组第二名、赖新小学获小学男子第四名、韶关市第八中学获中学女子第六名、男子第八名，篮球竞赛风采实验学校获中学女子第五名、中学男子第七名，武术竞赛建国小学获团体总分第二名、风采实验学校获团体第六名，健美操浈江中学获中学组啦啦操单项比赛第三名、团体第六名，执信小学获小学组团体总分第七名。

【艺术教育】　2020年，浈江区教育局推荐韶关市第十三中学、和平路小学和建国幼儿园参加2020年韶关市“英东杯”原创集体舞比赛，获得一等奖1个，二等奖2个；东鹏中学、执信小学、韶阳小学参加市“英东杯”器乐比赛，获1个一等奖，2个二等奖；2020年10月10日，区教育局下发《关于开展2020年浈江区中小学生规范字书写比赛的通知》，收到各校软笔、硬笔书法作品103件，评出获硬笔书法一等奖14人，二等奖22人，三等奖30人，获软笔书法一等奖10人，二等奖13人，三等奖14人。

【卫生保健】　2020年1月27日开始，浈江区教育局累计派出干部843人次，入户宣传登记2544户，发放宣传资料3806份，电话回访109户，录入相关资料775条，积极劝导328人次，测量体温200人次。2月28日，在执信小学开展教育系统疫情防控演练现场会。2月前，浈江区教育系统储备消毒水4119千克、体温枪408支、口罩1.25万只，还有酒精、消毒粉、洗手液等防疫物资。2020年春季、秋季开学前，分别派6个检查组，到学校检查及指导各校开展疫情防控应急演练。2月10日、2月28日、8月28日、10月12日、11月12日分别召开浈江区教育系统防控新型冠状病毒感染的肺炎疫情相关工作会议。

【创文评测】　2020年，浈江区教育局统筹开展“我爱我家 乡村清洁美 小手拉大手 垃圾分类走”主题活动、“传承红色基因”主题系列活动、“我们的节日”主题系列活动、“新时代好少年”主题宣传教育活动等。浈江区教育系统获得“韶关市关心下一代工作先进集体”称号、和平路小学被评为全国“文明校园”，东鹏中学等3所学校被评为“韶关市文明校园”，全区学校100%完成“浈江区文明校园”创建；和平路小学诸葛芷烨等3学生被评为“韶关市新时代好少年”；风采实验学校、东鹏中学、碧桂园外国语学荣获中华经典诗文诵读比赛第一名、黄金村中心小学荣获中华诗典诵诗文朗读比赛第二名。

【安全教育】　2020年，浈江区教育局开展“安全生产月”“安全隐患排查整治”“中小学生安全教育日”“平安寒假安全教育”“防溺水专题教育”“上下学交通安全”“消防安全”“森林防灭火和野外用火”等专题教育活动，针对防溺水、交通安全、消防安全、用气用电、预防校园欺凌和暴力等安全热点问题，对全区所有中小学幼儿园师生开展专题教育。区属所有中小学被评为浈江区安全文明校园（平安校园）、区依法治校达标校、100%学校创建为区消防安全学校；韶关市第三中学、和平路小学等16

所学校被评为“韶关市安全文明校园”；韶关市第七中学、韶关市第八中学、南枫小学、浈江小学、建国幼儿园5所学校被评为“广东省安全文明校园”；韶关市第十中学、和平路小学、执信小学、第八中学、南枫小学等5所学校被评为“广东省依法治校示范校”。

【助学政策】 2020年，春季学期建档立卡等家庭经济困难学生人数是185人（其中义务教育141人、普通高中13人、中职14人、大专9人、本科7人、研究生1人），发放生活费补助31.15万元，城乡义务教育家庭经济困难非寄宿生514人（其中小学382人、初中132人），共14.5万元；城乡义务教育家庭经济困难寄宿生101人（其中小学3人、初中98人），共6.28万元，学前教育家庭经济困难学生1415人，共发放70.75万元。

是年，秋季学期建档立卡等家庭经济困难学生人数是171人（其中义务教育130人、普通高中12人、中职15人、大专10人、本科3人、研究生1人），发放生活费补助28.45万元，城乡义务教育家庭经济困难非寄宿生641人（其中小学490人、初中151人），共17.91万元；城乡义务教育家庭经济困难寄宿生70人（其中小学4人、初中66人），共4.13万元，学前教育家庭经济困难学生1340人，共发放67万元。建档立卡学生生活费、免学费、城乡义务教育家庭经济困难非寄宿生和寄宿生、学前教育家庭经济困难学生补助全部落实政策。

【校园及周边专项整治行动】 2020年，浈江区教育、综治、公安、工商、食药监等部门协调配合，针对重点区域、重点时段组织开展集中检查，做好校园周边环境整治工作。全年开展专项整治行动2次，围绕交通、治安、食品安全、乱摆卖、乱拉挂、河边护栏、流浪狗等7类情况共排查52个问题，整改50个。区属学校均安装视频监控，落实学校上放学“三见警”（见警车、见警察、见警灯）措施，学校全部建成治安联防岗亭。

【教育信息化】 2020年，浈江区教育局帮助师生解决学习终端、宽带网络等问题，实现学习终端及网络覆盖面为100%，确保全区学校在疫情期间停课不停学。筹措资金约402万元用于全区信息化设备的添置和改造，其中新（改）建计算机室4间，新建电子白板60套，更换投影仪94台。同时投入400多万元用于乐园镇中心幼儿园和红玫幼儿园的信息化设备的购置，为幼儿园安装人行道闸、在线测温、人脸识别、智慧考勤。园内实现无线网覆盖，安全监控覆盖。幼儿园每间教室配备电脑、电子白板，信息化水平提升。

民办教育

【概况】 2020年，浈江区民办教育机构107所，其中，民办中学1所、民办九年一贯制学校1所、民办小学1所，民办幼儿园65所，民办教育培训机构39所。民办在校初中生1048人，在校小学生1216人，在园幼儿13835人，在各类培训中心的培训人次1万人次以上。

【校车管理】 2020年，浈江区校车85辆，其中幼儿园66辆，校车公司19辆，校车驾驶员96人，随车照管老师89人，乘车学生2660人，涉及幼儿园36所，小学3所，中学1所。区属校车均在教育行政管理部门及交警部门备案登记。做到有校车的学校“一校一档”“一车一档”，全部安装GPS监控系统，校车运行时间、行驶路线、停靠站点等全部严格按程序备案审批。

【年度检查】 2020年，浈江区教育局成立民办教育机构年检检查小组，对全区符合年检要求的民办教育机构104所（其中九年一贯制1所、初中1所、小学1所、幼儿园64所、培训机构37所）开展年度检查。年检合格机构64所，基本合格机构37所，年检不合格机构3所。

浈江区主要重点学校简介

【浈江区风采实验学校】 根据2016年韶关市委、市政府关于《韶关市区教育资源整合方案》的精神，原韶关市第四中学、韶关市第七中学、韶关市第十中学和韶州师范附属小学四校合并，是一所全日制公立、九年一贯制学校，校址设在原韶州师范。位于帽峰公园南麓，东西毗邻浈江、武江，依山傍水。校区占地面积4.7万平方米，按照国家义务教育标准化学校建设标准，韶关市政府相继投入5300多万元，在原有设施设备的基础上进行维修改造。配备教学楼、综合楼、实验楼、办公楼等布局合理，创客室、录播室、智慧课室、科技室、计算机室、舞蹈室、书法室等，教育教学科研支撑体系完备，各项公共服务设施齐备。

2020年，该校开设小学一年级7个班、二、三年级各8个班，四至六年级各6个班，初中七、八、九年级各14个班，共83个班，学生3996人。在职教职工273人，其中小学部专任教师105人，高级职称6人，本科学历92人，研究生学历2人，专任教师学历达标率100%。初中部专任教师155人，高级职称70人，占45.2%，研究生学历2人，学历达标率100%。南粤教育育人优秀教师5名，省优秀共青团干部1人，南粤优秀辅导员1人，市名校长1人，市名教师2人，市名教师名校长培养对象3人，市学科带头人2人，市级优秀教育工作者、德育工作先进个人、优秀班主任等37人。是年，升中考试，该校上田家炳中学录取分数线以上一共74人，其中上省重点高中线32人。

【浈江区执信小学】 创建于1964年，命名为韶关市第十四小学，1985年易名为浈江区第一小学，2000年改名为韶关市浈江区执信小学。2010年执信小学和原浈江区启明小学合并，分高、低年部两个校区，高年级部位于浈江区执信路8号，低年级部位于浈江北路17号。按韶关市委市政府教育资源整合规划，学校于2019年9月搬迁到浈江南路96号（原韶关市第二中学），浈江北路的校址作为执信小学启明校区仍保留办学。位于浈江河畔，投入资金1600多万元，搬迁后的执信小学占地面积3.58万平方米，建筑面积2.98万平方米，教学及辅助用房205间，其中包括配套功能场室45个，配备多媒体电教室，多媒体会议室各一间，录播室2间，另有微课室、教师软件室、学生创客活动中心、陶艺室、民乐室、书法室、文学社、阅览室等功能室。每个班级配备电子班牌，学生使用的是校园一卡通和面部识别考勤管理系统。

2020年，该校有69个教学班，执信校区63个教学班，启明校区6个教学班，学生3153人，教职工174人。正高级教师1人，高级教师12人，特级教师4人，全国优秀教师2人，省优秀教师10人，省“百千万人才培养工程”名校长1人，省级骨干教师3人，市首席教师1人，市学科带头人3人，市“百千万人才培养工程”名教师4人。

（何　薇）

科　技

【概况】 2020年，浈江区坚持“科学技术是第一生产力”的战略思想，贯彻“自主创新、重点跨越、支撑发展、引领未来”的指导方针；坚持科学发展观，进一步实施科教兴区战略；建立适应社会主义市场经济需要、有效促进科技成果向现实生产力转化的运行机制；坚持以技术创新和制度创新为主要推动力，加速构建以人才为根本、以企业为主体的技术创新机制；坚持以“发展高科技，实现产业化”为主线，着力培育新兴产业、改造和提升传统企业、推进现代高效农业，进一步促进科技与经济的紧密结合，为全区经济社会发展提供强大的动力。

【科技创新】 2020年，浈江区科技局服务于全区经济社会转型发展需要，致力培育高新技术企业。科兴达机电、东方红日焊材等3家企业工程技术研究中心被认定为市级工程技术研发中心；推荐韶化民爆、香龙香料等11家企业申报高新技术企业认定；申报百名紧缺适用人才（产业领域）申报，组织指导韶关冶炼厂、比亚迪实业等4家企业申报2020年韶关市引进紧缺适用人才工作。

（刘国添）

文化事业

【概况】 2020年，浈江区文化旅游体育局(简称“区文旅体局”)主要负责统筹全区文化、旅游、体育事业发展,管理全区性文化、旅游、体育活动，推进全区文化、体育公共服务体系和旅游公共服务建设，推进文化、旅游、体育行业信息化建设，组织全区非物质文化遗产项目申报，组织协调文物保护和考古项目实施，推动完善文物和博物馆公共服务体系建设。

【三馆揭牌成立】 2020年12月15日，浈江区图书馆、文化馆新馆和博物馆正式揭牌，标志着浈江区公共文化事业迈向新的发展阶段。三馆的建成，提升浈江全区文化品位、促进精神文明和文化强区的建设。

浈江区图书馆、文化馆均按国家二级馆标准建设，博物馆则结合南昌起义部队革命活动旧址（犁市当铺）一体建设。新建成的图书馆建筑面积5700平方米，设计藏书量20万册，阅读座位260个，设有24小时自助图书馆、省流动图书馆书库、党员阅读室（含廉洁读书专柜）、数字体验区、少儿活动室等；文化馆建筑面积4500平方米，设有合唱教室、多媒体视听教室、舞蹈排练室、多功能（小型排演）厅、非遗展览厅、音乐室、书法室、曲艺室、乐器室、老人活动室等，对外开放文艺培训、文化展览展演等功能。

【文化活动】 2020年，区文旅体局组织“我们的节日”演出8场，专题宣传演出4场。组织的大型文艺活动主要有庆元旦迎新年群众文艺会演、2020年送福送春联慰问活动、2020年“文化和自然遗产日”非遗宣传展示广东省主会场活动暨“全域旅游在行动·广东人游广东”健康出行季启动仪式浈江分会场、2020年暑期公益培训成果展示展演活动、“我最OK”广东全民才艺大比拼韶关赛区活动、“同饮一江水”2020广东劳动者歌唱大赛浈江赛区、2020年韶关市浈江区庆祝中华人民共和国成立71周年文艺演出活动、韶关市首届曳步舞交流联谊会。全年开展戏曲进农村20场次、戏曲进校园5场次。

【文学艺术创作】 2020年，区文旅体局创作诗朗诵《致敬，岭大村》、情景快板《反邪教、扬正气、树新风、促平安》、歌曲《最美阅丹》、情景剧《协约共建暖社区》、扶贫小品《外来媳妇本地娘》、反腐倡廉小品《送礼》等作品，参加市级比赛，分别获得韶关市广场舞比赛金奖、韶关市劳动者之歌大赛第四名、韶关市戏剧曲艺花会铜奖2个、广东全民才艺大比拼韶关赛区优秀奖2个。

（区文旅体局）

2020年7月11日，浈江区“我们的节日·端午”暨浈江区图书馆、文化馆总分馆端午朗诵活动颁奖仪式在区图书馆举行

（区图书馆 供）

图书馆

【概况】 2020年，浈江区图书馆入馆人数10586人次，书籍外借人数3219人次，书籍外借册数5786册；开展讲座等阅读推广活动16场，受益人数883人次；举办展览活动2场，参观人次212人次。

【“我们的节日”系列阅读推广活动】 2020年，浈江区图书馆举办“我们的节日”系列阅读推广活动4场，分别是浈·风采我们的节日·春节《鼠年利是祈好运》手工活动，浈江区“我们的节日·端午”暨浈江区图书馆、文化馆总分馆端午朗诵活动，浈·风采“我们的节日·中秋”《月圆中秋时，团圆和谐美》手工活动，浈·风采我们的节日·重阳《尊老爱幼一家亲》。

【线上阅读活动】 2020年，浈江区图书馆举办线上阅读活动6场，分别是用爱发声，共同战“疫”朗读作品线上征集活动；战役有奖答题活动；“4·23”世界读书日打卡21天，和名师相约春天里；浈江区“我们的节日·端午”暨浈江区图书馆、文化馆总分馆端午朗诵活动；浈江区图书馆服务宣传周“聆听经典，每天一诗词”；广东省首届“中华传统文化百部经典”知识大赛。朗读活动是通过朗诵形式，为战役打气加油，有奖答题活动是通过答题形式，让群众掌握新冠状病毒的相关信息，科学防控。

（区图书馆）

文物保护与文化遗产

【文物保护】 2020年，区文旅体局完成辖区内不可移动文物157处的基本情况整理和文物保护单位基础信息录入，主要包括古建筑、古墓葬、古遗址和近现代重要史迹及代表性建筑。申报大村邓氏祠堂、大村吴氏祠堂、大村夏氏祠堂、横江村夏氏祠堂、横江村东夏氏祠堂、横江村夏屋、大村钟氏祠堂、大村邓氏祠堂以及横江村老建筑群9处省专项资金。是年，在韶关市第七批文物保护单位——韶关旧党校礼堂和韶关旧党校学员宿舍，粤汉铁路桥遗址“四有”档案项目上使用资金4万元，在省级以上文物保护单位日常保养维护和市级以上文物保护单位日常保养维护上分别使用资金9万元和11万元。

【文物开发利用】 2020年，南昌起义部队革命活动旧址（犁市当铺）改陈布展工作完成深化方案和展陈大纲，并召开专家评审会，设计单位根据评审会的要求对设计方案进行修改和完善，审图公司完成设计图纸的国家强制性标准审核。12月，浈江区博物馆完成备案，并举行揭牌仪式。举办讲解员培训，对讲解员进行声台行表方面的培训，为开馆后的解说工作做好前期准备。华南教育历史研学基地（大村）的历史遗存修缮及重建工作继续开展；古驿道历史遗存、村庄历史遗存修缮工程、岭大及附中旧址重建工程、东吴大学旧址重建工程、周边历史遗址修缮工程，史料挖掘工作以及文物收集工作也在同时推进。

【非物质文化遗产】 2020年，浈江区有省级非物质文化遗产项目1个；市级非物质文化遗产5个；区级非物质文化遗产2个，其中新增1个。

浈江区非物质文化遗一览表

表5

序号	名　称	级别	传承人姓名	评定时间
1	传统舞蹈“舞春牛”	省级	张周孝	2007年
2	传统习俗“划龙舟习俗”	市级	莫冬林	2011年
3	传统中药“丹参膏”	市级	张灵华	2012年
4	传统手工技艺“北江源隆盛酱油”	市级	张兵	2016年
5	传统习俗“猫公狮”	市级	张周彩	2016年
6	犁市胡氏蔡家拳	市级	胡友来	2018年
7	浈江香火龙	区级	彭友作	2018年
8	浈江张氏木雕艺术	区级	张新富	2020年

文化市场管理

【行政审批改革】 2020年，区文旅体局有政务服务事项69项，其中行政许可27项，行政确认3项，其他行政权力7项，公共服务32项，全部纳入《韶关市浈江区人民政府区直部门权责清单》管理；42项依申请事项全部进驻网上办事大厅，没有未进驻区网上办事分厅的事项；全面实行行政审批标准化、“一门式一网式”“马上办”“跑一次”“零见面”服务模式。局政务服务事项陈非依申请事项以外，全部可网上办理，网办率100%，办理时限全部压减至1天。全年行政许可审批到现场行政指导2宗，接到申请19宗，受理19宗，办结20宗，无未受理事项，没有未按时办结事项，办结率100%，群众满意率100%。

【文化娱乐场所疫情防控】 2020年1月24—25日，区文旅体局落实区委、区政府和上级部门关于疫情防控工作的决策部署，对辖区内22家网吧、13家KTV、1家舞厅进行疫情防控动员宣传，并全部关停。现场发放、张贴《关于浈江区各KTV、网吧暂时关停的通知》50多份。张贴市局统一印制的《新型冠状病毒感染健康教育知识》宣传海报80多份。截至5月11日，出动人员80多人次，巡查酒吧、网吧、娱乐场所260家次。

【文化娱乐场所复工复产】 2020年5月初，浈江区娱乐场所、网吧业主新冠病毒疫情防控与复工复产工作会议召开，并进行防控培训，要求各文化娱乐场所严格按照市文化广电旅游体育局《关于做好全市文旅体企事业单位复工前后新冠肺炎疫情防控工作的通知》《韶关市文化娱乐场所复业疫情防控指引》规范复工复产。各文化娱乐场所签订《复工疫情防控与安全承诺书》，完善《文化娱乐场所新冠肺炎疫情防范应急预案》《文化娱乐场所疫情防控内部责任机制》《文化娱乐场所疫情防范的应急处置流程》“粤康码”小程序（可通过微信扫描二维码登录）验证程序、每日消毒消杀台账、员工详细台账、员工健康监测卡顾客体温登记表等工作机制。出动人员50多人次，巡查网吧、娱乐场所100多家次，监督各场所继续做好疫情防控工作，除1家网吧撤场注销以外，其余20家网吧、14家娱乐场所全部复工。2—4月，全区文化娱乐场所每月损失396.6万元。

【普法宣传教育】 2020年，区文旅体局通过在单位悬挂标语、设置宣传栏等方式，向市民宣传宪法、公务员法、禁毒法、行政违法行为处罚处分条例、行政许可法、行政处罚法等法律法规内容；召开经营单位业主会议进行行业法律法规培训，在各经营场所悬挂警示牌、设置宣传栏、张贴宣传海报进行法律法规宣传。把政府信息公开工作纳入重要议事日程。全年在文化馆、图书馆、体育馆和各娱乐场所、网吧、设置民法典宣传栏40个，发放行业管理法规60份。

旅　游

【旅游疫情防控】 2020年，自广东省一级应急响应生效以来，全区文化经营单位、管辖范围内的重点景区立即关停，辖区内各大旅行社停止经营团队旅游和“机票+酒店”产品，并牵头组织市场监管局、辖区派出所和镇办开展现场检查、督办，各相关企业立即落实关停；成立网格小组联合派出所、镇（办）组成联合检查组开展旅业巡查，发放告知书，张贴疫情防控宣传海报，全区各酒店、旅馆、宾馆和招待所做好疫情防控，累计排查酒店932家次，并对未设置体温监测点，未按要求做好防护工作的企业责令整改；严密监控酒店等旅游企业的经营和疫情防控情况，按时报送排查人员数据和疫区来韶人员数据，做到不漏报、不瞒报。

【旅游行业复工复产】 2020年5月，浈江区文化馆、图书馆和体育馆实现预约开放，全区10家限上住宿业全部开业，星级酒店4家复工3家（国林宾馆正在进行企业改制，暂不复工），14家文化娱乐场所全部复工，19家网吧（注销1家）全部复工，26家旅行社复工21家，复工率在全市靠前。除动员企业复工复产，区文旅体局协调解决企业防控物资缺口问题，为大型住宿业协调购买了1.5万个口罩，向小旅业派发3000个口罩。

【文旅体融合系列活动】 2020年6月13日，“广东人游广东”系列节庆活动在华南教育历史研学基地（大村）举办，现场吸引了近3000名群众前来观看，直播平台获得超3万人次的点击量；9月3日，“铭记烽火历史 传承红色基因”——走进华南教育历史研学基地系列活动在华南教育历史研学基地（大村）举办；9月22日，“中国农民丰收节”浈江主会场活动在犁市镇沙园村开幕，活动持续到10月8日，接待游客约2500人；9月29日至10月3日浈江区2020迎国庆“智领未来”汽车展销活动在北江广场举办。

【服务管理】 2020年，区文旅

体局牵头组织成立联合检查组，分别对酒店、旅行社、旅游集散地等重点场所开展督导检查，累计出动检查人员550人次，检查辖区涉旅企业和个体户150余家，发现存在安全隐患、卫生问题和创文盲点的要求其厉行整改。节假日期间和大型活动期间，浈江区牵头组织团区委、志愿者联合会、有关镇村等单位开展志愿服务活动，通过设置旅游志愿服务点，为游客进行测温登记、向游客倡导文明旅游等方式，服务游客，倡导文明旅游。“五一”国际劳动节假期，区文旅体局牵头在丹霞山南门及阅丹公路沿线设立文明旅游志愿服务点，为游客提供咨询、指引、服务、疏导等志愿服务，引导车辆706辆，旅客264人，发放文明旅游宣传册369份，发放口罩等卫生用品48套，整治周边环境2处。全年浈江区文化、旅游市场安全，无重大投诉发生，旅游安全市场秩序良好，无安全事故报告。

体　育

【体育设施更新维护】　2020年，区文旅体局做好启明全民健身广场、东升全民健身广场2个全民健身广场的日常维护，维修更换健身路径器材15件次，更换篮球架6副；基层村社区新安装（更换）健身路径20套、室外乒乓球台14张，篮球架6副；2020年8月，东升全民健身广场更换LED路灯24套，保障广场运动照明需求；浈江区体育馆二楼羽毛球馆更换4片羽毛球场地胶，维修区体育馆舞台及改造厕所。

【群众体育】　2020年8月8日是国家第12个全民健身日，浈江区全民健身日活动暨韶关市第八届轮滑公开赛在启明路全民健身广场举行，来自韶关各县（市）区15个单位、286名运动员参赛。同日，区体育馆羽毛球馆和游泳馆设免费开放时段，惠及群众300余人。指导各镇办因地制宜开展登山、徒步、球类、棋类等各项活动。

韶关市第五次国民体质监测　2020年9月22日，区文旅体局组织在启明路全民健身广场为群众提供免费体质测定服务，100余名群众受惠；9月23日，组织各镇（办）和区属各单位共240人提供免费体质测定服务，并为受测者出具评定报告及健身指导建议。

2019年度、2020年度体育场地调查统计　2020年，区文旅体局通过召开体育场地统计调查工作培训会，对各镇、办调查员进行系统的培训。及时将2019年、2020年新增及变动场地情况录入体育场地统计调查系统，并根据省、市反馈审核意见对体育场地统计数据进行跟踪、修改更正、完善。

“旅游+体育”融合推进　2020年10月25日，区文旅体局牵头协调2020年环丹霞山自行车赛、11月28日第十三届农行杯穿越丹霞山50公里徒步赛、12月6日2020丹霞山山地马拉松赛、12月19—20日广东100跑山系列赛总决赛暨2020丹霞100跑山赛等4个大型体育赛事。

【竞技体育】　2020年9—10月，区文旅体局组织参加2020年度韶关市青少年锦标赛。浈江区代表队114名运动员参赛，参加田径、射击、皮划艇、赛艇、举重、网球、足球、跆拳道、羽毛球9个大项33个小项项目比赛，获得团体总分400分，比上年提高114分。其中，羽毛球项目获团体第二；跆拳道、足球、网球、射击、皮划艇、举重获团体第三；获得金牌12枚，银牌14枚，铜牌7枚。

【青少年体育】　2020年11月，区文旅体局在浈江区建国幼儿园、浈江区执信幼儿园、浈江区赖新小学、风采实验学校、韶关市第十三中学5所学校，通过开展科学健身讲座、运动技能培训等活动，完善幼儿及青少年体质健康促进模式，提升幼儿及青少年体质健康水平。

（区文旅体局）

卫生·健康

综　述

【概况】　浈江区卫生健康局管理风采社区卫生服务中心、东河社区卫生服务中心、车站社区卫生服务中心、碧桂园社区卫生服务中心、新韶镇卫生院、犁市镇中心卫生院、花坪镇卫生院、花坪镇卫生院曲仁分院于2020年并入花坪卫生院、花坪镇卫生院茶山分院（茶山人民医院）、花坪镇卫生院格顶分院于2020年并入新韶卫生际、十里亭镇卫生院、乐园镇卫生院。浈江区卫生技术人员2673人、执业（助理）医师953人、注册护士1268人。是年，全区纳入财拨村级卫生站44家，在岗乡村执业（助理）医师19人。此外，辖区内医疗机构180个，其中医院13个、社区卫生服务中心（站）4个、诊所92个，共有床位2307张，全区总诊疗人151.6496万人次，出院病人5.48万人，病床使用率75.24%。年内累计建立居民健康档案33.80万份。是年，浈江区属基层医疗卫生机构共有4家社区卫生服务中心、6间乡镇卫生院（含1个分院），13个村卫生站公建规范化建设任务完成。全区人均到位项目补助资金69元，完成省、市目标任务。

【卫生行政许可】　2020年，本单位现有行政许可事项27项，已全部进驻区政务服务大厅。是年接受行政许可申请126件、受理126件、按时办结126件。

【职业健康管理】　2020年，浈江区卫生健康局对辖区内239家企业进行职业病危害现状调查。职业病危害项目申报系统新增8家企业，共45家企业。其中开展职业健康检查企业16家，开展职业病危害因素检测企业15家。配合市卫生监督所开展职业卫生监督现场执法5次，对5家企业进行现场监督执法。是年，新设尘肺病康复站3家，尘肺病康复点1家，尘肺站点通过验收。

（胡粤红　李慧琴　赵晓阳　刘兴明　赵　婧　吴云华）

【新冠肺炎疫情防控】　2020年，浈江区卫生健康局完善疫情防控工作机制。协助区指挥办制定多

2020年2月1日，新冠肺炎疫情防控消杀工作在浈江区金色江湾小区开展　（区卫生健康局　供）

项工作机制；成立医疗救治、疾病防控、境外防控等工作专班，指导医疗单位落实应急预案，成立区域诊疗、重点人群健康管理、卡口管理专班；制订应急预案，成立领导小组，设立工作专班。规范设置辖区医院预检分诊点，落实市直医院发热门诊、药店、卡口、社区、企业、酒店等地发热人员的分类健康管理；组织做实核酸检测，辖区密切接触者、潜在密切接触者、重点地区返韶人员、发热病人、住院病人、陪护人员实行应检尽检；强化指导督导重点机构落实防控措施，建立医企医校联动机制；累计印制宣传资料14.8万份，发放防控宣传资料35.8万份；成立区防控境外重点地区新冠肺炎疫情输入工作小组；强化集中隔离管理，安排医务人员24小时值班负责医学观察和健康指导，邀请韶关市第一人民医院医生每天对隔离人员进行健康巡诊。

2020年，浈江区卫生健康局印发《浈江区秋冬季疫情防控工作方案》《浈江区新冠肺炎本地疫情应急处置预案（试行）》等，完成5家发热诊室改造建设，建立208人的核酸采样队伍，组建14人的区级流行病学调查队伍，采购约100万元的防疫物资，选定1个区级备用隔离场所，落实流感等秋冬季节传染病防治准备；持续做好国内外重点地区返浈人员排查管控，及时将重点人员纳入“四个一”健康管理；加强发热哨点监测，建立发热人员管理台账，要求所有到发热门诊（诊室）就诊及入院的患者，必须扫“健康码”、检测核酸；落实社区“三人小组”工作机制，督促社区每日做好排查监控数据报送；建立应急处置机制，确保一旦发生疫情，能及时启动相应管控措施。

（余美娟　黄　美）

2020年8月12日，浈江区举行移动智慧社区卫生院服务项目签约仪式　（区卫生健康局　供）

【移动智慧社区卫生院服务项目签约】 2020年8月12日，浈江区移动智慧社区卫生院服务项目签约仪式在浈江区卫生健康局举行，浈江区卫生健康局领导班子、中国农业银行浈江支行行长、辰康信息科技（韶关）有限公司有关负责人、区属各基层医疗机构负责人出席此次活动。10家基层医疗机构主要负责人与中国农业银行股份有限公司韶关分行、辰康信息科技（韶关）有限公司代表签订共建移动智慧社区卫生院服务项目三方合作协议。通过互联网+渠道实现线上、线下自助医疗服务，打造一站式就医服务平台。

妇幼保健

【概况】 2020年，浈江区卫生健康系统围绕区委、区政府的发展战略目标，全面深化医药卫生体制改革；并围绕“母婴保健法”、“十三五”规划和“妇女、儿童发展纲要”，以保障生殖健康，提高出生人口素质为重点，以妇女儿童健康为宗旨，优化服务模式，推进计划生育服务管理，不断提升妇幼优质服务水平和基本公共卫生服务水平。降低孕产妇死亡率、婴儿死亡率和出生缺陷率，全区妇幼卫生工作取得显著成效。

【出生缺陷综合防控项目】 2020年，浈江区开展孕期唐氏筛查2024人，孕期明显结构畸形筛查2126人，发现唐氏综合征严重致残畸形儿1例，采取终止妊娠措施1例。开展出生缺陷防控项目三级预防。全区新生儿遗传代谢疾病筛查2692人，覆盖率100.3%；新生儿听力筛查2656人，覆盖率98.95%，做到“早发现、早诊断、早治疗”，避免致残或减轻残疾程度，提高患儿生活质量。

【孕产妇健康管理】 2018—2020年，连续三年未发生孕产妇死亡事件。2020年，辖区医疗机构内产妇2217人，活产2233人，区孕产妇系统管理2091人，孕产妇系统管理率94.31%，住院分娩率100%。

【0—6岁儿童健康管理】 2020年，3岁以下儿童系统管理率90.15%，7岁以下儿童保健管理率95.38%，提前达到两个规划目标80%以上、95%以上。2011—2020年度两纲规划期间，未发生新生儿破伤风死亡事件，婴儿死亡率1.69‰，5岁以下儿童死亡率0.46‰，控制在两个规划要求的目标内。严重致残的出生缺陷发生率4.48%和低出生体重发生率3.89%，与历年比较有所下降。国家免疫规划接种率达95%以上乡镇总数比例95%，其中卡介苗、脊灰疫苗、百白破疫苗、含麻疹成分疫苗、乙肝疫苗、甲肝疫苗、乙脑疫苗、流脑疫苗接种率占乡镇总数的比例95%以上。

【学校卫生】 2020年，浈江区对辖区内52家中小学学生进行体检，体检人数37985人，检出肥胖3591人，辖区中小学生肥胖发生率9.45%；检出营养不良3876人，其中中重度营养不良1455人，营养不良发生率14.80%；检出龋齿8961人，龋齿发生率23.59%，检出视力不良17242人，视力不良发生率45.39%。

【城乡妇女两癌筛查】 2020年，浈江区“两癌”（宫颈癌、乳腺癌）筛查任务数3819人，实际接受“两癌”免费检查的妇女3973人，建档率104.03%；宫颈癌筛查3930人，宫颈癌筛查率102.91%；宫颈癌结案3914人，结案率102.49%；乳腺癌筛查3934人，乳腺癌筛查率103.01%；乳腺癌结案3928人，结案率102.85%。发现宫颈低度病变1人，高度病变1人，宫颈原位癌2人；发现可疑乳腺癌恶变2人。

（赵 婧）

公共卫生与疾病预防

【公共卫生服务】 2020年，浈江区全面推进国家基本公共卫生服务工作的开展。全区人均基本公共卫生服务项目经费提升至人均70.74元的标准，城乡居民健康档案电子建档率82.21%，健康宣传栏更新336次，发放宣传资料2.77万份，突发公共卫生事件规范报告率100%，法定传染病疫情报告率100%，传染病疫情报告及时率98.72%。辖区10家基层医疗卫生机构已建立家庭医生签约服务团队33个，常住人口签约服务覆盖率32.80%，重点人群签约服务覆盖率70.31%。

【疾病预防控制】 2020年，浈江区65岁以上老人累计建档人数24055人，管理率42.53%；高血压累计建档7041人，规范管理率60.03%，管理人群血压控制率72.16%；2型糖尿病患者累计建档2666人，规范管理率67.33%，管理人群血糖控制率78.28%。是年，累计在册严重精神障碍患者1768人，报告患病率4.3‰，年管理率92.82%，规范管理率86.71%，在册患者服药率84.50%，规律服药率61.82%，精分服药率85.89%，精分规律服药率63.23%。在册患者中，全区累计领取精神残疾人证782人，参保1713人，精准扶贫对象225人，关爱帮扶小组服务对象1332人，参加社区康复服务27人，家庭医师签约服务对象1590人。全年累计免费服药患者97人，全区建立预防接种证人数15172人，建证率100%，适龄儿童乙肝疫苗、卡介苗、脊灰疫苗、百白破疫苗、麻疹疫苗等一类疫苗基础接种率均在99%以上。是年，浈江区累计管理肺结核患者263人，管理率100%，规则服药率89.58%。

【卫生综合监管】 2020年，浈江区发现的事件或线索28个，报告率100%，协助开展的食源性疾病、饮用水卫生安全、学校卫生、非法行医和非法采供血、计划生育实地巡查694次。

（吴文宏）

卫生监督与执法

【概况】 2020年，浈江区卫生健康局上报韶关市卫生监督所信息和案件数共30宗（含非法行医线索9宗）。法规股参与的监督检查有校园及周边环境综合整治行动检查、卫生工作示范学校检查等。

【卫生监督协管】 2020年，浈江区按照《广东省卫生监督协管服务工作规范（试行）》，做好卫生监督协管服务对象摸底，建立健全本区域内公共卫生类本底资料。开展日常性卫生监督巡查频次≥2次，并做好巡查记录登记。发现非法行医、无证照经营单位及时填写案件报送单上报至市卫生监督所。且全年巡查覆盖率100%，各项卫生监督协管工作规范化。

（李慧琴）

爱国卫生

【病媒生物防制】 2020年，浈江区爱国卫生运动委员会（简称“区爱卫会”）做好药物的组织供应和管理，搞好除四害密度监测和技术指导作；组织消杀人员开展统一集中消杀活动，预防控制疾病流行。投放灭鼠毒饵3000千克，灭蚊药物100多箱，蟑螂药200多盒，投入资金10万元，收到良好的消杀效果，“四害”密度降低。

【卫生镇村创建活动】 2020年，区爱卫会按照市爱卫会工作要点及区卫生镇村创建目标要求，推进农村卫生创建工作，创建卫生镇5个（其中2个是省卫生镇乐园镇、十里亭镇），占比100%。创建卫生村48个（其中省卫生村14个），占比100%。

【消毒消杀】 2020年，区爱卫会主动协调具有消毒消杀资质的第三方对重点地方进行消毒消杀，遏制疫情蔓延，防止疫情扩散。同时，对进入浈江区4个高速入口的体温检测查点，每2天进行消杀一次，确保在一线工作人员安全。从2月开始，全区消毒消杀96次，消毒消杀面积达28万平方米。

（黄寿青）

2020年4月26日，浈江区开展爱国卫生月活动

（区卫生健康局 供）

基层单位医疗机构

【风采社区卫生服务中心】 位于韶关市浈江区风度北六号，服务区域辐射市政府、环园路等11个社区。占地面积595.6平方米，总建筑面积2351.2平方米。2020年，在职职工59人，其中卫生专业技术人员50人，副高级职称5人，中级职称19人，执业范围为全科医学专业的临床和中医等类别执业（助理）医师16人，注册护士20人。内设全科诊室、中医诊室、口腔保健室、妇女保健室、儿童保健室、免疫接种室、康复治疗室、康复训练室、健康教育室、健康信息管理室、放射室、检验室、心电图室、B超室等科室。配备西门子彩色B超、500毫安X线诊断机、牙科X射线机和牙科X射线数字图像诊断系统、心电图、纤维鼻喉镜、血球计数仪、全自动生化仪、除颤仪、24小时动态血压监测系统、动态心电图监测系统、心电监护仪、牙科综合治疗仪、龙氏颈椎正骨牵引椅、电动三维牵引床、超短波、针灸仪、TDP神灯低频电子脉冲治疗仪、龙氏颈椎正骨牵引椅、微波治疗仪、电动三维牵引床、超短波、针灸仪、中药雾化吸入设备、刮痧板、电针仪、艾灸仪、智能通络治疗仪、局部熏蒸仪等各种医疗设备。开放康复病床50张。该中心开展家庭医生签约服务。截至12月底，签订家庭医生式服务协议，居民数2.33万人次，其中65岁老年人1346人，65岁老年人签约率达26%。0—6岁儿童105人，慢性病（高血压、

糖尿病）1446人。开展中医药服务能力建设，拓展中医药适宜技术的应用、开展高血压、糖尿病、65岁及以上老年人、0—36个月儿童等特殊人群的中医药健康管理。同时加强基本公共卫生服务档案管理，建立居民健康档案4.84万份，建档率81.38%。0—6岁儿童健康管理2164人，管理率80.35%。孕产妇早孕建册率69.95%，产后访视率75.59%。65岁老年人健康管理1383人，管理率26.41%。高血压患者健康管理1342人，管理率52.98%。Ⅱ型糖尿病患者健康管理593人，管理75.83%，重性精神疾病患者规范管理212人，管理率77.94%。全年业务收入1267万元。较上年减少261万元，降低17.08%。

【东河社区卫生服务中心】 位于浈江中路55号A座，服务区域辐射浈江南、启明路、浈江中、陵西路、育红巷、执信路等6个社区，占地面积505平方米，总建筑面积3400平方米。2020年，在职职工50人，其中卫生专业技术人员38人，副高级职称2人，中级职称13人，执业范围为全科医学专业的临床和中医等类别执业（助理）医师9人，注册护士14人。内设全科诊室、中医诊室、口腔保健室、妇女保健室、儿童保健室、免疫接种室、康复治疗室、健康教育室、健康信息管理室、放射室、检验室、心电图室、B超室，康复床位50张。配备西门子彩色B超、500毫安X线诊断机、牙科X射线机和牙科X射线数字图像诊断系统、心电图、血球计数仪、全自动生化仪、除颤仪、24小时动态血压监测系统、动态心电图监测系统、心电监护仪、牙科综合治疗仪、龙氏颈椎正骨牵引椅、电动三维牵引床、超短波、针灸仪、TDP神灯低频电子脉冲治疗仪等各种医疗设备。2020年，为辖区特殊人群（低保特困、残疾人和计划生育扶助对象）家庭医生签约提供个性化签约服务包，免费开展个性化服务。继续拓展中医药适宜技术，开展脑中风后遗症、肢体残疾等康复服务；开展高血压、糖尿病、重性精神疾病患者等高危人群的中医预防保健和连续管理服务；为65岁及以上老年人提供中医体质辨识服务；为0—36个月儿童中医调养服务。全年门诊诊疗人次6202人，其中中医诊疗人次2663人；收治住院病人506人次；业务收入391.8万元，较上年减少221.46万元，降低36.1%。

【十里亭镇卫生院】 位于十里亭镇十里亭路57号，服务区域辐射十里亭、十里亭东、五里亭等6个社区，以及靖村、金凤坪村、五里亭村等6个行政村。占地面积1800平方米，总建筑面积3700平方米。2020年，在职职工43人，其中卫生专业技术人员34人，无副高级职称，中级职称6人，执业范围为全科医学专业的临床和中医等类别执业（助理）医师3人，注册护士12人。设有住院部、全科门诊、中医馆（康复治疗科）、检验科、超声科、放射科、口腔科、妇儿保健科、公共卫生科、预防接种门诊和犬伤门诊。配有DR、牙片机；彩超、24h动态心电图、经颅多普勒、骨密度检测仪、心电监护仪；全自动生化仪、全自动血球仪、电解质；中医体质辨识仪、偏正光治疗仪、智能颈腰椎牵引床、低频电子脉冲治疗仪、超短波、中频等医疗设备。卫生院还设有四个家庭医生服务团队，对辖区高血压、糖尿病、严重精神障碍患者、65岁以上老年人、孕产妇及0—6岁儿童进行健康管理和中医管理服务。同时为辖区居民提供常见病、多发病门诊和住院服务，开拓中医药适宜技术，开展中药敷贴绿色疗法治疗。全年门诊诊疗人次1.9983万人，其中中医诊疗人次8063人；医疗业务收入406万元，较上年增加64万元，增长18.7%。

【犁市镇中心卫生院】 位于犁市镇建设路51号街，占地面积5660平方米，总建筑面积5151平方米。2020年，在职职工56人，其中卫生专业技术人员47人，副高级职称3人，中级职称18人，执业范围为全科医学专业的临床和中医等类别执业（助理）医师19人，注册护士22人。内设全科医疗科、内科、妇科、儿童保健科、口腔科、医学检验科、医学影像科、中医科等科室。开放床位数50张。服务内容为基础医疗、院前急救、临终关怀、突发公共卫生事件应急、预防接种、妇幼保健、慢性病管理、健康咨询、基本公共卫生服务项目工作等。仪器设备主要有DR、彩色B超、阴道B超、心电图机、超声经颅多普勒血液分析仪、全自动生化分析仪、全自动血液球分析仪、心电监护仪、胎心监护仪等。全年门诊诊疗人次3.78万人次，其中中医诊疗人次2551人；收治住院病人253人次，较上年减少490人次；业务收入322.78万元，较上年减少 134.01 万元，降低 29.34%。

【花坪镇卫生院曲仁分院】 位于浈江区花坪镇，2020 年，因当地居民搬迁至黄金村棚户区居住，医院暂停医疗业务，全年无医疗业务收入。

【新韶镇卫生院】 位于浈江区黄金村路 6 号曲仁园棚户区内，服务区域包括新韶镇、曲仁园、田螺冲等 3 个镇办，并辐射到鑫金汇片区。占地面积 1042.35 平方米，总建筑面积 5000 平方米。2020 年，在职职工 60 人，其中卫生专业技术人员 51 人，正高级职称 1 人，副高级职称 5 人，中级职称 11 人，执业范围为全科医学专业的临床和中医等类别执业（助理）医师 6 人，注册护士 20 人。内设全科、妇产科、口腔科、中医科、理疗室、公共卫生科、门诊部、住院部、心电图室、B 超室、放射室、检验科、尘肺康复站等科室；配有心电图、彩色 B 超、血球仪、生化仪、血糖仪、健康一体机、DR 机（数字化医用成像系统）、牙片机、肺功能测试仪、指脉氧检测仪 、呼吸机、心电监护仪、除颤仪、自动心肺复苏机，理疗设备：超短波、针灸仪、智能疼痛治疗仪、电脑恒温电蜡疗仪、TDP 神灯、中、低频电子脉冲治疗仪，康复设备：PT 床、弹力带、哑铃、沙袋、床边踏车、三球仪呼吸功能训练仪、滑轮牵引装置、6 分钟步行试验包、膈肌起搏治疗仪、供氧系统、负压系统等设备。承担着新韶镇、田螺冲办事处、曲仁园辖区群众的基本医疗、预防保健、十四项基本公共卫生服务项目工作。日常主要开展全科住院、全科诊疗、中医理疗、预防接种、妇儿保健、口腔医疗及基本公共卫生服务项目等业务工作。全年门诊诊疗人次 2.87 万人，其中中医诊疗人次 7401 人；收治住院病人 736 人次；业务收入 541.9 万元，较上年减少 25.1 万元，降低 4.43%。

【花坪镇卫生院格顶分院】 位于浈江区曲仁办事处格顶居民区，与仁化县接壤。2020 年该院加挂在新韶镇卫生院，人员分流到区属医疗单位，无医疗业务收入。

【车站社区卫生服务中心】 位于市区东南面，主要服务广铁一线、劳动村、莲花山、大塘路、职工一区、东升村、站南路 7 个社区。业务用房面积 1938 平方米，建筑面积 1.06 万平方米。2020 年，在职职工 15 人，其中卫生专业技术人员 14 人，无副高级职称，中级职称 7 人，执业范围为全科医学专业的临床和中医等类别执业（助理）医师 5 人名，注册护士 8 人。主要以预防、保健、健康教育等。该中心将中医药服务融入社区基本公共卫生服务和基本医疗服务建设；家庭医生式服务深入辖区家庭；依照“卫健联手、医计结合、优势互补、资源共享”的思路，在家庭医生式服务团队的基础上，加入计生专干，组建新型卫生和计划生育基本公共服务均等化服务团队，由基层医护人员与计生专干共同为居民提供签约服务；开展高血压、糖尿病、重性精神疾病患者等高危人群的中医预防保健和连续管理服务。开展高血压、糖尿病、重性精神疾病患者等高危人群的中医预防保健和连续管理服务；为 65 岁及以上老年人提供中医体质辨识服务；为 0—36 个月儿童中医调养服务。全年预防接种 31713 人次，门诊业务收入 481 万元。较上年减少 58 万元，减少 10.7%。

【花坪镇卫生院】 位于浈江区花坪镇花坪大道 65 号，服务区域辐射花坪社区和长地头等 5 个行政村。占地面积 900 平方米，总建筑面积 1988 平方米。2020 年，在职职工 17 人，其中卫生专业技术人员 17 人，无副高级职称，中级职称 5 人，执业范围为全科医学专业的临床和中医等类别执业（助理）医师 3 人，注册护士 6 人。开设门诊部和住院部，有全科、中医科、公卫科、医技科（B 超室、心电图、检验室），康复床位 2 张。配备 B 超、心电图、血球计数仪、全自动生化仪、心电监护仪、颈椎腰椎牵引床、神灯低频电子脉冲治疗仪等各种医疗设备。是年，为辖区特殊人群（低保特困、残疾人和计划生育扶助对象）家庭医生签约提供个性化签约服务包，免费开展个性化服务。继续拓展中医药适宜技术，开展脑中风后遗症、肢体残疾等康复服务；开展高血压、糖尿病、重性精神疾病患者等高危人群的中医预防保健和连续管理服务；为 65 岁及以上老年人提供中医体质辨识服务；为 0—36 个月儿童中医调养服务。全年门诊诊疗人次 4345 人，其中中医诊疗人次 2 人；收治住院病人 57 人次；业务收入 28.4 万元。较上年减少 29.7 万元，降低 0.51%。

【花坪镇卫生院茶山分院】 位于花坪镇新村，服务区域辐射长地头、老虎冲、宋屋等行政村。占地面积1752平方米，总建筑面积900平方米。2020年，在职职工8人，卫生专业技术人员8人，执业范围为全科医学专业的临床执业医师2名，全科医学专业助理医师1人，检验师1人，注册护士4人。内设全科诊室、放射室、检验室、心电图室、B超室，编制床位20张。配备彩色超声诊断系统、全自动生化分析仪、全自动血球计数仪、全自动心电图仪、电解质分析仪、X光机、B超机、心电监护仪、远红外理疗床、磁振热治疗仪、中频治疗仪、牵引床等各种医疗设备。该中心医疗服务内容以老年保健、院前急救、慢非传疾病的康复指导、健康咨询以及一般常见病、多发病的诊治等。全年门诊诊疗人次298人，收治住院病人224人次，业务收入26.56万元，较上年减少63.03万元，降低70%。

【乐园镇卫生院】 位于韶关市浈江区乐园镇南郊四公里原市二针厂内，辖服务区域辐射城南、韶南等6个社区，7个行政村，占地面积5190平方米，总建筑面积3885.98平方米。2020年，该在职职工40人，其中卫生专业技术人员40人，副高级职称8人，中级职称18人，执业范围为全科医学专业的临床和中医等类别执业（助理）医师16人，注册护士19人。内设全科诊室、中医诊室、口腔保健室、妇女保健室、儿童保健室、免疫接种室、理疗室、健康教育室、DA室、检验室、心电图室、B超室，病房床位63张。配备彩色B超、黑白B超、心电图、血球计数仪、全自动生化仪、除颤仪、24小时动态血压监测系统、动态心电图监测系统、心电监护仪、牙科综合治疗仪、颈腰椎多功能牵引床、微波诊疗仪、TDP神灯、中频治疗仪、智能通络治疗仪等各种医疗设备。是年，为辖区特殊人群（低保特困、残疾人和计划生育扶助对象）家庭医生签约提供个性化签约服务包，免费开展个性化服务。开展高血压、糖尿病、重性精神疾病患者等高危人群的中医预防保健和连续管理服务；为65岁及以上老年人提供中医体质辨识服务；为0—36个月儿童中医调养服务。5月正式营业，全年门诊诊疗人次5151人，业务收入137万元。

【凤凰城社区卫生服务中心】 位于韶关市浈江区凤凰路高山流水4号楼四、五层，服务区域辐射碧桂园凤凰城东、南、西、北4个社区。占地面积842.9平方米，总建筑面积1629.87平方米。2020年，在职职工13人，其中卫生专业技术人员12人，无副高级职称，中级职称6人，执业范围为全科医学专业的临床和中医等类别执业（助理）医师2人，注册护士6人。内设全科诊室、中医诊室、口腔保健室、妇女保健室、儿童保健室、免疫接种室、康复治疗室、健康教育室、健康信息管理室、放射室、检验室、心电图室、B超室。配备多功能健康一体机、DR机、胎心监测仪、B超机、中医熏蒸机、中医理疗机、儿童智力检测仪、黄疸检测仪、听力筛查仪、便携式健康一体机等各种医疗设备。是年，为辖区特殊人群（低保特困、残疾人和计划生育扶助对象）家庭医生签约提供个性化签约服务包，免费开展个性化服务。继续拓展中医药适宜技术；开展高血压、糖尿病、重性精神疾病患者等高危人群的中医预防保健和连续管理服务；为65岁及以上老年人提供中医体质辨识服务；为0—36个月儿童中医调养服务。5月11正式营业，全年门诊诊疗人次9587人；业务收入189万元。

（胡粤红）

社会生活

民　政

【概况】　浈江区民政局是区政府承担全区社会救助、基层政权建设、养老服务、区划地名管理、婚姻登记、收养登记、社会团体登记、社会组织登记、殡葬管理等工作的职能部门。2020年，下属浈江区社会福利院、浈江区婚姻登记中心和浈江区社会组织事务中心3个事业单位。

【城乡低保】　2020年1月，浈江区提高城乡居民最低生活保障标准，城镇和中省企业低保标准提高到每人每月772元，农村低保标准提高到每人每月532元。城乡低保人均月补差标准分别调整提高为609元、276元。是年，全区1047户1601人享受低保待遇，累计支出低保资金956.0881万元。

【特困供养】　2020年1月，浈江区城市特困月供养标准提高到每人每月1236元，农村特困月供养标准提高到每人每月852元。全区226户226人特困供养人员，累计支出城乡特困金253.9311万元。

【临时救助】　2020年，浈江区民政局对符合条件困难人员给予临时救助，救助163户困难家庭，支出救助金32.43万元。

【残疾人两项补贴】　2020年1月，浈江区残疾人生活补贴每月标准从165元/人提高到175元/人，重度残疾人护理补贴每月标准从220元/人提高到225元/人。截至年底，891名残疾人领取生活补贴，3643名重度残疾人领取护理补贴，发放困难生活补贴172.20万元、发放护理补贴974.28万元。

【孤儿保障】　2020年1月，浈江区散居孤儿生活费每月人均标准从1025元提高到1110元，集中供养孤儿生活费每月人均标准从1685元月提高到1820元。全区登记散居孤儿14人，发放生活费18.89万元；登记集中孤儿2人，发放生活费5.82万元。

【扶贫济困】　2020年，浈江区慈善会收到广东扶贫济困日捐赠善款178.53万元，其中市

2020年12月14日，区民政局到辖区敬老院开展慰问

（区委宣传部　供）

级认捐 47.24 万元，区本级认捐 131.29 万元。全年拨付和使用资金 716.41 万元。

【养老机构管理】 2020 年，全区有 12 家民办养老机构和 1 家社会福利院，共有 1599 张床位。浈江区民政局持续开展养老院服务质量建设专项行动，参与养老机构星级评定。是年，浈江区康寿养老服务有限公司成为全市首家三星级养老机构。

【殡葬管理】 2020 年，浈江区持续落实城乡居民殡葬基本服务免费政策，免除城乡居民殡葬基本服务 2125 宗，免除费用 317.41 万元。

【老人福利】 2020 年，浈江区 80 岁以上 90 岁以下老人有 8993 人，90 岁以上 100 岁以下老人有 870 人，100 岁以上老人有 22 人。为 80 岁以上老人发放高龄津贴 9885 人次，发放金额为 243.617 万元。

【婚姻登记及收养登记】 2020 年，浈江区民政局办理内地结婚登记 1743 对，离婚登记 962 对，涉外婚姻登记 4 对。收养登记 2 宗。

【基层政权与社区建设】 2020 年，浈江区有 48 行政村、46 个社区；村“两委”干部 322 人、村务监督委员会成员 143 人、社区“两委”干部 266 人。是年，浈江区民政局继续加大社区公共服务用房建设力度，对 2 个社区争取城市提升资金和省市福彩公益金合计 40 万元，用于社区公共服务用房的购买、重建和场所二次装修及采购所需设施设备。

【社会组织管理】 2020 年，浈江区新登记注册社会组织 1 家，注销 8 家。截至年底，全区在册社会组织 122 家，其中社会团体 29 家，民办非企业 93 家，122 家社会组织办理“三证合一”。

（廖　耘）

人口与计划生育

【概况】 2020 年，浈江区户籍出生人口 2696 人，政策生育率 88.43%，政策外多孩率 9.24%，出生人口性别比 114.65，出生率 7.97‰，自然增长率 0.84‰。全区常住人口出生 2363 人，政策生育率 88.11%，政策外多孩率 9.82%，出生人口性别比为 111.17，出生率 7.83‰，自然增长率 0.47‰。全面完成上级下达的人口控制目标。

【人口数据质量】 2020 年，浈江区对全员人口数据质量和计算机网络安全进行培训，并通过加强对互联互通、疾控数据及时核查使用，开展数据查漏补缺，提高全员人口数据库覆盖率、准确率、及时率，确保辖区内部门数据与全员系统一致。

【计生惠民工程】 2020 年，浈江区兑现农村部分计划生育家庭奖励对象 4464 人次，发放奖励金额 52.82 万元；兑现农村计划生育节育奖对象 10689 人次，发放奖励金额 53.36 万元；兑现计划生育家庭（含手术并发症）特别扶助对象 5835 人次，发放扶助金 390.08 万元。兑现城镇独生子女父母奖励 16536 人，累计发放奖励金 1611.368 万元。

【计生工作依法行政】 2020 年，浈江区征收社会抚养费 74.56 万元。落实领导包案和责任追究制度，把信访工作层层分解量化，没有发生因计生集体上访和越级上访事件。

（刘兴明　李慧琴）

老龄工作

【概况】 2020 年，浈江区老龄工作由区卫生健康局承接，主要贯彻党政主导、社会参与、全民关怀的工作方针，加大老龄宣传、加强老年人基层组织建设，推进社区老龄工作，为老年人办实事。

【养老服务体系建设】 2020 年，浈江区建立健康养老组织服务体系，明确医养结合的工作目标和工作任务，各单位进行任务分解和分工。建立“医养结合”四种模式，按照老年人健康养老需求，结合全区医疗养老资源不同情况逐步形成以医为主、拓展养老；以养为主、医疗介入居家养老、日间照料、家庭医生签约服务相结合医养 4 种模式。全区设立医疗卫生机构的养老院 1 家，医养结合医疗机构 1 家。

【惠老优待政策】 2020 年，浈江区发放老年人补助 9126 人，发放高龄津贴 243.6 万元；为年满 60 周岁以上的老年人免费办证 1015 本；推进风采长者饭堂建设，打造“中心厨房＋配餐点”的助餐、配餐模式，助推全区养老服务事业持续健康发展。

【老年人关爱活动】 2020年，浈江区发挥基层老龄组织、老年学校等平台作用，组织开展老年文化体育活动。在社区内建立各类室内、室外的健身室、活动室、书画室等。组织各种活动队伍，开展健康操、广场舞的练习。

【“银龄安康行动”推进】 2020年6月，浈江区卫生健康局联合国寿召开2020年度浈江区“银龄安康行动”工作会议，传达韶关市“银龄安康行动”工作会议精神，全年区政府投入76.39万元为全区60岁以上户籍老人76394人购买意外伤害保险，政府统保率100%。是年，全区自付费参保人数2356人，收取保费24.55万元。发生理赔106件，理赔金额42.34万元。是年，开展精准扶贫老年人“银龄安康行动”统保确权工作，到浈江区10个镇（办）97个村居，将政府保障送到每一个精准贫困户手中，持续推进脱贫攻坚与乡村振兴。

（赵　婧）

人力资源和社会保障

【概况】 2020年，浈江区人力资源和社会保障局（简称“区人社局”）是区政府主管人力资源和社会保障事业的职能部门，下辖浈江区社会保险基金管理中心、浈江区就业服务管理中心、浈江区人才工作管理办公室、浈江区人力资源事务中心、浈江区劳动人事争议仲裁院、浈江区职业技能鉴定中心、车站街道办事处劳动保障事务所、东河街道办事处劳动保障事务所、风采街道办事处和平劳动保障事务所、花坪镇劳动保障事务所、乐园镇劳动保障事务所、犁市镇劳动保障事务所、风采街道办事处南门劳动保障事务所、曲仁办事处劳动保障事务所、风采街道办事处太平劳动保障事务所、田螺冲办事处劳动保障事务所、新韶镇劳动保障事务所、十里亭镇劳动保障事务所等事业单位，10月，浈江区劳动保障事务所实行属地管辖，下划至各镇（办）。区人社局按照规定程序做好公共就业服务、社会保障、劳动关系和人才人事工作，落实各项政策，提高服务水平，人社工作稳步推进。

2020年11月24日，浈江区开展保障农民工工资专项检查

（区委宣传部　供）

【事业单位人事管理】 2020年，区人社局完成2018年度高校毕业生在韶就业补贴工作，完成2018年度高校毕业生151人的在韶就业补贴申报，完成市级补贴发放。完成2019年度浈江区事业单位工作人员年度考核，参加考核2873人，评定优秀等次427人，占考核总人数的14.86%。

【丹霞英才引进】 2020年，区人社局会同区委组织部、区教育局、区卫健局做好丹霞英才的公招及引进，及时办理审档、调入、聘岗、工资审核等相关工作；完成丹霞英才岗位聘用83人。做好丹霞英才引进和留用服务，是年，发放丹霞英才卡两批31张，另受理丹霞英才卡申办资料56份。

【保障农民工工资支付工作】 2020年，浈江区组织召开保障农民工工资支付工作联席会议2次，研究部署保障农民工工资支付工作。6月8—11日，顺利通过韶关市第九核查组对浈江区2019年度保障农民工工资支付工作实地核查，下半年召开根治欠薪领导小组会议1次，并对辖区内在建工程项目开展拉网式排查，对发现的问题立行立改。

【劳动监察管理】 2020年，区人社局受理劳资纠纷投诉案238件，结案110件，涉及人数527人，追回被拖欠劳动者工资688.42万元，移送公安案件10宗。受理网络问政（“12345”热线）332宗，回复办结321宗。

【被征地农民养老保障】 2020年，浈江区被征地农民养老保障预存资金分配任务17.82万元，全部完成分配。开展新用地项目被征地农民养老保障组卷报批，有3个项目进行社保审核意见书组卷报批，分别为粤北天然气主干管网韶关—广州干线项目（浈江段）、韶关市浈江区2020年度第七批次城镇建设用地、韶关市浈江区2020年度第十六批次城镇建设用地，向业主单位发出被征地农民养老保障资金催缴函3份，共计13.86万元，应保障被征地农民7人。

【社会保险】 2020年，城乡居民基本养老保险参保目标任务数4.25万人，截至12月，参保4.26万人，完成率100.17%；缴费目标任务数13300人，缴费14008人，完成率105.32%。企业职工（不含离退休）基本养老保险目标任务数8.16万人，截至12月底，全区企业职工基本养老保险参保人数9.04万人，完成率110.7%。失业保险目标任务数17.86万人（含浈武两区合计数），失业保险参保人数为17.53万人（市直数，无法区分浈武两区数），完成率98.17%。全年被征地农民养老保障预存资金分配任务17.82万元，全部完成分配工作。

【机关事业单位养老保险改革】 2020年，区人社局印发《韶关市浈江区机关事业单位基本养老保险转移接续工作指引》《韶关市浈江区关于开展机关事业单位工作人员养老保险视同缴费年限数据采集工作的通知》，并持续推进此两项工作开展。

【社保扶贫】 2020年，浈江区以政府代缴养老保险费的方式，为全区1903名贫困人员参加2020年城乡居民基本养老保险（其中建档立卡贫困人员591人，低保人员565人，特困人员32人，重度、精神和智力残疾人715人）。是年，735名60周岁以上贫困人员享受基本养老保险待遇（其中建档立卡贫困人员396人，低保人员137人，特困人员69人，重度、精神和智力残疾人133人）。重点跟进个别贫困人员未申请城乡养老待遇情况，确保符合待遇领取条件的贫困人员100%落实基本养老保险政策。

【国有企业退休人员社会化管理移交】 2020年，区人社局牵头成立浈江区国有企业退休人员社会化管理工作专班。是年，浈江区收到72家国有企业的移交申请，接收退休人员17663人，占全市总任务量近三分之一，整体移交协议签订、社区管理服务职能移交、人事档案移交、退休党员组织关系接转四个指标均达到100%，受到市国资委的通报表扬。

【公共就业创业服务】 2020年，区人社局突出公共就业创业服务，为各类人员累计发放《就业创业证》3122本，认定就业困难人员907人。是年，根据疫情形势，区人社局线下线上招聘并举，累计举办线上招聘会3场，发布225家企业岗位信息，累计点击量约4500次；结合工信、发改、产业园等部门提供的企业缺工信息，通过微信公众号进行多次推送，结合入户排查工作，推送企业岗位信息，引导外出务工人员就近就地就业，累计解决企业用工缺口约500人。其次，在做好疫情防控的前提下，组织举办高校毕业生专场、南粤家政专场、丸仁电子专场等多种形式线下招聘会10场。

【各项就业创业补贴政策】 2020年，区人社局审核企业社保补贴213人，共计28.57万元；审核企业岗位补贴250人，共计63.10万元；审核灵活就业社保补贴5439人，共计888.23万元；审核灵活就业社保补贴3928人，共计683.11万元；审核完成此前创业担保贷款贴息尾款支付7笔，共贴息3679.36元；审核一次性创业资助16笔，共计16万元；审核租金补贴3笔，共计1.2万元；审核创业带动就业补贴19笔，共计28.40万元；审核应届高校毕业生到基层就业补贴30笔，共计15万元。

【“南粤家政”工程】 2020年，区人社局实施“南粤家政”工程，推动浈江区成立家服协会，到家政服务企业开展专题调研工作，邀请企业参加“韶关月嫂”“丹霞保姆”品牌打造，浈江区陈红梅、陈桂玉、莫七凤、马春霞4人，经25万余人次参与网络投票，在48位候选人线上“PK”后脱颖而出，获评“韶关保姆”。

（杨会朝 刘 燊）

医疗保障

【概况】 2020年，浈江区医疗保障局从维护人民群众身体健康权益出发，降低疫情影响，确保医保基金平稳运行。抓实“不忘初心、牢记使命”主题教育，践行“阳光医保、为民惠民”承诺，服务广大的参保患者，团结协作稳步推进各项工作，稳步提高待遇水平，强化管理和服务，巩固医疗保障成果，确保基金安全，保障参保人员切身利益，加强定点医疗机构监管，履行服务、管理、监管、宣传职能。

【城镇职工和城乡居民基本医疗保险】 2020年，浈江区医疗保障局制定全区城乡居民参保宣传标语，在全区两定医药机构装有LED显示屏的进行滚动播放，通过现场咨询、入村入户等方式宣传有关医保政策，宣传活动重点围绕城乡居民基本医疗保险2020年度参保缴费、异地就医及医疗救助等相关政策为群众进行仔细讲解，并向群众派发宣传小册子、海报、宣传袋等宣传资料。在广东政务服务门户网站、粤医保、韶关医保公众号等网上公开经办流程和办事指南，公示全区医保经办部门电话，借助“123456”平台主动接受群众咨询。全年韶关市下达浈江区城乡居民基本医疗保险参保指标任务16.18万人，全区城乡居民基本医疗保险成功参保16.51万人，参保缴费完成率98.01%，较上年增长4.5%。在职员工参加城镇职工基本医疗保险12.18万人。

【药品和医疗服务价格管理】 2020年，浈江区各级公立医疗机构使用的药品、医用耗材应当通过采购平台采购，鼓励社会办医疗机构和零售药店自愿参与采购平台采购。发挥集团采购规模效应，坚持招采合一、量价挂钩，采购平台可采取竞价、议价、挂网或谈判等方式开展采购。推动完善以市场为主导的药品、医用耗材价格形成机制，促进药品、医用耗材价格合理回归。政府定价药品按国家现行规定采购，新获批上市的新品种，可由医疗机构提出需求在网上议价交易。对平台内在线交易产品，建立市场化退出机制。严格执行药品耗材零加成政策。8月，开展医保定点医疗机构高值医用耗材和大型仪器设备使用专项治理工作，发现一家民营定点医疗机构未执行相关政策，依法追回医保基金3.89万元。

【医疗救助】 2020年，浈江区医疗保障局对全区1187名建档立卡贫困人口进行逐一核查和身份标识全区贫困人口全部纳入重特大疾病救助范围，贫困户就医各项医保政策报销后的合作医疗费用补助比例高于80%。全年全区贫困户就医累计853人次，就医总费用累计598.19万元，基本医疗保险统筹支付累计515.38万元，医保政策内报销比例86.16%。对收入型困难群众参加城乡居民基本医疗保险的个人缴费部分，给予全额资助。对参加职工基本医疗保险的个人缴费部分，按照资助参加城乡居民基本医疗保险的水平给予资助，保障其获得基本医疗保险服务。开通重点医疗救助对象参加城乡居民基本医疗保险的“绿色通道”，允许中途参保，确保困难群体实现应保尽保。截至12月底，由民政、残联、扶贫办、退役军人事务局审核确认后统一报送名单进行统一录入的重点医疗救助对象参保人数分别984人、2171人、1139人和637人。3月1日起，按照《韶关市困难群众医疗救助实施办法》有关要求，实现医疗救助制度市级统筹，对困难群体的救助力度大幅提高，对重点救助对象的合规医疗费用100%救助，建档立卡人员合规医疗费用救助比例由原来的80%提高至85%，市域范围内已实现大病保险、医疗救助等“一站式服务、一窗口办理、一单制结算”。是年，贫困人口门诊救助565人次，门诊救助金额1.72万元；住院救助853人次，住院救助金额59.44万元，合规医疗费用救助比例为93.85%。

【医药采购】 2020年，浈江区医疗保障局联合区卫健局和区社保中心，对辖区内各医疗机构，特别是采购进度严重滞后的医疗机构落实国家组织药品集中采购和使用工作进行督促和指导，浈江区第一批国家组织药品集中采购约定量全部完成。广东省第三方药品电子交易平台组建“广东省医用耗材联盟采购区”(简称“省耗材联盟区”），8月起，浈江区公立医疗机构通过省耗材联盟区进行医用耗材采购，实行“在线交易、在线支付、在线监管”。

【国家医疗保障信息平台上线】 2020年，浈江区医药机构率先完成国家医保信息平台的试点对接。是年，成立专项领导小组，完成浈江区医保政策、待遇和业务等的收集、分析和验证，以及医保专网建设和接入、医保数据迁移割接、定点医药机构接口开发改造和测试验证、国家医保15项信息业务编码的落地应用、基本医疗保险三大目录匹配、平台本地测试和适配，人员培训等前期准备工作，为韶关市率先实现国家医疗保障信息平台全功能、全层级完整上线奠定坚实基础。该平台覆盖全市30家医保定点医疗机构和103家医保定点药店。

【维护医保基金安全】 2020年，浈江区医疗保障局联合区社保中心始终保持打击欺诈骗保高压态势，对分级管理的定点医疗机构和药店开展拉网式全覆盖监管，重点检查定点医疗机构内控管理、财务管理制度和药品进销存台账管理等问题，全年检查120家医药机构，开展“打击欺诈骗保”基金宣传活动10次。

（李嘉闻）

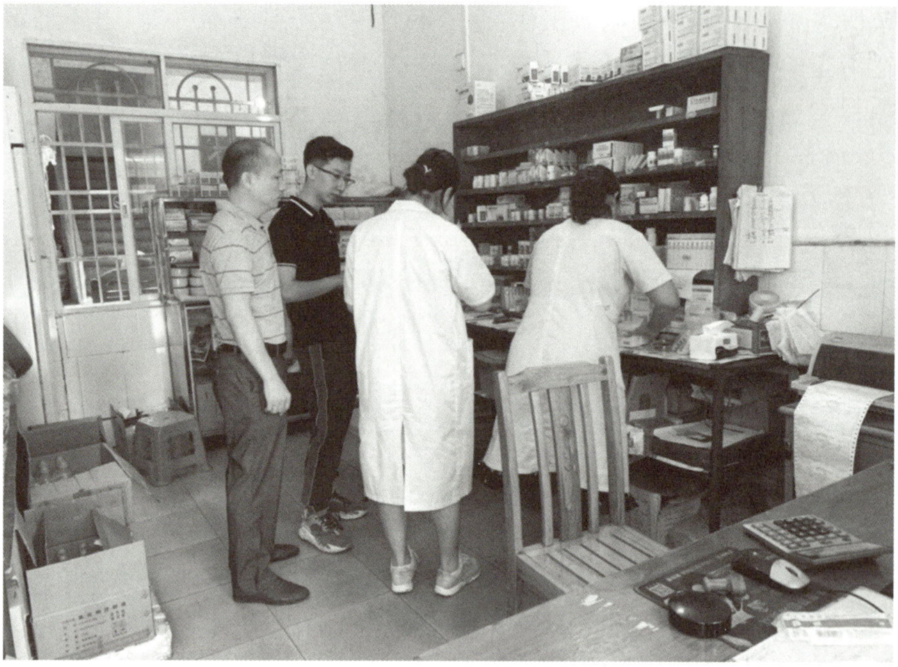

2020年9月14日，浈江区医保局专项治理工作小组在花坪镇卫生院现场检查药品及耗材 （区医保局 供）

镇·街（办）

新韶镇

【概况】 韶镇位于浈江区东北部，东邻曲江区大塘镇，南至市区韶瑶路与车站等街道相连，西接浈江区东河街道辖区，北与仁化县大桥镇相接。2020年，下辖韶东社区及东河村、东联村、莲花村、府管村、侯山村、石山村、黄金村、大陂村、东山村、陈江村、水口村、黄浪水村12个行政村。土地面积106平方千米。种植蔬菜、甜竹笋，土特产有粉葛、香芋、虾稻。旅游景点有樱花公园、松泉康养小镇、银山高尔夫球场。重点项目有粤北天然气主干管网韶关——广州干线项目、西二线联通工程项目、35千伏韶关垃圾焚烧电厂管线项目、南方技校项目等。年末户籍人口2.14万人，常住人口4.13万人，农业人口1.68万人。耕地面积1149.45公顷，粮食播种面积438.65公顷。林地面积4677公顷，森林覆盖率41.92%。财政一般预算收入623.29万元，同比减少14.43%。辖区内有小学8所，在校学生2075人，幼儿园7所，在园幼儿1108人。全年完成固定资产投资3.07亿元，比上年增长80%，完成区下达1.5亿元任务的204%；税收总额83.92万元，其中房屋租赁税66.2万元，收租金30.9万元。

【新韶镇疫情防控】 2020年，新韶镇设立26个防控检查站，并发动200多名干部志愿者，开展疫情防控宣传教育、排查、登记、监测、预防等活动100次，张贴横幅60条，发放倡议书300份，公开信2000份、宣传单5000份、参与约8000人次。通过入户走访、电话随访等方式，严防输入型病例。开展复工复产政策措施宣传，发放防控工作指引210多份，协助各企业复工复产，减免门店租金5.84万元。

【新韶镇农业经济发展】 2020年，新韶镇粮食总产量4300吨、蔬菜2.63万吨；家禽出栏量16.43万只、生猪出栏量2.35万头；家禽完成防疫注射17万只、生猪完成防疫注射2.4万头。

【新韶镇重点项目】 2020年，粤北天然气主干管网韶关——广州干线项目完成，该项目涉及新韶镇5千米，在东山村设韶关首站站场一座，占地2.57公顷，是年，主体建筑完成；西二线联通工程用地按时交付，该项目全长4.5千米，途经陈江、东山，涉及征地面积13.33公顷，煤气管道埋管铺设工作基本完成；35千伏韶关垃圾焚烧电厂管线项目在新韶镇范围内长1658米，涉及青苗赔偿2户共4.31公顷，完成1户0.8公顷；对南方技校项目初步选址片区进行违建抢建巡查。

【新韶镇拆旧复垦】 2020年，新韶镇以石山村的黄姜坪、蒋屋，陈江村的新岭下为拆旧复垦工作试点，向东山、黄浪水、府管、莲花、水口等7条村26条村小组全面铺开，是年，拆旧复垦完成面积4公顷。

【新韶镇农村人居环境整治】 2020年，新韶镇把农村人居环境整治工作纳入宣传，并健全完善各村环境卫生整治村规民约，落实门前“三包”（包卫生、包绿化、包秩序）；全面改造大学路东联段道路两旁沿街商铺及莲花大道大陂村坳背路段房屋，累计拆除广告牌116平方米，对列入整治的26栋房屋（商）铺进行外墙油漆2887平方米并加装树脂瓦176平方米；对东联新村、石安、翻溪桥进行村庄整体提升；对大学路府管路段沿线地面硬底化，累计硬底化42处，面积2.3万平方米；帮助农户改建卫生户厕12户，并全面完成农村50座公厕的改建任务；推行环境卫生网格化管理制度，每周安排半天以上时间入村开展卫生整治；聘请42名保洁人员，分片包干实行每人每时段清理维护，完善垃圾收运处置流程。

【新韶镇农村安全饮用水保障】 2020年，新韶镇有7个行政村进行农村安全饮用水改造工程，工程施工完成招标，工程费用1100万元。大陂村采取抄表入户形式，筹集费用210万元（包括自付部分和村委会补助），是年，东风、陈屋、新庄、坳背村小组87户村民自来水已经通水到户。黄浪水村采取分散式供水，打好水井，建设蓄水池和管网，安装费收取完毕；东联村采取抄总表形式，筹集资金30多万元；东山村、陈江村采取扩网连接市政水网模式，做好进场施工准备。府管村、莲花村采取连接市政水网模式。

【新韶镇脱贫攻坚】 2020年，新韶镇帮扶干部遍访次数累计300余次，遍访率100%，建立防止返贫监测和帮扶长效机制；安排5.03万元节日期间走访慰问扶贫户；投入16万元解决6个行政村31户扶贫户的人居环境问题；疫情防控期间向部分贫困户发放临时救助金5400元；2个扶贫光伏项目收益的1.58万元及时发放到扶贫户；发动镇帮扶干部和联系区直部门购买扶贫户产品约3万元；聘请若干名贫困户为村保洁员，每人每月支付800元工资；联系企业帮助部分因疫情失业的贫困户实现再就业；支持贫困户张文娇自主创业，创建韶关市德溢生态农业公司，公司员工5人，年销售扶贫产品18万元。

【新韶镇生态保护】 2020年，新韶镇在府管、侯山、石山、东山、陈江、黄浪水村委对有意愿的村民，开展2020年度秋季稻秆低茬收割和稻秆覆土还田工作，项目实施面积333.33公顷，投入环保专项资金约130万元，并要求参与该项目的村民签署承诺书，承诺不焚烧稻秆。在各村实施污水集中收集，配合河流整治。

【新韶镇森林防火防范】 2020年，新韶镇设置15个临时防火检查站，制作26块站牌，悬挂26条宣传横幅、广告标识等警示来往车辆和人员。日常安排7名护林员包片巡山护林，防护期另出资聘请10名协管员，加强野外用火监控，并由领导班子成员带头，每天巡查各村的田间菜地、林地。

【新韶镇民政事业】 2020年，新韶镇发放低保金额24.1万元；发放五保户特困金额23.9万元；实施临时救助9户9人，临时救助金额1.24万元，共有396人领取80岁以上高龄老人津贴，发放老人津贴8.5万元；评定疑似残疾人45人，办理残疾人证17人，并为24名有需要的残疾人申请发放辅助器具，为13名残疾人申请评残金。投入资金180多万元，完成府管村委大段机耕路硬底化和东河村卫生站建设2个民生实事项目。

【新韶镇综治信访工作】 2020年，新韶镇集中组织开展扫黑除恶、重点治理、铁路护路、禁毒宣传、创建平安新韶等宣传活动10次，出动宣传人员及志愿者共200余人，发放宣传资料10000余份，悬挂横幅56条，LED电子屏幕宣传标语27条。接待群众来访52批，98人次，通过排查，共计受理矛盾纠纷26宗，化解26宗，调处率100%，矛盾纠纷化解率100%，共受理网上信访案件20宗，“12345”政府服务热线（网络问政）110宗，回复率100%。

【新韶镇安全生产】 2020年，新韶镇开展安全生产检查282次，出动人员846人次，开出检查文书75份，查处隐患18例，发现的隐患完成整改。综合整治韶大多乐街，拆除违章建筑10处，拆除面积500多平方米，确保消防通道畅顺，及时消除韶大片区的消防安全隐患。对黄金村市场、华南农产品交易市场的违规住人“三合一”（集生产、生活、仓库为一体的小工厂小作坊）场所进行整治。

【新韶镇食品安全监管】 2020年，新韶镇通过制作食品安全知识展板、宣传栏开展食品安全法宣传与预防采摘食用毒蘑菇、野菜中毒宣传。全年检查29家成员责任单位，捣毁腐竹加工黑作坊9个、黑生产线14条。

【新韶镇人口普查】 2020年，新韶镇组织200多名普查员在辖区内开展第七次全国人口普查入户摸底工作，累计制作第七次全

2020 年 7 月 23 日，新韶镇工会联合会第一届第一次会员代表大会召开　（新韶镇　供）

国人口普查短表 2.5 万份、电脑录入第七次全国人口普查数据 2.5 万条。

【新韶镇工会联合会一届一次代表大会】　2020 年 7 月 23 日上午，新韶镇工会联合会第一届第一次会员代表大会在新韶镇政府召开。大会听取工会联合会筹备工作报告，并根据《中华人民共和国工会法》《中华人民共和国工会章程》要求，依照法定程序，按照无记名投票，以差额选举方式，选举出第一届工会联合会委员 7 名、以等额选举的方式成功选举出第一届工会联合会经费审查委员会委员 3 名。

（钟泳莲）

新韶镇行政村（社区）

【东河村】　位于新韶镇南部，下辖杨屋村组，坝地村组，上教场村组，韩家山村组 4 个自然村组，2020 年，总人口 384 人，总户数 191 户，总面积 422 公顷，其中耕地面积 29 公顷，村集体经济收入年均 210 万元，村民人均年收入 1.60 万元。村党支部有正式党员 15 名，大专以上文化程度 1 名，中专、高中以上文化程度 1 名，其中 50 岁以下党员 2 名，女性党员 8 名，村党支部下设一个党小组，“两委”干部 6 人，其中支委委员 5 人。

【东联村】　位于新韶镇西部，由 8 个自然村组成，主要姓氏有杨、叶、丘、黄等。2020 年，总人口 893 人，总户数 256 户，总面积 90.67 公顷，其中耕地面积 5 公顷，鱼塘面积 200 公顷，经济长期以农业为主，种植蔬菜、竹笋、林果等，改革开放后，生产布局调以二、三产业兼营畜牧业和水产养殖业，村集体经济收入年均 260 万元，村民人均年收入 1.30 万元。村党支部有正式党员 43 名，大专文化程度 3 名，大学 4 名，高中文化程度 17 名，女性党员 16 名，村党支部下设两个党小组，村现有“两委”干部 7 人，其中支委委员 6 人。

【莲花村】　位于新韶镇西南部，由 5 个自然村组成，主要姓氏有杨、邓、钟、邱、姜等。该村经济长期以农业为主，种植品种有水稻等、白菜、菠菜、油菜、西红柿、萝卜、香芋等。改革开放后，产业结构调整，发挥邻近部队和交通方便的优势，在抓好蔬菜生产的同时，大力发展第二、第三产业。2020 年，总人口 988 人，总户数 258 户，农田面积 54.66 公顷，林地面积 192 公顷。村内道路全部是水泥路，周围种上花草树木，美化环境，村民住宅建设和管理逐步趋向城市化。全村党员 42 名，其中，35 岁以下 8 名，占 19%；60 岁及以上 15 名，占 35.7%；女党员 10 名；初中及以下学历 23 名，占 54.8%；大专及以上学历 8 名，占 19%。村“两委”干部 5 名，其中支委 5 名、村委 3 名，村支部书记及主任交叉任职；35 岁以下 1 人，60 岁以上 1 人。

【府管村】　位于新韶镇的东南部，距离城区6千米，辖区内有耕地面积78.5公顷，水面养殖面积73.74公顷，林地面积550.92公顷，10个村民小组包括大黄村、细黄村、大陈村、细陈村、上付村、下付村、横塘村、塔桥村、邓屋村、谭屋村。2020年，总人口2380人，总户数568户，常住人口2210人，乡村公路基本实现硬底化，乡村公路路灯完善，自然村通机耕路，农田水利设施和农田基础设施建设逐步完善，实现通电、通信、通光纤。每个村都放有垃圾桶，每日收集清运垃圾，暂未做到雨污分流。农民收入主要来源是种养业等。全村党员55人，其中60岁以上老党员22人，占40%；35岁以下党员11人，占20%；大专文凭有6人；本科文凭的有4人。村“两委”干部7名，其中支委5名、村委5名，村支部书记及主任交叉任职，35岁以下的1名，60岁以上0人。

【侯山村】 位于新韶镇中部，由8个自然村组成，主要姓氏有何、邓、谢、林、罗等。经济长期以农业为主。种植作物有水稻、蔬菜、花生、笋竹、果树等。2020年，总人口920人，总户数192户，耕地面积54.3公顷，山林面积153.7公顷，鱼塘面积31公顷，村内道路全都改建成水泥路，周围种上花草树木。全村党员31名。其中，男党员23名，女党员8名。村“两委”干部7名，其中支委6名、村委5名，村支部书记及主任交叉任职。

【石山村】 位于新韶镇东南部，下辖山下、刘屋、石陂、林屋、欧村、黄姜坪、李屋、下车8个自然村，8个村小组。2020年，农户530户，常住人口2600人，其中耕地面积666.67公顷，山地面积666.67公顷。2020年，村人均纯收入1万元，集体经济收入30万元。全村党员65名，其中女党员18名，高中（中专）学历20人，大专以上学历17人。35岁以下党员8名，50岁以上党员21名。

【黄金村】 位于新韶镇东北部，距新韶镇政府所在地5千米，东邻东山村，南界大陂村，西临浈江河，北邻水口村。下辖2个自然村，4个村民小组：黄金村一组、黄金村二组、大源村三组、大源村四组。2020年，户籍人口387户931人，农民人均可支配收入约3.00万元。农民收入主要来源是种养业等。全村党员36名，其中，35岁以下5名，占13.9%；60岁及以上10名，占27.8%；女党员11名；初中及以下学历22名，占61.1%；大专及以上学历8名，占22.2%。村“两委”干部7名，其中支委6名、村委5名，村支部书记及主任交叉任职；没有35岁以下和60岁以上干部。

【东山村】 位于新韶镇的东部，由11个自然村组成，主要姓氏有陈、周、邓、曾、温等。经济以农业为主，种植作物有水稻、蔬菜、花生、笋竹等。中华人民共和国成立后，以粮为主，发展多种经营，种植水稻、糖蔗、蔬菜、花生、笋竹、香蕉等。2020年，总人口1464人，总户数300户，农田面积77.33公顷，林地面积333.33公顷。村内道路全改建成水泥路，周围种上花草树木。旅游景点有樱花公园，成功创建省级卫生村。

【大陂村】 位于新韶镇中西部，由10个自然村组成，主要姓氏有陈、张、王、廖、赖、朱等。经济以农业种植水稻、蔬菜为主。种植作物有水稻、蔬菜、花生、笋竹、果树等。2020年，总人口1880人，总户数520户，农田面积92.73公顷，林地面积161.13公顷。村内道路全改建成水泥路，周围种上花草树木，建有两个村民文化室和小型健身广场。全村党员61名。其中，35岁以下15名，占24.6%；60岁及以上28名，占45.9%；女党员16名；初中及以下学历23名，占37.7%；大专及以上学历14名，占23%。村“两委”干部7名，其中支委3名、村委3名，村支部书记及主任交叉任职；35岁以下2人，无60岁以上人员。

【陈江村】 位于新韶镇东北部，由11个自然村组成，主要姓氏有潘、陈、梁、谢等。以种植水稻、花生、粉葛、蔬菜、瓜子等为主。2020年，总人口2924人，总户数646户，农田面积142.73公顷，林地面积533.33公顷，年内开展水田垦造虾稻连作项目。村内道路全改建水泥路，周围种上花草树木。

【水口村】 位于新韶镇的东北部，由3个自然村（6个村小组）组成，主要姓氏有欧、刘、卢、易等。村经济以农业为主，种植水稻、糖蔗、蔬菜、花生、笋竹等。1985年后，改变单一农业经济，发展第二、三产业，并建起水口金沙园。2020年，总人口678人，常住人口600人。耕地面积54.4公顷（蔬菜种植面积26.67公顷，养殖面积27.73公顷），山林面积253.33公顷。村民代表21人、两委干部7人、村小组水口村现有居民202户，党员29人（其中

2名预备党员），村小组长6人、村财务监督3人。村集体收入5万元。村内主干道实现道路硬底化，主要村道有路灯，全村通电通网。每个村都放有垃圾桶，每日收集清运垃圾，完善排污设施。村委办公处设有水口村卫生站、便民服务中心、农家书屋等。

【黄浪水村】 位于新韶镇东北部，由9个自然村组成，主要姓氏有卢、梁、刘、谢、温、曾等。经济以农业种植水稻、蔬菜为主。种植作物有水稻、大蕉、蔬菜、花生、笋竹、果树等。2020年，总人口1135人，总户数248户，农田面积1331.72公顷，林地面积7157公顷。村内道路全改建成水泥路，建有村民文化室1个。全村党员35名，其中，35岁以下6名，占17.1%；60岁及以上16名，占45.7%；女党员9名；初中及以下学历25名，占71.4%；大专及以上学历7名，占2%。村“两委”干部7名，其中支委3名、村委3名，村支部书记及主任交叉任职；35岁以下2人，无60岁以上人员。

【韶东社区】 位于大学路22号，前身为1997年12月成立的韶东居民委员会，2002年6月改称韶东社区居民委员会。东起旧韶大对面，西与东河办事处接壤，北至东河街交界，占地面积0.5平方千米。由6个居民小组组成。2020年，户籍人口5150人，总户数2105户。韶东社区下设儿童之家、妇女之家、家长学校、人民调解室、退役军人工作站、图书室、综合文化活动室、学雷锋志愿服务点等，为周边居民提供各种服务。建有市级妇女之家和儿童之家示范点。

（钟泳莲）

乐园镇

【概况】 位于浈江区北江河畔，浈江区南面城接合部，东与新韶镇接壤，南与武江区西河镇、韶关冶炼厂交界，西与北江河为界，北与车站办事处相连。2020年，下辖城南、金沙、新乐、百旺、韶南、韶冶6个社区及教场、沙梨园、长乐、新村、六合、上坝、下坝7个行政村。土地面积29.18平方千米。年末户籍人口5.25万人，常住人口6.99万人，农业人口7116人。耕地面积159.4公顷，粮食播种面积60.07公顷。林地面积774.62公顷，森林覆盖率76%。农村经济总收入2148.4万元，同比增长7.6%。财政一般预算收入708.16万元，同比下降8.1%。参加医疗保险人数2.16万人，覆盖面98%。辖区内有初中2所、小学5所、幼儿园18所，在校学生5189人。

【乐园镇重点项目】 2020年，乐园镇完成重点项目投资2.74亿元，其中辖区广东中烟物流基地项目完成投资额2.44亿元，韶关丸仁电子厂技改项目完成投资额405万元，绿林大厦项目完成投资额461万元，兴亮大厦项目完成投资额2100万元。

【乐园镇农业农村】 2020年，乐园镇清理村巷道10000多平方米，清理杂物、垃圾356吨，沟渠125条，河塘淤泥、漂浮物等54吨；拆除破旧泥砖房，影响村容村貌、乱搭建违建房751间1.82万平方米；建设“四好农村路”4.67千米，修缮破损村道2.2千米；为村中增添高清摄像头30个，路灯700盏；升级改造金沙市场、莲花市场、沙梨园市场等村办市场。是年，向贫困户发放光伏发电收益7707.84元，发放产业、就业“以奖代补”资金2.54万元；利用六合村拆除泥砖房后空置的1.42公顷连片土地用于拆旧复垦项目；推进农村安全饮用水改造工程，六合村、上坝村、下坝村接通市管自来水。

【乐园镇社会保障】 2020年，乐园镇享受城镇最低生活保障对象67户107人，农村25户37人，五保供养户13户13人（其中2人在福利院），“三无”人员3人（其中1人在福利院）。全年临时救助9人次1.84万元，其中区临时救助2人次1.10万元，镇临时救助7人次7400元；发放城镇特困户、五保户慰问金2400元，低保户慰问金4000元，困难户送去慰问金800元；发放残疾人慰问品一批：大米40袋，面条40袋，礼品40份，抗病毒口服液50盒。

【乐园镇劳动保障】 2020年，乐园镇发布招聘信息4期750份，在辖区范围内向企业、个体工商户及居民提供社会保险等政策宣传、咨询和帮助700人次；完成企业退休人员生存认证2929人，其中辖区外认2312人；完成新增就业311人；就业困难人员认定办理150人，并为其提供职业介绍服务（就业困难人员实现就业120人）；发放招聘信息1期200

份，涵盖岗位 300 个；办理城乡居民医疗保险 2.09 万人；城乡居民养老续保新增 1149 人，办理领取待遇 58 人，办理死亡注销 36 人，办理停保（注销）5 人，生物采集及生存认证 2521 人，其中辖区外 450 人。

2020 年 10 月 25 日，乐园镇普查员进行人口普查数据录入校对
（乐园镇　供）

【乐园镇人口计生】　2020 年，乐园镇开展免费孕前优生健康检查服务活动，预防出生缺陷，参检夫妇 18 对；按时按规开展奖励扶助，年审奖励扶助对象 2573 人，新增奖励扶助 111 人，全部发放证书；摸底符合 60 岁以上老人，开展“银龄安康行动”和老年人健康关爱。

【乐园镇综治信访】　2020 年，乐园镇综治中心接待群众来访 75 批 156 人次。受理矛盾纠纷 39 宗，化解 24 宗，调处率 100%，矛盾纠纷化解率 64%，受理网上信访案件 161 宗，“12345”政府服务热线（网络问政）354 宗，回复率 100%。

【乐园镇疫情防控】　2020 年，乐园镇加强组织领导，成立镇疫情防控工作指挥部和各村（居）工作领导小组，及时核查上级推送的线索，确保全面排查到位；以村党组织为单位，组织各级党员干部、红袖章志愿者、联防联控成员共 400 余人，定期开展“地毯式”健康排查；各村（居）成立疫情防控三人小组，承担入户排查、隔离人员、对返韶人员进行排查与监测等职责。

【乐园镇创文巩卫】　2020 年，乐园镇结合疫情防控，加强宣传教育，悬挂宣传横幅 100 条，出动流动宣传车辆 83 台次，累计发放《致市民的一封信》1.50 万张，发放宣传用小喇叭 35 个；百旺社区和韶冶社区共同开展的“粽叶飘香迎端午 幸福和谐邻里情”活动、2020 年粤北采茶戏进乡村演出活动，以及在新乐、城南、金沙社区开展的家风家教专题讲座等 15 场活动，参与人数累计 450 人；开展“秀美乡村 我们在行动”小手拉大手志愿服务活动；联合各镇（办）代表、区直各单位工作人员共 70 人在三鸟市场附近开展第 32 个爱国卫生月“防疫有我，爱卫同行”统一行动；对水果批发市场旁韶祥路道路两旁人行道重新规划并加铺路砖围栏，增设绿化，改善脏乱差现象；申请上级资金 71.79 万元用于三鸟市场隧道口排水渠整治修缮项目工程，疏通三鸟市场周边道路积水，清理周边杂草，改善人居环境，方便周边市民出行；利用沙梨园上东冲村铁路旁及三鸟市场铁路旁两处闲置空地作停车场。

【乐园镇文化事业】　2020 年，乐园镇结合元旦、春节、端午、中秋、国庆等节日在镇文化站举办各类文艺演出 16 场次；根据该镇文化站的实际情况，做好文化站公共文化服务免费开放，图书阅览室、多功能活动厅、电子阅览室、文娱活动室、健身和文艺表演广场均免费开放给群众；着重抓好村（居）综合性文化服务中心的创建工作和功能提升。

【乐园镇教育事业】　2020 年，乐园镇对辖区内的中小学校外托管机构逐一进行登记，与教育、工商、食药监督、卫生、消防、安监、卫计等部门加强日常巡查，加强安全知识宣传，主动配合相关部门做好日常监督检查；

“六一”国际儿童节期间慰问留守儿童，教师节期间表彰镇优秀教育工作者、优秀班主任、优秀教师等，并慰问辖区内10所学校；通过发放600份“致家长‘防溺水’安全教育”的公开信，加强防溺水的教育；在山塘、河边、水库旁竖立警示牌，并指定人员在暑假期间加强对山塘、水库的巡查，对私自下水游泳、戏水、玩耍的村民、学生进行劝阻、制止及防溺水安全教育。是年上半年，受疫情影响，乐园镇各学校教师利用“互联网+教育”的形式，开展线上教育活动。下半年，该镇范围内各中小学恢复正常上课，乐园镇中心幼儿园正式开园。11月，通过省教育强镇复评考核验收。

【人口普查综合试点选定乐园镇】 2020年，韶关市第七次全国人口普查综合试点选定乐园镇，区域划分53个普查小区，其中百旺社区居委会29个普查小区、新村村委会22个普查小区、韶冶社区居委会2个普查小区。64名普查指导员和普查员严格按照工作方案完成入户摸底、正式登记短表、正式登记长表和比对复查等。完成短表登记6058户9273人，长表登记281户884人，为全市人口普查工作提供经验，为正式普查工作打下坚实的基础。

（王　艳）

乐园镇行政村（社区）

【教场村】 位于乐园镇东北部，辖区面积1平方千米。常住人口1518人，2020年，户籍人口290人。集体经济收入300万元，无外债，村民人均收入1万元。主要来源于物业租赁。随着韶关市城市化的发展，大部分土地被征用，辖区内为村、居民住宅区和农贸市，大部分农民户转为居民户，产业结构由原来的以农业为主转向以第二、第三产业为主。村民购买农村养老和医疗保险实现100%覆盖。该村实行村民年终分红制度，并对住院村民给予30%的医疗补贴。

【沙梨园村】 位于乐园镇中部，辖区面积4平方千米，管辖范围由南郊二公里延伸至南郊四公里，其中包含耕地面积36.7公顷，鱼塘面积4.7公顷。下辖6个村民小组：上元村、下元村、六一村、头村、学冲东队、学冲西队，主要姓氏有李、文、邓、郭、何、杨等。2020年，总户数564户，总人口1906人。集体经济收入主要有三鸟市场、蔬菜批发市场、沙梨园综合市场、金沙市场等市场门店租赁和沙梨园幼儿园、华悦酒店、金乐园加油站、兴亮大厦土地租赁项目。种植的作物以蔬菜为主，兼营养殖业，村集体收入1230万元、村民人均收入约2万元。可开发土地面积26.67公顷。

【长乐村】 位于乐园镇中部，由中村、华屋村、东坝村、西坝村4个自然村组成，主要姓氏有何、华、胡等。辖区面积4平方千米，鱼塘面积6.7公顷，山林面积114.2公顷，耕地面积2.7公顷。2020年，户籍人口924人，常住人口4400人。集体经济收入480万元，人均收入1.8万元。可开发土地面积15公顷。

【新村】 位于乐园镇南面，由新村、高头村、林家坝村3个自然村组成，主要姓氏有林、李、何等，辖区面积2平方千米。2020年，户籍人口945人，常住人口2980人。该村引入新村汽贸城，东风本田、五菱汽车、昌盛吉利4S店，顶盛汽车贸易，中烟物流基地仓储等项目，集体收入210万元。可开发土地面积15公顷。

【六合村】 位于乐园镇的东西部，由上村、中村、下村3个自然村组成，主要姓氏有梁、黄、何等。辖区面积4.3平方千米，耕地面积63公顷。2020年，户籍人口1648人。2020年，集体收入18万元，村民人均收入9253元。经济以农业为主，种植作物主要有蔬菜、花生、水稻、淮山、粉葛等，其中淮山、粉葛为韶关市名优农产品。

【上坝村】 位于乐园镇东南部，由1个自然村组成，主要姓氏有潘、刘、曾、邹等。辖区面积0.43平方千米，耕地面积35.5公顷。2020年，户籍人口629人。集体收入3万元，村民人均收入7000元。经济以养殖业、种植业为主，种植作物主要以水稻、蔬菜为主。

【下坝村】 位于乐园镇东南部，由下坝村和山边村2个自然村组成，主要姓氏有陈、吴、张、许、曾等。辖区面积1.06平方千米，耕地面积35公顷。2020年，户籍人口849人。经济以养殖业、种植业为主，种植作物主要以水稻、蔬菜为主。

【城南社区】 位于浈江区南郊三公里，居委会前身为浈江区南郊城南居民委员会，1992年1月成立，2005年6月改称为社区居民委员会，内设计划生育、卫生、治保会、调解会、社会事务、警务等服务机构。东片北起盛景园、南至南天豪庭；西片北起沙梨园上园村，南至邮电局宿舍路口。辖南天豪庭、烟叶复烤厂宿舍，御景园、南苑居、金沙广场、盛景园、梨苑花园、博溢楼、三江紫园、新金叶大厦等住宅区。2020年，户籍人口9750人，居民小区25个3027户。辖区内有韶关市复烤烟厂、亿华物流等25家驻镇单位。

【金沙社区】 位于浈江区南郊3.5公里，2003年5月成立居委会，内设计划生育、卫生、治保会、调解会、社会事务、警务等服务机构。东面为韶南大道，南面与新乐社区相接，西面为滨江路，北面与城面社区接壤，辖区面积2.7平方千米，主要街巷有一号路，二号路，三号路，金沙中路等11条小巷。2020年，居民小区31个，总人口2.16万人，总户数7112户，户籍总人口1.53万人。辖区内有南枫、华骏、中和大新4家物业公司及韶关市第八中学韶关市烟草公司等驻镇单位。

【新乐社区】 位于浈江区南郊六公里天泓居首层，居委会前身为浈江区南郊新乐居民委员会，1992年1月成立，2005年6月改称新乐社区居民委员会，内设计划生育、卫生、治保会、调解会、社会事务、警务等服务机构。管辖位置位于韶南大道四公里至六公里，分东西片区，东边北起四公里华龙山庄至六公里精选厂。西片北起2号路青岛啤酒厂至西片南五公里家之福家居.辖区内，锦园、福源、啤酒厂宿舍、华龙山庄、二针厂宿舍、合成氨厂宿舍、广洗厂宿舍、精选厂宿舍、力土通等住宅小区。主要街巷有2号路、3号路、好彩路等7条小巷。2020年，户籍人口9634人，总户数2241户。

【百旺社区】 位于浈江区南郊七公里星河天骄，2015年3月成立居委会，内设计划生育、卫生、治保会、调解会、社会事务、警务等服务机构。位于南郊五千米至南郊八千米韶南大道两侧，分东西片区。东片北起森鑫汽车城路口，南至高头村；西片北起长乐西坝村，南至林家坝村。辖龙洲岛、星河天骄、百旺花园、天泓居、江山花园、锦绣明珠、福景园等住宅区。2020年，户籍人口2980人，居民小区7个2618户。

【韶南社区】 2017年成立，位于南郊二公里至三公里韶南大道两侧，分东西片区。东片北起海景楼，南至恒富华城（原沙梨园市场）路口；西片北起鑫苑花园，南至南郊2.5千米城市广场国美电器城路口。辖海景楼、香蜜园、供销储运宿舍、桥宇楼、钜朗园、鑫苑花园、橡胶厂宿舍、胶合板厂宿舍、刨花板厂宿舍、汽修厂宿舍等住宅区。2020年，户籍人口9552人，总户数3405户。

【韶冶社区】 2017年成立，位于南郊九公里，辖韶冶三村、韶冶四村、九千米韶岭冶住宅区、广塑厂家属区。2020年，户籍人口3438人，居民1337户。

（王　艳）

十里亭镇

【概况】 十里亭镇位于浈江区北部，东与仁化大桥镇交界，南隔浈江与新韶镇相邻，西隔武江，与武江区重阳镇相邻，北与犁市镇五四村相接。2020年，下辖靖村、金凤坪、五里亭、良村、腊石、湾头6个行政村及黄岗、十里亭、十里亭东、前进路、五里亭、乌教塘、碧桂园西区、碧桂园东区、碧桂园南区、碧桂园北区10个社区，49个自然村，80个基层党组织（其中6个基层党委、6个党总支部、68个党支部），全镇党员1957人。土地面积53.7平方千米。年末户籍人口6万人，常住人口9.46万人，农业人口1.09万人。耕地面积803.3公顷，粮食播种面积86.7公顷。林地面积1606公顷，森林覆盖率30.3%。主要种植水稻、蔬菜、水果和花卉，其中水果主要为无花果、沙田柚。

辖区内有高级中学1所，初级中学1所，九年一贯制学校1所，完全小学4所，小学分教点4个，公办幼儿园1所，民办幼儿园15所。主要旅游景点有北伐纪念馆、省委旧址、丹霞山南大门。重点项目有浈江区十里亭镇整治提升工程二期、良村综合楼市场建设项目、腊石村的友丰茶油科技有限公司、良村购物广场和良村维也纳高端酒店建设项目。8月14日，十里亭镇举行乡镇机构改革新成立部门集中揭牌仪式，标志着十里亭镇党政综合办公室等12个工作机构正式成立。

【十里亭镇经济指标发展】

2020年，十里亭镇农业总收入0.84亿元，同比增长1%。农村经济总收入9.26亿元，同比增长1.5%。农村人均收入1.67万元，同比增长1.8%。财政预算收入640万元，完成年度预算100%，其中，上级补助收入623万元。税收收入26.12万元，其中房产税25.81万元，个人所得税3007.8元，印花税100.26元。非税收入42.87万元，其中社会抚养费征收11万元。固定资产投资3092万元，完成率16.6%。全镇限上商贸企业16家，实现限上批发业营业额2.52亿元，同比增长1.05%，限上零售业营业额3.06亿元，同比增长7.17%，限上住宿餐饮业营业额0.47亿元，同比下降18.46%。

【十里亭镇疫情防控】　2020年，十里亭镇建立“镇管村（社区）、村（社区）管自然村、小区、街道、网格”的联防联控工作机制。设置16个大网格112个小网格，对十里亭镇63个小区分片分小区分楼栋包干，组织四级党员干部到社区开展防控工作。成立1个镇级，16个村级“三人工作小组”，对密切接触者，重点地级市以及其他疫区旅居史人员实行重点排查管控。指导企业履行主体责任，落实疫情防控各项措施。与企业签订复工复产疫情防控承诺书、复工复产安全生产承诺书和填写浈江区企业复工复产员工信息表161份。排查企业员工1235人，其中在岗员工1055人。疫情防控期间，督促餐饮业落实“限制堂食服务”，落实每日消杀，餐饮从业人员每日晨检及体温监测，并对消费顾客进行登记造册。

【十里亭镇违章搭建整治】

2020年，十里亭镇发出违章行为告知书134份，违章搭建及占道经营告知书58份。是年，拆除违章搭建、违法建筑2.55万平方米。其中拆除蜡石违章搭建铁棚6390平方米；拆除远大机械厂宿舍危房2720平方米；拆除违章搭建及占道经营雨棚9处450平方米；拆除前进路及丹霞大道违章搭建铁棚11处2030平方米；拆除金凤坪村上坝村河边路230.52平方米；拆除良村公路17、19、21号3处违章建筑686平方米；拆除五沙路15号对面公厕20平方米；拆除良村铁路沿线铁棚4处40平方米；拆除聆韶路142号对面和172号旁卢秉芳铁棚460平方米；拆除靖村物流园3处1.25万平方米；拆除碧亭路益好商店违章搭建铁棚200平方米；拆除大排档违章搭建铁棚20平方米。

【十里亭镇社会综合治理】

2020年，十里亭镇排查调处各类矛盾纠纷443宗，其中受理“12345”政府热线工单407宗，网络问政5宗，群众来信来访2宗，民生热线2宗，上级交办信访件27宗；全年开展户外宣传活动3场，新增大型横幅3条，向群众派发《致浈江区全体人民关于扫黑除恶专项斗争的一封信》等宣传资料800份；摸排辖区吸毒人员218人，报到人员24人，对“户在人不在”的吸毒人员采取交叉管理的方式落实社区服务，5月，通过市禁毒重点整治工作检查组的禁毒整治检查验收；对

2020年7月14日，十里亭镇开展扫黑除恶宣传活动

（区委宣传部　供）

191 名在管严重精神障碍患者开展面访，面访率 93.33%，新增精神障碍建档 30 人，规律服药率 94.44%，落实有奖监护补助发放 156 人。

【十里亭镇安全监管】 2020 年，十里亭镇拉挂横幅 85 条、张贴宣传标语 700 条、发放建设施工现场消防安全告知书 50 份、宣传资料 950 册，开展安全生产宣传教育；出动 160 余人次开展安全生产大排查大检查工作及各类专项检查工作，加强对烟花爆竹禁放区、危险化学品、建筑施工、道路交通、渡口渡船、山塘水库、金属冶炼、关闭矿山等重点领域安全隐患排查及整改，排查辖区内生产经营企业 550 次，消除安全隐患 62 处，农村道路交通劝导 12371 人次。

消防安全监管及护林防火 2020 年，十里亭镇加强对辖区约 2000 家重点场所、“四小”场所、劳动密集型企业及辖区范围内居民小区的消防安全隐患排查力度，检查黄岗、乌教塘、前进路、聆韶路、皇景路路段及耕进市场的“三小”场所 421 家，人员密集场所 13 家，发现隐患 122 处，“三合一”场所违规住人 88 家，排查出电动自行车违规停放充电 130 处，消防车通道违规停放车辆 62 台。针对排查发现的问题，镇专职消防队联合区消防大队、辖区派出所及各村（社区）开展为期 2 个月的集中整治行动，安全隐患全部整改完毕。实行护林防火工作网格化管理，发放森林防火检查站牌匾 12 块，张贴和发放《森林防火禁火令》5000 份，悬挂护林防火横幅 20 条，发放《禁止燃放烟花爆竹告知书》2000 份，在春节期间做好禁放烟花爆竹，清明节、中元节禁烧蜡烛纸钱，秋收期间禁烧秸秆等工作，全年实现零火情。

食品安全监管 2020 年，十里亭镇协助工商、卫生、检验检疫部门加强食品安全监管，尤其是做好食用野生菌中毒防范工作及农贸市场疫情防控作。全年没有发生重特大食品安全事故。

普速铁路沿线安全隐患整治 2020 年，十里亭镇完成省下达 126 个问题点的整治任务，其中轻漂浮物 15 处，硬漂浮物 61 处，修剪或砍伐树木 7 处 125 棵，整改上跨并行防护栏问题 13 个，确保铁路运输安全。

【十里亭镇项目建设】 2020 年，十里亭镇投入 300 万元对远大矿机厂宿舍无物业小区进行封闭式管理提升改造，对 10 栋旧楼进行立面改造，修缮小区围墙，增设大门门禁、车辆识别系统及人行道，对小区破旧道路铺设沥青，对“三线”集中整治，拆除两栋危楼，改设停车场，提升小区亮化、美化，空间使用率及平安度；投入 962 万元完成中铁五局、自来水公司、黄岗轧钢厂“三供一业”物业维修改造工程；投入 678 万元开展市属国有企业“三供一业”物业维修改造工程一期项目，年末进入评审阶段；投入 1215.75 万元开展“139”镇街整治提升项目（一期），完成碧亭路整治提升，镇区公厕改造和镇街文体中心、文化公园、镇街停车场、风度书屋项目建设，其中风度书屋于 11 月初向居民开放；投入 935.08 万元开展“139”镇街整治提升项目二期，建设规模达 4.25 万平方米，截至年底，项目施工方完成外立面改造、新建停车场、门户标识等工程建设。

【十里亭镇农业农村发展】 2020 年，十里亭镇现代农业生产规模壮大，持续扩大省级农业产业园（溢丰公司）1 个，市级农业龙头企业（溢丰公司、三雄公司、艺景园艺公司）3 个，农业专业合作社 8 个、10 个家庭农场的现代农业生产规模，农村集体经济得到发展壮大。

惠农项目全面落实 2020 年，十里亭镇发放中央财政耕地力保护补贴 1512 户 55.76 万元。生态公益林补贴 53.83 万元。组织 10 人参加新型职业农民培训。实施“四好农村路”攻坚项目，投入 38.65 万元，完成湾头村委县道 X848 线至李石屋村、良村坳背等 2 条公路的路面硬化。投入 196.78 万元，完成腊石湾头片区的末端管网铺设，并全面对接市水投公司，由其作为业主开展其余行政村的农村安全饮用水保障工程工作，农村安全饮用水得到有效保障。

精准脱贫 2020 年，十里亭镇的 61 户贫困户 135 人全部实现脱贫出列，脱贫率 100%。春节、中秋等节日对扶贫户发放慰问金 1.70 万元。申请以奖代补 2.24 万元，实现光伏收益 3.94 万元。溢丰公司沙田柚林分红 4.0 万元，完成 1 户无房户建房任务，出资 17.40 万元，帮助贫困户购买电视机、机顶盒、家具和改善贫困户居家环境。

护林防火 2020 年，十里亭镇落实护林防火网格化管理，强化森林防火宣传教育，贯彻落实《韶关市野外用火管理条例》，发放森林防火检查站牌匾12个，张贴和发放《森林防火禁火令》2万份，悬挂护林防火横幅120条，制作森林防火户外广告牌20块，购买并使用流动宣传喇叭96个，安装大喇叭7套，发放《禁止燃放烟花爆竹告知书》3000份。

【十里亭镇社会事业发展】 2020年，十里亭镇中小学入学率均100%，小学教育巩固率100%，初中教育巩固率100%以上，高中教育入学率99%（含中职、技校），扫盲教育100%，特殊教育100%。

社会救济救助 2020年，十里亭镇享受最低生活保障的村（居）民有109户共179人，农村低保38户71人，城镇居民62户91人；特困户15户15人；实施临时救助25人次，医疗救助16人次；享受残疾人生活困难津贴93人，享受重度护理补贴475人，共为25位残疾人申请残疾辅助器具；发放80岁以上老人津贴1107人，其中，80—89岁1001人，90—99岁105人，百岁老人1人。

人力资源工作和社会保障 2020年，十里亭镇新增就业人数460人，下岗失业人员再就业425人，就业困难人员实现就业50人，促进创业20人，100%完成上级交办任务。城镇登记失业率控制在3%以内。参加城乡居民社会养老保险5818人。办理死亡注销52人。

卫生健康服务 2020年，十里亭镇完成除腊石外5个村卫生站公建规范化建设和升级改造并投入使用，改造扩建十里亭卫生院，住院部投入使用。负责做好全镇新冠肺炎疫情防控数据统计上报和整理，继续做好城市独生子女父母奖励金、农村节育奖、农村部分家庭奖励金、特别扶助金等的发放工作。开展“春风送温暖”“5·29”计生协会爱心捐助、“爱心扶助”等各项优质服务活动。开展健康社区（村）、健康家庭项目实施活动。普及疾病预防健康知识，提高群众健康水平和健康素养。是年，全镇出生人口655人，其中，政策内出生603人，政策生育率92.06%。免费优生健康孕情检查27对，征收社会抚养费14.17万元。

创文巩卫 2020年，十里亭镇扎实开展以整治环境卫生死角、改善居民生产、生活环境质量为重点的爱国卫生活动。出动镇政府及社区干部职工500人次清除各类垃圾75吨。实行网格化管理日常巡查模式，对办公场所、自然村、新旧小区、商铺、农贸市场、关停并转企业、小公园等生活场所开展每日巡查，及时清除垃圾杂物，铲除杂草和建筑垃圾近420吨。出动消杀人员2.25万人次彻底清理卫生死角，使用消毒杀虫药物5万千克、灭鼠药460千克，预防“四害”滋生。

【十里亭镇民生实事】 2020年，十里亭镇政府为民办实事项目2项，其中良村石子坳“四好”农村路建设项目，完成良村石子坳“四好”农村路的建设，解决周边村民安全出行及生产生活极大不便的难题；金凤坪村益群市场改扩建项目，扩建成为一个功能齐全、设施完备、卫生整洁的果蔬批发市场，改善周边村民农产品经营环境，解决十里亭镇大道周边占道经营问题。

【十里亭镇人口普查】 2020年，十里亭镇划分普查小区393个，选聘315名指导员和普查员，入户摸底调查5.08万户，119311人，其中户籍人数6.22万人。正式登记户数5.11万户，11.52万人，其中户籍人数6.0万人。长表登记2766户，长表登记人数共8993人。从前期绘图、摸底调查、短表登记到长表登记录入小程序，比全区要求时间提前一天100%完成前期各项工作。

（十里亭镇）

十里亭镇行政村（社区）

【靖村】 位于十里亭镇西部武江河畔，西与武江区田心村、下坑村、什石园，北至五四村相接，东与金凤坪村相邻，村庄建于1500年前，谭、成、神、陈、郑、欧、侯七大姓氏集于一村，以韶城本城话为主要语言。2020年，总人口3450人，总户数700户，辖区内党员65名，集体收入260万元。经济以农业为主，主要种植水稻、蔬菜和部分水果，果品中以种植无花果较为普遍，村建有特色无花果基地和蔬菜基地。1958年以来，靖村大部分土地被工厂征用，20世纪80年代始，贯彻以服务城市为宗旨的方针，水稻面积逐步减少，种植蔬菜的面积不断扩大。该村重视工副业的发展，村办企业发展迅速。村办企业主要有机械设备加工厂、铸造厂、市场等，主要以厂房出租为主。该村重视精神文明建设及村民福利待遇，投入资金20万元，兴办教育事业和福利事业，兴建村卫生站场所和广场小舞台。全村道路都铺设水泥路面，村中的巷道全部是水泥硬底路面。村民积极购买合作医疗、新农保，每年对年满60周岁老人发放每人800元老人金。在加强渡船安全的同时，组织渡船免费帮助村民过渡。

【金凤坪村】 位于十里亭镇中心区域，距市区5千米。与十里亭社区相互交融，东至十里亭黄岗山与犁市镇黄沙村接壤，南至十里亭大道北郊加油站与十里亭社区相交，西至十里亭大桥与武江区西河镇马蹄脚村毗邻，北至十里亭建设北路与靖村相接。2020年，户籍总人口2328人，总户数670户，流动人口2836人。下辖上坝村、下坝村、金凤坪村、曹村、黄岗村（建城区外）5个村民小组。辖区内主要小街小巷有金凤坪河边路、金凤坪村至下坝村小路、曹村小路等。驻村企事业单位4个、小学1所、卫生站1所、旅馆（招待所）2家、市场1家。是年，金凤坪被评为"韶关市卫生村"。驻村企事业单位有韶关市第一污水处理厂、广东省韶铸集团有限公司等4个。村传统经济以农业为主，主要种植水稻，并种植花生、甘蔗、瓜子等经济作物。改革开放后，改水稻种植为蔬菜种植、塘鱼养殖为主，是城市蔬菜供应主要基地之一。村民享受40多年合作医疗保险制度，100%的村民参加合作医疗；实行老人退休制度，男满60周岁，女满55周岁享受老人退休待遇。对五保户实行最低生活标准保障制度。是年，村集体经济纯收入达到610万元。

【五里亭村】 位于十里亭镇东部，韶关市区北侧，距市区2.5千米。东部与良村交界；西部与金凤坪村接壤；北靠黄岗山；南临武江河畔。唐朝年间，由于位于古代五里亭地段——五里亭，故名"五里亭村"。五里亭村建于南宋咸淳十年（1274年），管辖黄岗村、新屋村、大冲窑村、新村4个自然村（新村建于1978年）。

2020年，户籍人口1938人545户，辖区党员47名。五里亭村产业以商业为主。改革开放后，因城市建设发展的需要，土地经征收、改造后再无耕地。村集体先后兴建工业厂房、商业用房、仓库、农贸市场，总面积10万平方米，村民住宅小区4万平方米，是年。村集体收入700万元。该村设立"升学奖学金"，是年，被本科院校录取的学生每人给予3000元以上一次性奖励。被重点高中（北江中学、韶关市第一中学等）录取的学生每人给予1000元一次性奖励。为年龄55岁以上村民发放老人退休金，每月700元，一年8400元。对享受分红福利的村民每年发放280元医疗补贴，报销住院费用总额的20%。新建五里亭村卫生站；开展"村庄亮化"工程，在全村范围内安装太阳能路灯；改善污水和排水设施；清除乱搭、乱建、乱挂、乱画等现象。新修订的《五里亭村村规民约》中增加关于打击吸毒、非访行为的规定，经公安机关认定有吸毒和非访行为的，取消该五里亭村经济组织成员三年内的一切福利。

【良村】 位于十里亭镇东部，东与腊石村交界，西与五里亭村接壤，南临浈江河畔，北靠黄岗山脚，距市区约3公里。建于78年间，管辖良村、沙头、火冲、坝厂、坳背老村、坳背新村6个自然村，以本城话、客家话、广州话为主要语言。2020年，总人口2430人，总户数800户，其中户籍村民637户1870人。在精准扶贫工作中评定省级贫困村7户14人，其中有劳动能力3人，危房改造户2户，全部如期完成脱贫，村党组织关注扶贫户的后续发展保障及困难群众的生产生活，为特殊群体解决实际困难。村集体主要经济收入来源依靠发包土地、存款利息、市场和商铺出租，集体收入450万元。村集体出资上百万元建设4个自然村的文化室，并设置优秀学生奖励机制，年发放奖学金5万元。村注重拥军优属，为义务兵家属每月发放补助金、为退伍复员军人发放一次性生活补助金等；为村民全额补助合作医疗保险金，为住院村民报销部分自付医疗款等。完成对全村95%以上泥砖房的拆除，改善农村人居环境，推动乡村振兴。

【腊石村】 位于十里亭镇东部七千米，东于湾头村交界，西与良村接壤，南临浈江河畔，北靠石子坳水库，与坳背老村相连。腊石村始建于约公元800年间，现管辖塘头、冲尾村、井头村、钟屋村、小门头村、学前村6个自然村，因旱天缺水，故名腊石村。经济长期以农业、林业为主，农业种植的作物主要是水稻、花生、红瓜子、黄豆等，兼营水产、畜牧业。1993年实行“粮改菜”工程后，调整农业生产布局，减少水稻的种植面积，改为蔬菜种植，笋竹是该村新发展的经济作物，4千米长的河旁、滩涂形成一条绿色长廊。兴办3个煤矿，煤矿成为村的经济支柱。2020年，总户数425户，总人口1344人，辖区党员63名。耕地面积61.7公顷。该村重视精神文明建设，先后投资13万元扩建学校，更新教学设备，建立医疗卫生站，修建乡村道路。

【湾头村】 位于十里亭镇东部烽火岭山脚，东靠烽火岭与长坝村交界，西至皇罗寨与腊石村相接，南至八角塘与黄浪水村相连，北至黄竹村分界。管辖11个村小组，划分卢屋村（第1、2、8、9小组）、姜屋村（第3小组）、李石屋村（第4、5、6小组）、河边村（第7、11小组）、李屋新村（国道G323线电站旁，第10小组）5个自然村。该村依山傍水，地处浈水第一弯，故名“湾头村”。始建于唐、宋年间，是当时较有名气的千家村，有“九井十八桥”之称。主要姓氏为卢姓，于明朝迁入。湾头村是清乾隆时期两广都督卢广居的故居，清代乡试每年都有10数人中秀才者。民国时期有4人为黄埔军校第四期毕业生。该村有古老文化遗迹，宋朝期间建有面积约7000平方米的三峯寺。元朝至清朝期间先后建有规模较大的新庙、西华庵。1993年，香港佛门弟子跟踪到此，建造师姑庙。

2020年，总户数480户，总人口1487人，其中党员56人，村“两委”干部8人，大学生村官1名。经济收入主要是出租田地与林地及东升加油站。主要企业有三雄农业科技农业发展有限公司、盈丰投资有限公司、长坝金果园、东升加油站、碧桂园顺茵绿化设计工程有限公司。其中，三雄农业科技农业发展有限公司租用该村耕地51.93公顷，是浈江区农业示范龙头产业园，其农产品西瓜、香瓜、圣女果等远销国外；盈丰投资有限公司租赁该村林地133.33公顷用于种植茶树与果树。是年，该村集体收入100万元，先后投资40万元扩建学校，投资80多万元建老人娱乐中心，投资20万元建文化广场。建造山泉饮水工程，落实改造五十年前的整村灌溉水渠，建立卫生站。村中巷道90%以上实现硬化、绿化、亮化，解决群众行路难问题。是年，义务教育人口100%，新型农村合作医疗参保率100%，新型农村养老保险参保率90%以上，农村最低生活保障覆盖率100%。

【十里亭社区】 居委会地址位于十里亭镇韶铸集团宿舍南区32幢202室，隶属浈江区十里亭镇人民政府。东南边以十里亭大道西工商银行为界，东北边以红会医院宿舍区（包含红会医院）为界与十里亭东社区交界，北边以铸锻厂、饲料厂为界与靖村行政村交界，南边以十里亭大桥为界与靖村、金凤坪村交界。2020年，常住人口3410户，总人口11935人。下辖14个居民小组，居民代表16人，党员219名，社区管辖单位与住宅小区主要有韶关市九龄中学、众力公司（含众力宿舍东区、中区、西区）、韶铸集团（含韶铸宿舍东区、西区、南区、南院、北区）、宝利饲料厂（含居民宿舍楼）、粤北技校、金丹霞粮油食品厂（含居民宿舍楼）、北江技校（含居民宿舍楼）、宏发大厦、德盛楼、浈江区福利院、工商银行（含宿舍楼）、中国银行（含宿舍楼）、自来水厂宿舍楼。

【十里亭东社区】 成立于2016年12月29日，从十里亭社区分设，东边与前进路社区交界，南边与金凤坪村交界，北边与乌教塘社区交界，西南边以十里亭大道西工商银行为界，西北边与十里亭社区交界。2020年，总人口1.28万人，总户数3667户。辖区单位有韶关市中医院十里亭分院、韶关市吴礼和中心小学、韶关市第三中学、十里亭邮政支局、北郊农村信用社、中国建设银行十里亭支行。内驻金江苑、宏旺花园、盛世华庭等住宅小区。

【黄岗社区】 位于十里亭镇北面，北至省道S246线二〇二地质队与煤机厂；南至省道S248线西面钢窗厂宿舍区域，以花皇酒店及对面路口为分界线，与乌教塘社区居委交界；东至黄岗火车站与靖村交界；西至北江监狱与靖村交界。2020年，总户数2135户，总人口5979人。常驻社区辖区单位有广东省北江监狱、广东省武江监狱、广东省二〇二地质堪探队、广东羊城铁路黄岗火车站、韶关市黄岗小学等。居委会办公地址位于韶关市浈江区十里亭镇前进路134号远大机械厂宿舍12栋201。

【乌教塘社区】 成立于2016年12月29日，从黄岗社区分设，东至黄岗山脚的电焊条厂，与金凤坪村毗邻，南至十里亭大道与前进路及省道S248线交叉路口大转盘相接，与十里亭社区为界，西至金凤坪山脚铁四处宿舍区、远大公司宿舍区地段，北至省道S248线西面钢窗厂宿舍区域，以原北江监狱水泥厂及对面路口为分界线，毗邻黄岗社区交界处。2020年，总户数1920户，总人口4800人。常驻社区辖区单位有中铁五局四处。公交车包括11路、36路、浈江区工业园专线。

【五里亭社区】 成立于2002年6月，居委会办公地址位于聆韶路12号保利紫山心语小区商业街二楼，隶属于浈江区十里亭镇人民政府。东邻五里亭村委，南与风采办事处峰前路社区交界，西邻武江河畔，北邻十里亭镇前进路社区。2020年，总户数2325户，总人口6882人。常驻社区辖区单位有浈江区人民检察院、韶关市黄岗检察院、浈江区人民法院、韶关市消防局浈江消防大队、浈江区五里亭小学、韶关市农业农村局、浈江区林业局、浈江区教育局和浈江区住建局。

【前进路社区】 成立于2016年12月29日，东邻五里亭行政村，南与五里亭社区交界，西临武江河畔，北以十里亭东社区五里亭水厂为界。2020年，总人口8825人，总户数4680户，管辖锦绣御水豪庭小区、河畔名居小区、聆韶西苑小区、保利紫山小区、和廷苑小区、富景花园小区、锦绣花园和6家破产企业，常驻社区辖区单位有国家税务总局韶关市浈江区税务第一税务分局。没有小学和中学。

【碧桂园东区社区】 成立于2013年6月25日，位于韶关市良村公路2号碧桂园楼区地段，东临广乐高速，南临浈江河，西临国道G323线公路，北临十里亭镇良村。管辖十里亭镇碧桂园云台翠色小区、翠云峰小区、翠堤春晓小区、翠山峰景小区、林涛花岸小区、云林水岸小区、喜居小区。2020年，总户数5000户，总人口15395人。其中，少数民族22人。下辖社区党员35名。先后被评为广东省“宜家社区”“儿童友好社区”，韶关市“妇女之家”，广东省“妇女之家”，韶关市“卫生先进单位”等，获得韶关市“人民调解三等奖”。

【碧桂园南区社区】 成立于2016年12月29日，位于十里亭镇碧桂园翠林山语会所内，东靠黄金村大桥，西至中共粤北省委旧址，南邻帽峰大桥、北靠国道G323线。社区开发面积62.52万平方米。共有66栋楼、185套别墅。2020年，总户数3639户，户籍人口3292人，常住户数2864户，常住人口9608人。建有浈江区实验学校1所，金诺莎幼儿园1所，配套休闲小型公园4个，建有3条商业街及2个小型商场，儿童活动器材场地3个，人防工程和地下停车场2处，中型体育馆1座。碧桂园生活服务集团股份有限公司韶关浈江分公司进驻运营管理服务。先后被评为“韶关市安全社区”“广东省宜居示范社区及广东省儿童友好示范社区”“广东省科普示范社区”等。

【碧桂园西区社区】 成立于2011年1月，位于浈江区十里亭镇碧桂园水木春华内，北接十里亭镇良村，南邻五里亭村公路，西至十里亭镇五里亭村，东靠良村公路与五里亭大桥、碧桂园东片区住宅相邻。管辖水木春华1–91街。居委会办公地址位于碧桂园水木春华82街7座。2020年，总户数1361户（其中洋房：740套、别墅618座），总人口4684人。先后被评为“广东省韶关市安全社区”“广东省宜居示范社区”“广东省儿童友好社区”“广东省地震安全示范社区”“广东省科普示范社区”“国家地震安全示范社区”“妇女之家”等。

【碧桂园北区社区】 成立于2016年12月29日，位于韶关市良村公路2号碧桂园销售中心区域，总建设面积68万平方米。东与腊石行政村交界，南与碧桂园东区社区居委管辖地段相邻，西与碧桂园西区社区居委管辖地段相邻，北靠韶关市乐广高速路口。管辖凤凰山小区、桐林小区、春天里小区与莫奈花园小区。2020年，收楼6027户，入住3809户。建有外国语幼儿园1所与外国语小学1所。社区总人口9296人，总户数3089户，户籍人口2929人。

（十里亭镇）

犁市镇

【概况】 犁市镇位于韶关市北郊13千米处，东毗仁化县、南临十里亭镇，北连乐昌市、西接乳源县。2020年全，下辖黄竹、黄沙、五四、石下、下陂、犁市、群丰、沙园、石脚下、内腾、黄塘、下园、厢廊、沙尾、大村、大旗岭、梅塘、溪头18个行政村（共计142个自然村、165个村组），以及犁市、犁南和韶化民爆新村3个社区。境内武江河贯穿南北，系京广、武广铁路，广乐、韶赣高速公路连接线，省道S248、S246线穿越该镇，是韶关市区通往仁化县、乐昌市、乳源县的公路交汇点，公路、铁路、水路交通极为便利。土地面积305平方千米。年末户籍人口4.58万人，常住人口3.11万人，农业人口3.45万人。耕地面积3457公顷，粮食播种面积2668公顷。林地面积1.61万公顷，森林覆盖率62.12%。主要种植水稻、花生、玉米、萝卜、蔬菜、油茶等，主要土特产有友丰油茶、梅塘糟菜、"犁铺头"花生油、"美香粘"油黏米、犁市香瓜等。农村经济总收入4.34亿元，同比增长3.1%。农村人均纯收入0.881万元，税收收入1.98亿元，同比增长109.3%，固定资产投资1.5879亿元，同比增长11.7%。财政一般预算收入7498.9万元，同比增长120.1%。参加医疗保险人数3.06万人。辖区内有中学1所、小学5所、幼儿园8所。主要旅游景点有犁市当铺（朱德旧居）、大村华南教育历史研学基地、阅丹公路、韶关市茶花森林公园、沙园农业休闲观光基地。是年，完成S248线沿线整治工作、四好农村路建设20.21千米；完成阅丹公路沿线租地33.33公顷，推进阅丹公路沿线村庄建设兰花产业带；全面完成农村集体产权制度改革，全镇183个集体经济组织登记赋码工作；全面完成第七次全国人口普查工作。

2020年7月2日，犁市镇开展道路专项整治行动　（犁市镇 供）

【犁市镇项目建设】　2020年，犁市镇协助实施犁市当铺修缮及改陈布展工程，推动犁市当铺顺利开馆。持续推进做好阅丹公路沿线基础设施管护，加快阅丹公路沿线农村土地流转。全力支持配合省市区做好华南教育历史研学基地建设，推进省道S246线、省道S248线沿线整治，推动沿线房屋外立面、镇区道路路面改造提升项目。作为普通公路路长制136行动试点镇，全镇82条普通公路，共计205.05千米，全部落实各级路长责任并设立路长制公示牌。10月13日 农村安全饮用水保障工程（犁市镇）第一标段施工开工仪式在犁市镇黄塘村举行，该项目主要建设内容包括管网敷设，新建过滤池、储水池、深井泵站等。是年，完成固定资产投资1.59亿元。

【犁市镇乡村振兴】　2020年，犁市镇以拆旧复垦和水田垦造为抓手，推进石下东雷村拆旧复垦项目验收及黄沙村水田垦造项目施工。做好村庄垃圾收集、清运工作，集中处理镇垃圾，做好乡村清洁美，健全保洁队伍，169名保洁员共同参与农村人居环境整治工作。

【犁市镇综治维稳】　2020年，犁市镇举办以平安乡镇、平安学校、平安村居、平安家园、平安铁路等为主题的"平安犁市"平安创建宣传活动10场次，入户宣传2000多人次。开展"无邪镇"创建活动，加大对邪教组织危害性宣传教育力度。

【犁市镇精准扶贫】　2020年，犁市镇推进产业扶贫，转移就业扶贫、对口消费扶贫等方式促进贫困户增收。在产业扶贫方面，通过发展特色葡萄园产业，实施产业扶贫和资产收益扶贫项目，是年，50户贫困户每年每户可获得分红5000元，保底收益2次，有劳动能力贫困户人均共增收806元，无劳动能力贫困户户均共增收574元；在转移就业扶贫方面，建立公益性岗位53个，村内保洁员、护林员优先录用贫困户，同时与区域内企业签订合作协议，根据生产实际需要，优先录用贫困户，同工同酬，实现贫困户家门口就业帮扶；在对口消费扶贫方面，组织对口帮扶单位，落实消费扶贫政策，是年，消费扶贫金额106万元，实现稳定脱贫。

【犁市镇文化旅游】　2020年12月15日，犁市当铺（朱德旧居）揭牌开馆，成为犁市红色革命旅游教育基地和红色革命旅游品牌。开展犁市镇村居综合性文化服务中心建设，在下陂村、群丰村、大旗岭村、厢廊村等村修建舞台、文化广场、篮球场以及娱乐健身路径。配合完成韶关市2020年环丹霞山自行车赛、穿越丹霞山50公里徒步赛和丹霞山国际山地马拉松赛的赛事。举行中秋节、国庆节、农民丰收节三节同庆活动，篮球比赛、拔河比赛等娱乐活动3场。

【犁市镇组织建设】　2020年，犁市镇实施“头雁”工程和“青苗”工程，选优配强50个基层党组织书记，并对42名村（社区）党组织书记后备人选跟踪培养教育。常态化开展“双报到”活动，依托各党组织优势开展疫情防控、人居环境整治、关爱弱势群体等各种志愿服务活动100余次。开展“民情夜访”活动，累计走访入户9000多户，收集群众意见860条，收到群众问题56件，跟进解决民生问题15项。是年，发展党员13名，22个预备党员如期转正。

【犁市镇人民武装】　2020年，犁市镇开展政策理论学习、形势战备和人员集训等各类学习活动5场次，参加省市区民兵点验4次。完成征兵工作。

【犁市镇机构改革】　2020年8月14日　犁市镇人民政府举行镇街机构改革集中揭牌仪式。标志着犁市镇党政综合办公室、人大常委会办公室、党建工作办公室（组织人事办公室）、纪检监察办公室、公共服务办公室（党群服务中心）、综合治理办公室、规划建设办公室（生态环境保护办公室）、应急管理办公室、农业农村办公室（经济发展办公室）、综合行政执法办公室（综合行政执法队），公共服务中心（文化和旅游服务中心）、退役军人服务站、财政所13个工作机构正式成立。

【犁市镇疫情防控】　2020年，犁市镇开展社区、农村网格化大排查工作，强化重点场所的管理，全面实施交通检疫，在各村居进出口和主要交通路段等设置62个疫情防控执勤点。实行常态化防控管理。坚持“外防输入、内防反弹”，落实和完善常态化疫情防控举措，加强农村地区疫情防控工作。全镇未发现疑似病例和确诊病例。

（李欣　肖淞）

犁市镇行政村（社区）

【梅塘村】　位于犁市镇西北部39千米，由12个自然村组成，主要姓氏有沈、侯、夏、张、欧、陈等。主要有竹木、水库资源，以农业为主，种植优质水稻，养猪、养家禽。改革开放后，生产布局以种植水稻、花生、苗竹、柑橘为主，并兼营鸡、鸭、鱼、猪养殖。2020年，总户数625户，人口2349人，耕地面积250.67公顷，山地面积3840公顷，蔬菜种植面积22公顷，鱼塘面积40公顷；村内办起小学、文化室、卫生站各1间，村中道路实现硬底化，并实施饮水工程。村中传统文化有猫公狮。

【厢廊村】　位于犁市镇西北部8千米，坐落在省道S248线两侧，东靠三〇九厂，南靠武江河，西邻沙尾村，北靠黑龙林场，由17个自然村组成，主要姓氏有邓、黄、吴、杨、陈、李、马等。经济以农业为主，种植水稻、花生、萝卜、瓜菜，兼营鸡、鸭、鱼、猪养殖。其中盛产的萝卜以个大、清甜、高产而出名，西瓜纯香、清甜、爽口，具有特色。引进石斛、兰花、蔬菜等种植基地。2020年，总户数634户，总人口2440人，总面积692公顷，其中耕地面积325.33公顷，由灯塔、高廉两个水库灌溉，林地面积366.67公顷；村内办起小学、文化室、卫生站各1间，健身广场1个；村中道路实现硬底化，硬化道路7千米，安装路灯80盏。

【大村】 位于犁市镇北部15千米，是原梅村乡的政府所在地，京广铁路、武广高铁穿村而过，与乐广高速和韶关环城高速相邻。2017年3月，经批准，分成大村、大旗岭两个村委。辖7个自然村，主要姓氏有张、夏、欧、邓、沈、潘等。地形以丘陵为主，山地面积753.33公顷，耕地面积200公顷，主要种植水稻、花生和鸡、鸭、鱼养殖等，村里主导产业是油茶种植。2020年，总户数513户，总人口1929人，是浈江区3个省定贫困村之一。村内办起小学、文化室、卫生站各1间，文化活动广场投入使用；村中道路全部硬底化，重点项目有华南教育历史研学基地（原岭南大学旧址）。

【大旗岭村】 位于犁市镇北部19千米，于2017年3月拆分成立。大旗岭辖3个自然村、5个村小组，主要姓氏有张、夏、欧、邓、沈、潘等。主要有林地、水库资源，林地面积337.33公顷，耕地面积126.67公顷；经济长期以农业为主，种植水稻，养猪、养家禽。2020年，总户数213户，总人口916人，是浈江区3个省定贫困村之一。大旗岭村有比较古老的镇龙祠、北帝庙、乡村古道。村中办起文化健身广场，道路全部硬底化，村民住宅建设和管理趋向楼房化。

【黄沙村】 位于犁市镇东部12千米，地势狭长，南北走向20多公里，由18个自然村组成，其中鹧鸪石、大黄冲2个自然村被列入丹霞山环境保护区。主要姓氏有朱、何、钟、杨、陈、刘、侯等。辖内主要有竹木及煤炭、锑矿、飞绿岩等资源。2020年，总户数1035户，总人口3586人，耕地面积341.6公顷，山地6949公顷，鱼塘面积57公顷，主要以生猪等禽畜养殖及水稻、果树种植为主。主要有竹木及煤炭、锑矿、飞绿岩等资源。辖区实现村村通水泥路、村村通自来水、通电视及通信网络。省道246线改道经过该村，莞韶产业转移园（浈江片区）部分项目、明弘生态园、孔雀农庄等农业产业观光园区落户该村。村内设有幼儿园、小学各1所、卫生站及农家书屋，村民住宅建设和管理趋向楼房化。

【黄塘村】 位于犁市镇西北部的武江河东岸，由4个自然村组成，主要姓氏有黄、姚两姓。2006年“7·15”洪灾过后，全村大部分村民住宅搬迁到原三〇九厂公路沿线。经济以农业为主，生产布局以种植水稻、瓜菜、粉葛和养鱼、养猪为主，并兼营鸡、鸭养殖。2020年，总户数314户，总人口1151人，总面积313.33公顷，森林面积166.67公顷，蔬菜种植面积19.33公顷，鱼塘面积33公顷。村内率先办起电子书库，建有卫生站、篮球场和图书阅览室（农家书屋），村内道路全部实现硬底化、实现村村通自来水，村民住宅建设和管理逐步趋向楼房化。全年完成农村安全饮用水工程。

【内腾村】 位于犁市镇的中北部10千米。2017年3月，经批准，撤销原来的新联村委会，拆分成石脚下村委和内腾村委。下辖8个村小组，主要姓氏有侯、朱、刘等。主要有土地及林业资源，经济长期以农业为主，主要以种植水稻、花生、番薯、芋头、黄豆为主；经济作物主要有桉树、贡柑、西瓜、芋头、红薯等。2020年，总户数312户，总人口1177人，耕地面积194.67公顷，山地面积540公顷。村内建有卫生站、图书阅览室（农家书屋）、篮球场和一个占地面积21333.4平方米的休闲公园（牛背巷公园），村内道路全部实现硬底化，村民住宅建设和管理趋向楼房化。

【群丰村】 位于犁市镇以北部2千米，浈江区三个省定贫困村之一。由水心坝、城背、上岭、下岭、连塘、新村6个自然村组成，主要姓氏有侯、饶、黄、刘等。主要有土地、林木资源，经济长期以来以农业为主，种植水稻，养猪、养家禽。2020年，总户数590户，总人口2276人，耕地面积127.73公顷，林地面积415.4公顷，蔬菜种植面积22公顷，鱼塘面积7公顷。村内建有卫生站、健身广场、文化广场、篮球场和图书阅览室（农家书屋），村内道路全部实现硬底化，村民住宅建设和管理趋向楼房化。

【黄竹村】 位于犁市镇东部15千米，由16个自然村组成，主要姓氏有钟、吴、古、梁、谭、李、蓝等。经济以农业为主，种植水稻、花生、甘蔗、蔬菜，兼营养猪、养家禽及水产养殖。2020年，总户数751户，总人口2609人，耕地面积258.667公顷，山地7333.33公顷。村内主要有竹木和丹霞地貌等资源，生态公益林4666.67公顷，锦江河、大富河，山塘水库10多座。辖内16个自然村均被列入丹霞山环境保护区。辖区实现村村通水泥路、通电视及通信网络。实现村村通自来水。辖区有高标准建设的阅丹线23千米，通过沿线9个自然村，完成村庄立面改造和污水处理设施建设工程，建成旅游公厕9个。村内设有小学、卫生站各一所。是年，获得第一批“国家森林乡村”称号。

【犁市村】　位于犁市镇中心，由5个自然村组成，主要姓氏有侯、李、钟、梁、叶、吴等。主要有丰产林资源，经济长期以农业为主，种植水稻、蔬菜、香瓜，养猪、养家禽，其中“犁市香瓜”具有果大、皮薄、爽脆、瓜甜的特点。2020年，总户数583户，总人口2137人，总面积606.67公顷，森林面积466.67公顷，耕地面积209.07公顷，蔬菜种植面积58.67公顷，鱼塘面积27公顷。村内建有卫生站、健身广场、篮球场和图书阅览室（农家书屋），村内道路全部实现硬底化，村民住宅建设和管理趋向楼房化。

【五四村】　位于犁市镇东南部4千米，由10个自然村组成，主要姓氏有陈、谭、吴、郑、谢、温等。经济以农业为主，生产布局以种植水稻、西红柿、辣椒、叶菜为主，并兼营猪、家禽、水产养殖，其中五四西红柿成品牌。2020年，总户数593户，总人口2354人，蔬菜种植面积140公顷，鱼塘面积40公顷。随着莞韶产业转移园（浈江片）落户该村，村民住宅建设和管理趋向楼房化。

【石下村】　位于犁市镇以东6千米，由10个自然村组成，主要姓氏有胡、谭、钟等。主要有煤炭资源，驰名东南亚的“富国煤”就产于此。2005年全省煤矿关闭后，经济以农业为主，种植水稻、花生、马铃薯及果树为主，并兼营猪、家禽养殖。2020年，该村总户数949户，总人口3556人，蔬菜种植面积13.33公顷，鱼塘面积20公顷。村内办有小学，建有卫生站、文化广场、篮球场和图书阅览室（农家书屋），村内道路全部实现硬底化，实现村村通自来水。引入莞韶产业转移园（浈江片）园区内比亚迪、粤华国电、众力项目。

【下陂村】　位于犁市镇的东北8千米，是浈江区三个省定贫困村之一。下辖8个自然村，主要姓氏有胡、钟、朱、沈、姚等。该村主要有煤、铁矿资源，经济长期以农业为主，生产布局以种植水稻、花生、茄子、辣椒为主，并兼营鸡、鸭、鱼、猪养殖。2020年，总户数529户，总人口1971人，耕地面积173.33公顷，种植水稻、花生为主，林地面积1533.33公顷，除部分生态林以外，主要以种植桉树、松树为主。村内道路实现硬底化，村村通自来水。村委建有便民服务中心，村内设有图书阅览室（农家书屋）、卫生站。

【石脚下村】　位于犁市镇的中北部，2017年3月，经批准，撤销原来的新联村委会，拆分成石脚下村委和内腾村委，辖10个村小组，主要姓氏有谭、胡、侯、朱、梁、周等。该村主要有土地及丰产林资源，经济长期以来以农业为主，生产布局以种植优质水稻、花生为主，并兼营鸡、鸭、鱼、猪养殖。2020年，总户数500户，总人口1975人，良田面积225.07公顷，耕地面积140公顷，林地面积445.16公顷，蔬菜种植面积31.33公顷，鱼塘面积17.27公顷。村内办有新联小学，建有卫生站，村内设有图书阅览室（农家书屋），村内道路实现硬底化。

【沙园村】　位于犁市镇西部的武江河两岸，由9个自然村组成，主要姓氏有莫、成、李等，是广东儿童教养院的发祥地。2000年，李汉魂将军之女李浈遵照母亲医嘱，在沙园小学捐资建起菊芳楼并建立博物馆。主要有山林、土地资源，经济长期以农业为主，生产布局以种植水稻、花生为主，并兼营鸡、鸭、鱼、猪养殖。2020年，总户数699户，总人口2480人，蔬菜种植面积37.33公顷，鱼塘面积33公顷。引进26.67公顷规模的“稻虾养殖基地”。村内办有小学，建有卫生站、健身广场、文化小舞台、篮球场和图书阅览室（农家书屋）。

【下园村】　位于犁市镇西北部的武江河西岸，由5个自然村组成，主要姓氏有王、侯、李、廖、赖等。该村以农业为主，生产布局以种植水稻、叶菜、西瓜、香瓜、橘子及种桑养蚕为主，并兼营鸡、鸭、鱼、猪养殖，其中桑叶种植面积66.67公顷，是原曲江县的一面旗帜。2020年，总户数690户，总人口2344人，蔬菜种植面积 20 公顷，西瓜种植面积 33.33 公顷，香瓜种植面积 20 公顷，橘子种植面积 53.33 公顷，鱼塘面积 40 公顷。村内道路实现硬底化，村村通自来水完成。建有便民服务中心，村内设有图书阅览室（农家书屋）、卫生站。

【溪头村】 位于犁市镇北郊 18 千米，由溪头一队、二队、三队、上塘村、黄坑村何曹江移民村 4 个自然村和 6 个村小组组成，主要姓氏有侯、夏、张、黄、欧、胡。耕地面积 98 公顷，山地面积 843.87 公顷。主要有竹木、水库资源、经济资源主要以种植水稻、花生与外出务工为主，并兼营鸡、鸭鱼、猪养殖。2020 年，总户数 397 户，总人口 1575 人，蔬菜种植面积 17.33 公顷，鱼塘面积 47 公顷。村内道路实现硬底化，村村通自来水。村委建有活动中心文化小舞台，村内设有图书阅览室（农家书屋）、卫生站。

【沙尾村】 位于犁市镇西北部，距离镇城区 9 千米，由 5 个自然村组成，主要姓氏有邓姓。2017 年 3 月，经批准，沙尾村从厢廊分出，重新成立沙尾村委会。沙尾村以农业为主，生产布局以种植水稻、萝卜、瓜菜、花生为主，并兼营鸡、鸭、鱼、猪养殖。其中盛产的萝卜以个大、清甜、高产而出名。2020 年，总户数 180 户，总人口 697 人，耕地面积 120 公顷，蔬菜种植面积 60 公顷。村中道路全部改建成水泥路，村民住宅建设和管理趋向楼房化。村内新建卫生站、健身广场、老年活动中心和图书阅览室等便民利民设施。

【犁市社区】 位于犁市镇城区文化路。2020 年，总户数 2373 户，总人口 5683 人，下辖 13 个居民小区，辖区驻有镇委、镇人大、镇政府、派出所、财政所等机关单位。辖区有省级文物单位犁市当铺，占地 1000 多平方米。社区北面是犁市人民公园和全民健身广场，山顶海拔 149 米，健身广场设有运动场、篮球场、羽毛球场、乒乓球场和各种健身器材。辖区有幼儿园 3 所、小学 1 所、中学 1 所。居委会办公地址位于向阳路西 2 号。

【犁南社区】 2015 年 3 月，由浈江区政府批复成立，管辖南至十里亭，西南至省道 S248 线中石化加油站，西北至犁市敬老院，北面及东面至浈江区产业园发展区域。2020 年，总户数 444 户，总人口 1072 人，居委会办公地址位于美居苑商铺二楼。

【韶化民爆新村社区】 2017 年 3 月，由浈江区政府批复成立，管辖广东宏大韶化民爆有限公司厂区及新村住宅小区。2020 年，总户数 641 户，总人口 1519 人，辖区有幼儿园、小学各 1 所。居委会办公地址位于广东宏大韶化民爆有限公司厂区及新村住宅小区内。

（李　欣　肖　凇）

花坪镇

【概况】 花坪镇位于浈江区北部，东面与仁化县相连，北面与乐昌市相接，南面和西面与犁市镇接壤。2020 年，下辖西牛潭、长地头、花坪、奎塘、石屋 5 个行政村及花坪 1 个社区。土地总面积 76.5 平方千米，年末户籍人口 7985 人，常住人口 4596 人。耕地面积 324.93 公顷，粮食播种面积 243 公顷，森林覆盖率 74.01%。辖区内西牛潭水库属于典型的丘陵型水库，总面积 267 公顷，是浈江区最大的水库。辖区内有义务教育阶段九年一贯制学校 1 所，教学点 2 个，公办幼儿园 1 所，成人文化技术教育学校 1 所。中小学有教职工 64 人，中小学生 551 人；幼儿园有教职工 16 人，幼儿 61 人。文化站 1 个，校园广播站 1 个。参加医疗保险人数 5598，覆盖面 100 %。土地、山林、矿产、水力等自然资源丰富。主要农作物有水稻、蔬菜、柑、橘、橙等，畜牧和水产业具有一定规模，主要土特产有山地乌鸡、有机水稻、生态猪。工业以加工制造业为主。是年，税收收入 1045.12 万元，同比增长 9.11%；一般财政预算收入 327.83 万元，同比增长 8.57%；固定资产投资 1.12 亿元，完成 2020 年目标任务的 140%。主要旅游景点有西牛潭水库、各村宗祠、古圩场飞龙庙、奎塘“连理樟树王”。重点项目有潜江西气东输国家重点项目、海大集团益豚养殖项目、农村安全饮用水保障工程、韶关市公安局监管中心征地拆迁工作、原曲仁矿务局资产承接工作、花坪镇污水处理厂建设等。花坪镇 2020 年被评为韶关市卫生镇、韶关市灭鼠达标镇、浈江区 2020 年度征兵工作先进单位，镇党委书记吴根平获评为“广东省消费扶贫工作突出个人”。

【花坪镇疫情防控】　2020年，花坪镇成立疫情防控工作领导小组，实行全天候保障防控，张贴标语横幅100条、印发宣传单5000多份、入户宣传走访3000多户、分发医用口罩1万多个，在镇、村26个主要路口设置卡口，严格监控全镇人口健康情况。强化后勤保障工作，做好物资供应，“米袋子”“菜篮子”保持货足价稳。坚持外防输入、内防反弹，强化常态化防控措施，启动疫苗免费接种工作。

【花坪镇产业发展】　2020年，花坪镇把特色生态产业确定为高质量绿色发展主攻方向，启动实施特色生态产业高质量绿色发展倍增行动，按照“一镇一业”“一村一品”要求，以奎塘冯氏生态园为龙头，融合发展优质鸡主导产业，通过与休闲农业相结合，推动产业实现多业态发展。是年，存栏优质肉鸡12.95万只，蛋鸡存栏5.8万只，真空包装优质肉鸡深加工年均产量37.5万只以上，成为镇内特色优势主导产业，也是当地富民兴村的重要支柱产业之一。

【花坪镇基础建设】　2020年，花坪镇落实农村安全饮用水保障工作。工程覆盖5个村委33个自然村，2021年4月实现全域竣工，解决7472人的饮水安全问题。完成原曲仁办事处门口公路550米改造工程。全面推进“四好农村公路”建设和乡村沙土路面改造工程，完成7.1千米“四好”公路建设，全面完成乡村公路硬底化建设任务。落实农村“厕所革命”工作，全面完成30户厕所改造任务。

【花坪镇民生福祉】　2020年，花坪镇完善扶贫帮困、帮残助残机制和最低生活保障机制，做到应保尽保，加大对弱势群体的帮扶力度。低保、大重病救助、临时补助、教育帮困等各类帮扶人员数据完整，帮扶金发放数据清晰。是年，低保户49户87人，累计人均补助458.8元/月；五保户9户9人，每月放发低保金852元。完成再就业51人。顺利推进农村“房地一体”确权测量登记、农村建房审批，为理顺农村建房规范化打下坚实基础。全面落实优抚政策，做好优抚、双拥工作。全年享受定期抚恤、定期补助的重点优抚对象17人，并为117户退役、现役军人家属建立“一人一档”档案管理，定期走访慰问。

2020年9月30日，花坪镇在工矿文化广场举行先进优秀表彰大会暨“迎国庆·贺中秋”文艺汇演活动　　　　（花坪镇　供）

【花坪镇精准脱贫】　2020年，花坪镇依托产业扶贫、就业扶贫、教育扶贫、消费扶贫、危房改造、社会保障兜底、基础设施建设等工作为抓手，创新工作思路，突出重点，多措并举，扎实有效开展脱贫攻坚工作，全镇贫困户64户144人实现全面脱贫。

【花坪镇综治创平】　2020年，花坪镇扎实开展综治创平工作，打造平安家园。建立以村居矛盾纠纷排调中心为主体，覆盖全镇、各村(居)的两级“大排调”网络，坚持半月一排查、村(居)每周一排查，将问题预防在先、处置在前。重拳出击扫黑除恶，组织派出所、司法所、城建国土等部门开展镇村全覆盖大排查。是年，举办集中宣传5次，发放宣传单6400份，悬挂横幅60幅，张贴公告50张，发放各类宣传纪念品1000余份，发布扫黑除恶专项斗争相关信息120条。

【花坪镇政务改革】　2020年，花坪镇扎实推进政务改革，优化发展环境。全面完成政府机构改革任务，镇政府由5个办公室、

“七站八所”调整为九大办公室、3个事业单位和2个站所。深化“放管服”改革，镇村政务服务大厅优化“一门式一网式”政务服务信息平台，实现镇级416条、村级100条事项就近办理，按时办结率达100%。

【花坪镇高质量发展现场会展风采】 2020年6月19日，浈江区推动乡镇高质量发展现场会在花坪镇召开，花坪镇以92.86分获得现场会测评第一名。

【浈江区汽车下乡展销会花坪站】 2020年8月1日，浈江区汽车下乡展销会启动仪式在花坪工矿文化广场上成功举办。展销会为汽车销售企业提供一个商品展示的平台，搭建起汽贸商家与消费者之间沟通的桥梁，优惠的购车福利掀起镇村群众对汽贸产业消费热潮，助力美丽乡村建设和乡村振兴战略。

【花坪镇乡镇机构改革揭牌仪式】 2020年8月14日上午，花坪镇举行深化乡镇管理体制改革实施宣布大会暨新组建机构揭牌仪式。区委常委、统战部部长刘子龙，镇领导班子成员、派驻花坪镇各有关部门主要负责人、全镇干部职工参加。此次揭牌仪式代表花坪镇党委、镇政府全新的开始，是花坪镇加快职能转变、优化职能配置、整合多方资源、实现基层治理体系和治理能力现代化的新机遇。

【花坪镇先进优秀表彰大会】 2020年9月30日，花坪镇在工矿文化广场（新时代文明实践广场）举行先进优秀表彰大会暨“迎国庆·贺中秋”文艺会演活动。活动由韶关市委宣传部、韶关市文化广电旅游体育局、韶关市知青艺术团、花坪镇人民政府等单位联合举办。活动现场洋溢着迎接“双节”的喜庆气氛。活动中，花坪镇党委书记吴根平、人大主席潘寿段分别为花坪镇2个先进村小组、8名优秀村小组长颁奖。

（王　斌）

花坪镇行政村（社区）

【花坪村】 位于花坪镇东部，东与仁化董塘镇接壤，西南与本镇长地头村委对接，北与本镇奎塘村委相连；由花坪、楼脚下、乌石冲和伍屋4个村小组组成。2020年，总户数220户，总人口945人，以廖姓和伍姓为主。自然资源以煤炭资源为主，曲仁矿属的花坪矿、云顶矿及曲仁矿务局机关均在其境内。主要经济原以煤炭资源为主，2004年煤矿关闭后，境属经济以农、林土地资源经营为主。耕地面积49.26公顷，其中水田面积38.13公顷，旱地面积11.13公顷。

【奎塘村】 位于花坪镇北部，辖区东与仁化石塘镇接壤，西北与本镇石屋村委、西牛潭村委对接，南与本镇花坪村委相连，由岭头、山下、李屋、狮古冲、古墟场、侯屋、姚屋7个村小组组成。2020年，总户数478户，总人口1862人，以姚、侯、张、罗、李、陈等姓氏为主。自然资源以农业、林业资源为主，主要经济以山地林业、养殖业以及农业经营为主。耕地面积157公顷，其中水田面积113.2公顷，旱地面积43.8公顷。

【西牛潭村】 位于花坪镇西部，辖区东与奎塘、花坪村委接壤，南北分别与本镇长地头村委、石屋村委对接，西与乐昌梅村、浈江区犁市镇相连。2020年，全村总户数470户，总人口1814人。辖区由黄草、杨屋、木湾、推里、罗屋、合头、麻加地、木场湾、谭屋、饶屋10个村小组组成。以神、饶、谭、张、许、罗等姓氏为主。自然资源以山地林地、水库资源为主。辖区内的西牛潭水库是浈江区境内面积最大的水库，水库总面积266.67公顷，总储水量0.46亿立方米。主要经济以水产养殖、林业资源开发经营为主。

【石屋村】 位于花坪镇北部，辖区东北分别与仁化石塘镇、乐昌廊田镇接壤，东接本镇奎塘村委，西连犁市镇梅村，南与本镇西牛潭村委相接。2020年，总户数251户，总人口1027人，以石、彭、陈、夏、蓝、何等姓氏为主。辖区由陈屋、夏屋、石屋、何屋、蓝屋、新彭屋、老彭屋、天堂8个村小组组成。自然资源以农业、林业资源为主，水田面积35.07公顷，林地面积133.33公顷，旱地面积23.33公顷。主要经济以山地林业、养殖业以及农业经营为主。

【长地头村】 位于花坪镇南部，南面与犁市镇接壤，北与西牛潭村委相连，总面积17平方千米。2020年，总户数425户，总人口

1731人，以宋、许、侯、黄、廖、张姓氏为主。辖区由宋屋、龙村、白芒林、长地头、老虎冲、许屋6个村小组组成。主要经济以农、林、水资源经营和种养殖业为主，耕地面积280公顷，其中水田面积100公顷，旱地面积80公顷；林地、山地面积700公顷。辖区白芒林水库占地面积13.33公顷，总储水量20万立方米。

【花坪社区】　位于花坪大道公路边，辖区面积1.5平方千米。2020年，总人口606人。社区办公地址位于花坪镇政府行政服务大厅，办公场所面积30平方米，工作人员3名，其中窗口工作人员1名。下设调解委员会、治安委员会、社区服务委员会、公共卫生委员会、计划生育协会、妇女联合会。

东河街道办事处

【概况】　东河街道办事处位于韶关市区东部，坐落于莲花山南麓，地处北江支流上游口的浈江下游段。东面是新韶镇及韶枫路起点，南靠韶关东站的南韶路口，西边是浈江河，北依新韶镇黄金村，东南方向与车站街道办事处为邻，东北方向与新韶镇多处交错，区域范围东西相距3.8千米，南北宽1.1千米，处于北纬24.50°，东经135.50°位置。下辖育红巷、启明北路、浈江路、执信路、浈江南路、陵西路6个社区，土地面积4.2平方千米。2020年，户籍人口3.9万人，常住人口2.68万人，人口自然增长率下降0.02‰。财政一般预算收入271.06万元，同比上升20.24%。辖区有初中1所，小学1所，幼儿园6所，在校学约5800人；建有全民健身广场1个。参加医疗保险人数约2.56万人，覆盖面99.5%。

【东河街道办疫情防控】　2020年，东河街道办事处设立9个功能组6个工作小组13个党员先锋岗33个防控网格，组织党员干部全面摸排辖区小区、楼栋、住户、商铺、企业、出租屋等情况，实现横向到边纵向到底的大排查，并对重点场所重点人员实施不定期重点跟踪、走访。确保防疫工作底子清、情况明，通过发放致广大居民的一封信、设置流动宣传岗、在主要路口运用小喇叭反复播放、张贴宣传标语、派发宣传资料、上门入户摸排等方式，实现群防群控的良好局面。

【东河街道办人口普查】　2020年3月，第七次全国人口普查工作正式启动，东河街道办事处及时成立人普领导机构并进行职责分工，选聘“两员”218名，“两员”队伍包括社区干部、办事处领导干部、市区直挂点干部、物业小区人员及社会招聘人员。组织业务培训，严格按照普查工作方案，展开“地毯式”入户普查，对不能正常入户的普查对象，张贴普查温馨提示单或电话联系方式预约上门时间，加强统筹，集聚多方力量，扎实完成人口普查行政资料整理、普查小区划分和建筑物标绘、摸底及短表、长表登记等工作。

【东河街道办基层党建】　2020年，东河街道办事处组织开展党校授课10多次，授课对象1000多人次。建立健全思想教育阵地建设，投入资金10万元，完成党校全面升级改造工程，完善党校硬件建设；投入资金80万元，完成启明北路社区、育红巷社区党建示范点建设工作，打造全街首个党建主题公园。探讨谐约共建工作机制，签订30个谐约共建项目，总结一批谐约共建的典型案例，推动城市基层谐约共建。做好国有企业退休老党员社会化管理，接收退休老党员200多名。实现党务工作者和党员党建云激活率均达到100%。加强调研，全面掌握社区“两委”干部情况，围绕“一肩挑”“交叉任职率”两个100%，充实调整“两委”干部队伍配备，开展一系列换届选举筹备。抓实抓细党组织书记备案管理工作，建立辖区6个社区党委书记个人档案。是年，慰问党员42户，送去慰问金、慰问物资共2万多元，开展重温入党誓词、红色教育基地学习、主题党日活动等10多场次，组织专题党课学习10多场次。结合社区实际，组织在职报到的700多名党员，组建6支党员先锋队，30支网格党群先锋队，开展创文宣传、环境卫生整治、住户摸排、安全巡查等志愿服务活动300多场次，参与党员近3000人。

【东河街道办老旧小区改造】　2020年，东河街道办事处投入资金100多万，实施风采新村无物业小区改造，成为韶关市第一批无物业小区改造示范点。投入资金20多万元，完成浈江区政法大楼“老旧小区”改造工作。持续

2020 年，东河街道办开展无物业小区改造宣传、调研

（东河街道办　供）

推进“三供一业”改造，投入资金 210 万元推进五金交电仓库宿舍、林业机械厂宿舍、林业局车队宿舍、模具厂宿舍等国有企业家属区“三供一业”改造。

【东河街道办整治工作】　2020 年，东河街道办事处通过建、清、拆、隔、管，完成浈江大道路口 3 栋大楼的立面改造工作主体工程，改造面积超过 10000 平方米。督促、指导铁路沿线开展安全隐患整治，整治安全隐患 28 处，加固彩钢瓦 3 万平方米，清理整治菜地、杂草 1 万多平方米。联合区直有关单位，出动人员 100 多人次，开展大规模违章建筑拆除行动 3 次，遏制乱搭乱建的行为。

【东河街道办综合维稳治理】　2020 年，东河街道办事处以维护社会和谐、稳定为基础，全面开展社会治安综合治理、安全生产检查、法治建设等，确保社会和谐稳定。常态化推动安全生产及消防安全、野外用火工作，开展安全生产宣传、教育、检查、督查等各项活动 20 多场次，检查企业、“三合一”场所等 753 家，排查安全隐患 120 处，督促落实整改 120 处，整改率 100%，确保汛期辖区的平安稳定。

【东河街道办社会管理】　2020 年，东河街道办事处城镇新增就业人数 260 人；城镇下岗失业人员再就业 210 人；就业困难对象再就业 45 人，城镇失业登记率 3.5%；城乡居民社会养老保险参保率达 87%，城乡基本医疗保险参保率 72%。认真做好低保户、特困户的认定、调查、审批、管理工作。协助民政做好 61 户低保户，16 户特困户救助金申报、发放工作及 571 人残疾人护理费、生活补贴申报工作，发放临时救助金 15 人 1.54 万元，发放 80 岁以上老龄人生活补贴 18 万。强化计划生育经常性工作落实，由以管理为主转向为以服务为主的工作方式，全年办理计生服务事项 250 单，孕前优生检查 10 人，办理独生子女父母奖励 221 人，特别扶助父母 12 人，为 144 户服务对象购买社会保险。武装、民兵预备役、工青团妇、社会保障服务等各项事业稳步推进。

（王会香）

东河街道办社区

【陵西路社区】　南起陵南路第七粮店前小路至牛头潭 8 号美之泉米面厂，东以陵南大道至京广铁路为界，辖区面积 1.6 平方千米。2020 年，总人口 10238 人，常住户 3150 户。居委会办公地址位于韶关市浈江区东河街陵西路 6 号金色江湾 B9 栋首层。辖区内有 2 个物业小区及关停并转企业、单位宿舍区，主要街巷有大德路（陵南路）、东河路、金湾东路、金湾中路、金湾西路、仁德路等。辖区关停并转企业及现有企业 15 家：韶关木材厂、韶关市第一建材厂（市一砖厂）、韶关市化工厂、韶关市综合化工厂、韶关市钛白粉厂、韶关市锑冶炼总厂、韶关市公路局机修厂、顺意材料站、韶运 61 车队、韶关市汽车修理厂（顺意材料站、东兴汽车修理厂）、韶关市林业机械厂、韶关市林业车队等，涉及三旧改造项目的居民 3000 余人，涉及棚改项目的居民 3000 余人。是年，获得“广东省民主法治示范社区”称号。

【启明北路社区】　位于浈江区东河街道北部，北至启明北路，南至启明中路，东至韶赣铁路，西至浈江中路，辖区面积0.5平方千米。2020年，常住总人口4109人，总户数2115户，其中户籍人口3268人。辖区内有住宅小区3个，全民健身广场1个，农贸市场1个，中学1所，幼儿园1所，是一个集商贸、住宅、休闲为一体的城市社区。下设3个党支部，党员103名。社区办公楼有4层，办公面积380平方米，设有办证大厅1个，办公室3间，办事大厅党群服务中心设在一楼，设有志愿服务、退役军人便民服务窗口。综合文化室占地面积200平方米，多媒体会议室可容纳50人，电子阅览室配有电脑4台，图书室藏书2000册，另有未成年人活动室1间。

【育红巷社区】 成立于2005年6月，由原东河街道育红巷居委会、福星村居委会合并而成。位于浈江区东河街浈江中路，东接启明北路，南连浈江南路，北与五里亭接壤，西临东河北路，辖区范围：育红巷1—69号，爱国巷1—124号，树新巷1—54号，福星村1—75号，浈江中路1—11号，浈江北1—57号，河边浈江北环卫二所宿舍至浈江中9号后门韶关市职业技能鉴定指导中心。辖区总面积0.5平方千米，2020年，常住人口4108人，户籍人口3465人，党员总数109名。居委会办公地址位于金港湾商贸城A1栋二楼，该社区利用党群服务中心开展常态化活动和重大活动，如党员学习教育、党员大会、便民服务等。社区居委会以服务和方便群众为宗旨，负责计划生育政策的执行和落实，流动人口的管理，社会治安综合治理，优抚特困，救济老弱病残，爱国卫生等。

【浈江路社区】 成立于2002年6月，居委会地址位于韶关市浈江区东河街道中部的浈江中路十二横巷5栋201，东至启明北路，西至浈江路，南至执信路，北至东新路，辖区面积为0.5平方千米，2020年，总人口5869人，常住人口5030人，常住户数2353户，居民住宅楼57栋，居民小组6个，物业小区8个，出租屋93间，驻区单位3个，幼儿园1所，还有200多家商家，1家五星级莱斯大酒店。社区设党委1个、党支部4个，党员142人，该社区利用党群服务中心开展党员学习教育、村民代表大会、便民服务、“三八”国际妇女节和中国共产党建党日等活动。

【执信路社区】 位于韶关市浈江南南侧，辖区面积0.9平方千米。2020年，常住人口6354人，常住户3335户。党员151名。辖区内有韶关公路局、粤运集团、执信小学、东河派出所、交通第一大队等有关单位。居委会办公楼高3层，办公面积300平方米，设有办证大厅1个、综合文化室占地面积100平方米，图书室藏书2500册，未成年人活动室1间。

【浈江南路社区】 成立于1991年，位于浈江区东河街道浈江河畔，东接浈江南路，南连南韶路，北与育红巷接壤，西临浈江北路，辖区范围：浈江南路1—49号，浈江中路13—81号，居民住宅楼40幢，公路材料站、东河社区医院、广客隆超市、乡亲大药房、爱心大药房等单位，执信小学门前横巷，浈江中十三横巷，浈江医院横巷4条小街小巷。辖区面积0.5平方千米。2021年，辖区户籍人口3859人，常住人口3586人，流动人口112人。辖区内有党员101人。居委内设计划生育办公室、安全生产领导小组、综治信访维稳工作站、家长学校、未成年人活动室、人民调解委员会、社会事务、警务室、文化室等服务机构。

（王会香）

车站街道办事处

【概况】 车站街道办事处位于韶关市东南面，东邻浈江区新韶镇，南连乐园镇，西临浈江，与风采街道办隔江相望，北与东河街道办对接。车站街道在未建置以前，辖区先后属曲江县和韶关市管辖。1928年属曲江县第二区，1941年属第一区东厢乡。1949年11月25日，韶关市人民政府成立后，东河街道划归韶关市管辖。1952年，开始在浈江老东城设街道办事处，因境内设有火车站而命名为火车站街道办事处。1956年，街道机构调整，撤销火车站街道办事处，其行政区域归南门街道办事处管辖。1959年3月，南门、风度、太平三个办事处合并为韶关市区办事处。1960年3月，撤销韶关市区办事处，同年4月成立中区人民公社管理委员会，领导街道工作。1968年恢复火车站街道办事处。1969年11月8日，火车站街道办事处再次撤销，成立南郊区。1975年11

月，南郊区与东河区合并成立浈江区。1984年，浈江区升格县级区后，同年11月组建浈江区人民政府车站办事处。1988年8月，更名为浈江区人民政府车站街道办事处，沿袭至今。辖区总面积4.2平方千米，2020年，下辖莲花山、大塘路、东升村、广铁一线、职工一区、站南路、劳动村7个社区，年末户籍人口3.02万人，常住人口2.99万人，森林覆盖率65%，固定资产投资1.2亿元，主要经济以第三产业商贸、批发、零售、物流为主。辖区内有技校1所，初中1所，小学4所，幼儿园9所。

【车站街道办全域推广小区充电桩安装】 2020年，车站街道办事处全域推广小区充电桩安装，确保消防安全到位。车站街通过引进第三方充电桩安装公司，免费为小区居民安装电动车充电装，是年，全街30个小区中有24个小区安装74个充电桩，740个充电位，覆盖率80%，惠及群众8000多人。

【车站街道办“三供一业”家属物业改造】 2020年，车站街道办事处韶关市莲花山矿冶居民区改造工程完成，业主委员会成立，物业公司进场。石人嶂矿居民区完成物业维修改造。瑶岭钨矿居民区完成物业维修改造，业主委员会进场并正常工作。省五建居民区改造施工；站南路百货公司居民区的物业维修改造工作完成。辖区内铁路片区“三供一业”物业维修改造工程于11月中旬完成。辖区内所有“三供一业”项目完工。10个老旧小区改造项目完成申报，各自管小组成立，设计方案完成。

【车站街道办高风险整治】 2020年，车站街道办事处根据高风险区域整治工作要求制定《浈江区车站街道办事处火灾高风险区域整治工作方案》，对莲花山社区范围内全面开展火灾隐患排查整治，落实消防工作责任制，完善消防网格化建设，排查出9075处需要打开逃生出口的防盗窗，清理违规停放或充电的电动车100多起，共有335家“三小”场所、企业、单位、出租屋完成消防设备的安装，向辖区居民派发《打开“生命窗”：致广大居民的一封信》《防盗窗逃生出口开设指引》等消防知识宣传资料6000余份。

【车站街道办文明创建】 2020年，车站街道办事处投入6万余元，建成新时代文明实践所1个，新时代文明实践站7个和新时代文明实践广场1个，投入7万余元安装更新辖区内精神文明宣传栏，“文明健康 有你有我”、市民公约、志愿服务等各类公益宣传牌。

【车站街道办展志愿服务】 2020年5月底，车站街道办事处全面启动“在职党员到社区报到”工作，报到的在职党员659人。制定《车站街“在职党员到社区报到”工作方案》，发布党员报到任务866条，报名党员4909人次，活动服务时长2308小时，活动涉及消防安全整治、清洁城市、人口普查登记、政策宣传、医疗保障等活动。在7个社区全面铺开“谐约共建”模式，7个社区党委与48个驻社区单位签订“谐约”共建，开展共建活动近100场。

2020年8月18日下午，车站街道办事处举行“向榜样学习——2020年道德模范暨抗疫先进事迹进基层”宣讲活动

（车站街道办　供）

【车站街道办基层党建】 2020年，车站街党工委党校邀请市委党校教授及市百人讲师团成员共授课32期，其中在社区分教点授课24期，参训人员1400余人次，基层党员培训覆盖率100%。疫情防控疫情期间，组织发动街属各基层党组织和广大党员干部投身疫情防控，通过“线上＋线下”两个“宣传到位”，每天出动喇叭宣传车12台进行宣传，悬挂横幅150条，制作宣传栏24块，张贴宣传海报1000多张，发放“一封信”4万多张，并充分利用辖区20多处电子屏开展宣传。设立疫情防控点90个，通过指导各社区党委通过与居民、开业商户签订《承诺书》的形式，提高其自身防疫责任意识。

【车站街道办文化生活】 2020年，车站街道办事处开展宣传文化、党员教育、市民教育、科技普及、普法教育等活动50余场次。办好“我们的节日”主题活动，做中华传统文化的传播者。围绕传统节日，举办“我们的节日”民俗活动21场次。办好群众法律法规宣传教育，做群众学法懂法守法引导者。组织开展“2020年道德模范暨抗疫先进事迹进基层”宣讲活动，依托节日，开展爱与服务。

【车站街道办群众文化服务】 2020年，车站街道办事处通过依托文化站举办《“我们的节日”主题活动》《健康养生科学知识普及》《律法规宣传教育》等专题活动，以“做中华传统文化的传播者，做群众身体健康状况守护者，做群众学法懂法守法引导者，做未成年人思想道德建设倡议者”为目标，开展文化宣传、党员教育、市民教育、科技普及、普法教育等新时代文明实践活动，通过活动的开展培育和践行社会主义核心价值观。全年开展各类群众文化活动50场次。

【人大车站街道工委】 2020年，人大车站街道工委有人大代表16人，其中市人大代表4人，区人大代表12人。全年组织10名人大代表召开人大代表述职会议2次。

代表联系群众 2020年，车站街道办设有人大代表中心联络站，人大车站街道工委采取专题学习、政策宣讲、履职交流、典型示范等形式，加强代表的学习和交流，提升代表的履职能力，发挥代表的桥梁纽带作用。全年组织辖区代表到社区开展接访3场，调研2场、视察5场，慰问活动3场，收集群众意见、建议40条，当场答复30条，后续跟踪处理10条，答复处理率100%。

人大代表培训 2020年，人大车站街道工委组织开展人大代表的培训4次。学习《中华人民共和国宪法》《中华人民共和国全国人民代表大会和地方各级人民代表大会代表法》《中华人民共和国地方各级人民代表大会和地方各级人民政府组织法》《中华人民共和国民法典》。

人大代表工作 2月13日，车站街道人大代表主动为隔离人员解决生活保障；3月2日，组织开展疫情防控工作；4月16日，开展城市管理常态化监督视察；7月29日，开展《中华人民共和国民法典》宣传活动、监督视察《广东省野生动物保护管理条例》贯彻实施情况；8月18日，开展“向榜样学习——2020年道德模范暨抗疫先进事迹进基层”宣讲活动；11月18日，组织部分人大代表、市政中心与环卫所到站南二路垃圾中转站调研污水横流问题。

车站街道人大代表“暖心驿站” 2020年，通过车站街人大代表暖心驿站平台，辖区代表在春节、中秋、国庆期间探访、慰问困难群众200余人次，捐献油、米等生活必需品。向张九龄纪念公园建设募捐2.16万元，在“6·30”广东扶贫日中，人大代表捐款3万元。

（张徐波）

车站街道办社区

【莲花山社区】 位于车站街道办事处东部，东至南方高级技术学院，西至火车站铁路边，南至莲花山矿冶居民区管理委员会，北至大塘路，辖区面积0.6平方千米。2020年，常住人口5089人，流动人口951人（街道计生办数据），主要由辖区内的铁路单位职工及其家属为主的居民组成。居委会办公地址位于莲花山宝丽花园一楼商铺，内设科学规划党员活动室、会议室、综合服务室（调解室、警务室、计划生育服务室）、便民服务活动室（阅览室、残疾人康复室、文体活动室、社会工作室）等各功能室以及居民议事室、老年人照料与残疾人康复托养处。社区购置图书、体育音像设备、残疾人康复和老年人健身器材等，丰富社区养老硬件设施，提升对社区居民的服务水平。

【大塘路社区】 位于车站街道办事处东北部，东至莲花山铁路边，西至京广铁路边，南至旧天桥至通天坡路，北至韶遥路，辖区面积0.6平方千米，居委会办公地址于2017年10月搬迁至韶关市浈江区大塘路社区通宝路1号鸿达大厦二楼。2020年，常住人口3768人，流动人口713人。辖区有铁路工务段等6家单位，主要街巷有大塘路、通天坡路、通宝路、芳华路等4条小巷。社区居委内设计划生育、卫生、调解会、社会事务等服务机构。大塘路社区服务大厅占地面积139平方米，内设大塘路社区公共服务站。综合文化服务中心藏书近千册及文化文娱活动器材免费供居民阅读使用。社区戒毒康复工作站占地90平方米，及时、准确地了解掌握社区戒毒，社区康复人员思想状况、工作生活情况及行踪动态，做好帮扶、教育、管理工作；帮助社区戒毒人员修复家庭关系，解决其实际困难。

【东升村社区】 位于车站街道办事处西南部，东至四通市场高站台，西至北江河堤枫景园，南至学冲市场路口，北至北江路23栋，辖区面积0.5平方千米里，居委会办公地址位于站南路65号二楼。2020年，常住人口3478人，流动人口432人（街道计生办数据）。辖区有江西转运站、江西钨业管理经营处、万豪酒店、南枫小学等4家单位，主要街巷有站南路、北江路、雕塑长廊、四通市场、粤华街等10条大街小巷。社区法治建设开展法律宣传、法律顾问为群众解答疑问等，创建“四级同创”示范点。

【广铁一线社区】 位于车站街道办事处东南郊，辖区面积0.6平方公里，东至森林公园，西至韶南大道，南至沙梨园，北至丛林山庄，居委会办公地址位于韶关市浈江区森林南路广铁一线家属区内。2020年，常住人口3248人，流动人口522人（街道计生办数据）。辖区有广州工务机械段韶关管理所等10家单位，主要街巷有森态路、莲花路等5条小巷。

【职工一区社区】 位于车站街道办事处东西部，辖区面积0.8平方千米，东至大塘路，西至南韶路，南至火车站广场，北至鹅坑桥，居委会办公地址位于南韶村1号大院内。2020年末，常住人口3807人，流动人口491人。辖区有火车站、汽车站、铁路医院、中石化等17家单位，主要街巷有南韶路、安全北、站道路、职工一区等18条小巷。

【站南路社区】 位于车站街道办事处西部，辖区面积0.4平方千米，东起京广铁路，西至北江河，北起北江路财富广场，南至北江路德兴大厦，站南路四通市场北门，居委会办公地址位于浈江区北江路8—3号。2020年末，常住人口4467人，流动人口921人。辖区有江畔广场、168大厦、车站小区、配件厂宿舍小区等楼宇；粤辉批发广场、东群商贸城、东升市场、布匹市场等市场；军用供应站、公路管理站、航道局、交警大队、站南小学等单位。辖区居民以个体经营户、单位职工及其家属为主的居民组成。

【劳动村社区】 位于车站街道办事处北部，辖区面积0.7平方公里，东至犁头嘴26栋，西至铁路边，南至林语阳光，北至莲花山，居委会办公地址位于浈江区劳动村松树岭北村82号。2020年，常住人口4287人，流动人口1044人。辖区有浈江中学，主要街巷有莲花北路、通宝路、犁头嘴大路等16条小巷。

（张徐波）

风采街道办事处

【概况】 风采街道办事处位于浈江区中部，东临浈江，与东河街道隔江相邻，南濒浈江、武江汇合处，西临武江，与武江区隔江相望，北与十里亭镇的五里亭接壤。下辖峰前路、风度北、中山路、风采路、风度中、东堤南、壮志街、文化街、老东门、河滨、环园路11个社区，土地总面积3.02平方千米。2020年，户籍人口数5.1万人，常住人口数6.8万人。财税征收168.66万元，受税收普惠政策及新冠肺炎疫情影响，较上年减收85.34万元，下降33.60%，其中区级收入71.08万元，同比下降34.92%（房产税67.15万元，同比下降35.39%）；限上商贸企业20家，同时固定资产投资1.04亿元。财政一般预算收入449.37万元，同比增长14.27%。辖区有风度名城、百年东街、风度路步行街等商业圈，是韶关市最繁华的商业中心；历史文化古迹有风采楼、大鉴寺、太傅庙、余靖纪念馆及韶关基督教教堂、天主教教堂、帽子峰等；为韶关市政府驻地，有人民团体及企事业单位96个，是粤北地区

2020 年 5 月 23 日，风采街道办事处开展在职党员到社区“服务社区、我当先锋”集中行动　　（风采街道办　供）

政治、行政、文化中心；分布各类院校 11 所，配有医院 4 所、门诊部 29 个，其中有韶关市第一人民医院、粤北人民医院、韶关市中医院、韶关市第二人民医院等市属大医院的门诊部或分院。

【风采街道办综治信访维稳】 2020 年，风采街道办事处坚 12 个人民调解委员会受理人民纠纷 236 宗，成功调解 227 宗，无“民转刑”案件发生。为维护整个社区稳定和谐筑牢“第一道防线”。

【风采街道办安全生产】 2020 年，风采街道办事处开展“安全生产月”“安全生产大检查”等系列安全生产专项行动以及“打通生命通道”“打开生命窗”“三合一”场所专项整治、电动自行车消防安全综合治理、消防通道集中治理攻坚行动等消防安全专项行动。全年开展培训 4 次，受培训人员 200 人次；开展安全生产检查 12 次，出动检查人员 200 余人次，检查各类经营单位、学校、人流密集场所等 1610 家，排查整改隐患 120 处；开展安全生产宣传、“敲门行动”“五进”活动等入户宣传活动，全年发放宣传单张 1.2 万份。

【风采街道办民政优抚】 2020 年，风采街道办事处发放低保金 63 万元、特困金 26 万元，救助低保户 94 人、特困人员 19 人。持续开展优抚安置工作，为 14 名优抚对象办理补助申请。风采长者饭堂增至 5 家，提高服务长者能力。

【风采街道办精神文明建设】 2020 年，风采街道办事处开展精神文明实践平台建设，打造街道新时代文明实践所及 11 个社区新时代文明实践站。发挥新时代文明实践站所“传思想、传政策、传道德、传文化、传技能”的功能，依托社区原有服务资源，深入开展各类宣讲活动、评选活动、公益帮扶、文化活动、节庆活动，提高市民创文知晓率、参与率。

【风采街道办公共服务】 2020 年，风采街道办事处新增就业人数 1000 人、失业人员再就业人数 900 人、就业困难人员实现就业人数 90 人，为 185 办理就业困难人员认定，为 1183 人次办理就业困难人员实现灵活就业社保补贴，为 250 人办理城镇居民养老保险，为 1.69 万人办理城镇居民医疗保险，为 6585 名企业退休人员办理生存认证。全年办理一孩、二孩生育登记及生育审批 1200 例，办理城镇独生子女父母奖励 581 例，办理广东省计划生育家庭特别扶助 14 例；开展“健康知识进万家”等主题宣传活动 40 次，发放宣传资料 1500 份。开展“5.29”一元爱心捐款活动，发动机关事业单位 200 人次参与。

【风采街道办疫情防控】 2020 年，风采街道办事处严格落实新冠肺炎疫情防控工作要求，开展拉网式排查，开展宣传发动，做好重要路口、无物业小区值守，严格落实各项防控措施，加强隔离人员监测及服务。拉网式排查 2.49 万户 6.44 万人，排查重点地区来韶人员近 700 人，派发疫情防控宣传资料、温馨提示等 8 万份，在重要路口、无物业小区设岗值守，人数最多时设置 76 个岗点。

【风采街道办人口普查】 2020 年，风采街道办事处开展人口普查工作，发动指导员 32 名、普查员 208 名，到辖区开展人口摸排、调查、登记，完成辖区 11 个社区 2.8 万户 6 万名居民人口普查工作。

【风采街道办社区“两委”换届】 2020 年，风采街道办事处组织领导，推进社区“两委”换届。开展换届纪律宣传，悬挂横幅33条、发放“五个严禁、五个一律”纪律要求明白卡1200张。换届工作领导小组全程指导社区“两委”换届，确保程序合法合规，截至年底，下辖11个社区党委（支部）完成换届，社区居委会换届选举有序筹备。

【风采街道办老旧小区改造】 2020年，风采街道办事处推进市民政局宿舍、平治巷10号2个老旧小区改造项目，城市面貌显著提升。顺利完成照壁街无物业小区封闭式管理项目，对小区7个出入口进行围蔽，同时，根据小区街巷人文历史背景和古玩花卉门店特色，参照老上海里弄格调，通过墙面立体彩绘、门店适度点缀、旧城记忆重拾等形式，再现老街古韵和风情，打造一张独具特色的宜居宜业宜赏韶城街巷新名片。

（张旭文）

风采街道办社区

【环园路社区】 位于韶关市小岛的南端，辖区面积0.21平方千米。主次干道及小街小巷10条，即解放路（双号2—30号），园前路1—6号，园前东，照壁街，烟墩街，米行街，聚龙里，园前西路，环园东路，环园西路。辖区内驻有单位13个。2020年，总人口7564人，总户数2610户。先后被中国地震局评为“中国地震安全示范社区”；被省住房和城乡建设厅评为“宜居社区”；被省科学技术协会、省精神文明建设委员会办公室、省科学技术厅评为“广东省科普示范社区”。社区居委会内设计划生育、卫生、治保会、调解会、社会事务、警务等服务机构。

【河滨社区】 位于韶关市小岛的南端，辖区面积0.09平方千米，位于韶关市小岛的南端，辖区面积0.09平方千米。主次干道及小街小巷3条，即熏风路9号、11号、13号、15号、17号、18号、19号、20号、26号、28号、30号，武镇街46号，建国路13号。驻有风度名城、华美达酒店等企业17个。2020年，总人口2960人，总户数931户。社区居委会内设计划生育、卫生、治保会、调解会、社会事务、警务等服务机构。

【老东门社区】 位于韶关市小岛的南端，辖区面积0.2平方千米，辖区内有主次干道及小街小巷13条，即熏风路、建国路、老东门巷、武镇街、兴隆街、漂布塘街、解放路、井巷、城守巷、余相巷、云龙亭、宝安巷，风度南路。驻有企事业单位3个。2020年，总人口8004人，总户数2998户，流动人口459人。社区居委会内设计划生育、卫生、治保会、调解会、社会事务、警务等服务机构。

【文化街社区】 位于韶关市小岛的南端，主次干道及小街小巷6条，即文化街、吾牙巷、复兴路（双号2—28号）、园前路（双号8—22号）、风度南路（单号1—87号、双号2—64号）、解放路（单号17—39号、双号32—52号）。驻有辖区单位8个。2020年，总人口5902人，总户数2452户。社区居委会内设计划生育、卫生、治保会、调解会、社会事务、警务等服务机构。

【东堤南社区】 位于市区繁华地段，辖区面积0.6平方千米。主次干道及小街小巷共5条，即东堤南1—9号，仁爱路1—35号；上后街1—77号，下后街1—66号；风度中13—93号，风采路1—11号；建国路2—68号，九曲巷；水上一委，水上二委。驻有辖区单位6个。2020年，总人口6482人，总户数2245户。社区居委会内设计划生育、卫生、治保会、调解会、社会事务、警务等服务机构。

【壮志街社区】 位于韶关市小岛的西南端，辖区面积0.2平方千米。主次干道及小街小巷共9条，即和平路（双号74—78号），壮志街19号、27号、29号、37号，十八街，复兴路1—123号，风度中2—68号，圣堂巷1—47号，和平路84—198号，西堤中9—11号。驻有韶关市浈江公安分局。2020年，总人口5204人，总户数1990户。社区居委会内设计划生育、卫生、治保会、调解会、社会事务、警务等服务机构。

【风度中社区】 位于韶关市小岛的中心，辖区面积0.18平方千米。主次干道及小街小巷5条，即风度中路52—86号，平治巷；学工街，西堤中14—22号、风采路65号，风采路11—29号，和平路1—75号；高街；始巷头；群乐巷2—40号。驻有韶关市住房保障中心等7家单位。2020年，总人口6107人，总住户2380户。

社区居委会内设计划生育、卫生、治保会、调解会、社会事务、警务等服务机构。

【风采路社区】 位于韶关市小岛的北端，辖区面积0.21平方千米。主次干道及小街小巷6条，即风度北（双号2—88号），西堤北1—27号，风采路（双号82—112号），中山路2栋、4栋，西堤横1—10号，中华新街1—67号、北直街1—67号。驻有韶关市政府国有资产监督管理委员会等5个单位。2020年，总人口5890人，总户数1940户。社区居委会内设计划生育、卫生、治保会、调解会、社会事务、警务等服务机构。

【风度北社区】 位于韶关市小岛的北端，辖区面积0.21平方千米。主次干道及小街小巷6条，即风度北2—88号（双号），西堤北1—27号，风采路82—112号（双号），中山路2栋、4栋、西堤横1—10号，中华新街1—67号，北直街1—67号。驻有韶关市政府国有资产监督管理委员会等9个单位。2020年，总人口5956人，总户数2196户，外来人数168人。社区居委会内设计划生育、卫生、治保会、调解会、社会事务、警务等服务机构。

【中山路社区】 位于韶关市小岛的北端，所占地面积0.18平方千米，主次干道及小街小巷共10条，即东堤北单号1—27号、东堤北双号2—136号、中山路1—7号、峰前路双号、峰前路单号55起、群众巷、广富新街、中山横巷、西堤北29—40号、河边街。2020年，总人口6034人，总户数2076人。社区居委会内设计划生育、卫生、治保会、调解会、社会事务、警务等服务机构。

【峰前路社区】 位于韶关市小岛的北端，东至东堤北，南至中山路，西至西堤北，北至帽峰公园，辖区面积0.21平方千米。主次干道及小巷9条，即升平路（单号49—113号）、升平路（双号74—86号）、西堤北41—47号、峰前路1—55号、东堤北路单号129—351号（其中129—239号拆迁待建）东堤北双号138—386号（其中138—158号、202—222号、228—240号拆迁）、太富街1—94号（其中1—64号已拆迁）、帽子峰1—16栋、武警南一栋、帽峰苑。2020年，总人口8549人，总户数2860户。社区居委会内设计划生育、卫生、治保会、调解会、社会事务、警务等服务机构。

（张旭文）

曲仁办事处

【概况】 2020年1月17日，曲仁办事处搬迁至韶关市东郊曲仁园安置区，西连黄金村，北接国道G323线。旧区位于浈江区的东北部，东与仁化县董塘镇董塘村连接，南与浈江产业园连接，西与花坪镇属奎塘村接壤，北与仁化县董塘镇江头村相连，省道S246线从辖区穿过，通过路程近10千米，辖区有广东省最大的煤炭生产基地——曲仁矿务局。曲仁矿务局在2003年9月破产关闭，成立曲仁留守处。按照省政府属地管理的政策，曲仁办事处2004年6月成立，对辖区进行社会管理和公共服务。2020年，户籍人口22919人，常住人口15087人，常住总户数8002户，下辖花坪、云顶、格顶、茶山、富仁、丝茅坪6个居民区，代管花坪镇和平八一社区居委会。随着棚户区改造工程的推进，除原地安置的丝茅坪居民区、和平八一居民区，其余5个居民区已搬至曲仁园安置区办公。机关办公地址位于浈江区曲仁园乐土路3号曲仁田螺冲党群服务中心4楼。

【曲仁办疫情防控】 2020年，曲仁办事处严格落实小区封闭管理，设置党员先锋岗，把好守好各小区出入关，对进出车辆和人员实行严格登记排查，落实好体温监测、外来人员登记备案等防疫管控的关键环节，避免出现应测漏测、应登漏登、应问漏问、应查漏查的情形，堵牢、堵死外部输入的源头。做好重点地区和武汉等地来韶人员的登记及信息核实工作。依托“三人小组”，落实居家隔离的全流程服务。对居家隔离人员强化刚性约束，做到精确到户、精准到人、精细到日，并做好居家隔离对象的无接触配送服务，提供人文关怀。动态调整社区出入口管控细则，逐步有序恢复居民生活便捷度。随着防控应急响应等级下调，根据防控情势和居民区的具体需求，安全、有序、分批开放小区出入口。动员居民区开展“清洁家园”爱国卫生运动，继续落实好公共区域、重点区域的环境消毒消杀，对辖区商铺、企业等各类主体定期开展疫情防控巡查、指导。

【曲仁办经济建设】 2020年，曲仁办事处结合棚户区改造搬迁腾出土地，利用现有资源，盘活资产，特别是国拨土地资源、闲置的厂房、工业广场，以及曲仁园安置区辖区范围商铺等，扩大招商引资。组织各居民区每月对辖区进行安全生产、消防等日常巡查，定期召开协调会议，一季度一次，通报情况，研究问题，部署任务；在安全宣传周开展安全生产、消防等的宣传教育；在各居民区开展预防采摘食用毒蘑菇、野菜中毒宣传等；做好校园及周边的食品安全检查。做好韶关市公安监管中心项目——预征收辖区白芒林地块，落实征拆户补偿款和迁坟费的发放。

【曲仁办党的建设】 2020年，曲仁党工委下设5个党委、2个党总支，31个社区党支部，1个机关直属支部，1个“两新”党支部，党员人数1452人。6月5日上午，曲仁直属机关党支部召开全体党员大会，按照《中国共产党章程》《中国共产党党和国家机关基层组织工作条例》等党内有关规定，进行党支部委员会换届选举，由党工委委员担任机关党支部书记。全年新发展党员2名，程序规范、材料齐全、上报及时；按程序开展党员组织关系排查，排查有误党员信息68条；利用曲仁工委党校及党校分教点，先后开展各类培训课程68场，培训党员干部1380人次；组织党员干部到中共广东省委粤北省委机关旧址红围参观学习。

【棚户区改造工程建设】 2020年，曲仁办事处辖区居民参加棚户区改造抽签累计9291户，累计签约缴款8698户。富仁居民区外，花坪、云顶、格顶、茶山、丝茅坪居民区的搬迁安置补偿协议签订率95%，完成审核并提交至区棚改办。云顶居民区、格顶居民区的腾空旧房拆除完成，花坪居民区和茶山居民区的腾空旧房拆除完成90%，丝茅坪居民区和富仁居民区的腾空旧房拆除完成50%；前期市棚改部门完成花坪、富仁、茶山、云顶、格顶、丝茅坪矿493户棚改补登户的人员初步审查，开展审查通过补登户抽签选房。

【曲仁办社会治安综治工作】 2020年，曲仁办事处在主要道路和辖区显著位置悬挂扫黑除恶横幅120幅，制作宣传栏15个，发放宣传单1.02万份，举办大型宣传活动6场，走访群众2080人次；播放户外LED屏广告80条，举办户外大型宣传活动6场，参加人员2080人，走访群众943户3572人次 。摸查涉黑涉恶线索2条。其中1条涉恶，被公安机关抓获，另外1条是收到群众举报，经派出所介入调查并不存在。做好信访案件的受理工作和重点人员的工作 ，化解矛盾纠纷，领导接访78批205人次。受理信访件14件，不予受理3件，结案17件。精防专班在辖区范围组织开展肇事肇祸等严重精神障碍患者专项摸排。详细了解重症精神障碍患者的康复、生活及需求信息，告知家属要关心患者，及时购买药物，督促患者坚持按时服药，并要求监护人履行监护责任。全年监护奖励申请119人，送治10人，救治救助2人，申请资金6.16万元。辖区累计在册精神病障碍患者185人，139人已购买《监护人责任险》，降低监护人抗风险能力。向辖区居民群众开展入户宣传，发放宣传资料2000份，派发平安“三率”宣传环保袋1500个，开展户外宣传活动3次；结合创新宣传方式，利用居民微信群、手机短信等形式扩大宣传覆盖面。

2020年8月14日，曲仁办举行北宋名臣余靖图片展

（曲仁办　供）

【曲仁办卫生与健康】 2020年，曲仁办事处婚育龄妇女2554人，出生人口103人，政策生育率89.32%，性别比为110，落实免费孕检9例，再生育审批6对，办理各类证明及准生证173人，生育登记和再生育审批网上办理核实率100%；发放避孕药具10盒，生育咨询83人次，随访83人次。全年广府人慰问失独困难家庭4户，共计1.2万元；城独奖发放人员计547人，特扶伤残死亡发放29人（新增3人），特扶手术并发症发放16人。扎实开展宣传报道工作，其中在区卫健局微信公众号宣传报道4篇，区微信公众号采纳发表2篇，主题宣传活动5次，开展“5·29”会员活动日宣传活动、“7·11”世界人口日宣传活动，开展免费扫码药具活动3次，发放宣传资料1100份，张贴标语横幅6条，开展咨询宣传活动4场，发放纸巾、洗洁精等小礼品220份。

【曲仁办安全生产】 2020年，曲仁办事处累计检查企业10家，检查次数36次，发现隐患12条，对检查出存在问题的单位，均已发出整改书限期整改。辖区没有出现任何安全生产伤亡事故。全年累计检查各类单位272家，督促整改火灾隐患15处，发现疏散“六大问题”7个（落实整改3个、督促落实整改4个，已发出限期整改通知书），拆除疏散障碍物5处；清理涉及违规停放电动车建筑33栋；先后排查“三小”场所253家、出租屋381家、企业10家。是年，召开整治行动动员部署会5次，组织消防安全应急演练2次，组织消防安全宣传活动11次。播放消防安全音频134条；播放消防安全视频43次；利用电子屏滚动宣传消防安全76条；张贴各类安全宣传海报200份；派发宣传资料6000份。做好重点时段森林防灭火工作和森林高火险期森林防灭火，严格落实24小时专人值班值守和领导带班制度，重点时段安排专人进行野外巡查，做好值班记录并保持通讯畅通。在抗击新型冠状肺炎期间，重点加强在社区农贸市场、购物超市、药店、各类店铺、住宅小区的监管宣传，严格控制疫情期间不必要的事故发生，对辖区的饭店、餐饮行业进行暂时性关闭处理，同时对各类店铺、市场、超市、药店张贴预防疫情的海报通知，每隔一个星期会检查体温记录情况、防疫物资是否齐全，每天是否对场所进行消毒处理等。

【曲仁办三防】 2020年，曲仁办事处三防工作按上级有关应急部门要求镇（办）应急指挥中心职能整合，安装应急值班值守系统，并按标准配备麦克风和摄像头，相关制度制定并上墙，并也相应增加部分储备物资。4月27日，在和平八一居民区开展低洼地区人员应急抢险演练，检验防灾应急预案和救援人员救援能力，提高预案的可操作性和救援人员的业务能力。

【曲仁办民生与社会保障】 2020年，曲仁办辖区低保户206户、特困人员3户，保障人数271人。全年新增低保10户20人。清理脱贫、死亡人员11户11人。9月，根据上级相关部门的指示，对曲仁低保、特困及重残人员住房情况进行摸底，辖区有5户困难群众符合申请公租房。是年，辖区残疾人708人，其中视力残疾53人，听力残疾43人，言语残疾10人，肢体残疾336人，智力残疾73人，精神残疾151人，多重残疾42人。残疾人符合享受两项补贴676人次，其中享受困难残疾人生活津贴187人。享受重度残疾人护理补贴405人，享受非重度精神智力残疾人护理补贴84人。对4户申请残疾人家庭无障碍改造进行安装及验收。对辖区残疾708人采集“残疾人基本服务状况和需求信息数据动态更新”进行登记并将采集对象全部录入系统上报。

是年，曲仁办事处累计慰问困难群众和低保特困户43户，每户200元；上级领导慰问困难对象3户，每户1000元。发放棉被7床、花生油7桶，御寒棉服一批。9月29日，开展“迎中秋庆国庆”慰问辖区特困、低保老人活动。累计慰问低保特困户40户；每户一桶油一箱面。发放助学慰问金1000元，办理老龄津贴1303人；办理二次医疗救助5人；临时救助3人共计2600元。按照上级部门的要求全面落实供养标准，特困分散供养人员3户3人每人每月1236元，按月足额发放。特困补贴按要求签订供养协议，照料护理人对护理政策知晓率99%。是年，排查困境儿童39人，其中散居孤儿1人，事实无人抚养儿童5人，自身家庭困境儿童33人。全部困境儿童都按要求及时足额发放生活费和补贴，并落实监护责任，散居孤儿，事实无人抚养儿童进行身份审核。

【曲仁办青桔共享单车进驻】2020年，曲仁办事处主动与韶关市凯源新能源科技公司对接，顺利引进共享单车进驻曲仁园安置区，分别在曲仁园储蓄邮政银行、新韶卫生院、曲仁园富田居小区、曲仁园富源居小区、曲仁园茶山居小区等地点设置固定停放点，为1万多户居民的短距离出行带来便利。

【曲仁办电动车充电桩安装】2020年，曲仁办事处通过引进第三方资金用于在曲仁园花坪居小区、格顶轩小区、云顶阁小区安装10个充电桩，改善小区电动车乱停乱放违规充电等问题。

【曲仁办纪委谈话室建设】2020年，曲仁办实处按照《韶关市乡镇街道纪（工）委谈话室设置和使用管理指引》的有关建设要求，投入约11万元，装修改造曲仁田螺冲党群服务中心一楼，设置3间纪委谈话室，配备打印机、电视机、微光摄像头、声控对讲系统、烟感器等设备，均符合中央纪委国家监委有关同步录音录像建设技术规范要求。是年，与新韶卫生院签订办案医疗保障合作协议，与口福居饭店签订餐饮供应协议。全年排查线索3条，谈话提醒5人，立案1宗，已结案。

（张学仁　刘路香）

曲仁办居民区

【花坪居民区】　地处原省属粤北煤炭基地曲仁花坪矿。2005年2月23日，成立曲仁办事处花坪居民区、中共浈江区曲仁办事处花坪居民区党总支委员会，2017年1月10日，该居民区由曲仁花坪矿搬迁至浈江区黄金村曲仁园花坪居。2020年，小区住宅总面积12万平方米，总户数1535户，下设马路边、铁路面2个社区居委会。设有办事大厅，图书阅览室，会议室，党教分教点，居民区两委办公室，妇女之家，居民活动室，党员志愿者活动室，爱心超市等组织机构。

【云顶居民区】　辖区原是曲仁矿务局下属煤矿。东与新韶镇大陂村为界，南与水口路相接，西与格顶轩接界，北与新韶镇大陂村接壤。主要街道有花寨路、水口路等。2020年，总户数1706户，总人口3768人。云内设人口与计划生育办公室、安全生产领导小组、综治信访维稳工作站、人民调解委员会等组织机构。

【格顶居民区】　位于浈江区新韶镇黄金村格顶轩内，东邻富安阁，南邻云顶阁，西邻莲花大道，北邻花坪居。辖区居民于2016年陆续从仁化县董塘镇格顶矿搬出，2017年2月份格顶居民区搬迁至浈江区新韶镇黄金村曲仁园格顶轩小区内。2020年，总户数1825户，总人口4230人。内设党群服务中心，党群服务中心设有办事大厅、法律平台服务站、舞蹈室、邻里之家、志愿者服务站、阅览室、党校分教点等组织机构。

【茶山居民区】　2017年3月1日，从浈江区曲仁茶山矿搬迁到韶关市新韶镇曲仁园茶山居，东面以花拉寨、市棚改安置房为界，南面以山稔花公园为界，西面以新韶镇卫生院、体育广场为界，北面以原田螺冲矿为界。2020年，住宅楼65栋1956户，其中交款入住1725户，常住人口4124人。设有信访维稳、人民调解委员会、妇联共青团等组织机构。

【丝茅坪居民区】　原为广东省曲仁矿务局丝茅坪矿，2003年9月企业破产后，根据省委、省政府的政策，实行属地化管理，2005年2月，成立韶关市浈江区曲仁办事处丝茅坪居民区。辖区东与浈江区犁市镇鹧鸪山麓相邻，南与武江监狱相接，西与曲仁高级中学、犁市镇石下村稻田交界，北与浈江区石下村水坑山接壤。2020年，总人口1195，总户数475户，棚户区原地改造全面完成，建成茅坪雅居；居民352户搬入新居，主要街道有狮塘路。内设党群服务中心、综治中心、人力资源社会保障服务站、人民调解委员会等组织机构。

【富仁居民区】　旧区位于是广东省曲仁矿务局的中心。2005年2月，成立曲仁办事处富仁居民区，包含水厂片、伯公坳片、菜市片3个居委会。2020年，总人口4030人。居委会地址位于黄金村棚户区曲仁园富源居28栋8—10号，内设人口计划生育办公室、安全生产领导小组、综治信访维稳工作站、人民调解委员会等机构。

【和平八一居民区】　辖区原是曲仁矿务局移民队。东与仁化县董塘镇江头村为界，南与浈江区曲仁格顶居民区（旧区）相接，西与仁化县石塘镇京群村为界，北与仁化县董塘镇江头村接壤。2020年，总户数456户，总人口986人，居民区棚户区原地改造完成，居民搬入新居，主要街道有八一和平路等。内设有党群服务站、人口与计划生育办公室、安全生产领导小组、综治信访维稳工作站、人民调解委员会、移民解困办公室等机构。

（张学仁 刘路香）

田螺冲办事处

【概况】 田螺冲办事处位于韶关市东郊六千米处，东起花拉寨山脚，南至禾叶冲，西连黄金村，北接国道G323线。地处丘陵地带，地势东北高、西南低。田螺冲办行政区划源于明末清初，因煤矿开采而建置。民国初期，长山井田及附近区域渐聚成矿区，有宝祥源、巨发、两广等私营煤矿公司。1938年12月，民国广东省政府将矿区收归官营。韶关解放初期，境内矿区仍保留零星小煤窑浅部开采。1958年，韶关专员公署公安处在矿区设立劳改矿场，先后在大食岭、禾叶冲等地开办土窑和小型斜井。1966年11月，田螺冲矿移交给广东省红工矿务局（曲仁矿务局前身）管理，改称红工矿务局第五矿（以下简称“红工五矿”）。1977年3月，曲仁矿务局开发建设辖区内大塘山煤矿，1979年10月被列为缓建项目，并于1980年6月撤出设施，封闭矿井。1985年5月，红工矿务局恢复曲仁矿务局原称，红工五矿同时复名为田螺冲矿。2001年8月，田螺冲矿破产后划归浈江区管理。2002年5月，该矿下岗失业人员自筹资金532万元，购买原矿生产经营性资产成立花拉寨煤炭实业有限公司（股份制企业）。2004年4月，按照省政府属地化管理政策，成立韶关市浈江区人民政府田螺冲办事处，辖原田螺冲矿区和大塘山矿区。机关办公地址在浈江区乐土路3号曲仁田螺冲党群服务中心3楼。

2020年，下辖两面山、长山、三角窝、大塘山4个居民区和大学路社区。辖区面积1.3平方千米，总人口8101人，总户数2636户。固定资产投资1.32亿。一般公共预算财政拨款收入359.17万元。参加医疗保险人数4850人，完成比例138.85%。辖区内东鹏幼儿园1所，在校学生204人。是年，举办各类型志愿服务活动142场，累计参与志愿服务活动在职党员3790人次。

【田螺冲办疫情防控】 2020年疫情防控期间，田螺冲办事处制定工作方案，划分1个大网格、4个中网格、49小网格，强化宣传，始终保持社区疫情防控三人小组常态化运作，及时核查政法委、公安、卫健反馈信息，落实疫情防控各项要求。

【田螺冲办棚改推进】 2020年，浈江区黄金小镇一期结转地块一项目涉及国有土地面积13.33公顷，共650户。田螺冲办事处配合拆迁服务公司开展入户动迁工作，及时研判征拆难点，以清单式落实责任，分工明确到人，完成签约411户。剩余推倒重建户、持农村批条自建的住房及商铺、未签订协议工等住户情况专题报送市、区相关部门，进一步研究征拆政策。

【田螺冲办信访工作】 2020年，田螺冲办事处受理信访件7宗，加大信访积案研判化解力度，全年化解信访积案1宗，并与信访对象签订息诉罢访协议，没有发生到省进京越级上访事件，没有发生群体性上访事件。

【田螺冲办基层社会治理】 2020年，田螺冲办事处的网格化用户活跃度每月均达到98%，排查安全隐患20宗，化解矛盾纠纷39宗。前三季度“红袖章”队伍开展安全巡查740人次，参与安全防控宣传200人次，排查化解矛盾纠纷39起，帮助群众78人次，发放创平宣传资料600余份。

【田螺冲办民政优抚】 2020年，田螺冲办事处累计发放保障金19.5万元，基本实现应保尽保，不能保的坚决取消的工作目标。实施困难群众大病医疗救助4人次，帮助解决医疗费用1.03万余元。实施困难群众临时救助5人次，发放救助金0.6万元。残疾人救助帮扶累计发放残疾人补贴26.655万元，辖区残疾人生活得到基本保障。

【田螺冲办开展安全隐患排查行动】 2020年，田螺冲办事处强化安全生产监管责任，开展安全隐患排查行动，整改问题隐患122处；开展消防安全“敲门行动”检查100间次，责令整改3间次；开展“打通生命通道”消防安全专项整治行动，检查1273处防盗窗，落实整改13处；联合新韶派出所抽查各小区共56栋，督促整改火灾隐患11处，清理违规停放电动车11辆，拆除疏散障碍物4处，发放宣传单张2000份，主动

2020年5月23日，田螺冲办开展"服务社区、我当先锋"集中行动，图为平安"三率"宣传活动现场　（田螺冲办　供）

防范和化解各类安全隐患。

【田螺冲办精神文明建设】 2020年，田螺冲办事处推动精神文明建设，创建文明社区。在市民中开展社会主义核心价值观教育宣传；依托新时代文明实践所、站围绕服务精准脱贫、美丽中国建设、乡村振兴战略开展一系列志愿服务活动；倡导"垃圾减量分类"，开展社区减灾、防灾教育宣传，动员群众参与各项活动，进行民意测评；对应"我们的节日"开展一系列宣传活动，每场活动参与人次不少于20人。

【田螺冲办环境卫生整治】 2020年，田螺冲办定期联系对接辖区的保洁公司、物业公司等相关单位，要求其加强对居民小区、建筑工地、农贸市场等重点场所的卫生清理和消毒消杀，及时处理垃圾污物，消除鼠、蟑、蚊、蝇等病媒生物滋生环境，开展环境整治行动2次，清理卫生死角3处，清理垃圾0.5吨；开展灭鼠行动2次，使用鼠药0.5公斤；使用消毒杀虫药物100公斤，出动病媒防制人员217人次，累计消杀面积,2.9万平方米。

（田螺冲办）

田螺冲办居民区（社区）

【长山居民区】 成立于2005年2月。居委会办公地址位于浈江区田螺冲曲仁富源居27栋103曲仁园社区党群服务中心。辖区面积0.15平方千米。2020年，总人口1786人，常住人口1294人。社区党员88人，其中女性党员18人，50年以上党龄15人。

【三角窝居民区】 成立于2005年2月，居委会办公地址位于浈江区黄金路1号曲仁园富源居28幢11—12号商铺。管辖区域主要是原田螺冲煤矿宿舍区，主要有一组（含协议工大楼—救护队—粮站）、二组（含三角窝—木料库—军马场），辖区面积0.33平方千米，辖区内无企业。2020年，户籍人口1055人。社区党员57人，女性党员8人，60岁以上党员53人，50年以上党龄8人。

【两面山居民区】 成立于2005年2月，居委会办公地址位于浈江区曲仁园格顶轩社区服务中心二楼，管辖黄金村中心幼儿园到两面山山脚，辖区面积0.9平方千米，管辖原田螺冲矿居民片区5个。2020年，户籍人口1756人。社区党员95人，其女性党员18人，60岁以上党员72人。

【大塘山居民区】 成立于2005年2月，居委会办公地址位于浈江区大学路336号。占地面积3.8平方千米，2020年，户籍人口329人，管辖韶关市技师学院和大塘山安置区。社区党员18人，其中女性党员1人，60岁以上党员15人，50年以上党龄3人。

【大学路社区】 成立于2013年6月，居委会办公地址位于浈江区大学路336号。管辖大学路第二条铁路的部队到韶关市技师学院止，辖区面积16平方千米。管辖大学路两旁的学校及企事业单位，特点是点多、面广、线长。2020年，户籍人口3656人，驻有韶关学院、韶关市第一中学、韶关市中等职业技术学校、韶关市技师学院4所学校约5万人。社区党员21人，其中女性党员7人，50年以上党龄3人。

（田螺冲办）

2020 年度获得市级以上表彰先进单位一览表

表 1

单位名称	荣誉称号	授予单位
浈江公安分局南门派出所	一级公安派出所	公安部
浈江区和平路小学	全国文明校园	中央文明委
浈江区执信小学少先队大队	全国优秀少先队集体	共青团中央 教育部 全国少工委
浈江区市场监督管理局	全省抗击新冠肺炎疫情先进集体	广东省委 广东省人民政府
韶关市高信塑胶制品有限公司	全省抗击新冠肺炎疫情先进集体	广东省委 广东省人民政府
浈江区建国幼儿园	省级校园生活垃圾分类教育基地	广东省教育厅
浈江区执信小学	广东省红领巾示范校	中国少年先锋队广东省工作委员会
浈江公安分局特警大队	广东省全警实战大练兵省级标兵集体	广东省公安厅
浈江区纪委监委党风政风室监督室	2020 年度广东省巾帼文明岗	广东省妇联
浈江区纪委监委	韶关市第四届机关工作创新创优 竞赛转变作风项目三等奖	韶关市直属机关工作委员会
浈江区纪委监委	浈江区第一届机关工作创新创优 竞赛转变作风项目二等奖	韶关市直属机关工作委员会
浈江区委组织部	优秀作品奖	第八届广东省市直机关“先锋杯”工作创新大赛组委会
浈江区委组织部	韶关市“双周讲坛”活动先进单位	韶关市委组织部 韶关市直属机关工作委员会
浈江区委组织部	韶关市第四届机关工作创新创优竞赛转变作风类一等奖	韶关市直属机关工作委员会
浈江区农业农村局	韶关市第四届机关工作创新创优竞赛转岗位创新类优胜奖	韶关市直属机关工作委员会

续表 1

单位名称	荣誉称号	授予单位
浈江区委办公室	2020 年度全市党委系统舆情信息工作先进单位	韶关市委办公室
浈江区委组织部	韶关市第四届机关工作创新创优竞赛转变作风类一等奖	韶关市直属机关工作委员会
浈江区卫生健康局	韶关市抗击新冠肺炎疫情先进集体	韶关市委　韶关市人民政府
浈江公安分局	韶关市抗击新冠肺炎疫情先进集体	韶关市委　韶关市人民政府
犁市镇	韶关市抗击新冠肺炎疫情先进集体	韶关市委　韶关市人民政府
浈江公安分局	韶关市抗击新冠肺炎疫情先进基层党组织	韶关市委
犁市镇	韶关市抗击新冠肺炎疫情先进基层党组织	韶关市委
浈江区司法局	集体三等功	韶关市司法局
浈江区人民检察院第一检察部	集体三等功	韶关市人民检察院
浈江区人民检察院第三检察部	集体嘉奖	韶关市人民检察院
浈江区人民检察院第一检察部	2019 年度韶关市巾帼文明岗	韶关市妇女联合会
浈江区纪委监委党风政风室监督室	2019 年度韶关市巾帼文明岗	韶关市妇女联合会
浈江区妇女联合会	抗击新冠肺炎疫情工作先进集体	韶关市妇女联合会
浈江区妇女联合会	“两癌”宣传工作先进集体	韶关市妇女联合会
浈江区妇女联合会	基层组织建设先进集体	韶关市妇女联合会
浈江区妇女联合会	关爱女童、护苗成长行动先进集体	韶关市妇女联合会
浈江区纪委监委	全市追逃追赃工作先进集体	韶关市委反腐败协调小组
浈江区教育局	韶关市关心下一代工作先进集体	韶关市关心下一代工作委员会 韶关市精神文明建设委员办公室
花坪镇	韶关市卫生镇	韶关市爱国卫生运动委员会
花坪镇	韶关市灭鼠达标镇	韶关市爱国卫生运动委员会
浈江区消防救援大队	韶关市消防救援队伍第三季度“火焰蓝”比武团体第二名	韶关市消防救援支队
浈江区消防救援大队	韶关市消防救援队伍应急通信岗位比武团体第二名	韶关市消防救援支队
浈江区消防救援大队	韶关市首届政府专职消防队业务比武团体第一名	韶关市消防救援支队

续表 1

单位名称	荣誉称号	授予单位
浈江区消防救援大队	韶关市微型消防站比武第二名	韶关市消防救援支队
前进路消防救援站	2020 年度全市消防救援队伍基层建设先进站	韶关市消防救援支队
前进路消防救援站	韶关市先进基层党组织	韶关市消防救援支队
浈江公安分局	集体三等功	韶关市公安局
浈江公安分局特警大队	集体三等功	韶关市公安局
浈江公安分局指挥中心	集体三等功	韶关市公安局
浈江公安分局	集体三等功	韶关市公安局
浈江公安分局	2019 年度全市公安机关主要工作成效考核先进单位	韶关市公安局
浈江公安分局团委	韶关市五四红旗团委	共青团韶关市委员会
韶关市文化旅游体育局	参加 2020 年广东省青少年锦标赛先进单位	韶关市文化广电旅游体育局

2020 年度获得市级以上表彰先进个人一览表

表 2

姓名	所在单位	荣誉称号	授予单位
张武初	浈江公安分局经侦大队	个人嘉奖	公安部
何兰芳	浈江区教师发展中心	国家援藏援疆“万名教师支教计划”援疆荣誉证书	新疆生产建设兵团第三师图木舒克市教育局
胡德宁	浈江区委	广东省抗击新冠肺炎疫情先进个人	广东省委 广东省人民政府
胡德宁	浈江区委	广东省优秀共产党员	广东省委
刘伟东	浈江公安分局	个人二等功	广东省公安厅
吴根平	花坪镇	广东省消费扶贫工作突出个人	广东省扶贫开发办公室
何兰芳	浈江区教师发展中心	广东省教育援疆五个一工程“园艺工程”先进标兵	新疆生产建设兵团第三师图木舒克市教育局
何兰芳	浈江区教师发展中心	广东省“强师工程”中小学法治教育骨干教师培训优秀学员	岭南师范学院广东省中小学教师发展中心
刘钦炜	前进路消防救援站	广东省消防救援总队业务比武第八名	广东省消防救援总队
刘钦炜	前进路消防救援站	广东省执勤训练先进个人	广东省消防救援总队
李志雄	浈江公安分局网警大队	优秀网络侦察员	广东省公安厅网警总队

续表 2

姓名	所在单位	荣誉称号	授予单位
龙智煌	车站社区卫生服务中心	韶关市抗击新冠肺炎疫情先进个人	韶关市委 韶关市人民政府
庄小红	乐园镇卫生院	韶关市抗击新冠肺炎疫情先进个人	韶关市委 韶关市人民政府
雷小军	浈江区卫生健康局	韶关市抗击新冠肺炎疫情先进个人	韶关市委 韶关市人民政府
吕 静	浈江公安分局	韶关市抗击新冠肺炎疫情先进个人	韶关市委 韶关市人民政府
彭荣华	浈江区政府	韶关市抗击新冠肺炎疫情先进个人	韶关市委 韶关市人民政府
郑 烁	浈江区委宣传部	韶关市抗击新冠肺炎疫情先进个人	韶关市委 韶关市人民政府
林子舜	浈江区人民政府办公室	韶关市抗击新冠肺炎疫情先进个人	韶关市委 韶关市人民政府
邓伟霖	浈江区委政法委	韶关市抗击新冠肺炎疫情先进个人	韶关市委 韶关市人民政府
温志祥	十里亭市场监督管理所	韶关市抗击新冠肺炎疫情先进个人	韶关市委 韶关市人民政府
杨 艳	浈江区教育局	韶关市抗击新冠肺炎疫情先进个人	韶关市委 韶关市人民政府
张翠萍	车站街道办事处	韶关市抗击新冠肺炎疫情先进个人	韶关市委 韶关市人民政府
张小兰	韶关市侨凯环保科技有限公司	韶关市抗击新冠肺炎疫情先进个人	韶关市委 韶关市人民政府
李海棠	菲尔诺服饰（韶关）有限公司	韶关市抗击新冠肺炎疫情先进个人	韶关市委 韶关市人民政府
温志祥	十里亭市场监督管理所	韶关市优秀共产党员	韶关市委
张翠萍	车站街道办事处	韶关市优秀共产党员	韶关市委
陈雨君	浈江区委办公室	韶关市党委系统政务信息工作先进个人	韶关市委办公室
钟朝正	浈江区委办公室	韶关市党委系统政务信息工作先进个人	韶关市委办公室
曹志恒	浈江区委办公室	韶关市党委系统政务信息工作先进个人	韶关市委办公室
周可华	浈江区纪委监委	韶关市追逃追赃工作先进个人	中共韶关市委反腐败协调小组
蒋少杨	浙江区区纪委监委	韶关市追逃追赃工作先进个人	中共韶关市委反腐败协调小组
赖文芳	浈江区人民检察院	个人三等功	韶关市人民检察院
刘顺年	浈江区人民检察院	个人三等功	韶关市人民检察院
高丽文	浈江区人民检察院	个人嘉奖	韶关市人民检察院
谭雾雯	浈江区人民检察院	个人嘉奖	韶关市人民检察院

续表 2

姓名	所在单位	荣誉称号	授予单位
许丽青	浈江区人民检察院	个人嘉奖	韶关市人民检察院
夏志文	浈江区人民检察院	个人嘉奖	韶关市人民检察院
钟秋霞	浈江区人民检察院	个人嘉奖	韶关市人民检察院
邓莹源	浈江区教师发展中心	韶关市丹霞英才	韶关市人才工作领导小组
邓莹源	浈江区教师发展中心	韶关市具有副高职称高层次人才	韶关市委组织部 韶关市人力资源和社会保障局
邓莹源	浈江区教师发展中心	优秀班干部	肇庆学院省级中小学教师发展中心
何兰芳	浈江区教师发展中心	韶关市具有副高职称级高层次人才	韶关市委组织部 韶关市人力资源和社会保障局
何兰芳	浈江区教师发展中心	韶关市教育科学研究院举办的研学实践课程导师培训班优秀学员	韶关市教育科学研究院
朱艾然	浈江区教师发展中心	第三十五届韶关市青少年科技创新大赛十佳优秀科技辅导员	韶关市科学技术协会 韶关市教育局 韶关市科学技术局
刘钦炜	前进路消防救援站	个人三等功	韶关市消防救援支队
饶　鑫	莲塘路消防救援站	韶关市优秀基层党支部书记	韶关市消防救援支队
刘　方	前进路消防救援站	韶关市优秀团干	共青团浈江区委员会
陈玄玄	前进路消防救援站	韶关消防救援卫士	韶关市消防救援支队
吴树康	前进路消防救援站	韶关消防救援卫士	韶关市消防救援支队
李明明	莲塘路消防救援站	最美消防家庭	韶关市消防救援支队
刘　闯	前进路消防救援站	韶关市消防救援队伍优秀干部	韶关市消防救援支队
刘　方	前进路消防救援站	韶关市消防救援队伍优秀干部	韶关市消防救援支队
陈垂锋	前进路消防救援站	韶关市优秀消防员	韶关市消防救援支队
张文琦	前进路消防救援站	韶关市优秀消防员	韶关市消防救援支队
李道生	前进路消防救援站	韶关市优秀消防员	韶关市消防救援支队
黄　海	前进路消防救援站	韶关市优秀消防员	韶关市消防救援支队
林思聪	前进路消防救援站	韶关市优秀消防员	韶关市消防救援支队
莫志鹏	莲塘路消防救援站	韶关市优秀消防员	韶关市消防救援支队
康荣荣	莲塘路消防救援站	韶关市优秀消防员	韶关市消防救援支队

续表 2

姓名	所在单位	荣誉称号	授予单位
李　挺	莲塘路消防救援站	韶关市优秀消防员	韶关市消防救援支队
郑世杰	莲塘路消防救援站	韶关市优秀消防员	韶关市消防救援支队
吴树康	前进路消防救援站	韶关市优秀政府专职消防员	韶关市消防救援支队
魏海威	前进路消防救援站	韶关市优秀政府专职消防员	韶关市消防救援支队
谭　宇	前进路消防救援站	韶关市优秀政府专职消防员	韶关市消防救援支队
郭　熙	前进路消防救援站	韶关市优秀政府专职消防员	韶关市消防救援支队
谭志华	前进路消防救援站	韶关市优秀政府专职消防员	韶关市消防救援支队
罗　涛	前进路消防救援站	韶关市优秀政府专职消防员	韶关市消防救援支队
宋　俊	前进路消防救援站	韶关市优秀政府专职消防员	韶关市消防救援支队
林　粤	浈江区消防救援大队	个人嘉奖	韶关市消防救援支队
莫云良	浈江区消防救援大队	个人嘉奖	韶关市消防救援支队
徐文涛	前进路消防救援站	个人嘉奖	韶关市消防救援支队
刘　方	前进路消防救援站	个人嘉奖	韶关市消防救援支队
赵　越	前进路消防救援站	个人嘉奖	韶关市消防救援支队
陈玄玄	前进路消防救援站	个人嘉奖	韶关市消防救援支队
黎运聪	前进路消防救援站	个人嘉奖	韶关市消防救援支队
张浩楠	莲塘路消防救援站	个人嘉奖	韶关市消防救援支队
杨先佳	莲塘路消防救援站	个人嘉奖	韶关市消防救援支队
王　志	莲塘路消防救援站	个人嘉奖	韶关市消防救援支队
赖奎慧	浈江公安分局警务保障科	2018—2019 年度全市公安机关巾帼建功先进个人	韶关市公安局
邓志凯	浈江公安分局刑侦大队	韶关市优秀共青团干部	韶关市公安局
赖奎慧	浈江公安分局警务保障科	个人三等功	韶关市公安局
胡　平	浈江公安分局刑侦大队	个人三等功	韶关市公安局
文　清	浈江公安分局治安管理二大队	个人三等功	韶关市公安局
何裕超	浈江公安分局经侦大队	个人三等功	韶关市公安局
官金全	浈江公安分局刑侦大队	个人三等功	韶关市公安局
钟　明	浈江公安分局指挥中心	个人三等功	韶关市公安局

续表 2

姓名	所在单位	荣誉称号	授予单位
罗双辉	南山派出所	个人三等功	韶关市公安局
朱伟华	花坪派出所	个人三等功	韶关市公安局
聂海华	南山派出所	个人三等功	韶关市公安局
李贤斌	十里亭派出所	个人三等功	韶关市公安局
张敏华	犁市派出所	个人三等功	韶关市公安局
杨政权	太平派出所	韶关辅警之星	韶关市公安局
官金全	浈江公安分局刑侦大队	第一届韶关十佳刑警	韶关市公安局
刘国霞	浈江公安分局交警大队	个人嘉奖	韶关市公安局
左　玮	浈江公安分局刑侦大队	个人嘉奖	韶关市公安局
吴　昆	犁市派出所	个人嘉奖	韶关市公安局
杨学锋	新韶派出所	个人嘉奖	韶关市公安局
罗　武	新韶派出所	个人嘉奖	韶关市公安局
赖奎慧	浈江公安分局	韶关市三八红旗手	韶关市妇女联合会
蔡奕华	浈江区人民检察院	韶关市三八红旗手	韶关市妇女联合会
方润琼	乐园镇百旺社区居委会	韶关市三八红旗手	韶关市妇女联合会
杨楚娟	广东兴顺佳集团有限公司	韶关市三八红旗手	韶关市妇女联合会
刘　琼	韶关市粤运汽车运输有限公司	韶关市三八红旗手	韶关市妇女联合会

浈江区 2020 年国民经济和社会发展统计公报

浈江区统计局

2020 年，我们坚持以习近平新时代中国特色社会主义思想为指导，统筹抓好新冠肺炎疫情防控和经济社会发展，扎实做好“六稳”工作、全面落实“六保”任务，坚持稳中求进总基调，努力推动经济发展，经济呈现前低后高的走势。

一、综合

根据韶关市地区生产总值统一核算结果，2020 年浈江区实现地区生产总值（初步核算数）为 194.29 亿元，同比增长 2.9%。其中：第一产业增加值为 8.13 亿元，同比增长 3.0%；第二产业增加值为 52.13 亿元，同比增长 7.0%；第三产业增加值为 134.03 亿元，同比增长 1.5%。三次产业结构为 4.2 ∶ 26.8 ∶ 69.0。据区市场监督管理局统计，年末个体工商户 24781 户，从业人员 47724 人，其中 2020 年新增登记个体工商户 4458 户，新增登记从业人员 6442 人，2020 年注销个体工商户 2646 户。年末企业 5503 户，从业人员 47289 人，其中 2020 年新增登记企业 862 户，新增登记从业人员 3201 人，2020 年注销企业 408 户。

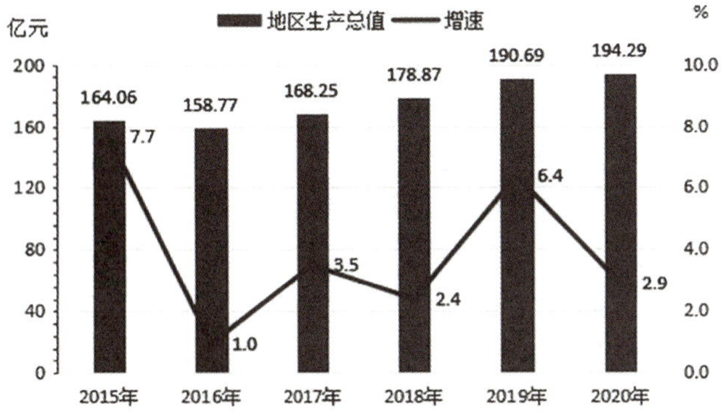

图 1　2015—2020 年浈江区地区生产总值及增速

全年区地方一般公共预算收入 44461 万元，下降 4.4%，其中，税收收入 35554 万元，同比增长 15.7%；区一般公共财政预算支出 182113 万元，增长 19.1%。

二、农业

全年农林牧渔业总产值 14.67 亿元，增长 3.3%。其中：农业产值增长 14.6%；林业产值增长 5.5 %；畜牧业产值增长 1.8%；渔业产值增长 0.2%，农林牧渔服务业产值增长 5%。

全年农作物播种面积累计 10.89 万亩，增长 2.56%，其中粮食播种面积 4.50 万亩，增长 1.92 %；油料播种面积 2.54 万亩，增长 2.6%；蔬菜播种面积 3.23 万亩，增长 2.8%。

2020 年主要农产品产量

表 1

农产品名称	计量单位	绝对数	比上年（增长 %）
粮食	万吨	1.9432	0.59
其中：稻谷	万吨	1.8090	0.31

续表 1

农产品名称	计量单位	绝对数	比上年（增长 %）
蔬菜	万吨	7.4682	7.2
花生	万吨	0.6904	4.4
出栏肉猪	万头	9.7	–6.4
出售和自宰家禽	万只	169.3	–19.9
水产品起水量	万吨	1.0152	0.2
水果产量	万吨	2.5910	5.8

年末全区无公害农产品基地面积 1.12 万亩，比上年增长 2.7%; 有机产品面积 2400 亩；绿色食品面积 1800 亩。

年末全区农业机械总动力 4.31 万千瓦，比上年增长 0.7%；拥有大中型拖拉机 47 台，小型拖拉机 773 台，联合收割机 77 台，农用排灌电动机 18 台，农用水泵 82 台，农用运输车 380 台；机耕面积 6.89 千公顷，机播面积 1.09 千公顷，机电灌溉面积 0.49 千公顷，机械植保面积 0.045 千公顷，机收面积 5.09 千公顷。

农村水利发电量 893 万千瓦时，下降 28.22%；农村用电量 6955 万千瓦时，增长 64.2%；化肥施用量（折纯）4980 吨，增长 16.5%。年末有效灌溉面积 7.61 万亩，增长 0.1%，机电排灌面积 1.25 万亩，增长 0.8%。

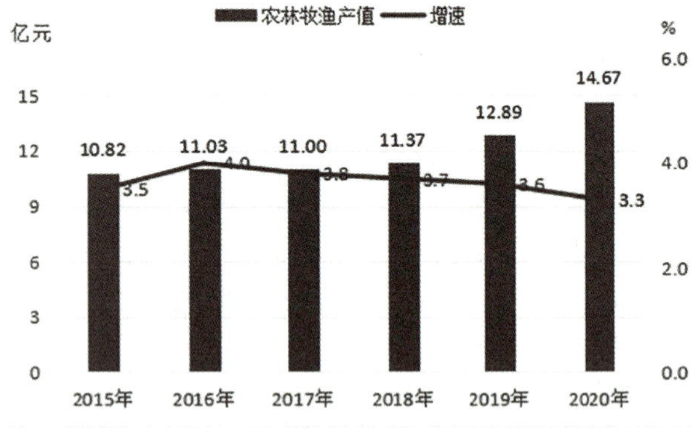

图 2　2015—2020 年农林牧渔产值及增速

三、工业和建筑业

浈江区 2020 年规模以上工业企业有 54 家，完成工业总产值 112.6 亿元，其中工业总产值达亿元以上有 25 家。规模以上工业增加值 27.6 亿元，同比增长 1.8%。在规模以上工业增加值中：国有及国有控股工业增加值 12.9 亿元，增长 3.6%；外商及港澳台工业增加值 3.2 亿元，下降 11.0%；民营工业增加值 12.1 亿元，增长 4.1%；股份制工业增加值 23.6 亿元，增长 5.0%。轻工业增加值 3.4 亿元，增长 28.0%；重工业增加值 24.2 亿元，下降 1.1%。年末浈江产业转移园规模以上工业企业 21 家，完成工业总产值 46.3 亿元、工业增加值 10.9 亿元。

高技术制造业增加值 17556 万元，下降 18.4%，占规模以上工业增加值的比重为 6.4%，比上年下降了 1 个百分点。先进制造业增加值 4.95 亿万元，下降 3.4%，占规模以上工业增加值的比重为 17.9%，比上年下降了 1.2 个百分点。其中，装备制造业增加值 8.83 亿万元，下降 7.3%；优势传统工业增加值 4.77 亿万元，增长 8.8%。

六大高耗能行业增加值增长 1.8%。其中，非金属矿物制品业增长 10.6 %，黑色金属冶炼及压延加工工业下降 22.8%，有色金属冶炼及压延加工增长 15.3%，电力、热力生产和供应业下降 3.8%。

2020 年规模以上工业主要产品产量

表 2

产品名称	计量单位	绝对数	比上年（增长 %）
十种有色金属	万吨	16.19	15.1
电动车辆	万台	1.08	–11.6
铸钢件	万吨	2.85	21.7

续表 2

产品名称	计量单位	绝对数	比上年（增长 %）
钢材	万吨	9.68	–21.1
自来水生产量	万立方米	8125	16.6

全年规模以上工业企业资产负债率 78.4%；成本费用利润率 4.7%。主营业务收入 138 亿元，增长 2.5%；利润总额 5.7 亿元，增长 34.7%；税金总额 4.7 亿元，增长 39.1%。工业产品销售率 98.8%，下降 1.1 个百分点。

全年规模以上工业综合能源消耗量 78.75 万吨标准煤，增长 6.1%。全年全社会用电量 30.43 亿千瓦时，增长 4.6%。其中，工业用电 12.61 亿千瓦时，增长 5.5 %；第三产业用电 9.95 千瓦时，增长 0.5%；居民生活用电 7.14 亿千瓦时，增长 8.1%。

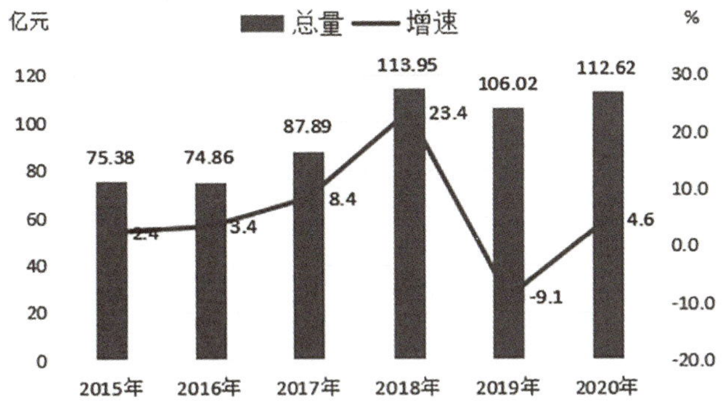

图 3　2015—2020 年规上工业总产值及增速

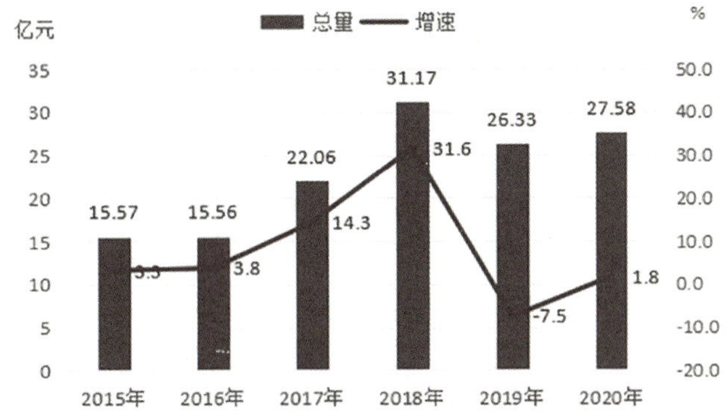

图 4　2015—2020 年规上工业增加值及增速

全年建筑业增加值 20.18 亿元，比上年增长 15.8%。年末资质等级建筑企业 32 家，完成建筑业总产值 89.74 亿元，增长 20%。

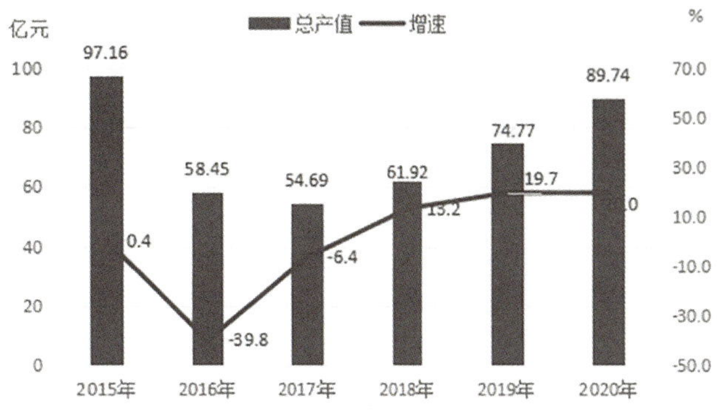

图 5　2015—2020 年建筑业总产值及增速

四、固定资产投资

全年固定资产投资比上年增长 0.2%。分产业看：第一产业投资增长 257.8%；第二产业投资增长 17.7%，其中工业技改投资下降 19.4%；第三产业投资下降 10.1%。浈江产业转移园投资下降 6.3%。

房地产开发投资比上年下降 24.5%，其中商业营业用房下降 22.3%；房屋施工面积 258.84 万平方米，增长 1.9%。房屋竣工面积 2.53 万平方米，下降 33.3%。商品房销售额 18.54 亿元，下降 23.2%；商品房销售面积 28.00 万平方米，下降 22.3%。年末商品房待售面积 40.32 万平方米，下降 0.8%。

全年安排重点建设项目 55 宗，完成年度计划的 73.1%。

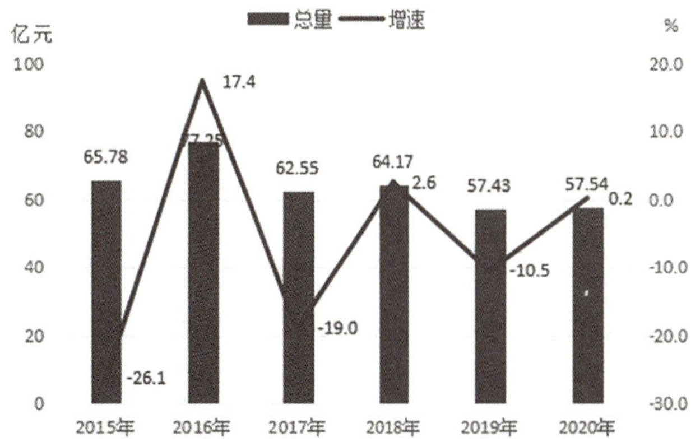

图 6　2015—2020 年固定资产投资及增速

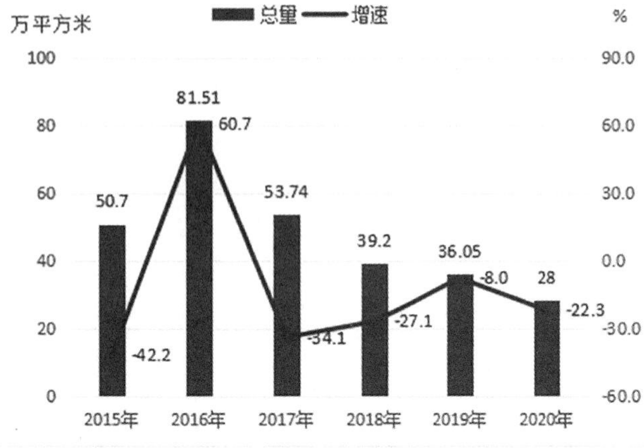

图 7　2015—2020 年商品房销售面积及增速

五、贸易、外经

年末限额以上批发零售企业 127 个，比上年增加 10 个；限额以上住宿餐饮企业 18 个，比上年增加 5 个。全年贸易业商品销售（营业）额 261.43 亿元，下降 7.0%。其中：批发和零售业销售额 253.81 亿元，下降 6.7 %；住宿和餐饮业营业额 7.62 亿元，下降 17.0%。全年社会消费品零售总额 115.53 亿元，下降 6.6 %。其中，批发和零售业零售额 109.81 亿元，下降 6.4%。住宿和餐饮业零售额 5.72 亿元，下降 10.4%。

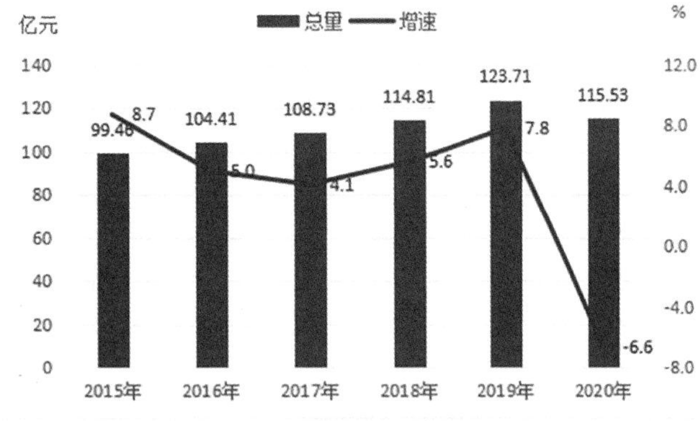

图 8　2015—2020 年社会消费品零售总额及增速

限额以上批发和零售业零售额中：日用品类比上年下降 10.6%；粮油、食品类增长 42.0%；汽车类增长 0.1%；中西药品类增长 0.2%。

全年新批外资项目 1 个，下降 95.45%。合同吸收外资 1 万美元，下降 100%；实际利用外资为零。全年进出口总额 66037 万元，增长 7.4%。其中，进口 9664 万元，增长 161%，出口 56373 万元，下降 2.4%。内联合同项目 8 个，下降 11.11 %；内联合同引进资金 13.09 亿元，下降 77.3%，到位资金 5213 万元，下降 68.72%。

六、交通

2020 年交通运输、仓储和邮政业增加值 10.1 亿元，下降 11.4%。年末公路通车里程 546.29 公里；全年完成村公路硬底化改造 70 公里；全年内河通航里程 79 公里（北江航道），拥有泊位 10 个。

七、教育和科学技术

全区义务教育规范化学校覆盖率为 100%。2020 年末，有 6 个镇（街）通过广东省教育强镇（街）验收。适龄儿童小学毛入学率 129 %，初中学龄人口毛入学率 113.23%，小学毕业升学率 100 %，初中毕业升学率 99.23%。年末共有幼儿园 72 所，在园幼儿 1.50 万人；年末共有中小学学校 39 所，当年新招生人数 7524 人，在校学生 3.70 万人。

全区各类教育发展情况如下：全区初中 13 所（含 1 所特殊教育学校），小学 26 所。初中新招生人数 2868 人，在校学生 8752 人，比上年下降 0.14%；小学新招生人数 4656 人，在校学生 2.83 万人，比上年增长 2.48%。（备注：浈江无高中）

全年专利申请受理总量 852 件，增长 13.6%；其中发明专利申请量 214 件，增长 51.7%。全年专利授权总量 603 件，增长 18.4%；其中全年共有 64 家企业获得专业授权 344 件，大专院校、科研机构等机构获得专利授权 118 件，个人获得专利授权 141 件。规模以上工业企业拥有研发机构 17 个。

八、文化、卫生和体育

年末有文化站 10 个，文化广场 22 个，公共图书馆 1 个，影剧院 7 个，村居文化室 94 个，农家书屋 48 个，风度书屋 12 个。

全年组织各类演出 36 场，有 2 个表演项目获市级以上表彰。主要获奖项目有《送礼》《外来媳妇本地娘》。

辖区范围内年末医疗卫生机构 180 个，其中医院 13 个、卫生院 6 个，社区卫生服务中心 4 个，编制床位 2222 张，实有床位 2307 张。各类卫生技术人员 2673 人，其中执业（助理）医师 953 人，注册护士 1268 人。其中乡镇卫生院和社区卫生服务中心 10 个，编制床位 383 张，实有床位 248 张，卫生技术人员 309 人，村卫生站 44 个。农村居民卫生户厕普及率 100%。农村改水受益率 91.48%，其中农村自来水受益率 91.48 %。全年无偿献血

503人次。

全区有体育馆1个。全年销售体育彩票5212万元，体育彩票销售专营店50个，兼营网点11个。

群众体育、竞技体育加快发展。全区青少年运动员参加市锦标赛的9个大项33个小项项目比赛，共获得12枚金牌，14枚银牌，7枚铜牌。全年共举办了2020年"全民健身日"活动暨韶关市第八届轮滑公开赛、"悦动杯"2020年韶关市网球联赛等8次体育活动；承办2020年环丹霞山自行车赛、第十三届农行杯穿越丹霞山50公里徒步赛等5次体育活动。

九、人民生活、社会保障与安全生产

据居民家庭收入支出抽样调查，全区城乡居民人均可支配收入3.85万元，增长7.7%，其中：城镇居民人均可支配收入4.14万元，增长7.4%；农村居民人均可支配收入2.1万元，增长8.5%。

年末城镇登记失业率2.43%，完成了市要求控制在3.5%之内的目标。全年城镇新增就业人数3309人，城镇失业人员再就业2911人，其中就业困难人员再就业354人。

2020年末企业职工基本养老保险缴费人数8.43万人，同比增长1.74%；职工基本医疗保险缴费人数12.13万人，同比增长8.30%；失业保险缴费人数7.38万人，同比增长5.30%；工伤保险缴费人数8.02万人，同比增长6.20%；生育保险缴费人数8.02万人，同比增长13.97%。

养老、失业、工伤、生育、医疗（不含城乡居民基本医疗）保险基金全年征缴18.01亿元，同比下降16.84%。

年末参加城乡居民基本养老保险参保人数为4.26万人，增长0.19%。城乡居民基本医疗保险参保人数为16.18万人，增长2.45%；年末享受社会养老待遇的离、退休人员1.74万人。

年末全区拥有社会福利机构1所，床位150张，在院人数99人。城乡居民享受最低生活保障人数1601人（其中城镇848人）。全年发放低保资金778万元（其中城镇464万元）。

全年完成农村危房改造5户。全年落实各级财政扶贫资金333万元，落实政策扶持、扶贫产业建设等7个项目，劳动能力贫困户人均可支配收入19006.41元/年。

全年生产经营性道路交通事故6起，死亡5人；消防火灾事故99起，伤（死）亡0人，直接经济损失583.9万元；发生工矿商贸生产安全事故2起，死亡2人，直接经济损失195万元。

十、人口、资源与环境

年末全区户籍人口31.5万人，其中：城镇人口25.1万人；乡村人口6.40万人，户籍的城镇化率为79.7%。

全年常住人口出生2363人，人口出生率7.83‰；死亡人口2221人，死亡率7.36‰；人口自然增长率0.47‰。

2020年末浈江区全区土地面积572.34平方公里，其中建成区面积为58.54平方公里。

年末浈江区耕地总资源为6764.03公顷。常用耕地面积5376.61公顷，其中水田4029.83公顷，水浇地922.88公顷；园地619.13公顷；林地598.33公顷；牧草地1.88公顷。城镇（村）及工矿用地5853.52公顷，交通设施用地1529.02公顷，水域及水利设施用地167.38公顷，其他用地60.24公顷。

全年平均降雨量1719.5毫米，年平均气温21.2℃，年平均日照时数1581.8小时。年末大中型水库3座，蓄水量4121万立方米，同比减少29万立方米。小型水库65座，蓄水量2216万立方米，同比增加856万立方米。

2020年末全区林业用地面积3.58万公顷，森林覆盖率58.63%，林木绿化率59.47%，活立木总蓄积量240.60万立方米。

2020年末建成区绿化覆盖面积180.16公顷，绿化覆盖率3.82%，人均公共绿地面积3.35平方米。

注：

1. 本公报中各项统计数据为初步统计数，部分数据因四舍五入的原因，存在着与分项合计不等的情况。

2. 生产总值、增加值、产值绝对数按当年价计算，增长速度按可比价计算。

3. 从2011年起，规模以上工业统计口径由500万元调整为2000万元及以上；固定资产投资项目统计起点由计划总投资50万元提高到500万元；限额以上批发企业标准，年销售额2000万元以上；限额以上零售企业标准，年零售额500万元以上；限额以上住宿餐饮企业标准，年营业额200万元以上。

浈江区第七次全国人口普查公报[1]（第一号）

——全区常住人口情况

浈江区统计局 浈江区第七次全国人口普查领导小组工作办公室

根据《中华人民共和国统计法》《全国人口普查条例》规定，我国进行了第七次全国人口普查[2]。在以习近平同志为核心的党中央坚强领导下，在区委、区政府统一部署下，在各镇（街道、办事处）与各有关部门的大力支持下，在区各级普查机构和普查人员的共同努力下，在广大普查对象的积极配合下，区第七次全国人口普查圆满完成。根据第七次全国人口普查结果，现将2020年11月1日零时我区常住人口的基本情况公布如下：

一、常住人口

全区常住人口[3][4]为364319人。

二、人口增长

全区常住人口与2010年第六次全国人口普查的393526人相比，十年共减少29207人，下降7.42%，年平均下降率为0.77%。

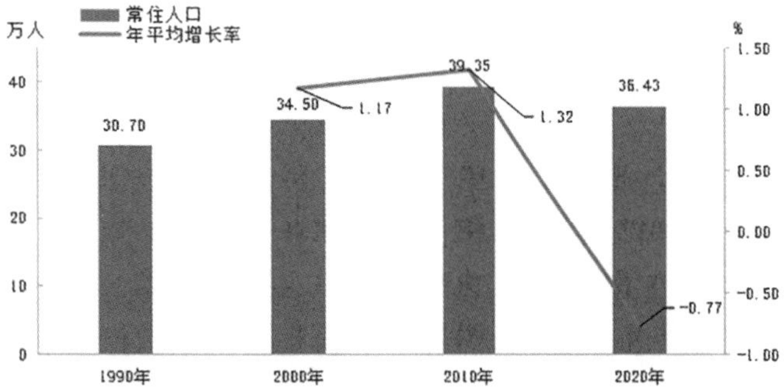

图1 历次人口普查常住人口及年均增长率

三、户别人口

全区共有家庭户[5]118029户，集体户12856户，家庭户人口为310152人，集体户人口为54167人。平均每个家庭户的人口为2.63人，比2010年第六次全国人口普查的2.74人减少0.11人。

注释：

[1] 本公报数据均为初步汇总数据。

[2] 普查标准时点为2020年11月1日零时，普查对象是普查标准时点在中华人民共和国境内的自然人以及在中华人民共和国境外但未定居的中国公民，不包括在中华人民共和国境内短期停留的境外人员。

[3] 常住人口包括：居住在本乡镇街道办事处且户口在本乡镇街道或户口待定的人；居住在本乡镇街道办事处且离开户口登记地所在的乡镇街道办事处半年以上的人；户口在本乡镇街道办事片且外出不满半年或在境外工作学习的人。

[4] 全区常住人口是指区内10个乡镇街道办事处的人口，不包括居住在区内10个乡镇街道办事处的港澳台居民和外籍人员。

[5] 家庭户是指以家庭成员关系为主、居住一处共同生活的人组成的户。

浈江区第七次全国人口普查公报[1]（第二号）

——地区人口情况

浈江区统计局　浈江区第七次全国人口普查领导小组工作办公室

根据第七次全国人口普查结果，现将2020年11月1日零时我区10个乡镇（街道、办事处）常住人口[2]有关数据公布如下：

一、地区人口

10个镇（街道、办事处）中，人口超过4万人的有3个，在1万人至4万人之间的有5个，少于1万人的有2个。其中，常住人口居前3位的乡镇（街道、办事处）合计人口占全区人口比重为55.23%。

分区域[3]看，街道人口为100798人，占27.67%；乡镇人口为241175人，占66.20%；办事处人口为22346人，占6.13%。

二、地区人口变化

与2010年第六次全国人口普查相比，10个乡镇（街道、办事处）中，有4个乡镇（街道、办事处）人口增加。人口增长依次为：十里亭镇、曲仁办事处、田螺冲办事处、新韶镇，分别增加18864人、2298人、1873和549人。

分区域看，与2010年第六次全国人口普查相比，乡镇人口所占比重上升7.80个百分点，街道人口所占比重下降9.31个百分点，办事处人口所占比重上升1.51个百分点。

各乡镇（街道、办事处）人口

表1

地区	人口数（人）	比重（%）[4]	
		2020年	2010年
全区	364319	100.00	100.00
街道	100798	27.67	36.98
东河街道	28029	7.69	8.83
车站街道	34718	9.54	11.46
风采街道	38051	10.44	16.69
乡镇	241175	66.20	58.40
新韶镇	42896	11.78	10.76
乐园镇	69910	19.19	18.42
十里亭镇	88398	24.26	17.67
犁市镇	35846	9.84	10.17
花坪镇	4125	1.13	1.38
办事处	22346	6.13	4.62
田螺冲办事处	7173	1.97	1.35
曲仁办事处	15173	4.16	3.27

注释：

[1] 本公报数据均为初步汇总数据。

[2] 全区常住人口是指区内10个乡镇街道办事处的人口，不包括居住在区内10个乡镇街道办事处的港澳台居民和外籍人员。

[3] 街道包括东河街道、车站街道和风采街道；乡镇包括新韶镇、乐园镇、十里亭镇、犁市镇和花坪镇；办事处包括田螺冲办事处和曲仁办事处。

[4] 指各乡镇街道办事处的常住人口占全区人口的比重。

湞江区第七次全国人口普查公报[1]（第三号）

——人口性别构成情况

湞江区统计局　湞江区第七次全国人口普查领导小组工作办公室

根据第七次全国人口普查结果，现将2020年11月1日零时我区10个镇（街道、办事处）的人口性别构成情况公布如下：

一、全市人口性别构成

全区常住人口[2]中，男性人口为188359人，占51.70%；女性人口为175960人，占48.30%。总人口性别比（以女性为100，男性对女性的比例）由2010年第六次全国人口普查的113.62下降为107.05。

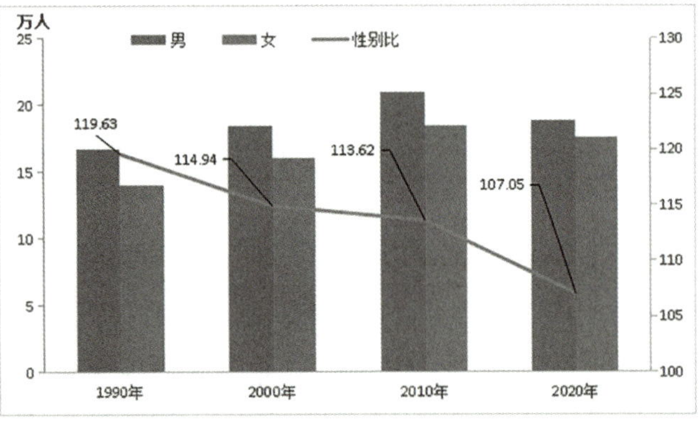

图1　历次人口普查人口性别构成

二、地区人口性别构成

10个镇（街道、办事处）中，人口性别比在110以上的有4个，在100至110之间的有2个，在100以下的有4个。

各镇（街道、办事处）人口性别构成

表1　　单位：%

地区	占常住人口比重		性别比
	男	女	
全区	51.70	48.30	107.05
街道	49.19	50.81	96.81
东河街道	48.68	51.32	94.86
车站街道	51.35	48.65	105.55
风采街道	47.59	52.41	90.80
乡镇	52.63	47.37	111.11
新韶镇	48.15	51.85	92.88
乐园镇	51.41	48.59	105.79
十里亭镇	53.70	46.30	115.99
犁市镇	57.63	42.37	136.02
花坪镇	53.58	46.42	115.40
办事处	53.00	47.00	112.78
田螺冲办事处	60.31	39.69	151.95
曲仁办事处	49.55	50.45	98.21

注释：

[1] 本公报数据均为初步汇总数据。

[2] 全区常住人口指区内10个乡镇街道办事处的人口，不包括居住在内10个乡镇街道办事处的港澳台居民和外籍人员。

浈江区第七次全国人口普查公报[1]（第四号）

——人口年龄构成情况

浈江区统计局　浈江区第七次全国人口普查领导小组工作办公室

根据第七次全国人口普查结果，现将2020年11月1日零时我区10个镇（街道、办事处）人口年龄构成情况公布如下：

一、全区人口年龄构成

全区常住人口[2]中，0—14岁[3]人口为60525人，占16.61%；15—59岁人口为237600人，占65.22%；60岁及以上人口为66194人，占18.17%，其中65岁及以上人口为47586人，占13.06%。与2010年第六次全国人口普查相比，0—14岁人口的比重提高3.01个百分点，15—59岁人口的比重下降7.50个百分点，60岁及以上人口的比重提高4.49个百分点，65岁及以上人口的比重提高3.52个百分点。

全区常住人口年龄构成

表1

年　龄	人口数（人）	比重（%）
总　计	364319	100.00
0—14岁	60525	16.61
15—59岁	237600	65.22
60岁及以上	66194	18.17
其中：65岁及以上	47586	13.06

二、地区人口年龄构成

10个镇（街道、办事处）中，15—59岁人口比重在70以上的有2个，在60至70之间的有5个，在60以下的有3个。

1个镇（街道、办事处）65岁及以上老年人口比重低于7%，4个（街道、办事处）65岁及以上老年人口比重超过14%。

各镇（街道、办事处）人口年龄构成

表2　　单位：%

地区	占总人口比重			
	0—14岁	15—59岁	60岁及以上	其中：65岁及以上
全　区	16.61	65.22	18.17	13.06
街　道	14.86	61.31	23.83	17.29
东河街道	15.84	60.72	23.44	16.60

续表 2

地区	占总人口比重			
	0—14 岁	15—59 岁	60 岁及以上	其中：65 岁及以上
车站街道	14.96	65.80	19.24	13.74
风采街道	14.05	57.65	28.30	21.05
乡　镇	17.74	67.49	14.77	10.37
新韶镇	11.14	80.79	8.07	5.61
乐园镇	19.28	64.07	16.65	11.50
十里亭镇	18.74	66.78	14.48	10.12
犁市镇	19.70	61.23	19.07	13.92
花坪镇	21.89	56.44	21.67	14.81
办事处	12.34	58.37	29.29	23.08
田螺冲办事处	6.65	77.47	15.88	11.65
曲仁办事处	15.03	49.34	35.63	28.48

注释：

[1] 本公报数据均为初步汇总数据。

[2] 全区常住人口指区内 10 个乡镇街道办事处的人口，不包括居住在内 10 个乡镇街道办事处的港澳台居民和外籍人员。

[3]0—15 岁人口为 65028 人，16—59 岁人口为 233097 人。

浈江区第七次全国人口普查公报[1]（第五号）

——人口受教育情况

浈江区统计局　浈江区第七次全国人口普查领导小组工作办公室

根据第七次全国人口普查结果，现将2020年11月1日零时我区10个镇（街道、办事处）的人口受教育基本情况公布如下：

一、受教育程度人口

全区常住人口[2]中，拥有大学（指大专及以上）文化程度的人口为72346人；拥有高中（含中专）文化程度的人口为80780人；拥有初中文化程度的人口为110536人；拥有小学文化程度的人口为68852人（以上各种受教育程度的人口包括各类学校的毕业生、肄业生和在校生）。与2010年第六次全国人口普查相比，每10万人中拥有大学文化程度的由13028人上升为19858人；拥有高中文化程度的由25650人下降为22173人；拥有初中文化程度的由34835人下降为30340人；拥有小学文化程度的由19228人下降为18899人。

各镇（街道、办事处）每10万人口中拥有的各类受教育程度人数

表1　　单位：人/10万人

地　区	大学（大专及以上）	高中（含中专）	初中	小学
全　区	19858	22173	30340	18899
街　道	19487	27466	29393	16296
东河街道	19376	25424	30418	16968
车站街道	14658	29037	31534	17337
风采街道	23976	27537	26685	14851
乡　镇	20599	19486	30892	19604
新韶镇	46011	14887	20697	11721
乐园镇	12875	26371	32472	19349
十里亭镇	21143	20566	30169	18304
犁市镇	5836	9800	40961	31404
花坪镇	3879	11661	38133	31224
办事处	13528	27293	28658	23029
田螺冲办事处	28565	41531	13286	13314
曲仁办事处	6419	20563	35926	27621

二、平均受教育年限[3]

与2010年第六次全国人口普查相比，全区常住人口中，15岁及以上人口的平均受教育年限由10.26年提高至10.85年。

10个镇（街道、办事处）中，平均受教育年限在12年以上的有2个，在9年至12年之间的有6个，在9年以下的有2个。

各镇（街道、办事处）15岁及以上人口平均受教育年限

表2　　单位：年

地　区	2020年
全　区	10.85
街　道	11.07
东河街道	10.98
车站街道	10.70
风采街道	11.47
乡　镇	10.82
新韶镇	12.72
乐园镇	10.54
十里亭镇	11.02
犁市镇	8.62
花坪镇	8.24
办事处	10.19
田螺冲办事处	12.06
曲仁办事处	9.21

三、文盲人口

全区常住人口中，文盲人口（15岁及以上不识字的人）为 5497人，与2010年第六次全国人口普查相比，文盲人口减少 1420人，文盲率[4]由2.03%下降为1.51%，下降0.52个百分点。

注释：

[1] 本公报数据均为初步汇总数据。

[2] 全区常住人口指区内10个乡镇街道办事处的人口，不包括居住在内10个乡镇街道办事处的港澳台居民和外籍人员。

[3] 平均受教育年限是将各种受教育程度折算成受教育年限计算平均数得出的，具体的折算标准是：小学=6年，初中=9年，高中=12年，大专及以上=16年。

[4] 文盲率是指区内10个乡镇街道办事处的常住人口中15岁及以上不识字人口所占比例。

浈江区第七次全国人口普查公报[1]（第六号）

——城乡人口和流动人口情况

浈江区统计局　浈江区第七次全国人口普查领导小组工作办公室

根据第七次全国人口普查结果，现将2020年11月1日零时我区人口城乡分布及流动情况公布如下：

一、城乡[2]人口

全区常住人口[3]中，居住在城镇的人口为311676人，占85.55%；居住在乡村的人口为52643人，占14.45%。与2010年第六次全国人口普查相比，城镇人口减少9443人，乡村人口减少19764人，城镇人口比重上升3.95个百分点。

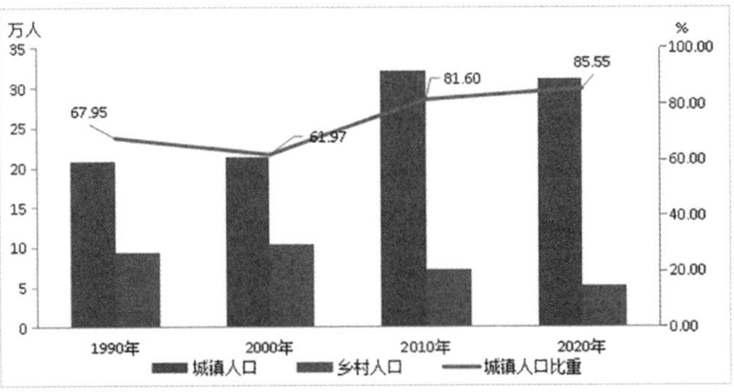

图1　历次人口普查城乡人口比重

二、流动人口[4]

全区常住人口中，人户分离人口[5]为164656人，其中，市辖区内人户分离[6]人口为63022人，流动人口为101634人。流动人口中，外省流入人口为28375人，省内流动人口为73259人。

与2010年第六次全国人口普查相比，人户分离人口增加 31979人，增长24.10%；市辖区内人户分离人口增加33248人，增长111.67%；流动人口减少1269人，下降1.23%。

注释：

[1] 本公报数据均为初步汇总数据。

[2] 城镇、乡村是按国家统计局《统计上划分城乡的规定》划分的。

[3] 全区常住人口指区内10个乡镇街道办事处的人口，不包括居住在内10个乡镇街道办事处的港澳台居民和外籍人员。

[4] 流动人口是指人户分离人口中扣除辖区内人户分离的人口。

[5] 人户分离人口是指居住地与户口登记地所在的乡镇街道不一致且离开户口登记地半年以上的人口。

[6] 市辖区内人户分离人口是指一个地级市所辖的区内和区与区之间，居住地和户口登记地不在同一乡镇街道的人口。

政府工作报告

——在韶关市浈江区第九届人民代表大会第六次会议上

（2021 年 2 月 5 日）

浈江区区长　胡德宁

各位代表：

现在，我代表区人民政府向大会报告工作，请予审议，并请各位政协委员和列席人员提出意见。

一、“十三五”发展成就及 2020 年工作回顾

“十三五”期间，在区委的坚强领导下，在区人大、区政协的监督支持下，区政府始终坚持以习近平新时代中国特色社会主义思想为指导，认真贯彻落实中央、省、市决策部署，砥砺前行，攻坚克难，取得了“一强两升三优”的发展成就，较好地完成“十三五”规划目标任务。

“一强”：即综合实力得到增强　2020 年，全区生产总值完成 194.3 亿元，比 2015 年增长 18.4%，年均增长 3.2%。其中：一、二、三产业增加值分别达到 8.1 亿元、52.1 亿元、134 亿元，比 2015 年分别增长 31.5%、30.9%、13.5%，年均增长分别为 3.8%、3.4%、3.1%，三大产业比例由 2015 年的 3.8 ：24.3 ：71.9 调整为 4.2 ：26.8 ：69.0。人均地区生产总值达到 5.3 万元，比 2015 年增长 23.2%，年均增长 4%。区一般公共预算收入完成 4.45 亿元，比 2015 年增长 10.95%。产业创新有进步，新认定省级高新技术产品 315 件，高新技术企业 50 家，新增省级企业工程技术研发中心 12 家、市级 15 家。智汇小镇创建为“广东省首批双创示范基地”“广东省青年创业示范园区”。我区被中央文明委评为第二届全国文明校园建设工作先进单位，获得创建全国双拥模范城工作表现突出单位、巩固国家卫生城市工作先进集体。

“两升”：即大力提升与珠三角的发展融合　配套工业基础不断夯实，全区引入项目 71 个，总投资 158.95 亿元，浈江产业园基础设施不断优化，成功培育 14 家规上工业企业，新引进工业企业 22 家。全区规上工业产值突破百亿元大关。商贸物流网络初步成型，鑫金汇建材家居广场等物流及餐饮配套设施相继开业，华南农产品交易中心一期、二期共 12 万平方米已建成，全区社会消费品零售总额达到 115.5 亿元，粤北特色商贸中心地位不断巩固。旅游服务业加快发展，挖掘阅丹公路沿线旅游资源，开展湾头古村旅游名村创建，大力发展兰花产业，风度步行街、百年东街历史风情日益彰显，华美达、希尔顿欢朋等高端酒店配套服务日趋完善，市区旅游接待中心地位得到强化。特色农业做精做强，全区农业产业化组织总数 189 个，其中市级以上农业龙头企业 19 家；友丰油茶农业产业园、冯氏生态园 2 个千亩示范园区形成连片规模，广东壹码惠与山海城特产商城及其专柜、网上超市，成为我区农特产品销往珠三角的快捷渠道。

大力提升城乡之间的发展融合　碧桂园凤凰城“扩城”力度加大，田螺冲棚户新区居民回迁入住，

东环片区的产业、人员聚集和服务配套初见雏形。老城区改造升级成效明显，金色江湾、保利东湾“三旧”改造项目有序推进。乡村振兴战略全面推进，启动省道S248（浈江段）沿线村庄人居环境整治工作，完成陈江、沙园和阅丹公路沿线12个自然村的环境整治。

“三优”：即生态环境更优美　完成造林面积5.37万亩，建成市级茶花森林公园、区级友丰湖湿地公园；犁市镇黄竹村荣获第一批“国家森林乡村”称号，全区森林覆盖率达62.2%，比2015年提高0.2个百分点，达成预期目标。扎实推进生态治理“三大”战役，2020年我区空气质量指数（AQI）优良率达97.5%，创2014年以来最高纪录，地表水水质优良比例达100%，污染地块安全利用率达100%。

人民生活更优质　城乡居民人均可支配收入由2015年的2.57万元预计提高至2020年的3.79万元，增长47.4%，年均增长8.1%。全民就业水平进一步提高，累计实现城镇新增就业1.24万人，城镇登记失业率控制在3.5%以内。社会保障和救助体系更加完善，城乡居民养老保险参保缴费累计达7.12万人次，企业职工基本养老保险参保缴费累计达41.9万人次，圆满完成市下达的社会保险扩面征缴任务。脱贫攻坚成效明显，已实现所有贫困人口和省定贫困村100%脱贫退出。完成区文化馆、图书馆、博物馆建设，建成10个镇（办）文化站、96个村（居）综合性文化服务中心，积极推进新时代文明实践中心建设。优先发展教育事业，累计投入教育资金近20亿元，义务教育标准化学校比例达100%，公办及普惠性幼儿园比例超过80%，荣获“广东省推进教育现代化先进区”称号。大力推动卫生健康事业发展，全区人口自然增长率控制在0.8%以内，2016年被原国家卫计委授予“全国计划生育优质服务先进单位”，市铁路医院在2017年挂牌成为区人民医院，新建新韶、乐园、十里亭卫生院，实现乡镇卫生院全覆盖；完成36间村卫生站公建规范化建设。加快发展体育事业，2017年被国家体育总局授予“全国群众体育先进单位”称号。

社会环境更优良　建立高效政务服务体系，浈江区电子政务全面实施，10个镇（办）105个村（居）党务政务公共服务中心相继落成使用。开展安全隐患排查专项整治，加大城乡违法建筑整治力度，完成市下达的拆除“两违”指标任务。扫黑除恶专项斗争成效显著，结合“雪亮工程”有序推进基层社会治理创新，社会治安持续向好；深入推进“飓风”系列专项行动，保持高压态势严抓严打违法犯罪，刑事治安警情数、交通事故四项指数全面下降。法治浈江建设扎实推进，“一村（社区）一法律顾问”实现全覆盖，成功打造全市首个省级“青少年法治教育基地”，打造2个省级法治文化主题公园，深入推进“四级同创”，全区有91个村（社区）被广东省命名为省级“民主法治示范村（社区）”，有4家企业被命名为省级“法治文化建设示范企业”，2019年荣获全国“七五”普法中期先进区称号。

各位代表，2020年是“十三五”收官之年，也是极不寻常的一年。面对突如其来的新冠疫情，我们积极应对，扎实做好“六稳”“六保”工作，落实惠企便民举措，各项工作稳步发展。一年来主要做了如下工作：

（一）打好防疫攻坚战，做实“双统筹”工作

坚持人民至上、生命至上，第一时间启动全区应急响应，守好韶关疫情防控“门户”，设立联合防疫站6个，落实“社区吹哨、党员报到”机制，参加人数达4万多人次。高信塑胶制品公司向武汉及重点地区调配近300万米防护服专用封胶带，得到国务院疫情防控医疗物资保障组、省工信厅的感谢和表彰，4个单位、17名干部分别被评为省、市抗击新冠肺炎疫情工作先进集体和个人。全力保持经济基本盘稳定，制定出台支持企业共渡难关等一系列政策措施，54家规上工业企业全面复工复产，复工率100%，协助80家企业融资近10亿元，实现企业开办提速30%，市场主体总量和新增量均居全市第一。争取地方政府债券资金5.06亿元、抗疫特别国债7282万元，有力保障基层运转和民生项目建设；固定资产投资实现正增长，完成税收收入3.56亿元，同比增长29.27%，增幅居全市前列。

（二）力促产业转型升级，助推高质量发展

全区规上工业企业累计完成产值112.6亿元，同比增长4%。高端铝型材数控切割项目、寮浈标准厂房一期工程等4个项目顺利开工，智能环保设备项目等4个项目已竣工。全区10家企业获国家级高新技术企业认定，4家企业获省级专精特新中小企业认定。扶持13家规模化养殖场转型升级，花坪镇被认定为省“一镇一业”专业镇，3个村被认定为省“一村一品”专业村，成功申报粤港澳大湾区“菜

篮子”生产基地2个。

（三）稳步推进城乡建设，促进城乡面貌焕发新机

实施浈江大道、丹霞大道北、大学路、百年东街等路段整治改造，完成韶关市国际会展中心和东郊客运枢纽中心站建设、4个老旧小区改造和5个农贸市场升级改造，全面推行“路长制”“楼长制”“门前三包”等管理制度。全面完成花坪、犁市的“139”镇街整治提升工程。推进农村“厕所革命”，完成无害化改厕1.67万户，完成率100%。做好破旧泥砖房拆除后半篇文章，建成“四小园”50多个。在全市率先完成32.19公里“四好农村路”攻坚任务。

（四）围绕生态优先，增亮浈江绿色底色

污染防治三大攻坚战取得扎实成效，区内空气质量指数（AQI）优良达标率同比提升5.2个百分点，提升幅度排名全市第二；PM2.5和PM10平均浓度分别下降14.3%和9.8%，环境空气六项指标达到国家二级标准。县（区）级以上集中式饮用水水源水质达标率100%，持续开展水利基础设施建设工程及河湖“清四乱”工作，积极推进土壤污染综合防治先行区建设，污染地块安全利用率达100%，建成区生活垃圾无害化处理率达100%，生态环境质量持续改善。争取山水林田湖草资金1.35亿元，基本完成五里亭冷水坑、大陂河治理等生态修复项目，进度排名居全市前列。扎实推进“房地一体”农村不动产登记发证、拆旧复垦、垦造水田工作，完成浈江区土地利用总体规划（2010–2020年）的调整以及永久基本农田划定，完成创森申请和总体规划“双备案”，实现全年森林零火情。

（五）持续发力民生事业，增进群众福祉

配合完成省级民生实事1件、市级民生实事7件，全面完成区级民生实事5件。提高底线民生保障水平，实现568户贫困户1184人和三个省定贫困村100%脱贫出列。发放低保金1062.51万元，同比增长25.51%。教育医疗事业持续进步，成功创建1所全国文明校园，在全市率先完成校长职级制改革，完成乐园镇中心幼儿园新建、红玫幼儿园改建。实施车站社区卫生服务中心等6家医疗单位提升工程，稳步推进韶州人民医院、韶关健康职业学院建设项目。全区刑事治安警情数同比下降22.59%，刑事案件立案数同比下降8.6%，落实安全生产、食品药品安全党政同责，社会大局持续稳定可控。人民武装、审计、慈善、红十字会、人防、应急、物价、民族宗教、妇女儿童、科协、地方志、侨联、残联、外事等各项工作取得了新进步。

（六）强化自身建设，优化政务环境

落实“大学习、深调研、真落实”行动，不断优化工作作风，全区受到中央、省、市通报表扬74次。自觉接受人大、政协监督，办理区人大代表建议26件、区政协委员提案85件，基本满意率和满意率达100%。全面推进“数字政府”建设，网上可办理率达92%，实现“最多跑一次” 事项达94.2%，415个事项延伸到镇村办理，为群众办事提供了极大的便利。创新实行“智慧普法”，建设2个法治文化主题公园，新增1家社区矫正安置帮教基地。政府系统党风廉政建设和反腐败工作深入推进。

各位代表，成绩来之不易，是历届区委、区政府共同努力的结果，是全区人民共同奋斗的结果。在此，我代表区人民政府，向全区人民、人大代表、政协委员、各民主党派、工商联、无党派人士、各人民团体、离退休老同志和各界人士，向关心支持浈江发展的各界朋友，表示衷心感谢！

同时必须清醒认识到，当前浈江发展还存在一些困难和问题。一是城乡二元结构问题仍需大力攻坚，中心城区的辐射带动能力不足，农村治理需大力推进；二是项目引进和落地急需加强，有效投资不足，土地、人才、扶持政策等发展要素保障不足；三是营商环境仍需持续优化，行政效率和服务水平有待提升；四是工作作风仍需优化，少数干部党纪政纪法纪意识不强，违纪违法现象仍时有发生。对此，我们必须高度重视，坚决加以解决。

二、“十四五”奋斗目标和主要任务

我区“十四五”时期的总定位是坚持生态优先、绿色发展，全力创建城乡融合发展先行示范区。“十四五”时期政府工作指导思想是：以习近平新时代中国特色社会主义思想为指导，深入贯彻中共十九大和十九届二中、三中、四中、五中全会精神，全面落实省委“一核一带一区”和市委争当北部生态发展区高质量发展排头兵的战略部署，坚持生态优先、绿色发展，加快对接融入粤港澳大湾区和深圳先行示范区建设，坚持新发展理念，勇于改革创新，推进新型工业化、信息化、城镇化、农业现代化，加快实现资源资产价值化，加快建设现代化经济体系，推进治理体系和治理能力现代化，统筹发展和

安全，以非常之举实现经济高质量发展、社会安定和谐，精神文明建设和文化建设再上新台阶，为全国全省全市同步基本实现社会主义现代化开好局、起好步！

生态环境持续优化。积极参与全市建设广东南岭国家公园和国家森林城市，遵循生态优化的原则规划产业发展，形成制造业进园区、生活进城镇、创新进东部的绿色发展空间布局。全面完成市下达的节能减排任务，森林覆盖率达 62.5%。空气质量持续改善，空气优良天数比例达到省市目标要求；水环境质量持续提升，全区地表水水质优良比例达 100%；土壤固废污染得到有效控制，浈江的天更蓝、水更清、山更绿、城更美。

经济保持高质量发展。到 2025 年，全区生产总值达 260 亿元，年均增长 6%，人均生产总值达 6.3 万元以上，年均增长 5.5%。区一般公共预算收入约 5.9 亿元，年均增长 6%，固定资产投资约 93 亿元，年均增长 10%。经济结构不断优化。农业不断做精做优，工业总量快速增长，服务业龙头地位夯实提升，三大产业比例由 2020 年的 4.2 ∶ 26.8 ∶ 69.0 调整为 2025 年的 3.9 ∶ 33.3 ∶ 62.8。

创新能力不断增强。全区研究与发展经费支出占地区生产总值比重达 1.5%，每万人发明专利拥有量 5 件，东环片创新创业区、浈江产业园的技术创新基地初步成型，创新产业对经济增长的贡献率进一步提高。

社会文明程度得到新提高。社会主义核心价值观深入人心，人民思想道德素养、科学文化素养和身心健康素质明显提高，公共文化服务体系和文化产业体系更加健全，人民精神文化生活日益丰富。

社会民生保障水平显著提升 居民收入增长与经济发展速度同步，劳动报酬增长和劳动生产率提高同步，城乡居民人均可支配收入年均增长 6%。人民安居乐业，充分就业水平得到保障，城镇登记失业率控制在 3.5% 以内。覆盖城乡居民的基本公共服务体系逐步完善，教育、文化、卫生、体育等社会事业全面发展。

法治浈江建设深入推进。法治浈江、平安浈江建设取得明显成效，安全生产进一步加强，社会治理体制更加完善，法治型政府建设全面推进，依法行政水平显著提升，基层民主更加健全，人民权益得到依法保障，人民生活更加有尊严，基本实现经济、政治、文化和社会生活的法治化。

改革创新不断深入。提高行政审批效率，提升企业开办服务效能，实行全场电子化和网办、全流程“证照同办”，加快推进“多证合一、一照一码”改革。“智慧浈江”全面实施，实现智慧城市运营，提高政府数字管理水平，区级事项、公共服务事项下沉镇办。探索实行韶冶等国企“厂区变园区、产区变城区”。深化浈江产业园管理体制改革，项目落地便捷顺畅。财税制度更加全面规范、公开透明，逐步实现区级财权与事权匹配。

三、2021 年工作安排

2021 年是“十四五”的开局之年，总体工作思路是：坚持贯彻新发展理念，坚持稳中求进工作总基调，坚持生态优先、绿色发展，坚持解放思想、改革创新，积极融入对接“双区”建设，突出“四区双引擎”的工作思路，推进浈江经济社会高质量发展。我区经济社会发展的主要预期目标是：地区生产总值增长 6% 左右；固定资产投资增长 10%；区一般公共预算收入增长 6%；城乡居民人均可支配收入增长 7%；城镇登记失业率控制在 3.5% 以内；完成上级下达的人口控制目标和节能减排降碳任务。围绕上述目标任务，我们将重点做好如下七个方面的工作：

一、突出生态保护，筑牢粤北生态屏障

加强生态文明建设。完成区级国土空间总体规划、乡镇国土空间规划编制，逐步建立“多规合一”的实施和监督体系。高质量完成山水林田湖草生态保护修复工作，争取中央财政资金支持，完成西牛潭水库、武江河沙园至群丰片区湿地修复及生态治理等 5 个项目任务。全面推进“林长制”，严格落实森林资源保护工作，实施全域病害松树线虫除治项目。推进全域国家森林城市创建和广东南岭国家公园建设工作，完成年度森林碳汇造林、抚育工作。大力推进垦造水田和拆旧复垦工作，在完成 400 亩二期垦造水田任务基础上，实施 1000 亩以上的水田垦造，加快 200 亩拆旧复垦项目工作。

提升生态治理能力。加强扬尘治理，严格落实“6 个 100% 抑尘法”，确保全年各类空气指数达标。严厉打击超标排放、偷排、漏排等违法行为，持续确保全区地表水水质优良比例达 100%。结合“河长制”和河湖“清四乱”工作，全力完成大陂河段万里碧道建设工程，建设浈江画廊。持续推进各区域进行雨污分流改造，加快推进十里亭片区截污管网工程，实施煤矸石矿区遗址生态环境修复治理、地质灾害隐患点治理项目，提升环境恢复与治理能力。完成原市化工厂地块土壤风险管控和大陂河治理项目，进一步提升土壤污染防治水平。

推行资源资产价值化。践行“绿水青山就是金山银山”的发展理念，加快构建浈江生态经济体系，结合第三次全国国土调查，摸清辖区自然资源和国有资产底数，建立资源资产确权登记、评估核算、管理转化的机制，编制自然资源资产负债表，量化资源资产价值，通过租赁、托管、股权合作、特许经营等方式，对资源资产进行收储运营。争取省、市支持盘活各类资源资产，力争“三供一业”土地、房屋等资产应收尽收，做好市下达的2万余亩土地收储任务，整合辖区浈江河、武江河的岸线资源，盘活原曲仁矿区5000余亩、辖区三家监狱周边4434亩土地，为项目落地提供有力支撑。

二、围绕“四区双引擎”，加快建设现代生态产业

强化科技引领作用。利用东部片区高等教育和职业教育机构聚集的资源优势，打造韶关现代科教科技创新高地。激励师生和毕业创业人员就近开展创新创业，实施北部片区产城学融合项目。大力发挥鑫金汇商务创新中心的企业孵化作用，力争孵化23家创新企业。利用好“丹霞英才”计划等人才集聚平台，做好人才落户的配套服务工作。做好高新技术企业、研发中心申报工作，力争万人从业人员专利授权量增长10%，推动4家以上企业申报市级工程技术研究中心，推进国家知识产权强区试点示范工作。

加快传统产业转型升级。推动祺瑞智能环保、世恩机械矿山项目早日建成，加快中金岭南有色金属新型功能材料绿色制造基地、国粤韶关综合利用发电（扩建）及500千伏犁市（韶关北）输变电工程等新能源产业项目建设。大力实施优质企业“倍增”计划、“上云上平台”“互联网＋智造”行动，重点支持中机重工、磊蒙、国粤电力等潜力型企业加快转型发展，支持韶冶开展“厂区变园区、产区变城区”，用3年时间实现再建“一个韶冶”。充分发挥龙头企业的升级带动作用，鼓励企业加大技术改造投入，力争新增高新技术企业5家，促进传统制造企业升级。

打造浈江河谷产业带。挖掘浈江沿河新韶、十里亭、犁市等乡镇农业产业优势，推进新韶樱花基地、十里亭花卉、犁市友丰油茶园等特色农业项目，扶持犁市大村的油茶、厢廊村的石斛等特色农业产业做大做强，开展精致农业示范创建活动，打造1–2个精致农业示范点，争取增加2家市级农业龙头企业。支持新型农业经营主体发展，加快海大养殖、国粤现代养殖等重大项目，实施海大集团现代生猪屠宰与冷链物流项目，形成生猪产品产业链。

发展文旅产业。抢抓韶关市“三城”同创发展机遇，推进福湾体育小镇、“虾稻连作”田园综合体、茶花小镇研学基地建设，组织徒步、马拉松、自行车等大型体育赛事。推广“韶州之星”水上项目，大力发展北江航道内河旅游。进一步完善环丹片区的乡村环境和艺术业态，开展阅丹路沿线基础设施及景观提升工程，加快华南教育历史研学基地（大村）和特色精品村项目建设。规划布局非遗文化产业、“竹兰”文化公园、房车营地等旅游新业态，在花坪镇引入康养绿色产业项目。

三、全力推进项目建设，发挥投资关键作用

举全区之力推动招商。全力构建大招商、招大商、招好商工作新格局。完善“五个一”工作机制，建立招商引资“一把手”工作责任制，实施招商引资绩效评价、奖励和问责机制。以“强链、延链、补链”为重点，加强产业和项目引进，围绕“先进装备、电子信息、绿色食品饮料”等新兴产业，突出区位优势、土地资源优势，实行产业链条招商。促进比亚迪、国粤电力等优质企业增资扩产，利用国粤电力的热能资源和铁路运输优势，发展有热能及煤矸石生态利用需求的高质量项目，延伸电力能源产业链。深化寮浈产业共建，加强与中省驻韶企业、上市公司及在韶有生产基地大型企业的对接，组织专项招商推介活动20次以上。力争引进产业项目12个，其中投资额5000万元以上项目10个，亿元以上项目2个。

大力推进项目建设。落实重点项目挂点跟踪、督查督办机制，推动48个重点建设项目和32个前期预备项目早落地。加快保利东湾、紫气东来项目建设，力促新韶关冶炼厂中小学项目、星港城等重点项目尽快开工。全力推进农村电子商务中心、中烟物流基地、广宜仓储等物流项目建设，巩固区域物流枢纽地位。推进投资大厦项目建设，打造区域总部经济典范。力争申报省重点项目2个、市重点项目15个，重点建设项目完成投资48亿元以上，固定资产投资完成63.3亿元。

强化项目要素保障。做好土地文章，打好中心城区土地收储攻坚战，推动实施大德路附近区域的土地盘活。探索产业项目“拿地即动工”改革，加快项目落地见效。助推碧桂园、保利东湾花园、南天豪庭二期等项目通过预售批准，推动南郊片区工业企业入园经营，大力支持汽车销售、物流、总部经济和大数据中心等优质服务项目入驻浈江。严格落实生态保护“三线一单”，为项目建设提供生态环保管理服务和技术支撑，依法将区内优质林业、河流等自然资源转化为助推项目建设的内生动能。

拓宽项目资金投入渠道。化解财政风险，正确处理发展和举债关系，多途径做大政府性基金收入，提高我区专项债偿债能力及债务空间。牢固树立“过紧日子”的观念，大力压减一般性支出。实行积极开源政策，清理盘活行政事业单位和国有企业闲置或低效资产，做大区城投公司平台，盘活国有资产资源，促进国有资产保值增值。力争申报更多土地出让、水田垦造、拆旧复垦、“三旧”改造项目指标，推动项目资源资产市场化配置。进一步落实减税降费政策，加强民营和小微企业金融服务，引导金融机构将更多资金投向小微企业，加快大众创业、万众创新。

四、融入“双区”发展，打造新增长极

强化与“双区”联通。加强硬联通，围绕丹霞机场谋划建设航空工业园、航空配套基地、航铁联运物流中心；围绕北江航道上沿线建设，推进浈江赣粤运河、武江段犁市码头建设。继续拉大区域城市框架，推进丹霞大桥、莲芙大桥、黄浪水互通、腊石大桥等项目。强化软联通，推进新型智慧城市建设，建设大数据服务中心，实现5G网络主城区全覆盖，实施“智慧浈江”项目，深化云计算、人工智能、区块链等新技术在各领域的运用，加快智慧交通、智慧医疗、智慧城管、智慧警务等场景应用。

增强与“双区”的协同发展。以韶关创建国家高新区为契机，加强与“双区”高新企业、大型上市企业的联系，引导其将产业链上下游项目布局在浈江。建设科技产业创新基地，落实“专精特新”中小企业专项培育工程，力争新增高新技术企业5家以上、3家省级“专精特新”企业、6家规上工业企业。以东环片区华南农产品交易中心、天韶冷链物流园为基础，力争增加10家限上商贸企业，推动社会消费品零售总额增长6%。以服务“双区”消费者为导向，支持龙头企业参与“菜篮子”“果盘子”“米袋子”“花瓶子”系列培育工程，推进启仁医康养护项目，提升区域面向“双区”的康养服务水平。

建设与“双区”对接的园区平台。在韶关高新区对各园区发展、布局的协调指导下，深化浈江产业园体制机制改革，承接好市级下放的管理权限。运用好1.7亿元专项债券，加快推进产业园基础设施和智慧园区建设项目。拓宽园区发展空间，力争推出1000亩以上配套较为完善的用地，加快建设犁市镇新S248线与旧S246线的连接公路，加速完成15家企业共876.08亩低价签约土地的协议解除工作，持续推动园区向原曲仁矿棚户区等周边区域扩园。推进寮浈共建标准厂房、寮浈大厦、加油站等项目建设，实施煤矸厂村改造等配套设施建设，实现产村融合发展。

五、加快促进城乡融合，构建协调发展新格局

增强中心城区辐射带动主引擎功能。落实“东进、南拓、西融、北优”城市发展战略，全面加快中心城区扩容提质。加快推进银山高尔夫、莲花大道两侧区域土地开发，实施五里亭聆韶路区域开发、南郊汽车城升级改造、火车东站设施改造、原赣韶商业转运站城市更新等项目。以“绣花”功夫提升城市治理水平，实施浈江区智能停车项目，新增公共停车位500个，加快解放村电务大院等14个老旧小区改造，实施城市老旧房屋外立面脱落改造项目，推进小岛片区公园和帽峰山周边公园项目，开展广富新街及升平路历史文化街区整饰项目，推进小岛片区城市提升。持续完善风度名城、百年东街、步行街商业业态和消费圈，打造城市灯光秀，进一步落实“路长制”“楼长制”“门前三包”等责任制，整治“六乱”行为，全力提升城市文明形象。

推动镇域高质量发展。加快新型城镇化，把乡镇建成服务农民的区域中心，发挥中心镇和城区联结纽带作用，激发各镇谋发展、促发展新动能。完成十里亭“139”镇街整治提升工作，实施城镇基础设施提升改造和韶关银山片区项目，积极推动以新韶、乐园、十里亭为重点的城乡融合发展建设。落实户籍管理制度改革，促进农村人口加速向城镇聚集，推动村民市民化。推进农村宅基地制度改革和农村集体产权制度改革，激活农村土地资源要素，通过经济发展用地拓宽集体经济发展空间。

提升乡村振兴速度。加快“干净整洁村”“美丽宜居村”“特色精品村”建设步伐，全区“美丽宜居村”创建率达50%以上。深入实施“千村示范、万村整治”工程，建设富有本土特色的精美农村。继续推进环丹片区、省道S248（浈江段）沿线和县道X849沿线村庄人居环境整治；严格落实《韶关市农村住房建设管理条例》，加大农房风貌管控力度，实现土地利用效益最大化。抓好农村基础设施建设升级，如期完成镇级自来水建设项目、自然村集中供水工程、全域农村污水处理项目，改善农村生产生活环境。切实增强农村经济发展实力，加快现代农业产业园建设，促进农旅产业融合，发展具有鲜明特色的田园观光、乡村民宿、文化体验、科普研学等农旅新业态，实施红色文化精品旅游线路建设项目，建设兰花种植示范基地。巩固脱贫攻坚成果，落实新一轮帮扶乡村工作，持续跟踪帮扶，进一步缩小城乡发展差距。

六、更大力度深化改革，激发区级新动能

抓实重点领域改革。以2021年韶关开展全面深化改革攻坚年为契机，着力推进重点领域和关键环节改革。深化供给侧结构性改革，持续抓好减税降费工作。围绕有利于提高资源配置效率，加强土地、资本、技术等要素领域改革，积极推动市级与区级财政体制分配改革，增强区级财政保障能力。进一步理顺曲仁、田螺冲办事处体制机制，整合设立为街道办事处。深化网格化管理改革，推动区级职能部门下沉基层。推进农村集体产权制度改革，深化涉农资金统筹整合，大力推进土地流转。

推进营商环境改革。完善区、镇两级政府权责清单，向镇一级下放一批区级管理权限，再压缩一批区级职权事项。深化商事制度改革，深入实施“马上办、零成本、证照同办”，鼓励外来企业在浈江注册。完善挂点联系服务企业制度和企业诉求处理机制，对全区各单位落实企业服务工作情况进行效能评价。整合12345政务服务热线和民生热线资源，切实解决政府与群众联系问题。强化诚信体系建设，落实“红黑榜”制度，定期举办企业表彰大会。

开展“数字政府”改革。大力实施各类政务业务系统迁移上云，利用“一门式一网式”平台，实现跨部门电子审批。推动“银政通”一体机登记服务，加强推广“承诺制”，进一步扩大“证照同办”的类型。大力推广“粤商通”，提升基层政务服务大厅“一站式”服务能力。

七、不断增进民生福祉，提升群众生活品质

完善疫情防控机制。坚持“外防输入、内防反弹”，落实和完善常态化疫情防控举措，加强冬春季和农村地区疫情防控工作，加强重点行业、重点领域疫情防控工作，强化对冷冻冷链食品及环境的监测。督促指导养老机构、福利院、医疗机构、学校等公共场所继续落实好防疫措施，建立发热人员台账，实施分类健康管理。推动浈江区疾病预防控制中心建设，加强发热门诊规范化建设，储备充足防疫物资，开展疫情防控应急演练，提升疫情防控能力。

提高教育现代化水平。整合优化教育资源布局，督促新建小区配建学校，加快浈江区金葵幼儿园建设、韶冶实验学校改建、执信幼儿园搬迁和腊石小学改扩建，增加学位供给。继续实施浈江区“智慧校园”、学前教育补短板等项目，持续深化教师“县管校聘”、校长职级制改革。

提升健康服务能力。加快韶州人民医院、韶关健康职业学院建设，实施基层卫生机构提升服务能力及发热门诊项目，完善乡镇卫生院、社区卫生服务中心疾病预防控制职责，加强中医药体系建设，探索医养结合发展模式，抓好爱国卫生运动。

全力发展社会事业。办好六件民生实事，深入推进“粤菜师傅”“广东技工”“南粤家政”三项工程，实施积极就业创业政策。继续推进机关事业单位养老保险改革，落实职业年金制度。落实被征地农民养老保障工作，加快推进镇（办）城乡养老保险，严厉打击非法用工和欠薪行为，营造和谐稳定的劳动关系。落实积极应对人口老龄化国家战略，大力推广长者饭堂、康园中心等特色社区服务品牌。建设更多公共体育场地，发挥区图书馆、文化馆、博物馆文化主阵地功能，推动区、镇（办）、村（居）三级文化场馆总分馆制建设，擦亮“风采浈江”“音乐诗会”等文化品牌。

强化社会治理能力建设。深入开展“扫黑除恶”行动，持续推进“雪亮工程”“中心＋网格化＋信息化”建设。严格落实派出所“八个一”勤务机制，继续推行治安联防“红袖章”队伍建设和“三个一”工作机制。加强房地产开发、村集体土地征收、欠薪维权等重点领域矛盾纠纷专项治理，开展集中治理重复信访、化解信访积案专项工作。落实粤北区域应急救援中心建设，大力加强安全生产、森林防灭火、三防、食品药品监管、校园社区治安等安全防范重点工作，确保社会大局持续稳定。

各位代表，全面实施“十四五”规划、推动2021年各项重点任务落地见效，对政府自身建设提出新的更高要求。我们将始终把政治建设摆在首位，树牢“四个意识”、坚定“四个自信”、坚决做到“两个维护”，筑牢意识形态安全“护城河”“防火墙”，自觉接受人大、政协和社会各界监督，办好人大代表议案建议和政协委员提案，以“十四五”规划为抓手，主动作为、力求实效，奋力谱写浈江振兴发展新篇章！让我们紧密团结在以习近平同志为核心的党中央周围，在市委、市政府和区委的坚强领导下，紧紧依靠全区人民，始终保持“闯”的精神、“创”的劲头、“干”的作风，狠抓落实，以优异成绩向中国共产党成立100周年献礼！

名词解释

1. 众创空间：即创新型孵化器。“众”是主体，“创”是内容，“空间”是载体。是顺应创新2.0时代用户创新、开放创新、协同创新、大众创新趋势，把握全球创客浪潮兴起的机遇，根据互联网及其应用深入发展、知识社会创新2.0环境下的创新创业特点和需求，通过市场化机制、专业化服务和资本化途径构建的低成本、便利化、全要素、开放式的新型创业公共服务平台的统称。

2. 生态治理“三大”战役：国务院《“十三五”生态环境保护规划》提出，以提高环境质量为核心，实施最严格的环境保护制度，打好大气、水、土壤污染防治三大战役。

3. “139”镇街整治提升工程：“一个规划、三项整治、九项基础工程”的“139”提升建设行动。即：编制一个有特色、留乡愁、能落地的乡镇整治提升专项规划。开展垃圾、污水、六乱三项专项整治。实施镇街主干道风貌街（商业街）提升工程、镇街门户标志标识节点工程、镇街绿化美化工程、镇街文体中心工程、镇街文化公园工程、镇街农贸市场提升工程、镇街停车场建设工程、镇区污水处理和公厕改造工程、镇街文化书屋（党员服务中心、志愿者驿站）工程等九项基础设施工程。

4. “数字政府”：指在现代计算机、网络通信等技术支撑下，政府机构日常办公、信息收集与发布、公共管理等事务在数字化、网络化的环境下进行的国家行政管理形式。

5. “一核一带一区”：根据省委、省政府《关于构建“一核一带一区”区域发展新格局促进全省区域协调发展的意见》，加快构建由珠三角核心区、沿海经济带、北部生态发展区构成的“一核一带一区”区域发展新格局。

6. “四区双引擎”：打造东部新兴商住商贸文旅融合发展新城区、南部汽车贸易服务体验专业集聚区、北部新型工业特色园区、中部综合消费和公共服务核心区；大力强化主城区辐射带动主引擎功能、工业园区集聚发展新引擎功能。

7. “6个100%”：是指施工工地周边100%围挡、出入车辆100%冲洗、拆迁工地100%湿法作业、渣土车辆100%密闭运输、施工现场地面100%硬化、物料堆放100%覆盖。

8. 优质企业“倍增”计划：优质企业规模与效益倍增计划，帮助企业做大、做强、做优。

9. “三城”同创：建成国家园林城市，建成国家卫生城市，建成国家环境保护模范城市。

10. “双区”：粤港澳大湾区、深圳建设中国特色社会主义先行示范区。

11. “一门式一网式”：“一门式”，即把行政审批事项和公共服务事项整合到一个“门”来办理，实现一窗通办、一次办结；“一网式”即将行政审批事项和公共服务事项整合到一张“网”来办理。

12. “雪亮工程”：是以县、乡、村三级综治中心为指挥平台、以综治信息化为支撑、以网格化管理为基础、以公共安全视频监控联网应用为重点的“群众性治安防控工程”。它通过三级综治中心建设把治安防范措施延伸到群众身边，发动社会力量和广大群众共同监看视频监控，共同参与治安防范，从而真正实现治安防控“全覆盖、无死角”。因为“群众的眼睛是雪亮的”，所以称之为“雪亮工程”。

13. 派出所“八个一”勤务机制：即每周一研判、每周一提示、每日一设卡、每周一走访、每月一检查、每村（居）一组织、每日一内查、每周一训练。

浈江区“十三五”时期经济社会发展和生态体系建设及“十四五”时期发展思路的调研报告

一、“十三五”时期经济社会发展和生态体系建设主要成果

（一）经济平稳增长，高质量转型加快

经济综合实力稳步提高。全区生产总值完成194.3亿元，比2015年增长18.4%，年均增长3.2%。人均地区生产总值达到5.3万元，年均增长4%。城乡居民人均可支配收入由2015年的2.57万元提高至2020年的3.79万元，增长47.4%，年均递增8.1%，高于生产总值年均增长4.9个百分点。区一般公共预算收入完成4.45亿元，比2015年增长10.95%。外贸进出口总额6.60亿元，增长7.4%，其中进口额0.97亿元，出口额5.64亿元。

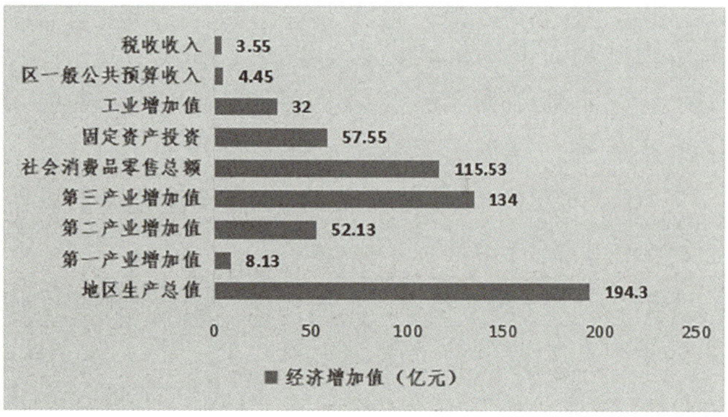

图1 “十三五”期末浈江区财经指标情况

数据来源：浈江区统计局

经济结构持续优化。一、二、三产业增加值分别达到8.13亿元、52.13亿元、134亿元，比2015年分别增长31.5%、30.9%、13.5%，三大产业比例由2015年的3.8 ∶ 24.3 ∶ 71.9调整为4.2 ∶ 26.8 ∶ 69。要素驱动向创新驱动转型加快，高新技术企业数量从2015年的10家增加到2020年的50家，企业研发支出占GDP的比例由2015年的0.75提升到0.9。

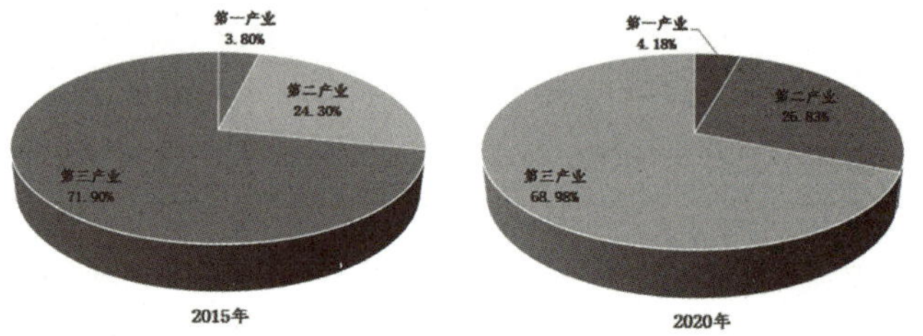

图2 2015年和2020年浈江区三大产业经济增加值占比

（二）生态产业体系基本成型，生态发展区优势显现

数据来源：浈江区统计局

现代农业产业体系基本形成。现代化新型农业经营主体不断扩大，全区产业化组织总数189个，其中市级以上农业龙头企业19家。现代农业产品体系逐渐丰富，“一镇一业”“一村一品”项目建设成果颇丰，4镇（村）列入省级专业镇（村）行列。产业新业态逐渐形成，与种植业、养殖业、屠宰加工业、冷链物流业配套发展的现代化生猪产业、线上线下双平台供销的兰花产业、与现代农业产业园建设相结合的油茶产业加速成型。农业平台载体建设成效显著，乳香元示范园、明弘生态园、冯氏生态园三个千亩示范园区形成连片规模，油茶现代农业产业园建设稳步开展，园区15个项目已开工建设，投入各类资金超6000万元。“十三五”期末，全区实现农业增加值8.13亿元，同比增长3%。

新型绿色工业规模逐步扩大。“十四五”期间，全区工业增加值总体呈上升趋势，截至2020年底，全区规模以上工业产值达112.6亿元，是2015年的1.46倍，年均增长8%左右，工业增加值32亿元，比2015年增长96.8%，年均增长13.6%。具体表现为：一是支柱产业有效壮大。机械装备、热电联供、食品加工、医药健康和智能制造主导产业产值在制造业年产值占比逐年提高。二是规

上企业带动能力进一步增强。国粤电力、比亚迪、磊蒙等企业挂点跟踪服务取得进展，其中国粤电力年均产值已突破10亿元大关，比亚迪电动叉车产能增加近1000台。三是项目引进力度增大。新引进的高信塑胶制品公司新建项目等项目陆续竣工投产，寮浈指挥部招商团队发挥重要作用，成功举办“韶关市重点项目开工、竣工活动”，进行项目集中签约，与国粤电力、海大集团等企业签约引进9个新建项目。“十三五”期末，全区招商项目总投资额达13.1亿元。

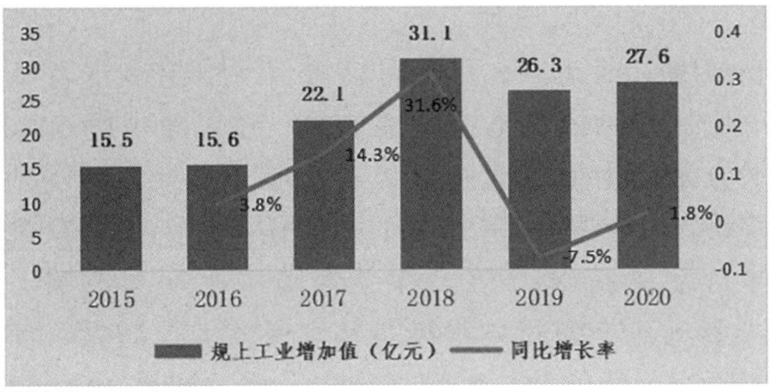

图3　“十三五”期间全区规上工业增加值及增长率

数据来源：浈江区统计局

现代服务业加速成型。一是与珠三角高度融合的大商贸初步成型。大力推进东环线商贸物流圈建设，全力推进华南农产品交易中心项目，该项目水果蔬菜交易区已建成开业。站南路商业批发街、南郊汽车销售街继续保持庞大的销售规模，中烟物流基地即将建成投入使用，具有新型商业经营模式的星港城正在筹备建设。“十三五”期末，全区社会消费品零售总额按“四经普”对2020年调整数达到115.53亿元，较2015年基期值（99.46亿元）增长16.2%，剔除疫情对消费市场的冲击，“十三五”期间，区社会消费品零售总额呈快速增长态势，商贸业仍然占据全市龙头地位。二是大旅游配套服务业加快发展。结合环大丹霞旅游发展的契机，深入挖掘乡村特色，发展特色小众体育旅游项目，并大力发展兰花产业，把浈江区兰花产业打造成农旅融合的乡村振兴示范点。继续完善现有旅游品牌，研究进一步提高项目品位的发展思路。充分挖掘小岛老市区的历史人文价值，市区的旅游功能和接待中心地位不断巩固。

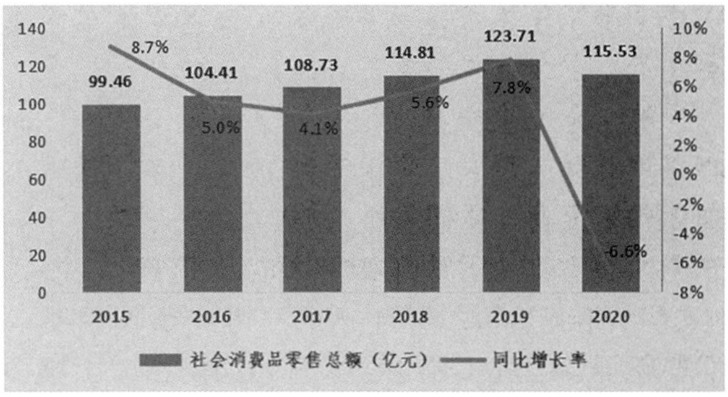

图4　“十三五”期间全区社会消费品零售总额及增长率

数据来源：浈江区统计局

（三）城乡区域协调发展，人居品质持续改善

浈江东部新城整合加快。碧桂园凤凰城“扩城”，带动东环片区的人员集中。韶州医院动工建设，保障东部医疗卫生资源供给。新建健康职业学院、东鹏中学和东鹏幼儿园，东部教育资源优势开始凸显。莲花大道建成通车，畅通东部片区与市区和韶关新区的交通连接。鑫金汇建材家居广场和华南农产品交易中心建成营业，促进东环线批发零售、休闲娱乐、食品加工业的发展。老城区功能品质不断提高。城市风貌提升项目建设扎实开展，完成9条市政道路路面改造、20条背街小巷建设和16个“五小”工程建设工作，有效提升城区市容市貌；完成五里亭桥东桥头、武江东桥头和鹅坑桥交通节点整治修缮工程等10个交通节点和道路改造项目，有效改善城区交通条件；对小空地、闲置土地进行利用改造，新建3933个停车位，城区配套设施不断完善。美丽宜居乡村建设取得新进展。“十三五”期间，启动省定贫困村示范点建设，已圆满完成“示范点的总体规划、成立村民理事会、三清三拆三整治、建立垃圾清运处理和保洁体系”等各项工作。农村全域人居环境综合整治在全域推进，开展3个省定贫困村的环境整治工程建设。农业基础设施建设得到加强，提高农业防灾减灾和生产保障能力，已全面完成小型农田水利重点县建设任务，2013—2015年度项目已完成市级总体验收，山区五市中小河流治理工程项目达到上级进度要求，已完工验收15宗病险山塘除险加固工程。

（四）生态环境不断转好，绿色发展成果惠及大众

粤北生态屏障建设成效显著。“十三五”时期完成造林面积5.37万亩，建成市级茶花森林公园、区级友丰湖湿地公园、镇级森林公园各1个。“十三五”期末，全区森林覆盖率达到62.2%，比2015年提高0.2个百分点，达到预期目标。生态环境治理扎实推进。大气污染防治、土壤污染防治和水污染防治三大战役成果明显，2020年，全区空气优良天数比例达97.5%，地表水质优良比例达到100%，污染地块安全利用率达到100%。市区冷水坑、大陂河水环境治理持续推进，有效防控城市黑臭水体。严格落实“河长制”，较好地保护辖区水体环境。继续打好净土防御战。以土壤污染综合防治先行区建设为契机，积极推进渣料堆场情况卫星遥感排查、危险废物专项检查等工作，有效地保障土壤安全达标。

（五）民生建设成果显著，群众福祉日益增进

脱贫攻坚持续深化。建档立卡贫困户571户1191人，已实现所有贫困人口和省定贫困村100%脱贫退出。上级下达全区人均2万元扶贫资金1548.4万元，支付使用率为100 %。教育事业均衡发展。坚持教育优先发展战略，不断加大教育投入，累计投入发展教育资金近20个亿，义务教育标准化学校比例达100%，公办及普惠性幼儿园比例超过80%。并获得“广东省推进教育现代化先进区”称号。卫生事业发展硕果累累。全区人口自然增长率控制在0.8%以内，获得原国家卫计委授予“2014–2016年全国计划生育优质服务先进单位荣誉称号”。医院建设扎实有效。市铁路医院在2017年12月加挂区人民医院牌子。投入资金2456万元全面完成卫生院空白镇填补工作，碧桂园凤凰城社区卫生服务中心于2019年底挂牌。投入716万元完成36间村卫生站公建规范化建设。体育事业发展加快。建成面积达6000平方米的十里亭镇社区体育公园。社会足球场地建设工作已提前完成市下达的任务。各类群众性体育活动持续开展。社会保障水平明显提升。“十三五”期间，积极落实“保就业”政策，实现更充分的就业，城镇登记失业率控制在3.5%以内。社会保障和救助体系更加完善，城乡居民养老保险累计参保人数达4.26万人，圆满完成市下达的社会保险扩面征缴任务。

浈江区“十三五”规划主要指标完成情况

表1

指标	2015年基期值	目标年均增长（%）	2020年完成值	“十三五”实际年均增长（%）
一、经济指标				
地区生产总值（亿元）	164.1	10	194.3	3.2
三大产业结构	3.8 ：24.3 ：71.9		4.2 ：26.8 ：69.0	
第一产业增加值（亿元）	6.2	4	8.13	3.8
第二产业增加值（亿元）	39.8	9	52.13	3.4
#工业增加值（亿元）	19.5	9	32	13.6
#建筑业增加值（亿元）	16.1	9	20.18	4.6
第三产业增加值（亿元）	118.1	10.4	134	3.1
人均地区生产总值（万元）	4.1	9	5.3	4
固定资产投资额（亿元）	65.8	11	57.55	–2.6
社会消费品零售总额（亿元）	—	10	115.53	3.1
区一般公共预算收入（亿元）	4.01	9	4.45	2.1

续表 1

指标	2015 年基期值	目标年均增长（%）	2020 年完成值	“十三五”实际年均增长（%）
税收收入（亿元）	2.79	—	3.56	—
外贸进出口总额（万元）	—	—	66037	—
二、民生指标				
城乡居民人均可支配收入（元）	25684	8	37860	8.1
常住人口城镇化率（%）	83.61	—	待定	—
人口自然增长率（‰）	≤ 8	—	≤ 8	—
城镇登记失业率（%）	≤ 3	—	≤ 3.5	—
三、生态指标				
森林覆盖率（%）	62	—	62.2	—
单位 GDP 能耗降低（%）	—	—	2.31	—
节能减排指标	实现市下达的目标		实现市下达的目标	
四、创新指标				
研发支出占 GDP 的比例（%）	0.75	—	0.9	—
每万人口发明专利申请量（件）	—	—	5	—
高新技术企业（家）	10	—	50	—

注：①2015 年基期值为“四经普”调整后数据，社会消费品零售总额 2020 年只对 2019 年进行调整；外贸进出口总额于 2019 年计量货币改为人民币；

②地区生产总值、第一产业增加值、第二产业增加值、第三产业增加值、人均地区生产总值按当年价计算；居民人均可支配收入增长为实际增长；

③R&D 占 GDP 的比例完成值为 2019 年统计数，2020 年数据暂未公布；

④“十三五”期末常住人口城镇化率数据待人口普查工作完成后确定。

二、“十四五”时期经济社会发展和生态体系建设目标

——生态屏障更加牢固。广东南岭国家公园和国家森林城市建设有效推动，森林覆盖率达 62.5%，空气质量持续改善，水环境质量持续提升，土壤固废污染得到有效控制，绿色发展空间布局更加合理。

——生态产业体系更加健全。新型绿色工业体系更加完整，现代精致农业广泛普及，现代服务业市场有效扩大，资源利用效率明显提高，环境友好程度大幅改善，生态产业化、产业生态化水平大幅提高。

——经济发展更加高质。经济保持中高速增长，经济结构更加合理，制造业占比有效扩大，服务业龙头地位继续保持，创新驱动发展动力更加充沛，科技资源转化生产力更加完全，有效投资合理扩大，财政保障能力明显提升。

——城乡发展更加协调。城镇化率显著提高，

中心城区辐射能力持续增强，产城融合水平进一步提高，乡村振兴成果成效显著，人居环境更加优化，脱贫攻坚成果明显巩固。

——社会民生更加稳定。城乡居民人均可支配收入持续增长。人民安居乐业，充分就业得到保障，城镇登记失业率有效控制。基本公共服务体系逐步完善，各类事业全面发展。法治浈江、平安浈江建设取得明显成效，社会治理体制更加完善，服务型政府建设全面推进，基层民主更加健全，人民权益得到依法保障。

三、“十四五”时期经济社会发展和生态体系建设主要任务

（一）发展与生态发展区相协调的绿色工业

培育壮大产业集群。做大做强机械装备、热电联供、食品加工、医药健康和智能制造主导产业，打造先进装备制造、热电联供、精深加工产业集群。培育电子信息制造、生物医药与食品、大数据及软件信息服务等新兴产业。着力以园区现有矿山机械企业为基础发展先进装备制造产业；依托国粤电力余热资源，引进高附加值产业，发展热电联供产业；依托技美机械、邦世迪等企业，发展食品加工和医药健康产业。积极打造创新型工业园区。探索和落实各项扶持政策，鼓励园区企业进行技术创新，引导企业更新设备和智能化改造，推进企业装备自动化、数字化、智能化升级，实现以要素驱动转向创新驱动；发挥龙头企业的科技创新带动作用，依托创力机械、比亚迪等龙头企业，建设重大科研平台，积极参与重大科技攻关，不断增强企业核心竞争力；培育创新型企业和高新技术企业，实施“专精特新”中小企业培育工程。不断完善园区生产生活配套设施建设。妥善化解园区历史债务，创造推进园区基础设施建设的有利投入条件。加快寮浈共建103亩标准厂房项目建设，创造企业拎包入住环境。加快完成新建园区道路、排水、排污等配套设施项目建设。开展园区土地利用专项清理，提高园区土地资源利用效率，淘汰落后产能，为优质企业发展腾挪空间。在园内规划建设住宿、饮食、娱乐和物流等配套设施，增加园区公交车班次等市政服务设施，提高服务和保障进驻企业能力。推进园区产业发展和犁市镇、十里亭镇开发建设相互促进的产城融合，依托市实施北江航道扩能升级，研究重建犁市码头，降低园区企业物流成本，增强园区发展后劲，提升园区竞争力。积极研究推进园区扩园工作。推动园区规划修编工作，在原有的园区规划基础上进行优化提升，进一步完善园区空间布局，扩大园区范围，在市的统筹布置下向曲仁方向进行园区扩容。

（二）发展与生态发展区相适应的现代服务业

巩固商贸物流业优势地位。立足于鑫金汇建材家居广场和华南农产品交易中心两大现有商贸物流平台，将东环线商贸经济带打造成为韶关市建材家居和果蔬农产品交易中心和商贸物流集散地，加快建成覆盖全市、辐射红三角、融入大湾区的区域性、专业化、高品位商贸物流综合枢纽。立足南郊片区现有汽车贸易产业优势，不断扩大汽车贸易规模，提升汽车贸易质量和档次，打造韶关汽车贸易城。发展城市旅游休闲服务业，保持浈江消费市场活力。进一步提高风采楼、韶阳楼、韶府学宫、广富新街等历史遗存影响力，提升风度路步行街和百年东街旅游吸引力，增添市区文化旅游底蕴。不断推进市区旅游服务设施建设。增强大型购物综合体、星级酒店、大型饭店等企业的服务能力，加快快捷酒店、民宿、文旅产品创客等小微企业落地。以南昌起义部队革命活动旧址（犁市当铺）、省委旧址、北伐纪念馆等红色景点和粤北华南教育历史研学大村基地“游、学、研”项目为牵引，丰富浈江历史文化和红色旅游内涵。发展民宿产业，服务乡村旅游。以“阅丹公路”为主线，以黄竹驿站和沿线景观提升为节点，结合村庄特色，规划布局环丹片区旅游经济带。在“阅丹公路”沿线、S248浈江段谋划民宿行业集聚区，最大限度地让游客留宿当地，打造浈江民宿品牌。积极推进福湾体育小镇项目建设，打造乡村旅游和小众体育特色景点。

（三）发展与生态发展区相统一的精致农业

推进农业产业化发展。大力支持新型农业经营主体发展为新型农业经营主体，实施农业龙头企业培育工程，打造浈江农业品牌。发展农产品精深加工业，扩展农产品供应链，健全产品结构。

加快农村物流基础设施建设，扩展农产品供销地域范围和销售渠道。加快构建“一镇一业、一村一品”现代农业产业格局。发展油茶产业。重点加快茶花公园现代农业产业园建设，完成园区内各个建设项目，建成浈江区省级现代农业（油茶）产业园，形成油茶产业经济带。发展兰花特色产业。以阅丹公路沿线人居环境整治为依托，以推动农业产业升级为主线，尽快引入牵头实施主体，启动建设兰花临时交易中心和兰花种植示范基地，建立线上线下兰花销售平台，充分发掘阅丹公路“竹文化与兰花文化”内涵，推进“山城”融合，把浈江区兰花产业打造成一二三产业融合和产业振兴示范点。扶持畜牧养殖业发展。重点推进海大养殖项目、国粤现代农工项目、温氏养殖项目等重大项目，加快建设海大生猪屠宰场，实现生猪产品全产业链供应闭环；抓好陈江“虾稻连作”基地、新韶樱花基地建设，推动“一村一品”“一镇一业”蓬勃发展。

（四）打造粤北生态屏障重要一环

全面加强生态环境保护。加大大气污染整治力度，实施大气重点治理工程。持续改善水环境质量，落实水环境问题整改，强化饮用水源保护。落实河长制，加强河道清漂整治，强化“三条红线”管理，完善防洪减灾体系。加强生态环境建设。做好全域国家森林城市创建和南岭国家公园建设工作，持续推进造林绿化，重点抓好碳汇造林、绿美古树乡村建设，确保森林覆盖率达到任务目标。强化森林资源保护管理，严格执行林地保护利用规划。强化森林防火工作和有害生物监测防控和检疫工作。统筹推进山水林田湖草生态修复。将山水林田湖草生态修复工作列为生态发展重点工作，综合运用土地、生态环境、财税等政策，积极开展矿山治理及土壤修复、生态系统与生物多样性保护、流域水环境保护和提升管理能力等修复工程，形成生态保护修复的长效机制。探索生态补偿机制，实现自然资源资产价值化。开展自然资源总量调查，摸清浈江自然资源分布和权属情况，夯实生态价值实现的基础。对自然资源资产进行生态价值计量，将自然生态系统提供的各类服务和贡献用货币单位进行计量。探索与浈江自然资源现状及管理方式相适应的生态资源融资、交易、补偿制度，推动山水林田湖草等自然资源和岸线使用权、水权、排污权、用能权等权益性资产价值化。

（五）着力做好民生保障工作

不断增强人民群众获得感。初次分配和再次分配都要更加注重合理和公平，千方百计促进城乡居民收入与经济发展同步提高。维护劳动者合法权益，努力构建和谐劳动关系。逐步提高最低工资标准和离退休人员待遇。继续完善社会保障体系，全面提升社会保障水平。把保就业放在优先位置。实施更加积极的就业创业政策，千方百计稳定和扩大就业。坚持把促进就业放在各项的工作优先位置，加强优化公共就业服务供给。大力发展教育事业。积极发展各类教育，全面提高教育教学质量，全面提高办学水平和条件，积极创建义务教育发展优质均衡区。进一步提高文化软实力。以开展文明城市、国家历史名城、国家森林城市三城同创为抓手，以历史的使命感和文化的自信力扎实推进文化建设，提高公共文化服务水平，让人民群众享受到更美好的精神文化生活。促进健康事业发展。强化与粤港澳大湾区和深圳先行示范区在医疗管理方面的专业人才交流合作和机制创新，促进基本公共卫生服务水平显著提升，进一步完善公共卫生体系。以推进“优质服务基层行”活动为抓手，全面提升基层医疗卫生服务能力水平。不断加强疾控人才队伍建设，研究制定引进疾控专业人才优惠政策，提升疾控人才队伍质量。

推进教育、医疗、就业“三大民生”事业发展，提升浈江公共服务水平

一、工作现状

浈江区坚持以习近平新时代中国特色社会主义思想为指导，坚持教育优先发展、医疗和就业优先保障的工作思路，不断提升教育、医疗、就业“三大民生”保障能力和服务水平，切实增强人民群众的幸福感、获得感。

（一）教育事业优先发展

全区有39所义务教育阶段学校，其中小学26所，初中7所，九年一贯制学校5所，特殊教育学校1所；有教学点15个；幼儿园74所，其中公办幼儿园11所。全区在校中小学生、幼儿50194人，其中：幼儿园幼儿13835人，小学生27595人，初中生8764人；共有在职教师2224人。浈江区坚定不移实施强师兴教战略，坚持教育优先理念，不断推动浈江教育科学发展。完成新一轮校长换届，选强配优学校班子；率先完成教师“县管校聘”和校（园）长职级制教育改革，激发校长队伍的活力；率先建成教师发展中心，实现教科研训一体化。新建乐园镇中心幼儿园、改扩建红玫幼儿园；积极推进执信幼儿园整体搬迁、梅村小学教学综合楼建设等教育重点项目，加快学校厕所革命步伐，推动市十三中、执信小学创建信息化中心校。

（二）医疗保障能力稳步提升

全区有区属基层医疗卫生机构51个，其中社区卫生服务中心4个、镇卫生院5个、妇幼保健计划生育服务中心1个，村卫生站43间，在职医务工作者288人。浈江区不断加大医疗卫生保障能力建设，稳步提升医疗服务水平。完成省民生实事预防接种标准化建设工作。开展6家基层医疗单位能力提升工程，采购5台救护车。投入249.6万元建设智慧卫生院，投入50万元建设5家发热诊室，投入25万元开展基层呼吸系统疾病早期筛查干预能力提升项目。基层医疗机构服务能力不断提升。完成基层医疗单位领导班子选拔任用、岗位调整等工作，已全部到位上班。2020年通过丹霞英才校园招聘、省基层医疗卫生机构急需紧缺人才专项公开招聘、省集中公开招聘高校应届毕业生引进卫技人才39人，人才队伍得到进一步壮大。

（三）就业服务能力持续增强。

全区人社系统在职在编人员79人（区就业服务中心28人），各镇（办）设置的公共服务中心均可就近提供就业人才服务。浈江区逐步创新服务方式和手段，落实积极的就业政策，缓解就业压力，保持就业局势基本稳定。形成粤省事等平台申请、后台审核、现场办理的“线上线下”联动的就业服务模式。积极开展高校毕业生、南粤家政、重点企业等专场招聘活动，2020年帮助就业困难人员实现再就业354人，认定就业困难人员932人，开发公益性岗位3个。推动浈江区成立家服协会，打造“韶关月嫂”“丹霞保姆”品牌，4名同志获评“韶关保姆”。累计支出技能晋升培训补贴约450人次共58.39万元，适岗培训备案企业79家共9939人。发放企业岗位补贴、灵活就业社保补贴等各类就业创业补贴约1100万元。

二、存在问题及原因分析

虽然近年来浈江区以基本公共服务均等化为目标，加大教育、医疗、就业“三大民生”公共服务投入，促进公共服务能力提升和民生事业发展，让更多的人民群众共享发展红利；但对照群众日益增长的美好生活需要，浈江区在教育、医疗、就业“三大民生”服务方面的短板仍然客观存在。

（一）教育发展短板亟须补足。

一是学前教育基础薄弱。因公办幼儿园建设历史欠账及入园适龄儿童基数逐年增加，优质公办幼儿园学位不足问题逐步凸显，全区幼儿园总数74所，仅有11所公办园（含2所公办性质），公办园学位占比19.2%，距离省、市50%的要求有较大差距。除住宅小区棚户区和碧桂园凤凰城配套建设幼儿园，

其他住宅小区未配套落实幼儿园。二是教育资源较为紧缺。在全面二孩政策实施后，一年级的入学人数约以每年200人以上的速度增长；加之老旧城区的学校占地面积小、规模小，改造难度大，北郊片区、小岛片区、南郊片区等区域学位紧张情况日益加剧。三是教育发展水平距离与群众对优质教育的需求仍有差距。因区级财力不足，校舍、体育场馆、功能场室、现代教学设备的配备及教师培训经费等方面的投入仍然不足，农村学校师资配备更加薄弱；同时，教师队伍年龄老化、数量缺编、结构缺员严重，尤其是农村学校小学图音体等专业教师紧缺。

（二）公共医疗服务水平仍然不高

一是公共卫生服务层级网络不健全。受区级职能限制，尚未配备区级疾控中心、卫生监督所和专业妇幼保健机构，在开展基公卫项目评估、项目进展监测和效果评价等方面缺少专业机构专家业务指导，影响基本公共卫生服务工作的质量。二是基层医疗卫生机构服务能力不足。因区级财力有限，在基层医疗机构设施设备方面的配备保障仍然不够，一定程度上影响基层医疗服务能力的发展，如车站社区卫生服务中心、凤凰城社区卫生服务中心等医疗单位，只开设预防接种业务和部分医疗服务，未能有效满足辖区居民的就医需求。三是基层医疗人才队伍薄弱。因人员尚未满编（编制622名，在编人员288人），中级以上职称人员占比46.18%、未达50%；儿科、妇科、影像技术等专业人员非常短缺。

（三）就业服务能力仍需提升

一是基层公共就业服务平台能力不足。基层公共就业服务平台工作人员总体年龄偏大、兼职多、文化水平较低；公共就业服务办公设备更新慢、配备不够。二是就业扶持政策存在倾向性。因国家、省、市出台的一系列就业扶持政策主要集中在就业困难人员、高校毕业生、建档立卡贫困劳动力等重点群体，对占比较大的从事低层次工作的劳动者的职业技能提升和保障措施力度不够，且该部分人群参与提升职业能力的积极性、主动性缺乏，再就业能力不足。三是就业结构性矛盾凸显。随着产业结构升级，企业对技术性、实用性人才需求不断提高，普通劳动者就业压力加大，导致劳动者就业难和企业招工难的结构性矛盾日益加剧，疫情期间就业矛盾更加突出，部分劳动者因找不到合适的岗位，只能前往外地寻找务工机会，导致本地人才流失，而人才流失又制约全区经济发展。

三、工作对策

针对全区教育、医疗、就业“三大民生”方面的存在的问题，为补足工作短板，化解制约发展的瓶颈问题，推动教育、医疗、就业“三大民生”公共服务向更高的水平发展，结合实际，拟定如下对策：

（一）大力提升教育发展质量

一是加快推进公办幼儿园建设。在现有11所公办幼儿园的基础上，加快浈江区东鹏第二幼儿园（现确定名称为浈江区金葵幼儿园）建设，将该园建设成标准化公办幼儿园，把公办园占比提高到16.2%，每年加大投入新建、改扩建公办幼儿园一批，满足人民群众对优质学前教育的需求。二是整合优化教育资源。力争通过新建、扩建学校等形式，增加学位，解决群众的入学需求。加快推进改扩建腊石小学，以满足碧桂园江山樾等新开发片区以及腊石、湾头、水口、鑫金汇等区域的学位需求；加快南沙实验学校建设项目进度，拟办成九年一贯制学校，24个教学班，招生1110人；加快推进韶冶实验学校改建工作；加快执信幼儿园整体搬迁工作，督促新建小区配套建设学校，并无偿移交地方政府办学。三是强化师资队伍教师。严格推行校长职级制改革，激发校长队伍活力；继续做好“丹霞英才”、新教师招聘，逐步缓解数量缺编、结构性缺员等问题；充分发挥区教师发展中心在教科研训方面的作用；抓好师德师风建设，打造师德好、师风正、业务精良的教师队伍。

（二）努力提高医疗服务能力

一是加强基层医疗机构能力建设。以风采社区卫生服务中心成功创建全国“优质服务基层行”先进单位为契机，不断改善医疗单位就医环境，提升医疗机构服务水平；加大基层医疗机构投入和保障力度，优化整合医疗资源，完成花坪镇卫生院茶山分院与花坪镇卫生院合并工作。二是加强基层公共卫生应急处置能力建设。完成基层医疗机构加挂镇级疾控中心机构建设，力争引进更多的公共卫生人才，强化人员培训，努力提高基层医务人员的公共卫生应急处置能力。三是加强医疗队伍建设。选派医务人员参加上级培训，鼓励医务人员参加继续教育，不断增强医务人员业务能力；积极参与2021年丹霞英才招聘（医疗卫生类）、2021年韶关市基层医疗卫生机构人才引进项目，切实做好人才招聘工作。科学调配、有效化解基层医疗机构人员不足的问题。

（三）全力增强就业保障水平

一是优化基层公共就业服务能力。强化镇级公共就业服务中心人才建设，尽可能配备专职工作人员，适当补充专业化的就业服务人才，提高公共就业服务水平。二是强化就业政策的落实。加大就业创业补贴政策宣传力度，强化人社、民政、残联等部门联动，让低保人员、残疾人员等就业困难人员更充分享受就业援助政策帮扶。三是提升就业服务水平和质量。加强人社、工信、产业园等部门之间的沟通协调，强化企业用工服务，及时掌握辖区企业的用工岗位需求，做好岗位推送、职业介绍等工作，鼓励企业吸纳就业；加大就业培训宣传，拓宽就业技能培训渠道，为劳动者提供优质的技能提升培训服务，有效缓解企业用工难、劳动者就业难的结构性矛盾，保持就业局势总体稳定。

推动乡村振兴与粤港澳大湾区建设融合发展，实现浈江“三农”高质量发展

一、乡村振兴基本情况

（一）现代农业产业发展情况

全区产业化组织总数189家，其中市级以上农业龙头企业19家（其中省级农业龙头企业7家）；农民专业合作社45个（其中省级示范社2家，市级示范社2家）；家庭农场125家（其中省级示范家庭农场1家，市级示范家庭农场25家）。按照《浈江区现代农业产业园专项资金使用方案》，浈江区全力推进油茶现代产业园15个项目建设，15个项目开工率100%，完成项目10个。全区已获得43个无公害农产品、1个绿色食品和2个有机产品认证，获得6个“广东省名牌产品”、6个“广东省名特优新农产品”认证，建设粤港澳大湾区“菜篮子”生产基地3个。犁市镇大村（油茶）和厢廊（石斛）、花坪镇奎塘（蜜柚）3个村已被省农业农村厅认定为“一村一品”专业村，花坪镇（肉鸡）被省农业农村厅认定为“一镇一业”专业镇。

（二）乡村文化建设情况

全区48个行政村均设置有综合性文化服务中心，配套有文体广场和文化室、图书室、电子阅览室、棋牌室等功能室，并安排有文体协管员，负责文化场馆管理、文体活动组织等方面的工作。在文化部门的组织推动下，全区各村以综合性文化服务中心为阵地，有针对性地开展读书看报、亲子阅读、棋牌比赛、歌舞表演、体育竞赛等群众文体活动。部分乡村还举办有本地特色的民俗活动，如划龙舟比赛、糍粑节、舞香火龙等。近年来，随着“中国农民丰收节”的设立，乡村文化活动也更加丰富多样。

（三）乡村人才建设情况

一是通过实施“广东技工”“粤菜师傅”“南粤家政”等乡村专业人才培育工程，鼓励有意愿的农民群众参加职业技能培训，实现更高水平就业，全区今年农村劳动力申请技能晋升补贴46人，金额78150元。二是通过实施农村电商“一村一品”培训，向市电商协会推荐70多名家庭农场、专业合作社社长及农业公司的法人代表参加培训，2020年有13名学员培训结业。三是实施新型职业农民培育工程，在犁市镇举办贫困劳动力技能培训班，对参加培训的贫困劳动力做转移就业培训。同时邀请农业技术员开展猪、鸡养殖农技培训，落实促农就业创业政策。

（四）生态振兴建设情况

一是推进农村人居环境综合整治。近年来，全区投入2.1亿元先后启动环丹、陈江、沙园、省道S248（机场路）沿线以及大学路沿线的农村人居环境整治工作，取得良好的成效。二是实施山水林田湖草综合治理。全区组织实施山水林田湖草生态修

复试点项目5个，主要对大陂河、枫湾河、大富河、犁市河、冷水坑等水系进行综合治理，截至2020年11月底工程实施进度已达92%。三是开展浈江区农村“厕所革命”工作。2020年，全区1.67万户农户，完成无害化改厕的户数1.67万户，完成率100%，基本完成169座农村公厕新改建工作任务。四是推进全域自然村集中供水工程。全区5个镇农村安全饮用水保障工程均已入场施工，其中2020年市下达全区的16个安全饮用水保障工程建设任务基本完成。五是做好造林绿化，改善生态环境。全区完成植树造林面积5.37万亩，其中碳汇造林0.4万亩、迹地更新造林4.97万亩；建成市级茶花森林公园、区级友丰湖湿地公园、镇级森林公园各1个；犁市镇黄竹村成为第一批荣获“国家森林乡村”称号的乡村。

（五）农村组织建设情况

全区5个镇、48个村级党组织，两级党组织能够充分发挥领导核心和政治核心作用，坚决贯彻执行上级工作要求，领导各类组织和社会力量共同参与基层社会治理，认真完成上级工作任务。各级基层党组织坚持定期深入联系村、贫困户，做好政策宣传、收集化解问题等工作，政治引领功能发挥较好。为推进基层正风反腐，浈江区成立由区、镇纪委组成的5个“提级监督”工作组，从集体“三资”达到一定规模的村中选取5个村作为试点开展“一对一”提级监督。

（六）脱贫攻坚、精准扶贫工作情况

截至12月30日，全区建档立卡贫困户为568户1184人，其中有劳动能力贫困户218户660人，无劳动能力贫困户350户524人（3个省定贫困村有贫困户107户263人，其中有劳动能力户60户195人，无劳动能力贫困户47户68人）。全区已实现所有贫困人口和省定贫困村100%脱贫退出。

二、存在问题

在实施乡村振兴战略过程中，浈江区取得一定的成效，同时，也存在着一些困难和问题。一是人居环境整治欠账较多。农村人居环境“三清三拆三整治”不彻底、不均衡，尤其是农村破旧泥砖房拆除“后半篇文章”没有做实，人居环境整治仅停留在清理环境卫生阶段。二是农村基础设施配套不齐全。农村安全饮用水保障工程、污水处理、农村“厕所革命”“四好”农村路以及文体设施建设等严重滞后，不能满足村民生产生活需求。三是新农村建设推进不平衡。村庄规划和农村建房管理不到位，农村宅基地未批先建、“一户多宅”、布局紊乱等问题突出，“有新房无新村、有新村无新貌”的现象普遍存在，虽然打造阅丹公路“网红村”，但连片示范效果不明显，整体推进不平衡。四是农业产业发展有待加强。农业产业规模较小、收益不高，全区特色产业除优质稻、蔬菜、油茶具备一定的规模外，其他特色产业（如附加值较高的花卉、中药材等）面积普遍较小，且产地分散，没有形成规模。高端农产品较少，缺乏知名的拳头产品，且大多经营为单打独斗，没有抱团形成合力，市场竞争力较弱。

三、对策建议

（一）进一步加强项目和资金统筹

杜绝等靠要思想，切实把主体责任担起来，加强项目和资金统筹工作，加快项目建设和资金使用力度。要把主要资源和资金投到人口大村、有保护价值的古村以及沿省际线、国道线、城市线、铁路线影响全区形象的村落，确保收获乡村振兴早期成果。进一步加强项目资金统筹，借鉴其他地方的成功做法，加强放管服改革，强化涉农资金的统筹整合，简化不必要的程序，提高项目建设进度和资金使用效率。

（二）完善农村基础设施配套建设

着力完善农村基础设施配套建设，加快推进农村安全饮用水保障工程、农村生活污水处理、农村“厕所革命”“四好”农村路和村内道路以及公共文化服务设施建设。积极发挥村民自治组织在农村基础设施建设中的协调作用，统筹做好基础设施建设的进程和质量，切实满足广大村民急需解决的生产生活基础设施需求，改善农村发展条件。

（三）扎实推进农村风貌管控提升

深化实施“千村示范、万村整治”工程，持续推进示范镇、村创建。要深入调研，充分挖掘当地历史文化和人文文化，以乡村全域旅游地区、沿交通线、沿边界线、沿城市郊区等区域为重点，加快推进民居风貌协调、田园气息浓郁、体现岭南特色的农村风貌带建设。鼓励有条件的镇全域推进农村风貌提升。推进农户房前屋后院内、村道巷道、村边水边、空地闲地绿化美化，保护古树名木。风貌提升定位要准确，主题要突出，把美丽乡村打造成“一村一品、一村一韵、一村一景”的特色品牌。

（四）培育壮大现代农业产业

一是要依托省级油茶现代农业产业园、艺景园林绿化工程有限公司、海大集团益豚猪业等新型农业经营主体、产业化龙头企业，做优优质蔬菜、特色水果产业，做强油茶、兰花、石斛、品质生猪等特色产业。二是加强流通环节建设。加快构建农村物流服务体系，推进以中心镇为单位的物流配送中心、专业批发市场、冷链仓储物流等设施建设。建立“互联网+”订单农业益农服务平台，支持农产品运输绿色通道建设，畅通农产品进城入市渠道。三是注重产业融合发展。通过产业联动、产业集聚、技术渗透、体制创新等方式，对资本、技术以及资源要素进行集约配置，推进农产品生产、加工、销售与旅游、健康、文化、教育、体育等产业融合发展，带动农业新旧动能转换和一二三产业互促共进。四是强化示范带动作用。立足浈江河谷小平原，重点打造兰花、水果、蔬菜、石斛等产业示范点，扶持农业特色专业镇、村做大做强，打造1–2个精致农业示范点，通过示范点带动全区精致农业发展。

（五）培育发展新型农业经营主体

一是壮大龙头企业。培育以龙头企业为主导的新型经营主体，推广“龙头企业+合作社+农户”“专业市场+合作社+农户”等生产经营模式，带动特色优势产业集群化高效发展。鼓励龙头企业参与“双区”的“菜篮子”“果盘子”“米袋子”“花瓶子”系列培育工程，不断提升农产品品质。二是发展农民合作社和家庭农场。加快提升一批示范性农民合作社，引导家庭农场加入合作社、合作社组建联合社。鼓励适度规模的种养大户通过注册登记，取得相应的市场主体资格。开展精致农业示范创建活动，带动农民合作社和家庭农场不断提升生产经营水平。三是健全综合服务体系。在乡镇探索设立农事服务中心，提供土地流转、农业生产服务和农产品营销等服务。加快构建集农资供应、庄稼医生、技术指导等于一体、线上线下相结合的农资服务体系，强化产销对接服务，组织种植养殖基地与批发市场、大型超市、农产品配送企业对接，拓宽线上线下销售渠道。

对接融入“双区”建设，大力推动浈江现代服务业高质量发展

学现代服务业是指以现代科学技术特别是信息网络技术为主要支撑，建立在新的商业模式、服务方式和管理方法基础上的服务产业。它既包括随着技术发展而产生的新兴服务业态，也包括运用现代技术对传统服务业的改造和提升。经济发展新常态环境下优化经济结构、促进产业升级、消费结构提升必然需要大力发展现代服务业，按照产业结构演变的规律，现代服务业的发展已成为经济可持续发展的有效途径。

2017年，中国服务业增加值42.7万亿元，占GDP的比重为51.6%。服务业对经济增长的贡献率为58.8%，比上年提高1.3个百分点，成为推动中国经济增长的主动力。2018年中国服务业增加值为46.41万亿元，2018—2022年均复合增长率约为8.06%，2022年中国服务业增加值将达到63.29万亿元。“十三五”期间，全区三产服务业增加值年均增长2.8%，预计到2020年底服务业增加值达到26亿元，服务业增加值占GDP比重37.8%，服务业固定资产投资占固定投资总额20.4%。全区和全国现代服务业发展差距较大，且传统服务业占比较大，需大力发展现代服务业。

在全面总结“十三五”全区现代服务业发展的基础上，以建设“北部生态发展区”和“韶关历史文化和休闲旅游目的地”为契机，努力发挥浈江区的区位优势，科学配置资源，优化产业结构，大力发展生产性服务业，加快提升生活性服务业，加快产业集聚和转型升级，实现现代服务业健康、快速、可持续发展，推动全区经济社会全面进步。现将全区现代服务业发展机遇和困境，及下一步工作计划总结如下：

一、浈江区服务业发展现状

（一）文化旅游方面

旅游开发优势明显。一是区位优势得天独厚。浈江区不仅是连接南北的重要交通枢纽，还是韶关市的政治、经济、文化和信息中心。城乡交通网络发达，出行便捷，为游客集散、消费、游玩带来极大便利。二是气候适宜，服务业发达。浈江区属亚热带地区，年平均气温在18.8—20.7℃之间，舒适宜人。旅游服务业发达便利，区内有韶关首家五星级酒店莱斯大酒店和碧桂园凤凰城大酒店、华美达酒店、小岛饭店等星级酒店，大润发等大型购物商场和步行街、百年东街等购物中心集聚，“吃、住、购、娱、乐”旅游服务产业链已初步形成。三是各类旅游资源富集。辖区历史文物和名胜古迹众多，有建于唐朝时期的大鉴寺，宋代的太傅庙、韶州府学宫大成殿和作为韶关标志的风采楼，民国时期以来的孙中山北伐誓师旧址、南昌“八一”起义军朱德部驻犁市旧址、中共粤北省委旧址等历史遗迹遗址。山水景观有韶关国家森林公园、皇岗山、帽峰山、金沙生态园、银山高尔夫球场等。乡村旅游休闲点有韶关茶花森林公园、韶关樱花公园、三雄农场、冯氏盛泰庄园等。无论是探寻历史，追寻红色印记，还是游览山水，寄情田园风光，游客总能在全区找到合适的选择。

文旅品牌项目初见成效。一是以重点项目为抓手，引导全区旅游发展。狠抓“广东最美公路”——阅丹公路沿线村庄人居环境整治和美化绿化工程，打造“同心树”等网红打卡点，擦亮“阅丹公路”品牌，创建省级休闲农业与农村旅游示范点。全面启动岭南大学旧址保护和利用工作，以将大村建设为华南教育历史研学基地和特色精品村为目标，在乡村旅游基础设施、研学基地标准化建设和历史文化特色挖掘与保留等方面提供有效的引导和建议，突出“乡风”，挖掘“文化”，串联路线，打造“游、学、研”于一体的历史教育研学基地。二是以优质资源为支撑，促进文旅产业繁荣。全力扶持茶花森林公园、陈江和沙园“虾稻连作”现代农业观光园等重点企业，2020年在建重点文旅项目累计投入近2亿元，突出“一二三产融合”；推动百年东街“隆盛酱油博物馆”建成开放，开启浈江文创产业新标杆；重点开展犁市当铺修缮和改陈布展工作，为韶关记忆再添新名片。三是以优质资源为支撑，促进旅游产业繁荣。充分挖掘当地的自然禀赋和人文资源，整合包装形成招商推介项目，充分利用粤港澳大湾区城市发展推介会、广东国际旅游产业博览会等国际化展示平台和韶商大会等本土招商平台，推介全区优越的旅游资源，涵盖乡村旅游、康养旅游、红色旅游和工矿旅游等产业方向，吸引更多的文旅项目落地浈江。

文旅市场经济稳步回暖。2020年，受新冠肺炎疫情影响，全区文化旅游市场承受冲击巨大，随着疫情防控等级的下降，文化旅游业消费持续复苏。一是稳步有序推进复工复产。浈江区文化馆、图书馆和体育馆已实现预约开放，全区12家限上住宿业已全部开业，星级酒店4家复工3家（国林宾馆正在进行企业改制，暂不复工），14家文化娱乐场所全部复工，19家网吧（注销1家）全部复工，26家旅行社全部复工，复工率在全市靠前。二是限上住宿业营收逐步回升。2020年限上住宿业营业收入总计1.68亿元，同比下降17.5%，降幅进一步收窄。三是乡村旅游和历史文化景点受热捧。风景美、交通便利、口碑好的乡村得到游客的青睐，特别是阅丹公路沿线村庄，成为乡村自驾游的“网红打卡地”。市区周边的韶阳楼、省委五里亭旧址、北伐战争纪念馆等历史文化景点的游客量也有较大增幅，韶阳楼游客数量同比增幅预计超过40%。四是华南教育历史研学基地逐渐得到市场关注。2018年以来，浈江区大力推进华南教育历史研学（大村）基地建设，虽然基地仍在建设中，基础设施还不完善，但在前期大量活动和宣传报道的铺垫下逐渐得到游客的关注。据统计，2020年，华南教育历史研学基地（大村）接待来访的领导和专家学者近1万人，迎接近万名师生和游客前来研学旅行和参观游览。

（二）家政、技术性人才培训方面

浈江区贯彻落实省、市职业能力建设工作部署，大力推动“南粤家政”工程，制定并印发《韶关市浈江区“南粤家政”工程促进就业工作实施方案》（韶浈人社〔2019〕16号），先后前往辖区众温馨保洁服务有限公司、碧桂园智慧物业公司等家服企业开展专题调研工作，于2020年7月推动浈江区成立家服协会，以此推动行业自律，引导全区家政服务企业自觉遵守行业标准和行业规范。同时邀请相关企业参加“韶关月嫂”“丹霞保姆”品牌打造，推荐10人参加“韶关保姆”评选，陈红梅、陈桂玉、莫七凤、马春霞4名同志获评“韶关保姆”，不断吸引更多劳动者从事家政工作，充分发挥家服企业在促就业、扩内需、惠民生等方面的积极作用。此外全区部分大型家政企业还积极组织内训，以此提升企业员工技能，提供更好的服务，如碧桂园生活服务集团股份有限公司韶关浈江分公司进行10期母婴服务培训346人次、一期居家服务培训22人次；韶关市保安服务公司进行两期保安员培训120人次。

在技术性人才培训发展方面。2020年，技术性人才培育主要以职业院校培训为主，全区大型技工院校主要为省属、市属院校，开设多门操作性强、适用面广的专业，为韶关市技术性人才培训提供坚强的支撑。此外，为鼓励企业、广大社会人员提升职业技能：一是做好技能晋升补贴申领工作，加大技能晋升补贴政策宣传，鼓励广大群众积极利用空闲时间提升职业技能，化“新冠”疫情危机为契机实现更高水平就业，截至2020年底，已受理审核技能晋升补贴228人次；二是开展企业职工适岗培训，通过线上与线下结合的宣传方式，指导企业充分利用疫情期间订单下降的时间大力开展适岗培训提升员工技能，并引导企业及时、合规申请有关补贴，截至2020年底，全区企业适岗培训备案人数约1万人；三是开展以工代训“百日行动”工作，成立工作专班并深入辖区企业如韶关风度置业酒店、韶关市碧桂园凤凰酒店等宣传有关政策，根据省、市下发的企业名单对符合申请条件的企业进行短信推送，截至2020年底，已受理33家企业以工代训申请约2500人。区人社局通过多种措施，鼓励企业吸纳就业、提升劳动者职业技能，以此保障劳动者基本生活，保持就业局势和社会大局稳定，充分发挥职业培训在促进就业、稳定就业中的作用。

劳务派遣服务业方面。区人社局严格按照《广东省劳务派遣行政许可工作指引》有关规定，做好劳务派遣行政许可有关工作，截至2020年底，全区审批劳务派遣企业25家（不含市审批劳务派遣行政许可企业），据了解，全区少数劳务派遣企业向外地企业转移输出浈江区劳动力，通过有规模的劳务输出，满足转移剩余劳动力的需要，缓解全区就业压力，但大部分劳务派遣企业业务以向政府部门、国有企业派遣用工为主，业务发展不均衡、不规范。

二、浈江区服务业存在的问题

（一）服务业总量不大，整体竞争力不强

“十三五”以来，国内发达城市均把加快现代服务业发展作为战略重点，全区服务业虽然也得到快速发展，但与核心区地位还不相称。到2020年末，全区服务业增加值达到133.5亿元，在国民生产总值中的占比达到73%，服务业占比国民生产总值比重相当可观。但与发达地区主城区相比，全区服务业总量规模仍然偏小，对区域经济的辐射带动作。做大做强全区服务业总量，将成为“十四五”期间全区的一大挑战。

（二）服务业缺少龙头企业

全区服务业发展不足，直接表现在缺乏龙头企业的带动。2020年，浈江区还没有年主营收入超10亿元的服务业龙头企业，整个产业还缺乏知名大品牌，还没有上市企业。培育现代服务业龙头企业，将成为“十四五”期间全区的一大挑战。

（三）服务业结构有待优化

传统服务业比重仍然偏大，现代物流、研发设计、管理咨询、广告营销等生产性服务业发展滞后、集聚度不高，旅游休闲、健康养老、职业教育等与老百姓生活密切相关的生活性服务业发展不足，服务业现代化管理水平和信息化程度需要进一步提档升级。体现中心城市功能、具有外向辐射能力的服务行业发展缓慢。改善服务业结构，提升辐射带动力，将成为“十四五”期间全区的一大挑战。

（四）服务业人才结构性短缺

全区存在人才结构与市场需求不平衡、专业人才的存量与增量难以适应服务业发展需要等问题，中高端人才缺乏，实用技术型人才相对不足，职业教育、职业资格认定等方面有待完善。尤其是发展高端服务业更将凸显高素质人才的不足。培养及引进高素质服务业人才，将成为“十四五”期间全区的一大挑战。

（五）服务业项目总体规划缺失

全区文化旅游产业发展一直依靠企业单打独斗、放任自流，文旅部门重管理轻引导、重落实轻

谋划，如一盘散沙，没有形成一个科学、合理的总体规划。顶层设计的缺失直接导致文化旅游项目的规模上不去、特色出不来。文旅项目起点较低、规模偏小、结构单一，旅游与农业、第三产业等融合不深，未能形成真正的旅游产业链，文旅产业发展极不充分。

（六）服务业景区职权受限

全区属市辖区，虽著名景点集聚，但如韶阳楼、风采楼、北伐纪念馆等重点景区景点却均由市有关职能部门管辖。全区管辖范围内的只有位于郊区的韶关樱花公园、韶关茶花森林公园等为数不多几个乡村旅游点。可利用资源极其有限，导致全区在文旅精品路线的串联上发挥空间不大，在文旅产品联合营销上约束条件过多，在文旅项目的引进和打造上极为被动，这些都严重制约着全区文旅产业的发展。

（七）文旅产业特色缺乏

全区文旅项目和产品同质化严重，形式单一、内容单调，对群众、游客的吸引力弱，竞争力不强。如：韶关樱花公园与韶大樱花园、新丰樱花峪等同属樱花观赏项目，无差异化特色；三雄农场、冯氏生态园停留在采摘、垂钓等简单项目上，未深度挖掘体验性产品，不能形成特色化品牌。此外，全区在建和拟建的各类文旅项目，大多为复制型产品，即在别地获得成功的项目直接照搬至全区落地实施，缺乏本土特色，缺少创新理念，难以在众多文旅项目中获得辨识度和赢得关注度。

三、下一步工作计划

（一）巩固现代服务业优势地位

一是立足于鑫金汇建材家居广场和华南农产品交易中心两大现有商贸物流平台，充分利用莲花大道贯通韶城三区的交通便利条件，将东环线商贸经济带打造成为韶关市建材家居和果蔬农产品交易中心，以及高效联通粤港澳大湾区与红三角地区的商贸物流集散地。扶持鑫金汇建材家居广场做大做强，以建材家居为主要特色，延伸至服装、鞋子等品类，发挥商务创新中心的政策引领作用，为已入驻企业创造生存和发展的有利环境，推动他们扎根本地，发展壮大；加大政府的规划引导和宣传力度，争取吸引市内同类型商贸企业汇集进来实行聚集经营发展，加快建成覆盖全市、辐射红三角、融入大湾区的区域性、专业化、高品位商贸物流综合枢纽。提升毗邻的耕进市场的档次水平，引导场内商家与鑫金汇企业协同发展，成为鑫金汇商汇物流枢纽的重要补充。加快推进华南农产品交易中心建设，促使企业尽快形成一期粮食批发市场经营规模，引导市内外粮食经营商家进来聚集发展；加大二期果蔬批发市场的建设和招商力度，推动南郊原有同类市场加快搬迁进度，尽快实现规模经营目标；加快规划建设三期项目进度，为中心的扩大发展创造必要的前提条件，促进中心成为华南地区服务本地和大湾区的最大农产品交易平台。二是立足南郊片区现有汽车贸易产业优势，不断扩大汽车贸易规模，提升汽车贸易质量和档次，打造韶关汽车贸易城。加快现有果蔬、禽鸟和农副产品市场搬迁进华南农产品交易中心进度，推动双胞胎、浪奇、兴亚、水玻璃、青岛啤酒等工业企业搬迁至浈江区产业园集中经营，将腾出的地块调整土地使用规划，增加商服用地占比，优先用于引进更多、更高档次的汽车销售企业，以及为华南装备园、浈江区产业园等周边园区提供生产性服务的物流企业和总部经济、大数据中心等新兴服务业企业。推动中烟物流基地加快建设进度，尽快建成卷烟物流配送中心，扩大在韶关本地并辐射周边的烟草物流能力。启动星港城建设，培育新的城市商贸综合体。推进投资大厦项目建设，发挥专业招商团队作用，打造区域总部经济典范。三是巩固和提升站南路传统小商品批发一条街地位，扶持现有商家巩固原经营业态，不断拓宽经营范围和改造提升经营模式，保持批发街经营活力。做好四通市场改造建设规划，力争建设成为批发街提档升质的重要载体。探索对市区兴隆市场实行升级改造，结合邻近的山海城、咚咕街等商业综合体进行配套打造，提升兴隆市场的档次和品牌吸引力，并消除现有的消防安全隐患。配合市深化与广铁集团及铁路行包、供应链运营商、国际铁路行包运营产合作，加快推进粤北国际物流中心建设。

（二）建设城市历史文化休闲旅游目的地

一是按照韶关打造全域文化旅游城和广东北部生态旅游区的发展定位，结合浈江区域历史文化地理特色，系统谋划全域旅游发展规划，全力推进城市历史文化旅游、生态旅游、红色旅游和乡村旅游产业发展，建成历史文化休闲旅游目的地。二是大力挖掘市区及周边历史文化记忆，对风采楼、韶府学宫、大鉴寺、太傅庙、韶阳楼、广富新街等历史建筑进行提升改造，探索重建风度楼、风烈楼和升平路等历史标志性建筑，留住历史印记，深化市区历史文化游历内涵。进一步提升风度路步行街和百年东街旅游吸引力，引导沿街商铺进行餐饮、购物、文创、酒吧等功能分区，在文创区导入非遗文化站、书画工作室、互联网＋创意室、声光电展演等多样的文化产业，增添文化旅游底蕴。发挥市区旅游服务业中心带动作用，增强大型购物综合体、星级酒店、大型饭店等企业的服务能力，孵化快捷酒店、民宿、文旅产品创客等小微企业落地繁衍，促进市区旅游服务业提质增效。促进历史文化资源和旅游资源结合，提升端午龙舟赛、丹霞山生态徒步游、半程马拉松、“我们的节日”等一系列文体旅游活动影响力，积极开发文旅、文旅体融合项目及衍生文创产品。三是积极挖掘浈江生态旅游潜力，面向粤港澳大湾区，以“打拼在湾区，休养在浈江”为目标，以“莲花山森林公园”森林旅游、“虾稻连作现代农业观光园”绿色旅游、“三雄开心农场”采摘旅游、“茶花森林公园”康养旅游等特色旅游为支撑，构建具有生态观光、养生休闲、户外探险于一体的粤港澳大湾区生态旅游后花园。立足“融入大丹霞”建设，以“阅丹公路”为主线，以黄竹驿站和沿线景观提升为工作重点，结合村庄特色，规划布局非遗文化产业、农业公园、房车营地等旅游新业态，带动环丹片区旅游经济发展。四是积极引进红色旅游开发项目，以犁市当铺为抓手，全力推进犁市当铺修缮和改陈布展工作，同时盘活犁市镇周边旅游资源，规划建设犁市当铺红色旅游小镇。全力推进华南研学基地岭南大学旧址项目，做好项目的保护利用和规划建设，打造“游、学、研”的爱国主义教育和旅游基地，丰富全区历史文化和红色旅游内涵。配合南岭干部学院策划将犁市当铺、省委旧址、北伐纪念馆和华南研学基地纳入全市红色记忆研学线路，提升全区红色旅游知名度。探索开发花坪镇原曲仁矿务局工矿历史文化资源，引入社会资本对现有的工矿旧建筑、旧设施进行翻新改造，结合建设新的旅游配套设施元素，打造工矿历史文化小镇。五是深度挖掘乡村丰富的自然资源、生态资源和人文资源，整合包装形成招商推介项目，充分利用粤港澳大湾区城市发展推介会、广东国际旅游产业博览会等国际化展示平台，吸引更多的乡村旅游项目落地浈江，以社会资本和龙头企业助推乡村旅游产业蓬勃发展。积极推进福湾体育小镇项目建设，支持项目加大对湾头村的古祠堂等老旧建筑进行修缮、提升，展示村史、村规、家训等特色传统文化，开展非遗文化展演，开设村史博物馆、民宿、餐饮等功能业态，形成“乡村古韵风”，打造韶关近郊最有特色的古村落旅游。继续开展农民丰收节、樱花节、茶花节等旅游节庆活动，提高浈江乡村旅游活跃度，增加游客参与热情，展示浈江鲜明独特的旅游形象。

（三）保证政策的延续性

加强领导组织，就是要求全区充分认识到发展服务业的紧迫性和不可选择性切实重视现代服务导充分认识到发展服务业的紧迫性和不可选择性，切实重视现代服务业的发展，在人力、物力、资金、政策等方面确保服务业持续快速发展。合理利用价格、投资、财税等政策，形成支持现代服务业发展的政策导向，清理、削减阻碍现代服务业发展的政策制度，进一步细化全区统一的有效的优惠政策。

（四）加强“三大工程”的推动力度

继续贯彻落实省、市、区关于职业能力建设工作部署，积极推动“粤菜师傅”“南粤家政”“广东技工”三大工程，不断鼓励劳动者提升职业技能，实现更高水平就业，充分发挥职业培训在促进就业中的作用。

浈江区旅游景点简介

阅丹公路 由 9 条道路组成，全长 55 千米，连接仁化县丹霞山景区和韶关市城区，实现丹霞山与韶关城区“山城融合”。浈江段全长 24.3 千米，南起良村高速出入口，西南至鹧鸪石，北至田螺峰，沿途有新农村建设项目 9 处、配套服务点 2 个、观景打卡点 2 个，沿途风光山环水绕，风光旖旎，村庄秀美，环境幽雅。浈江段沿线有南门游客服务中心、“同心树”、竹林公园等打卡点，还有房车露营地、高档酒店、民宿餐饮等待建项目，集旅游观光、田园风光、科普教育、休闲娱乐于一体，是自然生态、养生休闲、亲子娱乐、观光踏青的好去处。

华南教育历史研学基地（大村） 位于浈江区犁市镇大村，曾是抗日战争时期岭南大学、东吴大学、岭南大学附属中学等知名学校内迁粤北办学的校址所在地，是极具历史价值与文化价值的抗战时期华南教育遗址。抗日战争时期，其地临近粤汉铁路，有仙人庙火车站，上可达坪石，下可至曲江，交通便利。华南教育历史大村研学基地为我区重点保护和发展区域，是挖掘办学历史，追忆华南教育的摇篮与圣地，政府通过完善当地基础公共服务设施建设，开展周边村庄人居环境整治，以及发展提升文旅产业，突出“乡风”，挖掘“文化”，串联路线，打造“游、学、研”于一体的红色教育研学基地。

韶关茶花森林公园 位于犁市镇梅村，以万亩连片油茶林、23 栋别墅和各种户外活动等为基础，以农业科普为特色，是一处集观光休闲、度假娱乐、山体运动于一体的综合型公园。园区内保持原生态的自然环境，拥有完善的旅游服务设施，有 23 栋独栋别墅供游客住宿，另外可容纳 300 人 / 次的茶花餐厅和 300 个车位的停车场，每年至少可吸纳 30 万人次。景区以油茶专类观赏为主题，以人文景观为辅助，集农业生态观光采摘（葡萄园、有机蔬菜园等）、度假养生、科普农耕文化体验、娱乐休闲等功能于一体。

犁市当铺 位于浈江区犁市镇犁市居委人民路南，人民路南 96 号对门即为当铺原正门及 1992 年原曲江县保护碑所在。当铺是砖木结构晚清建筑群，由围楼、门楼、铺面、住宅、当楼、庭院组成，占地面积 1075 平方米，是粤北地区现存较完整的商业建筑群。2012 年 10 月 20 日，广东省人民政府将其公布为广东省文物保护单位。1927 年 12 月朱德率领南昌起义军 400 多人准备参加广州起义，途经韶关时得知广州起义军失败，遂带兵转移北上犁市，以国民党范石生 16 军 140 团名义驻扎在当铺休整，朱德化名王楷，住在当铺楼上，至 1928 年初朱德率部队离开犁市向北进发。

风采楼 位于浈江区风采路邮政大厦旁，西望武水，东临浈江，是明代弘治年间韶州知府钱镛为纪念北宋名臣余靖而建。风采楼高约 22 米，楼体重檐碧瓦，顶为三重飞檐翘角，正中有华饰小圆顶，是韶关市的标志性建筑。作为市区的地标之一，夜晚的它在灯光的装饰下格外壮观。在现代大厦下的映衬下，风采楼显得格外古雅，那是一种具有历史感的玲珑美。它是古城的一个象征，至今仍有不少商家以“风采”作为字号、商标。

百年东街 位于韶关市浈江区东堤路，风采楼附近，是韶关市新开发的商业步行街，其旧址曾是华南历史上最繁荣的商贸街之一。清末民国时期，该地是无数南来北往的走卒商贩进出广东时的商贸、休憩集散地，是粤湘赣三省交界处最繁华的商贸街，是当年赫赫有名的“老板街”。抗战时期，广东省政府为避战火曾北迁韶关，因此该地发展成广东最著名的交通休闲集散地之一。百年东街全长1.3千米，总占地面积9万平方米，总建筑面积8万平方米，层高3层（局部4层），其中商业建筑面积5万平方米，地下停车场面积3万平方米。以百年历史的南洋骑楼为建筑风格，内有婚庆广场、国内外特色餐饮及韶关本土特色餐饮、休闲商业大街、大型购物商场、爱情大道绿化长廊等特色商业组团。

斌庐 位于韶关市浈江区东堤中路，建于民国时期，是一幢中西结合的两层骑楼建筑。抗战时期，广东省政府迁到韶关，时任省政府主席的李汉魂将军经常在“斌庐”接见官员、召开会议。“斌庐”是记录粤北抗战史的一个重要史迹，同时也是韶关近现代建筑的一个典型代表。2016年7月19日，被韶关市人民政府公布为韶关市文物保护单位。2017年底，市文化广电新闻出版局和市金财投资集团有限公司完成“斌庐”的修缮和布展工程。2018年2月9日，“斌庐”启用仪式在浈江区东堤中路举行，重新修缮后的“斌庐”正式对外开放。馆内由序厅和东街故事、韶城记忆、烽火岁月、战地弦歌四个部分组成，分上下两层共10间展厅，设有静态图像展示区和视频影片展示区，还有一个多媒体互动区。“斌庐”通过大量的史料和照片讲述了韶城千百年来的城市沿革、文化积淀等内容。

北伐战争纪念馆 位于韶关市区帽子峰北坡，2008年10月开工建设，2010年6月29日正式落成，2010年7月1日正式向广大市民与游客免费开放。该馆是广东首座北伐战争纪念馆，总占地面积1.2万平方米。主馆主体为钢筋混凝土框架，外墙为仿古青砖清水墙砌筑。该馆建筑物坐北朝南，内设方形天井，南北楼设有楼梯与二楼相通，上下两层四周均有走廊作为通道。主馆占地面积1750平方米，建筑面积2966平方米，主体高12.32米，总投资899.92万元。该馆建设和布展总投资1799万元，分为北伐战争展厅、北伐名将展厅等六大部分，共征集有关孙中山及北伐战争时期的文物实物81件（含复制品32件），图片410幅，其中包括孙中山在韶督师北伐时期使用的硬木办公桌、民国时期孙中山纪念画册等珍贵文物，还对孙中山卧室、办公室、参谋作战室进行场景复原。

中共粤北省委旧址及陈列馆 中共粤北省委旧址位于市区五里亭村良村公路30号，是由砖木结构组成的两座相对的平房院落，建筑面积约220平方米，保护建筑面积约450平方米。2009年3月，中共广东省委决定修复“中共广东省委、粤北省委旧址”。韶关市政府即对3个旧址（南雄瑶坑村委旧址、始兴红围旧址、五里亭旧址）进行修缮，并在五里亭旧址旁新建中共广东省委粤北省委历史陈列馆，于2010年7月1日正式对外开放。3个旧址于2010年5月被省政府公布为广东省文物保护单位。

陈列馆为两层结构客家民俗建筑，占地面积3000平方米，建筑面积1860平方米。陈列内容包括中共广东省委的重建、中共广东省委北迁与粤北省委的建立、杰出的历史功绩、应对粤北事件迎接抗战胜利4个部分。省委机关五里亭旧址和历史陈列馆被认定为“广东省爱国主义教育基地”“广东省党史教育基地”“广东省党员教育基地”“广东省红色旅游示范基地”。

银山户外休闲养生度假区 位于韶关市浈江区近郊8千米，距离韶赣高速公路韶关东出口仅3千米。整个度假区以高尔夫、温泉及户外拓展和有氧运动为主题，韶关市银山生态休闲养生度假区高尔夫项目贯穿整个景区，主推18洞球场及练习场，其中18洞球场以其难度及特有的全松林特色，让旅客在运动的同时还能欣赏到别具风格的美景。此外，景区还有很多常设项目，比如温泉区，置身于清澈见底的淡温泉水池中，可以放松心情，忘却烦忧。景区还设有农场，游客可亲身体验种植蔬果的乐趣，收获新鲜、无污染的原生态蔬菜。农场果蔬及家禽均在景区餐厅出售，客人可携带回家自己烹饪，或由餐厅烹饪。为体现景区的多元化，景区还设置游泳池、生态绿道（行山小径）、攀岩、旅馆、酒店等项目，让游客高兴而来，满意而归。

韶关国家森林公园 韶关国家森林公园的核心景区是广东省生态旅游示范基地，地处韶关市区东南部，距韶关东站仅1.5千米，海拔高度60—255米，面积533.33公顷，森林茂密，覆盖率达88%，景观优美，人文历史和自然景观丰富，茶亭古道是古代由东郊进入韶关的必经之路，还是清代曲江二十四景“莲花樵唱”的所在地，韶关地标——仿唐宋风格的韶阳楼位于山顶，登楼远眺，韶城美景尽收眼底。进入莲花山，犹如置身于一幅巨型风景画和一座巨大的氧吧中。韶关国家森林公园紧邻市区，公共汽车直通景区大门，山内游览道路四通八达，主要景点项目有莲花山绿道、韶阳楼、华南虎繁殖驯养园、盛桃园、民族风情园和静之动运动娱乐广场等。

新韶樱花公园　位于韶关市浈江区新韶镇东山村，占地面积53.33公顷，种植樱花树10万多棵，是韶关最大的樱花公园，也是珠三角最大的樱花公园之一。园外青山绿水环绕，风景秀丽，民风淳朴，园内樱花花色明媚，花型漂亮，花期组合时间可达2个月，品种众多，有中国红、广州樱、小乔、南国早樱等单瓣、重瓣樱花10多种，颜色有大红、粉红和白色3种，可形成震撼人心的美丽景观。每年在春节期间举办的韶关樱花节，期间恰逢中国红樱花盛花期，数万名游客在一片红色海洋中欢度新春佳节，预示着新的一年红红火火、好运连连。

（区文旅体局）

浈江区城市和乡村旅游精品线路一览表

表1

序号	旅游名称	精品线路	备注
1	风采市区之旅	风采楼—余靖雕塑—百年东街—中山公园—韶关国家森林公园—风度名城	城市路线
2	红色教育之旅	中山公园—北伐纪念馆—中共粤北省委旧址—犁市当铺	
3	夜色迷离之旅	海关广场—江心岛—通天塔—江畔历史文化雕塑长廊—韶关国家森林公园	
4	慢生活之旅	湾头古村—三雄开心农场—丹霞山南门—阅丹公路	乡村路线
5	负氧离子之旅	银山高尔夫球场—陈江村“虾稻连作”旅游观光项目区—樱花公园	
6	快乐采摘之旅	三雄开心农场—韶关茶花森林公园	
7	工矿小镇之旅	乌石冲连片油菜花田—曲仁原煤矿旧址—冯氏生态园—西牛潭水库	

浈江区古树名木每木调查表

表2

原挂牌号	科	属	树种	生长环境	小地名	树龄	保护等级
06010001	樟科	樟属	樟	花坪镇奎塘村村委会	姚屋	260	三级
06010002	桑科	榕属	雅榕	花坪镇奎塘村村委会	姚屋	260	三级
06010003	樟科	樟属	樟	花坪镇奎塘村村委会	姚屋	260	三级
06010004	樟科	樟属	樟	花坪镇奎塘村村委会	侯屋	380	二级
06010005	樟科	樟属	樟	花坪镇奎塘村村委会	古思圩背夫山	470	二级
06010006	樟科	樟属	樟	花坪镇奎塘村村委会	古思圩背夫山	470	二级
06010007	金缕梅科	枫香树属	枫香树	花坪镇奎塘村村委会	山下背夫山	260	三级
06010008	樟科	樟属	樟	花坪镇奎塘村村委会	背夫山	450	二级
06010009	樟科	樟属	樟	花坪镇长地头村村委会	宋屋	260	三级

续表 2

原挂牌号	科	属	树种	生长环境	小地名	树龄	保护等级
06010010	樟科	樟属	樟	花坪镇长地头村村委会	宋屋	200	三级
06010011	樟科	樟属	樟	花坪镇长地头村村委会	宋屋	210	三级
06010012	桑科	榕属	雅榕	犁市镇犁市社区居委会	老公社	260	三级
06010013	桑科	榕属	雅榕	犁市镇犁市社区居委会	渡口	310	二级
06010014	桑科	榕属	雅榕	犁市镇沙园村村委会	沙元庙	220	三级
06010015	金缕梅科	枫香树属	枫香树	风采街道办事处风采路社区居委会	韶州府	120	三级
06010016	桑科	榕属	雅榕	犁市镇沙园村村委会	渡口	350	二级
06010018	桑科	榕属	雅榕	犁市镇石下村村委会	煤干厂	380	二级
06010019	桑科	榕属	雅榕	犁市镇黄竹村村委会	乌泥坑	310	二级
06010020	桑科	榕属	雅榕	犁市镇黄竹村村委会	牛栏前村	480	二级
06010021	樟科	樟属	樟	犁市镇犁市社区居委会	犁市中学	150	三级
06010022	桑科	榕属	雅榕	犁市镇大村村委会	大村	410	二级
06010023	桑科	榕属	雅榕	犁市镇大村村委会	大村	410	二级
06010024	桑科	榕属	雅榕	十里亭镇湾头村村委会	河边	500	一级
06010025	桑科	榕属	雅榕	十里亭镇湾头村村委会	河边	480	二级
06010027	桑科	榕属	雅榕	十里亭镇湾头村村委会	坑头	480	二级
06010028	樟科	樟属	樟	十里亭镇湾头村村委会	屈树底	260	三级
06010029	樟科	樟属	樟	十里亭镇湾头村村委会	屈树底	210	三级
06010030	桑科	榕属	雅榕	十里亭镇腊石村村委会	塘头村	370	二级
06010031	樟科	樟属	樟	十里亭镇腊石村村委会	牛头村背	250	三级
06010033	樟科	樟属	樟	十里亭镇腊石村村委会	牛头村背	260	三级
06010035	桑科	榕属	雅榕	十里亭镇靖村村委会	靖村	310	二级
06010036	桑科	榕属	雅榕	十里亭镇靖村村委会	塘边街	380	二级
06010037	樟科	樟属	樟	十里亭镇五里亭社区居委会	中药厂宿舍	115	三级
06010038	桑科	榕属	雅榕	十里亭镇良村村委会	老坳背村头	430	二级
06010039	桑科	榕属	雅榕	十里亭镇良村村委会	老坳背村头	110	三级
06010041	桑科	榕属	雅榕	曲仁办事处和平八一居委会	和平办上后街	120	三级

续表 2

原挂牌号	科	属	树种	生长环境	小地名	树龄	保护等级
06010042	松科	松属	马尾松	十里亭镇金凤坪村村委会	金凤坪	110	三级
06010043	樟科	樟属	樟	十里亭镇金凤坪村村委会	金凤坪	260	三级
06010044	桑科	榕属	雅榕	新韶镇陈江村村委会	正下村	450	二级
06010045	桑科	榕属	雅榕	新韶镇陈江村村委会	土井村门口	130	三级
06010046	桑科	榕属	雅榕	新韶镇陈江村村委会	老岭下	220	三级
06010047	桑科	榕属	雅榕	新韶镇陈江村村委会	老岭下	220	三级
06010048	桑科	榕属	雅榕	新韶镇陈江村村委会	老岭下	130	三级
06010049	桑科	榕属	雅榕	新韶镇石山村村委会	石陂村	220	三级
06010050	樟科	樟属	樟	新韶镇石山村村委会	石陂村	160	三级
06010051	桑科	榕属	雅榕	新韶镇石山村村委会	欧村	300	二级
00000000	樟科	樟属	樟	新韶镇石山村村委会	石陂	300	二级
06010053	冬青科	冬青属	两广冬青	新韶镇莲花村村委会	邓屋庙背	130	三级
06010054	桑科	榕属	雅榕	新韶镇莲花村村委会	杨屋	260	三级
06010056	樟科	樟属	樟	新韶镇石山村村委会	欧村	250	三级
06010057	樟科	樟属	樟	新韶镇莲花村村委会	邱屋	200	三级
06010057	樟科	樟属	樟	新韶镇莲花村村委会	邱屋	250	三级
06010057	樟科	樟属	樟	新韶镇莲花村村委会	邱屋	200	三级
06010057	樟科	樟属	樟	新韶镇莲花村村委会	邱屋	280	三级
06010057	樟科	樟属	樟	新韶镇莲花村村委会	邱屋	290	三级
06010057	樟科	樟属	樟	新韶镇莲花村村委会	邱屋	200	三级
06010057	樟科	樟属	樟	新韶镇莲花村村委会	邱屋	260	三级
06010057	樟科	樟属	樟	新韶镇莲花村村委会	邱屋	230	三级
06010057	樟科	樟属	樟	新韶镇莲花村村委会	邱屋	280	三级
06010057	樟科	樟属	樟	新韶镇莲花村村委会	邱屋	250	三级
06010057	樟科	樟属	樟	新韶镇莲花村村委会	邱屋	200	三级
06010058	樟科	樟属	樟	新韶镇莲花村村委会	邓屋	200	三级
06010058	樟科	樟属	樟	新韶镇莲花村村委会	邓屋	180	三级
06010058	樟科	樟属	樟	新韶镇莲花村村委会	邓屋	200	三级
06010058	樟科	樟属	樟	新韶镇莲花村村委会	邓屋	160	三级

续表 2

原挂牌号	科	属	树种	生长环境	小地名	树龄	保护等级
06010058	樟科	樟属	樟	新韶镇莲花村村委会	邓屋	230	三级
00000000	樟科	樟属	樟	新韶镇水口村村委会	新留塘村	240	三级
00000000	樟科	樟属	樟	新韶镇水口村村委会	新留塘村	180	三级
00000000	樟科	樟属	樟	新韶镇水口村村委会	新留塘村	120	三级
06010059	樟科	樟属	樟	新韶镇水口村村委会	新留塘村	180	三级
06010060	桑科	榕属	雅榕	乐园镇六合村村委会	上社鲜水塘	120	三级
06010061	樟科	樟属	樟	乐园镇六合村村委会	下村鬼仔塘	280	三级
06010062	桑科	榕属	雅榕	乐园镇上坝村村委会	潘屋河边	180	三级
06010063	桑科	榕属	雅榕	风采街道办事处 峰前路社区居委会	西堤北路	220	三级
06010066	桑科	榕属	菩提树	风采街道办事处 老东门社区居委会	大鉴寺	325	二级
06010067	桑科	榕属	菩提树	风采街道办事处 老东门社区居委会	大鉴寺	325	二级
06010068	桑科	榕属	雅榕	风采街道办事处 中山路社区居委会	市第四中学	320	二级
06010069	桑科	榕属	雅榕	风采街道办事处 中山路社区居委会	市第四中学	180	三级
06010070	桑科	榕属	雅榕	风采街道办事处 中山路社区居委会	市第四中学	250	三级
06010071	桑科	榕属	雅榕	风采街道办事处 风采路社区居委会	市政府	400	二级
06010072	紫草科	厚壳 树属	厚壳树	风采街道办事处 风采路社区居委会	市政府对面	120	三级
06010073	桑科	榕属	雅榕	风采街道办事处 风采路社区居委会	市政府院内	120	三级
06010074	桑科	榕属	雅榕	风采街道办事处 东题南社区居委会	军分区	155	三级
06010075	桑科	榕属	雅榕	风采街道办事处 东题南社区居委会	军分区	450	二级
06010055	金缕梅科	枫香 树属	枫香树	新韶镇陈江村村委会	老岭下	160	三级
06010055	金缕梅科	枫香 树属	枫香树	新韶镇陈江村村委会	老岭下	150	三级
00000000	樟科	樟属	樟	新韶镇东联村村委会	老屋村	200	三级

续表 2

原挂牌号	科	属	树种	生长环境	小地名	树龄	保护等级
00000000	樟科	樟属	樟	新韶镇东联村村委会	老屋村	180	三级
00000000	樟科	樟属	樟	新韶镇东联村村委会	老屋村	230	三级
00000000	樟科	樟属	樟	新韶镇东联村村委会	老屋村	230	三级
06010008	樟科	樟属	樟	花坪镇奎塘村村委会	山下背夫山	340	二级
06010008	樟科	樟属	樟	花坪镇奎塘村村委会	山下背夫山	390	二级
06010008	樟科	樟属	樟	花坪镇奎塘村村委会	山下背夫山	260	三级
06010008	樟科	樟属	樟	花坪镇奎塘村村委会	山下背夫山	200	三级
06010008	樟科	樟属	樟	花坪镇奎塘村村委会	山下背夫山	220	三级
06010008	樟科	樟属	樟	花坪镇奎塘村村委会	山下背夫山	300	二级
06010008	樟科	樟属	樟	花坪镇奎塘村村委会	山下背夫山	330	二级
06010008	樟科	樟属	樟	花坪镇奎塘村村委会	山下背夫山	435	二级
06010008	樟科	樟属	樟	花坪镇梅塘村村委会	山下背夫山	220	三级
000000	木犀科	木犀属	木犀	犁市镇梅塘村村委会	铁路林场	150	三级
00000000	木犀科	木犀属	木犀	犁市镇梅塘村村委会	铁路林场	160	三级
06010064	木兰科	木兰属	玉兰	新韶镇韶东社区居委会	韶大韩家山校区	160	三级

浈江区重点文物保护单位一览表

表 3

序号	名称	级别	年代	定级时间
1	走马岗遗址	省级	新石器时代	1962 年
2	中共广东省委、粤北省委机关旧址	省级	民国	2010 年
3	犁市当铺（朱德旧居）	省级	清	2012 年
4	抗日战争第七战区指挥部旧址	省级	民国	2015 年
5	广州会馆（门坊）	市级	清	1960 年
6	风采楼	市级	1934 年	1960 年
7	帽子峰碉堡群（主峰碉堡、武城堡、定韶堡、巩北堡）	市级	民国	2003 年
7	广富新街（门楼、洋楼、住宅）	市级	民国	2003 年
9	卢崇善旧居	市级	民国	2016 年
10	通天塔遗址	市级	清	2016 年
11	莲花山塔遗址	市级	清	2016 年

续表 3

序号	名称	级别	年代	定级时间
12	湾头村卢氏宗祠	市级	清	2016 年
13	太傅庙	市级	清	2016 年
14	斌庐	市级	民国	2016 年
15	隆盛酱园老楼	市级	民国	2020 年
16	粤汉铁路遗址	市级	1932 年	2020 年
17	韶关旧党校礼堂和学员宿舍	市级	1950 年	2020 年

浈江区中小学及公办幼儿园一览表

表 4

序号	学校名称	学校类型	备　注
1	韶关市第三中学	初中	—
2	韶关市第八中学	初中	—
3	韶关市第十三中学	初中	—
4	韶关市浈江中学	初中	—
5	韶关市浈江区犁市大为中学	初中	—
6	韶关市浈江区东鹏中学	初中	—
7	韶关市行之实验学校	初中	民办教育
8	韶关市浈江区风采实验学校	九年一贯制	—
9	韶关市浈江区韶冶实验学校	九年一贯制	—
10	韶关市浈江区碧桂园外国语学校	九年一贯制	民办教育
11	韶关市浈江区花坪实验学校	九年一贯制	—
12	韶关市浈江区实验学校	九年一贯制	—
13	韶关市浈江区执信小学	小学	—
14	韶关市浈江区站南小学	小学	—
15	韶关市南枫小学	小学	—
16	韶关市浈江区浈江小学	小学	—
17	韶关市浈江区韶阳小学	小学	—
18	韶关市和平路小学	小学	—
19	韶关市建国小学	小学	—

续表 4

序号	学校名称	学校类型	备　注
20	韶关市浈江区赖新小学	小学	—
21	韶关市浈江区东联小学	小学	—
22	韶关市浈江区沙梨园小学	小学	—
23	韶关市黄岗小学	小学	—
24	韶关市转水小学	小学	—
25	韶关市浈江区犁市镇工程处小学	小学	—
26	韶关市金沙明星学校	小学	民办教育
27	韶关市浈江区犁市镇梅村小学	小学	—
28	韶关市梅塘平安希望小学	小学	—
29	韶关市浈江区新韶镇黄金村中心小学	中心校	—
30	韶关市浈江区府管学校	完小	—
31	韶关市浈江区银山小学	完小	—
32	韶关市浈江区陈江学校	完小	—
33	韶关市浈江区东山教学点	村小	—
34	韶关市浈江区黄浪教学点	村小	无学生
35	韶关市浈江区大陂教学点	村小	—
36	韶关市浈江区候山教学点	村小	无学生
37	韶关市浈江区乐园镇长乐中心小学	中心校	—
38	韶关市浈江区新乡小学	村小	—
39	韶关市浈江区六合小学	村小	—
40	韶关市吴礼和中心小学	中心校	—
41	韶关市靖村小学	完小	—
42	韶关市五里亭小学	完小	—
43	韶关市腊石小学	村小	—
44	韶关市湾头小学	村小	—
45	韶关市浈江区犁市镇中心小学	中心校	—
46	韶关市浈江区犁市镇三零九厂小学	完小	—
47	韶关市浈江区犁市镇黄沙小学	完小	—
48	韶关市浈江区犁市镇黄竹小学	村小	—

续表 4

序号	学校名称	学校类型	备　注
49	韶关市浈江区犁市镇厢廊小学	村小	—
50	韶关市浈江区犁市镇沙园小学	村小	—
51	香港元中校友会韶关新联小学	村小	—
52	韶关市浈江区花坪镇第二小学	村小	—
53	韶关市浈江区花坪镇第三小学	村小	—
54	韶关市浈江区特殊教育学校	特殊学校	—
55	浈江区建国幼儿园	幼儿园	—
56	浈江区执信幼儿园	幼儿园	—
57	浈江区风采幼儿园	幼儿园	—
58	浈江区十里亭镇中心幼儿园	幼儿园	—
59	浈江区犁市镇龙腾幼儿园	幼儿园	—
60	浈江区东鹏幼儿园	幼儿园	—
61	浈江区花坪镇中心幼儿园	幼儿园	—

浈江区风度书房一览表

表 5

序号	书房名称	书房地址
1	韶关市图书馆分馆	浈江区东堤南路 7 号首层
2	中山公园分馆	浈江区园前路 2 号韶关市中山公园内
3	凤凰分馆	浈江区五里亭良村碧桂园凤凰壹号 29 商铺
4	执信路分馆	浈江区执信路 8 号
5	富源居分馆	浈江区黄金村路 4 号曲仁园富源居 3 栋
6	韶关市第八中学分馆	浈江区南郊金沙一路北
7	北江路分馆	浈江区北江路 14 号
8	峰前路分馆	浈江区峰前路 23 号
9	浈江南路分馆	浈江南路 7 栋首层
10	解放路分馆	浈江区解放路 73 号
11	熏风路分馆	浈江区熏风路 9 号
12	通天坡分馆	浈江区通天坡商业街 D 栋 2 楼

索 引

主题索引

说明：

1. 本索引采用主题分析方法，款目按照首字汉语拼音字母（同音字按声调）顺序排列。
2. 索引款目后的数字表示本书页的页码；数字后的英文字母（a、b、c）分别表示该页码的左栏、中栏、右栏。
3. 本索引未对特载、大事记、人物、图、表、统计资料和附录等内容作主题分析。
4. 同一主题的内容在文中多处出现的，在其款目后用不同的页码标明或者加“/”后标明记述单位。

D

F

J

K

N

P

Q

R

S

T

W

X

Y

Z

表 格 索 引